わかりやすい 〔第4版〕
マンション判例の解説
──紛争解決の実務指針

全国マンション問題研究会 編

発行 民事法研究会

本書（第4版）を推薦する

千葉大学名誉教授・弁護士　丸山英氣

『わかりやすいマンション判例の解説』の第4版が、新しい判例、新しい書き手が加わって出版されるのはうれしい限りである。

本書の初版は、平成14年、北九州マンション問題研究会、福岡マンション問題研究会の会員によって編まれたものである。その後、本書の執筆陣は全国マンション問題研究会のメンバーに拡大して執筆されている。全国マンション問題研究会は、マンション法に関して、わが国で最も大きな情報量をもった法律家集団である。

収録されている判例も、初版では72であったが、第4版では98となっている。いくつかの判例が落とされ、いくつかの判例が新たに入れられている。落とされたものでももったいないものもあるが、収録数には限りがあるからやむを得ないであろう。

本書の特色の第1は、初版以来、章を紛争の類型ごとに分けていることである。法律家向けないし学習用の判例解説では、法律、条文に従って章を区分している。本書のように紛争の類型ごとに判例を配置すると、紛争全体が見えてくる。こうした並べ方は、実務家、特に管理組合、管理会社などの関係者にわかりやすい。この分け方は、類型のつくり方は多少異なるが、以後、類書でも採られている。

第2は、事実関係が比較的詳しく述べられ、それに対応する判断も的確に記述されていることである。そもそも紛争が生じ訴訟にまで至る事案では、多くの場合、当事者は多岐にわたる事実に関係する争点を有している。そこでは、紛争の解決にとって重要な事実もあるし、そうでない事実もある。弁護士には、それを汲み取り、整理し、争点化していく能力が求められる。本書では、このような訓練を受けた弁護士が解説しているので、事案での事実と争点とが整理して述べられている。

そして、これらの争点についての判断が対応して書かれている。このこと

も重要であって、判例というものは、当事者が争った事実への判断のみがそれに値するものとなる。ときどき、大上段に一般論について述べた文言を判例だとする向きがあるが、正確とはいえない。

さらに第3に、本書の最も重要な特色であるが、判例として公刊されていないものが相当多く採録されていることである。

ちなみに、ここでいう公刊されている判例とは、最高裁判所によって選択、公刊された最高裁判所民事判例集（民集）だけでなく、判例時報や判例タイムズなどの判例雑誌を含んでいる。

インターネットなどの発展、普及によって、以前より判例へのアクセスも容易にはなってきている。しかし、それでも限界がある。また、いくつかへのアクセスが可能だとしても、採取された判例の位置づけをはかることが難しい。

判決は、さまざまな裁判所で毎日膨大な数が出されている。判例雑誌で、誰が、どのような基準で採録しているかは明らかではない。採録された判例にはコメントが付されている。採録者とコメントの書き手が同じ、ないし両者に関係があるとすれば、裁判官、それも有能な裁判官であろうと推測される。

しかし、これらの採録者ないしコメント担当者は、すべての社会に通じているわけではない。

本書では、マンションの世界やその紛争に通じている編者によって公刊されていない判決のいくつかが採り上げられている。第4版でのその代表的な判例が、「72　修繕積立金と専有部分」である。築45年のマンションで、管理組合が管理規約を改正して、修繕積立金から専有部分である配管だけでなく、トイレ、バスまで1人あたり380万円支出して改修してしまった事案である。これに反対して規約変更決議、予算決議等の無効を主張し、2人の区分所有者が提訴したものである。第1審、控訴審で棄却、上告受理申立ても不受理で結審したものである。分譲初期のマンションで、専有部分としての配管のみならずトイレ、バスも修理せず使っており、ここからの漏水などがあるとマンション全体に影響するが、漏水した専有部分の区分所有者に対応できないことが予想されるので、管理組合は修繕積立金を使って改修してし

まったものである。すでに自分で改修してしまった区分所有者、改修した中古マンションの取得者との間で問題が生ずるのである。

建築後、40年〜50年経過したマンションでは、このようなことが今後頻繁に起こりそうである。管理組合の団体でも検討していると聞いている。

どうしたわけか、判例集はどこも採用しているところはないようである。管理組合や管理会社などの関係者にとって資料的価値は極めて高いといわなくてはならない。

本件でのいずれの裁判所も修繕積立金の専有部分補修への転用を認めているが、判決の論理は原告（控訴人）の論理を否定するだけで、是認を支持する積極的な法理は提示されていない。採録者は、判例とするのに躊躇したものと思われる。

また、「91　保存行為と原状回復請求」も重要である。この判例は第3版においてすでに採録されていたものである。

事案は、区分所有者の1人が所有する隣接専有部分の間の隔壁（共用部分）を取り壊したので、他の区分所有者が共用部分の保存行為として原状回復を求めたものである。第1審は棄却したが、控訴審は認容したものである。共有者としての区分所有者の共有権に基づく妨害排除請求権ないし保存行為の射程距離を測る重要な判決である。

マンションに関する判例は、今後もますます多くなっていくであろう。それに対応して、本書も新しくしていかなくてはならない。

住宅法の分野では、マンション法はすでに社会的ウエイトにおいて借地借家法と並び、その法理論の困難さは借地借家法を超えている。

本書が、マンション関係者の机上に置かれ、参考とされることを願っている。

令和元年11月吉日

第4版はしがき

　本書は、北九州マンション問題研究会と福岡マンション問題研究会との編集で平成14年2月8日に発刊した『わかりやすいマンション判例の解説』の後継書であり、第3版（平成23年10月発行）からは全国マンション問題研究会（全国M研）編として出版しました。その間の経緯については、第3版のはしがきで触れていますので参照ください。

　第4版の出版に向けて作業を開始したのは昨年（平成30年）9月でしたが、初版からすでに16年以上が経過し、判例も著しく増大するとともに内容的にも変遷し、区分所有法を取り巻く立法も随分と変遷してきました。その間全国M研のほうも、昭和63年に設立されたのですから、すでに30年以上もの歳月が過ぎたことになります。

　今回も合宿をしましたが、編集作業は前回にも増してますます苦しいものでした。

　さて私事にもなりますが、平成21年以来全国M研の代表幹事であった中村仁弁護士のことに触れさせていただきたいと思います。

　私自身は福岡県北九州市在住であり、本書の初版および改訂版を福岡マンション問題研究会と共同で編集した北九州マンション問題研究会のオリジナルメンバーです。その設立以来の仲間である中村仁弁護士が本年年明け早々に亡くなられました。

　思えば私にとってのマンション問題とは、ほとんど中村仁弁護士と二人三脚で取り組んできたようなものでした。本書等の初版以来の執筆・編集会議、駐車場専用使用権をめぐる一連の平成10年最高裁判決、平成14年区分所有法改正の際の法制審議会や日弁連PTでの議論、また多くのマンション事件もいっしょに取り組んできました。他方でそのような取組みの中で、たとえば本書発行の出版社である株式会社民事法研究会の田口社長と3人で深夜まで議論したこと等、酒を酌み交わしながらの思い出も尽きません。本年3月にお別れ会を開催した際も、全国M研の諸先生から思い出話を寄せていただきました。この場を借りて、ご報告と全国M研きっての理論家であった中村

仁弁護士のご冥福をお祈りする次第です。

　さて第4版では、第3版から削除したのが11項目、新たに加えた項目が14項目、結果的に全体で98項目になり、さらに分量が増してしまいました。管理組合の役員さんや管理会社の方々にも手に入れやすいという初版のコンセプトからは、かなりずれてきたという憾みはありますが、何とか皆様のお役に立つことを念願しつつ、本書を世に送り出したいと思います。

　令和元年11月

全国マンション問題研究会

代表幹事　山　上　知　裕

第3版はしがき

本書は、北九州マンション問題研究会と福岡マンション問題研究会とで平成14年2月8日に初版を発行した『わかりやすいマンション判例の解説』の後継書です。しかし、今回は全国マンション問題研究会（全国M研）編として出版することになったので、その経緯について触れます。

まず、本書の初版本を平成14年に出版するより10年以上も前のことですが、昭和63年に管理組合諸団体と連携して訴訟を担当する弁護士らによる全国M研が設立されていました。そして全国M研を母体として、平成4年に日本マンション学会（学会）が設立され、全国M研は学会内の法律実務研究会として発展的に解消したものとして位置づけられました。ところで学会員の構成は、建築技術系の研究者・実務家、法学や住居学系の研究者、あるいはマンション管理士などが多くを占めることとなりました。結果として、弁護士などの法律実務家はむしろ少数派となり、大会メインシンポジウムで法律実務的なテーマが選択されることも少なくなっていき、旧来の訴訟実務的な議論の場は秋期に開催される法律実務研究会に限られていったのです。そのようなことから法律実務家は、大会ではなく法律実務研究会にのみ出席して、具体・個別事件における訴訟技術論の論議に参加するという傾向が強くなったように思われます。ところが法律実務研究会は、学会の下部組織としての位置づけから、分譲会社や管理会社など管理組合とは利害相反するような者の参加も認めざるを得ません。特に、平成9年に北九州で開催された研究会では、このような参加者への資料配付とその発言をめぐって、参加弁護士から守秘義務との抵触、利敵行為になりかねないといった意見が出される事態となったのです。そこで、学会下部組織として従来の全国M研と同じスタイルの議論内容を継続することは困難であるということが共通認識となり、学会とは別組織の全国M研を復活しようという呼びかけがなされ、翌平成10年熊本で復活後の第1回目として全国M研が開催され、以後年1回のペースで研究会が開催され、今日に至っています。

ところで出版物の話に移りますが、同じく民事法研究会から出版した『マ

ンション紛争の上手な対処法』についても、私は平成10年の初版本から編集作業と執筆に全面的にかかわってきました。同書の執筆陣は、現在第3版まで出版してかなり交代していますが、法律実務書であることからほとんど全国M研のメンバーです。しかし同書は、現在まで学会の「法律実務研究委員会編」のままで今日に至っており、前記のような全国M研復活の経過からすれば、学会の法律実務研究委員会の実態はなくなっています。したがって、次回同書の改訂版を出版する際は、全国M研として出版すべきと考えているところです。

　他方で、本書の初版および第2版を発行した北九州マンション問題研究会と福岡マンション問題研究会は、日頃管理組合側に立って訴訟活動を行っている弁護士を中心とするメンバーで、それぞれ1、2カ月に1回のペースで判例等を素材に訴訟技術論を継続的に研究してきた団体であり、全国M研の一翼を担う地域の研究会です。復活後の全国M研は、常置事務局を設けず次回開催地が幹事を引き受けるという緩い組織原理を踏襲してきましたが、再開後10年が過ぎた平成20年、会員からメーリングリスト立上げや常置事務局設置の要望がなされ、平成21年横浜での全国M研で会則を設けるとともに事務局を私の事務所（ひびき法律事務所：北九州）に置くこと、また代表幹事に中村仁弁護士（北九州）、事務局長に私が就任することが決まりました。

　かくして、まだまだ極めて脆弱とはいえ体制もできたので、今回は全国M研の旧来のメンバー、新進気鋭のメンバーにも執筆を呼びかけて快諾をいただき、メーリングリストを活用しながら、ようやくなったのが本書です。

　本書の初版本のはしがきで、福岡と北九州のマンション問題研究会合同の大合宿を行ったことを記しましたが、今回は全国M研として執筆者の大幅交代とともに全面的に書き改めたため、本年1月に全国M研の幹事を中心に12名の先生方に大分県別府市に集まっていただき、3班に分かれて最終原稿のチェック作業と集約編集会議を行いました。初日の夕刻には民事法研究会の田口社長も到着し、温泉につかった後は九州では珍しい雪見酒を肴に夜更けまで飲み交わしたことが忘れられません。もっとも、札幌や横浜や名古屋など遠方の先生方は、翌日の積雪による交通マヒによって、それぞれ帰るのに

第3版はしがき

大変な苦労をされたようです。

　なお今回の原稿締切後に、猫の飼育に係る判例（東京地裁立川支判平成22・5・13判時2082号74頁）と丸山英氣先生が代理人として担当された最判平成23・2・16判例集未登載が出ていますが、残念ながら間に合いませんでした。次回改訂の際にはぜひ掲載したいと考えています。

　最後に本書が、少しでも全国の訴訟実務家あるいは管理組合の役員さんや管理会社の方々のお役に立てれば幸いです。

　平成23年8月

　　　　　　　　　　全国マンション問題研究会

　　　　　　　　　　　事務局長　山　上　知　裕

第2版はしがき

　本書の初版が出版されたのが平成14年2月だったから、すでに4年半ほどが経過した。おかげで本書は大変好評をいただき、すでに2年ほど前から民事法研究会の田口社長から在庫がなくなったとの話しをうかがっていた。マンションを取り巻く社会状況をみると、初版の時点で改正区分所有法は施行直前であったし、管理適正化法はすでに施行されており、また新法である建替事業法も制定施行され、その後は立法的な大きな動きはなかった。したがって、個人的には増刷で対応すればいいのではないかと思っていた。

　ところが、平成16年4月に管理費の消滅時効をめぐる最高裁判決、さらには同年5月に区分所有法59条競売をめぐる東京高裁判決と世間的にはあまり関心が持たれないがマンション管理実務に大きな影響を及ぼす判例が相次いで出た。そのほかにも、マンション分譲契約の瑕疵担保責任に基づいて、これまでにみられなかったような事例で損害賠償を命ずる判決が各地で出された。さらに、社会的耳目をひいた国立マンション事件もあった。

　そこで、これら20件に及ぶ新判例を新たに収録して第2版として世に送ることとした。内容的にも、管理組合、管理会社およびマンション問題に関与する弁護士をはじめとした法律実務家にとって、さらに価値の高い文献となったと自負しているところである。その他、最新の法令・実務に対応させるため全体の見直しを行い所要の改訂を行っている。

　初版のはしがきにも書いたが、マンション紛争は、純法理論的な問題もあるが、生活の場そのものに根差した紛争でもあるから、個々の事案の相違が大きく結論を左右する。その意味で判例法が現場における紛争解決の指針足りうるには、多様な事例の集積が必須であったし、また下級審レベルの判決であっても貴重な先例的価値がある。併せて本書の姉妹書である『マンション紛争の上手な対処法〔第3版〕』が本年5月に出版されたこともあって、改訂版作りに着手することになった。本書の改訂版作りに着手してから、構造計算書偽造問題というとんでもない事件も起きたが、判例は勿論、未だ管理組合として提訴にも至っていない。本書の第3版が出せるとすれば、その時

第2版はしがき

は判例として加えられることになるかもしれない。

　さて本書では、特に新原稿を中心に初版以降に弁護士登録された若手の方々に新たに執筆陣に加わっていただいた。彼らは、いわゆる「もうからない事件」の典型ともいえるマンション訴訟に熱心に取り組んでいる頼もしき面々である。改訂を行った本書が、初版にも増して全国の訴訟実務家あるいは管理組合の役員さんや管理会社の方々にご愛用いただけることを編者を代表して願ってやまない。

　末筆ではあるが、第2版の刊行にあたっても㈱民事法研究会代表取締役・田口信義氏、編集部の上野恭世氏と関係者の方々に大変お世話になったことを記して、感謝申し上げる次第である。

　　平成18年8月16日

　　　　　　　　北九州マンション問題研究会　山 上 知 裕

はしがき

　最新の統計によれば、わが国の分譲マンションの実数はどうやら400万戸を超えたようであるが、マンションをめぐる紛争も著しく増加している。

　マンション紛争は、純法理論的な問題もあるが、生活の場そのものに根差した紛争でもあるから、個々の事案の相違が大きく結論を左右する。その意味で判例法が現場における紛争解決の指針足りうるには、多様な事例の集積が必須であったし、また下級審レベルの判決であっても貴重な先例的価値があった。したがって、膨大なマンション判例の出現は歓迎すべきことではあるが、まだまだ不十分なジャンルも多い。たとえば、ペット飼育の問題ひとつをとってみても、犬の飼育については判例の集積が進み、野鳩餌付けについても判例が現れたが、猫の飼育についてはまだ判例が現れていないなどである。しかし、10年前に較べると大量の判例数となったのであるから、これらを管理実務あるいは法律実務に直接役立つような形で紹介し分析した出版物の必要性がかねてより痛感されていたが、残念ながら存在しなかった。

　私事となるが、平成3年3月に北九州市で開催した全国マンション問題研究会で、個人的に公刊判例を収集した資料を参加者に配布した当時、年間ようやく10件前後の判例数だった。ところがその後、公刊された判例集に掲載されたものだけでもうなぎ登りに増え続け、平成10年4月に民事法研究会から出版した『マンション紛争の上手な対処法』の第9章「判例総覧」と、その翌年まで日本マンション学会誌中の判例紹介のコーナーを担当したが、ついに個人の力量では手に負えなくなってしまった。

　一昨年、民事法研究会の田口社長と『マンション紛争の上手な対処法』の改訂版作りの話が持ち上がったが、この際「判例総覧」を切り離して、福岡と北九州のマンション問題研究会による新しい1冊の本にしてはどうかと持ちかけてみた。幸いにして、両研究会はいずれも10年以上にわたって地道に続いてきた研究会活動の歴史と、活発な個別訴訟への取組みを通じた実務経験の蓄積があり、そのレベルは全国的に見ても最先端にあるのではないかと自負している。かくして田口社長の出版への快諾をいただき、昨年4月以

はしがき

降両地区でそれぞれレジュメ段階からの討論を経て、8月末には両地区ほぼ全員参加による合宿を行い、ここに成果を公刊する運びとなった。

　本書が、『マンション紛争の上手な対処法』の改訂版（本年3月刊行予定）とともに、少しでも全国の訴訟実務家あるいは管理組合の役員さんや管理会社の方々のお役に立てれば幸いである。

　平成14年1月18日

北九州マンション問題研究会　山 上 知 裕

目 次

『わかりやすいマンション判例の解説〔第 4 版〕』

目　次

第 1 章　マンション分譲契約をめぐる紛争

１　自殺と瑕疵担保責任　　マンション購入後に自殺があったこと
が判明した場合に瑕疵担保責任による売買契約の解除・損害賠償
請求が認められるか（横浜地判平成元・9・7）……………………… 2

２　住宅・都市整備公団による値下げ販売　　公団の従前入居者（賃
借人）が建替え後の分譲住宅を優先購入した後に値下げ販売がな
された場合、従前入居者の損害賠償請求は認められるか（最判平
成16・11・18）……………………………………………………… 6

３　マンション眺望の瑕疵　　マンション完成後に眺望が妨げられ
ていることが判明した場合、買主は売買契約を解約できるか（大
阪高判平成11・9・17）……………………………………………10

４　眺望をセールスポイントとしたマンションの眺望の阻害　　同
一の分譲業者が眺望を阻害するマンションを建築した場合に損害
賠償を求めうるか（東京地判平成18・12・8）……………………14

５　隣接地への建物建築　　隣地に高層マンションが建築された場
合に不動産業者に情報提供義務違反に基づく損害賠償を求めうる
か（東京高判平成11・9・8）……………………………………18

**６　他の専有部分を暴力団員が区分所有していることを秘匿した場
合の売主の責任**　　暴力団員が他の専有部分の区分所有者である
ことを知らずに専有部分を買った者は、売買を解約できるか（東
京地判平成9・7・7）……………………………………………22

７　シックハウス　　シックハウスを理由に売買契約を解除できる
か（東京地判平成17・12・5）……………………………………26

13

8 **ペット飼育可否と説明義務**　　ペット飼育可否についての分譲業者の説明義務違反は不法行為を構成するか（福岡高判平成17・12・13）……………………………………………………30

9 **外壁落下による交換価値下落の有無と損害賠償請求**　　外壁落下による価値下落分の損害賠償請求はできるか（福岡高判平成18・3・9）……………………………………………………35

第2章　登記・借地権・団地をめぐる紛争

10 **共用部分が専有部分として登記されているときの登記の訂正方法**　　本来なら共用部分であるべき建物部分が専有部分として登記されているときに、どのような登記手続を請求するか（東京地判平成元・10・19）……………………………………44

11 **過少登記された敷地共有持分割合の更正登記**　　敷地の共有持分割合が仮称に登記されているとき、どのようにして訂正するか（神戸地判平成4・10・6）……………………………………48

12 **団地関係の成立時期**　　1筆の土地に複数棟の建設・分譲が計画され、一部が既分譲、一部が未分譲である場合、未分譲建物の敷地部分についても団地関係が成立するか（福岡高判平成15・2・13）……………………………………………………………51

13 **規約共用部分と背信的悪意者**　　管理組合が規約共用部分を登記なくして対抗できるのはどのような場合か（東京高判平成21・8・6）……………………………………………………………55

14 **敷地利用権が地上権の場合の地代支払義務の範囲**　　敷地利用権が地上権であるとき、区分所有者は、地上権の持分割合に対応する地代を地主に支払えば足りるか（東京地判平成7・6・7）
……………………………………………………………………60

目 次

第3章　敷地をめぐる紛争

15　**建築基準法違反と不法行為責任**　　建築確認時の敷地が後に切り離されて建築基準法違反となった場合、売主は民事上の賠償責任を負うか（東京地判平成2・2・27）……………………………64

16　**敷地の不足と通行地役権**　　要役地が数人の共有に属する場合、共有者は単独で地役権設定登記手続を求める訴えを提起することができるか（最判平成7・7・18）……………………………68

17　**区分所有法における「一棟の建物」の範囲**　　マンションに併設された立体駐車場も「一棟の建物」に含まれ、その外壁等の共用部分について管理組合が修繕の責任を負うか（東京地判平成28・9・29）…………………………………………………………73

第4章　専有部分性をめぐる紛争

18　**ピロティの専有部分性**　　ピロティを専有部分とすることができるか（東京高判平成7・2・28）……………………78

19　**共用設備が設置されている車庫と倉庫の専有部分性**　　共用設備のある車庫や倉庫を専有部分にできるか（最判昭和56・6・18）………………………………………………………83

20　**管理人室の専有部分性**　　専有部分と共用部分はどのように判別されるか（最判平成5・2・12）……………………88

15

目 次

第5章　屋上・外壁・バルコニーをめぐる紛争

21　ベランダ・バルコニーの使用方法　　ベランダ・バルコニーを
温室に改造することは許されるのか（最判昭和50・4・10）………94

22　BSアンテナの設置　　管理組合で衛星放送受信用パラボラア
ンテナを設置した場合、すでに区分所有者が個別に設置していた
アンテナは撤去義務があるか（東京地判平成3・12・26）…………98

23　屋上広告塔の設置　　分譲業者が設置した無償の屋上広告塔の
撤去請求はどのような条件が整えば認められるか（大阪地判平成
4・9・16）……………………………………………………………103

24　空調機用室外機・パラボラアンテナの撤去　　1階テナント入
居者が共用部分に空調機用室外機やパラボラアンテナを設置し
たことは、管理規約違反といえるか（広島地判平成17・3・24）
………………………………………………………………………107

25　外壁の開口　　外壁に無断で貫通孔を開けた区分所有者に対し
て、その修復まで求めることができるか（東京地判平成3・3・
8）……………………………………………………………………111

26　携帯電話基地局の設置　　携帯電話の基地局設置のためにマン
ション屋上の一部を賃貸するには、いかなる決議要件が必要か（札
幌高判平成21・2・27）……………………………………………114

第6章　駐車場専用使用権をめぐる紛争

**27　駐車場専用使用権分譲における分譲業者の法的地位と分譲代金
の帰属**　　管理組合は分譲業者に対して駐車場分譲代金の引渡し
を求めることができるか（最判平成10・10・22）…………………120

16

目 次

28 駐車場専用使用権の法的性質と変更可能性 分譲駐車場を有料化することはできるのか（最判平成10・10・30）……………124

29 留保形式の駐車場専用使用権の消滅、有償化と区分所有法31条1項後段の「特別の影響」 分譲業者に留保されたマンション駐車場等の専用使用権を一部消滅させ、一部有償化するとの集会決議と区分所有法31条1項後段の「特別の影響」の有無（最判平成10・11・20）……………………128

30 駐車場使用料増額決議の拘束力 駐車場の専用使用料を増額する旨の管理組合の総会決議は有効か（東京地判平成28・9・15）……………………133

31 駐車場専用使用権の消滅決議の可否 マンション屋上部分の駐車場について、リフト部分等の権利関係が変動し管理が適切になされないことを理由に、専用使用権を消滅させる決議は有効か（仙台高判平成21・10・9）……………………138

第7章 管理組合の運営をめぐる紛争

32 管理組合規約の違法な運用についての責任 管理組合は専有部分の用途制限についてどこまで責任があるか（東京地判平成4・3・13）……………………146

33 組合員の反組合的言動に対する差止め 管理組合の役員らを誹謗中傷する区分所有者に対して、管理組合は、全区分所有者を代表する立場で、行為差止めの訴訟を提起することができるか（最判平成24・1・17）……………………150

34 管理組合の不法行為債権を組合員個人が請求することの可否 個々の組合員は、管理組合に代わって理事長に対し不法行為による損害賠償の請求ができるか（東京地判平成4・7・29）…………153

35 集会招集手続に違背した場合の規約改正決議の無効 規約改

17

正のための集会招集において議案の要領を示さなかったとき、その集会の決議は有効か（東京高判平成7・12・18）……………157

36　理事会への理事代理人の出席　　管理組合の理事は、その代理人を理事会へ出席させることができるのか（最判平成2・11・26）……………………………………………………………… 161

37　漏水事故と管理組合の責任　　共用部分の欠陥による漏水について、管理組合は責任を負わなければならないか（福岡高判平成12・12・27）……………………………………165

38　会計帳簿類の閲覧撮影の可否　　各区分所有者は、規約に明文の定めがない場合であっても、管理組合保管文書の閲覧・写真撮影を請求できるか（大阪高判平成29・12・9）……………169

39　組合員名簿閲覧請求の拒絶等の可否　　組合員から規約に基づいて組合員名簿の閲覧請求がなされた場合に、管理組合はこれを拒絶したり閲覧の範囲を制限したりすることができるか（東京地判平成29・10・26）……………………………173

40　会計担当理事による管理費の使い込みと役員の責任　　会計担当理事が管理費等を着服横領した場合、他の役員はどのような場合に責任を負うか（東京地判平成27・3・20）……………177

41　共用部分について生じた不当利得返還請求権の帰属と行使　一部の区分所有者は共用部分について生じた不当利得返還請求権を行使できるか（最判平成27・9・18）……………………181

第8章　居住ルール・管理規約をめぐる紛争

42　クリーンハンドの原則　　用途制限違反に対する使用禁止請求はどこまで可能か（東京地判平成17・6・23）………………186

43　猫への餌やり　　敷地内での複数の猫への餌やりを行う区分所有者に対して差止め、慰謝料請求ができるか（東京地裁立川支判

目 次

平成22・5・13）・・・・・・・・・・・・・・・・・・・・・・・・・・・・・・・・・・・・・・・190

44　集会決議による営業時間の制限　規約ではなく集会決議で営業時間を制限できるのか（東京高判平成15・12・4）・・・・・・・・・・・・・194

45　専有部分の用途　専有部分の用途に関する分譲時の合意は特定承継人に対して効力があるか（最判平成9・3・27）・・・・・・・・・・・198

46　専有部分の用途（パチンコ店）　パチンコ店を営むことは共同利益違反行為となるか（東京地判平成7・3・2）・・・・・・・・・・・・・・・201

47　専有部分の用途（税理士事務所）　管理規約で専有部分を専ら住宅として使用することが規定されているマンションで専有部分を税理士事務所として使用することができるか（東京高判平成23・11・24）・・205

48　専有部分の用途（無認可託児所）　区分所有者が住居部分を託児所として使用している場合、託児所としての使用の差止めを求めることができるか（東京地判平成18・3・30）・・・・・・・・・・・・208

49　専有部分の用途（心療内科）　管理組合の部会が専有部分における心療内科クリニックの営業開始を承認せず、区分所有者による専有部分の賃貸を妨げたことが不法行為にあたるか（東京地判平成21・9・15）・・・・・・・・・・・・・・・・・・・・・・・・・・・・・・・・・・・・・・・212

50　リゾートマンションと定住禁止の規約変更の効力　リゾートマンションの各居室の使用の仕方についての制約と、区分所有法31条1項後段の「特別の影響を及ぼすべきとき」との関係（東京高判平成21・9・24）・・・・・・・・・・・・・・・・・・・・・・・・・・・・・・・・・・・・・216

51　専有部分の用途（民泊）　いわゆる民泊営業をした者に対し差止請求・損害賠償請求をすることができるのか（大阪地判平成29・1・13）・・・221

19

目　次

第9章　財務をめぐる紛争

52　一部共用部分と管理費の支払義務　一部共用部分であること
を理由に管理費の支払いを拒絶できるか（東京高判昭和59・11・
29）……………………………………………………………………226

53　共用部分から生じた利益に対する分配請求権　共用部分から
生じた利益は当然に各区分所有者が行使可能な具体的収益金分配
請求権となるか（東京地判平成3・5・29）………………………230

54　管理費請求権の消滅時効期間　滞納管理費の請求権は何年で
時効にかかるか（最判平成16・4・23）…………………………234

55　管理費の負担割合　居室を事業用物件として使用している区
分所有者に対し通常の倍額の管理費の負担を求めることができる
か（東京地判平成27・12・17）……………………………………237

56　特定承継人の責任　マンションが転々譲渡された場合の中間
取得者は、特定承継人としての責任を負うか（大阪地判平成11・
11・24）………………………………………………………………241

57　売れ残りマンションの分譲業者の管理費支払義務　分譲業者
は売れ残った専有部分の管理費を支払う義務があるか（東京地判
平成2・10・26）……………………………………………………245

58　管理費等請求訴訟における弁護士費用　滞納管理費等の請求
訴訟を提起する場合、弁護士費用もあわせて請求できるか（東京
地判平成4・3・16）………………………………………………250

59　区分所有法59条による競売と剰余主義　区分所有法59条競
売に基づく差押えに優先する担保権者がいる場合、剰余主義が適
用されるか（東京高決平成16・5・20）…………………………253

60　管理費との相殺　管理費等を未払いにしている区分所有者
は、自己が管理組合に対して有する債権と管理費等の未払債務を

20

相殺することができるか（東京高判平成9・10・15）……………257

61　管理費長期滞納等による59条競売が否定された事例　　区分所有法59条1項の「他の方法によってはその障害を除去して共用部分の利用の確保その他の区分所有者の共同生活の維持を図ることが困難であるとき」とはどのような場合か（東京地判平成20・6・20）………………………………………………………261

62　不在区分所有者に協力金の負担を課す規約変更の効力　　不在区分所有者協力金を定める規約変更に不在区分所有者の承諾を要するか（最判平成22・1・26）……………………………………266

63　確定判決と特定承継人　　確定判決のある管理費等の債務がある区分所有権を承継した区分所有者は短期消滅時効を主張できるか（大阪高判平成20・4・18）……………………………270

64　滞納水道料金・電気料金と特定承継人の責任　　前区分所有者が滞納した水道料金および電気料金を当該専有部分を特定承継した新区分所有者が支払わなければならないか（大阪高判平成20・4・16）…………………………………………………………274

65　自治会費　　管理組合が業務委託した自治会に支払ってきた業務委託費は自治会費か否か（東京高判平成19・9・20）…………279

66　競売と特定承継人の負担部分　　管理費の滞納がある区分所有建物を競売により買い受けた者は管理組合に支払った滞納管理費を前主に求償することができるか（東京高判平成17・3・30）………………………………………………………………284

67　滞納管理費と先取特権に基づく物上代位　　債務名義取得後に発生する滞納管理費について、競売による所有権移転後は先取特権が消滅するか（東京高決平成22・6・25）……………289

68　競売請求権を被保全権利とする仮処分　　区分所有法59条1項の競売請求権を被保全権利とする処分禁止の仮処分を求めることができるか（最決平成28・3・18）……………………………293

69　違約金としての弁護士費用負担　　管理規約における管理組合

21

目　次

が区分所有者に請求することのできる違約金としての弁護士費用
の意義（東京高判平成26・4・16）……………………………297

70　インターネット利用料金を一律徴収する管理規約の有効性
管理規約に基づき、インターネット利用料金を一律請求できるか
（広島地判平成24・11・14）……………………………………302

第10章　大規模修繕と修繕積立金をめぐる紛争

71　修繕積立金を各区分所有者へ分配する総会決議　管理組合
は、修繕積立金の一部を取り崩し、各区分所有者に対してその居
住年数に応じて返金する旨の決議をすることができるか（福岡地
裁小倉支判平成28・1・18）……………………………………308

72　修繕積立金と専有部分　専有部分の改修工事費用として修繕
積立金を支出する目的でなされた規約変更等の決議は有効か（東
京高判平成29・3・15）…………………………………………313

73　総会決議や規約に基づく電気供給契約の解約義務　総会決議
や管理規約を根拠として区分所有者に専有部分の電気供給契約の
解除を義務づけることができるか（最判平成31・3・5）…………317

第11章　管理委託契約・管理者をめぐる紛争

74　管理会社の倒産　倒産した管理会社が管理費等の預金口座を
管理会社名義で管理していた場合、管理組合は自らの資産である
と主張できるか（東京高判平成11・8・31）……………………324

75　理事長と管理者　規約上理事長を区分所有法上の管理者と
する旨の規定がなかった場合でも、理事長の選任をもって管理
者としての選任とみなすことができるか（東京地判平成2・5・

目 次

31）・・・328

76　管理会社の管理組合に対する責務　　管理会社を非難する理事長の言動はどこまで許容されるか（広島高判平成15・2・19）・・・ 332

77　エレベーター保守契約の中途解約　　管理組合が契約期間の途中で、管理会社との契約を解除した場合に損害賠償責任を負うか（東京地判平成15・5・21）・・・・・・・・・・・・・・・・・・・・・・・・・339

78　管理組合理事長を解任する方法　　理事の互選によって選任された理事長について、理事長を解任するときはどのような方式が必要か（最判平成29・12・18）・・・・・・・・・・・・・・・・・・・・343

79　個別に締結された管理委託契約の解除　　管理委託契約が各区分所有者と管理会社との間で個別に締結されている場合における当該契約の解除の方法（東京高判平成23・7・19）・・・・・・・・・346

80　管理者解任請求訴訟で勝訴した場合の弁護士報酬等の費用の分担　　管理者解任請求訴訟で勝訴した場合の弁護士報酬等の費用を他の区分所有者に請求できるか（東京高判平成29・4・19）・・・・・・350

第12章　不良入居者をめぐる紛争

81　共同生活違反者　　ニューサンスが問題となる事案において競売請求が認められるのはどういう場合か（東京地判平成17・9・13）・・356

82　宗教団体の教団施設に対する賃貸借契約解除と退去請求　　オウム真理教の教団施設として使用されている専有部分に対して、どのような対策をとることができるか（大阪高判平成10・12・17）・・・360

83　占有者である暴力団組長に対する明渡請求　　管理組合は、どのような方法で暴力団組長に対して明渡しを求めることができる

目　次

か（最判昭和62・7・17）……………………………………………363

第13章　生活をめぐる紛争

84　ロックミュージシャンの歌声　　階下のロックミュージシャンの歌声に対し、差止め、損害賠償が認められるか（東京地判平成26・3・25）……………………………………………………368

85　フローリング騒音　　フローリング騒音は、どの程度にまで達すれば不法行為となるのか（東京地裁八王子支判平成8・7・30）………………………………………………………………………………373

86　水漏れ事故　　床スラブと階下天井裏との間に設置された階上の者専用の排水枝管の漏水事故について、階上の者は階下の者に対して損害賠償責任を負わなければならないか（最判平成12・3・21）…………………………………………………………………………377

87　居酒屋のダクト設置・深夜営業　　マンション1階店舗部分で営業をしている居酒屋に対し、「共同の利益」に反するとして、換気ダクト等の撤去および深夜営業の禁止を求めることができるか（神戸地裁尼崎支判平成13・6・19）………………………382

88　賃貸人たる区分所有者の義務　　賃貸人たる区分所有者は、賃借人の違法な使用状態に対してどこまで責任を負うか（東京地判平成17・12・14）…………………………………………………386

89　子供の騒音　　階上の子供の騒音に対し差止め、損害賠償を求めることができるか（東京地判平成24・3・15）………………………391

第14章　当事者適格をめぐる紛争

90　店舗部会長の訴訟追行　　店舗等部会長が管理組合の代表権を

24

有するとしてなした前理事長兼店舗部会長に対する損害賠償請
求について、当事者適格が認められるか（大阪地判平成20・11・
28）…………………………………………………………………398

91 保存行為と原状回復請求 共用部分を無断で改造した区分所
有者に対し他の区分所有者が原状回復を求めることに制約はある
か（高知地判平成21・8・6、高松高判平成22・5・28）………402

92 義務違反者に対する措置請求と管理者① 管理者たる理事長
は、区分所有法57条の定める決議を経ずに耐力壁に開けられた
開口部の修復を求める訴訟提起ができるか（東京地判平成6・2・
14）…………………………………………………………………407

93 義務違反者に対する措置請求と管理者② 区分所有法57条
は、個々の区分所有者の敷地共有持分に基づく物権的請求権の行
使を制限するのか（福岡地判平成7・1・20）………………………411

第15章　建替えをめぐる紛争

94 建替え決議と時価の算定 建替えに不参加の者が区分所有権
および敷地利用権を売り渡すべきとき、その時価はどう算定する
か（東京高判平成16・7・14）……………………………………416

95 復旧決議と時価 建物の復旧に不賛成の者が建物および敷地
の権利の買取りを求めるとき、その時価はどう算定するか（大阪
高判平成14・6・21）……………………………………………421

96 増築決議の効力 増築工事に関する決議後に、少数の反対者
がいることを踏まえて、計画を変更して再度可決した増築決議の
効力は有効か（大阪高判平成4・1・28）…………………………426

97 団地の一括建替えの合憲性 特別多数決で団地内の全建物を
一括して建替えができると定めた区分所有法70条は憲法29条が
保障する建替え不参加者の財産権を侵害するか（最判平成21・4・

目　次

23)　……………………………………………………………431

❾❽　建替え決議の無効　　建替え決議において敷地の特定はどこま
で行うことが必要か（東京高判平成19・9・12）………………435

●判例索引………………………………………………………… 439
●事件（マンション）名索引…………………………………… 450
●執筆者一覧……………………………………………………… 454

●凡　例●

〔判例集ほか〕

- ・大審院民事判決録　　　　　　民録
- ・最高裁判所民事判例集　　　　民集
- ・最高裁判所裁判集民事　　　　集民
- ・判例時報　　　　　　　　　　判時
- ・判例タイムズ　　　　　　　　判タ
- ・ジュリスト　　　　　　　　　ジュリ
- ・金融法務事情　　　　　　　　金法
- ・金融・商事判例　　　　　　　金判
- ・マンション管理センター通信　セ通信

〔単行本〕

- ・全国マンション問題研究会編『マンション紛争の上手な対処法〔第4版〕』（民事法研究会、平成26年）　対処法
- ・稲本洋之助＝鎌野邦樹『コンメンタールマンション区分所有法〔第3版〕』（日本評論社、平成27年）　コンメ
- ・水本浩＝遠藤浩＝丸山英氣編『基本法コンメンタール・マンション法〔第3版〕』（日本評論社、平成18年）　基本法コンメ
- ・法務省民事局参事官室編『新しいマンション法』（商事法務研究会、昭和58年）　新マンション
- ・濱﨑恭生『建物区分所有法の改正』（法曹会、平成元年）　新法解説
- ・玉田弘毅＝米倉喜一郎編『マンションの裁判例〔第2版〕』（有斐閣、平成11年）　裁判例
- ・折田泰宏『マンションの法律100章』（鹿島出版会、平成元年）　折田・100章
- ・中川善之助ほか編『注釈民法』（有斐閣）　注釈民法

凡　例

〔法令〕

・建物の区分所有等に関する法律　　区分所有法

第1章

マンション分譲契約をめぐる紛争

第1章　マンション分譲契約をめぐる紛争

1　自殺と瑕疵担保責任

> マンション購入後に自殺があったことが判明した場合に瑕疵担保責任による売買契約の解除・損害賠償請求が認められるか

▶自殺マンション事件〔横浜地判平成元・9・7判時1352号126頁・判タ729号174頁〕

事案の概要　　A夫妻は、小学生の子2人との4人家族であるが、Aらは、不動産業者のチラシで本件マンションが売りに出されているのを知り、昭和63年10月28日、B会社から、Aら家族が居住する目的で本件マンションを代金3200万円で買い受け、手付金500万円を支払った。契約後間もなくAらは、本件マンションにおいてB会社代表者の先妻が約6年前の昭和57年10月14日に縊首自殺をしていた事実を知った。Aらは、本件マンションを居住用に買い受けたものであり、そのような物件であれば絶対に購入しなかったとして、仲介業者を介して、B会社に契約解除による手付金の返還を請求したが、B会社は手付金の返還に応じなかった。

そこで、Aらは、B会社に対し、マンション内で自殺者が出たような事情は、当該建物の隠れた瑕疵に該当し、売買契約の際、売主は買主へ重要事項として説明する義務があるにもかかわらず説明しなかったとして、売買契約を解除するとともに、手付金の返還および売買契約の違約金の条項に基づき売買代金の20%の損害賠償を求めた。

これに対し、B会社は、Aらに対して売買残代金2700万円の支払いを求める反訴を提起し、以下のとおり主張した。

① 瑕疵担保責任は、交換価値の減少を理由とするものであるから、一般取引界を標準とし、客観的合理的に価値減少が認められる場合でなければならないことから、買主の主観的・感情的欠陥は瑕疵とは認められない。

② 仮に瑕疵であるとしても、瑕疵担保責任は、債務不履行がないのに、

2

売主に無過失責任を課するものであるから、交換価値の減少を招くほど著しい欠陥でなければならない。

③　中古マンションでは、人の忌むべき出来事が起こることは避けられない。

④　B会社代表者の妻は入居して約2週間後に自殺したが、その後、B会社代表者は、再婚し、本件マンションで平隠な家庭生活を送っていたとし、6年3カ月を経ているため事故当時に入居していたマンションの居住者の半数あまりが転居していること等から、本件主観的・感情的欠陥は、通常人の使用収益に耐えない、つまり瑕疵担保責任における交換価値の減少とは評価できない内容の事由である。

⑤　仮に、本件マンションに瑕疵があるとしても、本件契約の目的は居住の用に供するマンションを提供することであって、契約の目的を達し得ないほど重要なものではなく、解除することができない。

⑥　債務不履行の損害賠償は履行利益の賠償で、瑕疵担保責任の場合は信頼利益の賠償が問題となるのみである。Aらは、特定物の瑕疵担保責任を主張しているのであるから、信頼利益の賠償で足り、違約金の規定の適用はない。

判決要旨　（自殺が瑕疵担保責任の解除原因にあたるか）

　　　　本契約は、以下の理由で瑕疵担保による解除原因があるとされた。

　「売買の目的物に瑕疵があるというのは、その物が通常保有する性質を欠いていることをいうのであって、右目的物が建物である場合、建物として通常有すべき設備を有しない等の物理物欠陥としての瑕疵のほか、建物は、継続的に生活する場であるから、建物にまつわる嫌悪すべき歴史的背景等に原因する心理的欠陥も瑕疵と解することができる」。

　「ところで、売買における売主の瑕疵担保責任は、売買が有償契約であることを根拠として、物の交換価値ないし利用価値の対価として支払われる代金額との等価性を維持し、当事者間の衡平をはかることにあるから、右制度の趣旨からみると、前記事由をもって解除をしうる瑕疵であるというために

は、単に買主において右事由の存する建物の居住を好まないだけでは足らず、それが通常一般人において、買主の立場におかれた場合、右事由があれば、住み心地の良さを欠き、居住の用に適さないと感ずることに合理性があると判断される程度にいたったものであることを必要とすると解すべきである」。

「原告らは、小学生の子供2名との4人家族で、永続的な居住の用に供するために本件建物を購入したものであって、右の場合、本件建物に買受の6年前に縊首自殺があり、しかも、その後もその家族が居住しているものであり、本件建物を、他のこれらの類歴のない建物と同様に買い受けるということは通常考えられないことであり、右居住目的からみて、通常人においては、右自殺の事情を知ったうえで買い受けたのであればともかく、子供も含めた家族で永続的な居住の用に供することははなはだ妥当性を欠くことは明らかであり、また、右は、損害賠償をすれば、まかなえるというものでもないということができる」。

（違約金支払義務があるか）

被告は、原告らに対し、500万円の手付金返還義務および売買代金の20%にあたる640万円の損害賠償義務の合計1140万円の支払義務があるとされた。

「被告は、原告らに対し、手付金返還義務があるものであるが、右のほか違約金支払義務があるか否かにつき判断する。前記のように、本件契約は、違約金は売買代金額の20パーセントとする旨規定されていることは当事者間に争いがない。敷衍すると、前掲甲3号証の2（本件契約書）10条は、『売主又は買主が本件契約に違背したときは、各々その違背した相手方に対して催告の上本契約を解除することができる。前項の場合、違背により本件契約を解除されたものはその相手方に対し違約金として売買代金の20%相当額を支払わなければならない。』と記載されている。右文言からみると、契約当事者の債務不履行の場合、履行利益の賠償をすべきであるといわれているが、その損害額の立証が困難であったり、それによって紛争が拡大し、複雑化することを防止するため、予め損害賠償額を予定をしたものということができる」。

「瑕疵担保責任においては、通常は、信頼利益の賠償で足りるといわれて

いるが、本件の場合、前記瑕疵については、被告が、これを知りながら原告らに告げていないのであるから、右の場合の瑕疵担保責任の賠償の範囲は、告知すべき事実を告げていないので、債務不履行の場合と同様に履行利益の賠償であるということができる。右違約金条項の目的が前記のようなものであるから、本件のように履行利益を賠償すべき場合にも適用があると解すべきである」。

解説　　自殺や殺人などといった忌み、嫌悪すべき過去のある不動産については、物理的欠陥等がなくても、一般的には買い控えされることから、交換価値が下がる場合があるため、不動産売買において、売買の目的物件内で自殺または殺人があったことが「隠れた瑕疵」に該当する場合のあることは肯定せざるを得ないと解される。

ただ、嫌悪すべき過去があるという心理的欠陥は、これを受け取る者の主観によって左右されるところが大きいことから、本判決の判示のとおり、心理的欠陥をもって瑕疵に該当するというためには、単に買主が居住を好まないというだけではなく、通常一般人を基準にして「住み心地のよさ」を欠くと感じることに合理性があると判断される程度に至る必要があると解される。

たとえば、マンション居室からの飛び降り自殺やマンションの居住者が当該居室外で殺害された場合等、死亡結果が当該居室内で発生しなかった場合には、通常一般人が居住の用に適さないと感じるとまではいえないことから、「隠れた瑕疵」に該当しないと考えられる。

なお、関連判例として、投資目的で購入した土地建物において、購入の1年11カ月前に行われた睡眠薬自殺が瑕疵に該当するとしつつも、約2週間後に搬送先の病院内で死亡しており、死亡の結果が建物内で発生していないことから、瑕疵として極めて軽微なものであるとして、売買代金の1％相当額の損害賠償を認めた東京地判平成21・6・26判例集未登載、土地建物の売買契約で土地上の建物に付随する物置内での自殺行為が嫌悪すべき歴史的背景に起因する心理的欠陥にあたるとして瑕疵担保責任を認めた東京地判平成7・5・31判時1556号107頁・判タ910号170頁がある。

（時枝和正・田中佑一）

第1章　マンション分譲契約をめぐる紛争

❷　住宅・都市整備公団による値下げ販売

> 公団の従前入居者（賃借人）が建替え後の分譲住宅を
> 優先購入した後に値下げ販売がなされた場合、従前
> 入居者の損害賠償請求は認められるか

▶グリーンタウン光ヶ丘・サンヴァリエ日吉事件〔最判平成
　16・11・18民集58巻 8 号2225頁・判時1883号62頁・判タ
　1172号135頁〕

事案の概要　　　Ａら58名は、住宅・都市整備公団設営に係る団地（旧光ヶ
丘団地、旧日吉団地、旧前原団地）の賃借人であったが、同
団地建替え後の新団地（グリーンタウン光ヶ丘、サンヴァリエ日吉）への戻り入
居を希望して、明渡しに協力した。Ａらと公団との間で、公団がＡらに対し
て、①一般公募に先立つ優先入居、②入居する住宅が完成するまでの仮住居
の確保、③移転費用相当額の支払い、④家賃等の一部補填相当額として100
万円の支払いを約する覚書が交わされていた。

　Ａらは、平成 6 年12月（サンヴァリエ日吉）および平成 7 年10月（グリーン
タウン光ヶ丘）に建替え後の分譲住宅の売買契約を締結したが、Ａらが分譲
住宅を購入した後、残りの分譲住宅についての一般公募はずっと行われず、
ようやく平成10年 7 月になって一般公募が行われた。一般公募価格は、Ａ
らの購入価格から大幅に値下げされ、グリーンタウン光ヶ丘では未入居分譲
住宅83戸につき平均値下げ率25.5％、平均値下げ額854万8000円、サンヴァ
リエ日吉では未入居分譲住宅46戸につき平均値下げ率29.1％、平均値下げ額
1631万4000円であった。

　Ａらは住宅・都市整備公団の権利義務を承継した都市基盤整備公団（その
後、平成16年に独立行政法人都市再生機構が権利義務を承継）に対し、Ａらが購
入した後に大幅値下げをして一般公募販売を行ったことは公団のＡらに対す
る債務不履行ないし不法行為であると主張し、予備的に分譲住宅の売買契約

6

が錯誤により無効であるとして、Ａらへの分譲価格と値下げ後の分譲価格（公募価格）との差額相当額および慰謝料（1戸あたり200万円）、弁護士費用の支払いを求めて訴訟を提起した。

第1審（東京地判平成15・2・3判時1813号43頁）は、次のとおり、Ａらに対する不法行為に基づく損害賠償として慰謝料各住戸あたり150万円および弁護士費用同15万円を認容した。①覚書は一般公募がＡらに対するあっせん後相当長期間経過した後に行われる場合の公募価格についての制約まで規定しているものではなく、公団が覚書の優先入居条項に違反したとは認められないとし、②優先入居条項が明示されているからといってＡらに対する売買代金が一般公募価格と同等かそれ以下であるとの動機が表示されていたとはいえず錯誤無効は認められない、③公団の目的等に公益性があるからといって公団に信義則上の適正価格設定義務が認められるとはいえないとしてＡらの購入価格と公募価格の差額相当額の請求を斥けたが、④公団はＡらへの売買価格が高額に過ぎ同一価格で一般公募を行っても買い手がつかないことを認識していたため、Ａらに対するあっせんに引き続いて一般公募を直ちに行う意思を有していなかったこと、覚書の条項等からすればＡらは一般公募がＡらの入居後直ちに行われ、価格面でも同等の条件で販売されるものと認識していたこと、一般公募が直ちに行われなかったのは買い手のつかない価格設定を行った公団に原因があること等の事情の下では、公団は、信義則上、Ａらに対し本件各売買契約を締結するに際し、現時点で一般公募を行うことを考えていないことを説明する義務があったと認められるところ、公団の上記説明義務違反によりＡらは最終的に本件各売買契約を締結するか否か、あるいは公団の賃貸住宅や民間住宅への移転を図るか否か等について的確な判断をする機会を得られなかったとした。

第2審（東京高判平成15・12・18判例集未登載）も1審判決を維持したが、都市再生機構が上告した。

判決要旨　　本判決は、「住宅公団は、被上告人らが、本件優先購入条項により、本件各譲渡契約締結の時点において、被上告人らに対するあっせん後未分譲住宅の一般公募が直ちに行われると認識していた

7

第1章　マンション分譲契約をめぐる紛争

ことを少なくとも容易に知ることができたにもかかわらず、被上告人らに対し、上記一般公募を直ちにする意思がないことを全く説明せず、これにより被上告人らが住宅公団の設定に係る分譲住宅の価格の適否について十分に検討した上で本件各譲渡契約を締結するか否かを決定する機会を奪ったものというべきであって、住宅公団が当該説明をしなかったことは信義誠実の原則に著しく違反するものであるといわざるを得ない。そうすると、被上告人らが住宅公団との間で本件各譲渡契約を締結するか否かの意思決定は財産的利益に関するものではあるが、住宅公団の上記行為は慰謝料請求権の発生を肯認し得る違法行為と評価することが相当である」として都市再生機構の上告を棄却した。

解説　本件１審判決は、一連の値下げ販売訴訟で買主側の請求を初めて認めたものとして話題になったが、Ａら買主が従前入居者であったことや優先入居条項を定めた覚書が交わされていたこと、同等価格での一般公募は困難であるとの判断の下、Ａら従前入居者との売買契約締結後３年前後を経てから大幅に値下げされた価格での一般公募が開始されたこと等の特殊な事情の下での事例判例であることに注意すべきである。また、公団の不法行為責任（説明義務違反）を認め慰謝料と弁護士費用については認容されたが、Ａらの購入価格と一般公募価格の差額分の賠償や不当利得返還請求については一連の値下げ販売訴訟同様に認められなかった。

大幅値下げをしての一般公募までの期間が１～２年程度であった場合でも覚書の条項違反が問えなかったのか、また、Ａらと公団との交渉の過程における公団側の言動等をつぶさに検討しても錯誤無効を認めることはできなかったのか、あえて約３年間公募せずに放置を決め込めば公団の債務不履行責任は不問に付されることになるのか等、１審判決を一読しただけでは尽きない疑問は多々あり、本件の事情の下では値下げ差額分の賠償が認められるべきではなかったのかとの感を禁じ得ない。

本件は、特殊な事案についてのものではあるが、売主の説明の有無・内容や買主側の認識、当事者間の契約締結後の事情等が売主側の責任に及ぼす影響を考える場合に参考になるであろう。

次に、本件最高裁判決は、判示の事情の下における侵害行為の態様からすれば、被侵害利益が財産的利益に関する意思決定権にすぎないものであるとしても、慰謝料請求権の発生を肯認すべき特段の事情が認められるとの判断を示したものであり、財産的利益に関する意思決定権侵害を理由として最高裁判所が慰謝料請求を認めたものとして今後の実務的影響が注目される。

ところで、分譲マンション等の居住用不動産の購入は、平穏・快適・安全な生活を営み続け自己実現を図っていく本拠を定めることにほかならず、住宅購入の意思決定を財産的利益に関する問題としてのみとらえることには疑問が残る。住宅購入における人格的利益に関する意思決定の側面に光を当てた構成が考えられないかは今後の検討課題であると思われる。

また、住宅購入を人格的利益に関する意思決定の問題としてとらえた場合、本件で認容された慰謝料額が十分なものであったといえるかについてもさらなる検討が必要ではないかと思われる。

なお、公団が分譲開始の約4年後に市場価格の下限を10％以上下回る値下げ販売を行った事案につき大阪高判平成19・4・13判時1986号45頁・判タ1269号38頁は、値下げ販売によりマンションの価格が一時的に値下がりしたとしても値下がりした状態が将来も続くとは言い難いとして、原告らに経済的損害が発生したとは認められないとしたが、原告らは一時的に購入した住戸の価格を本来の市場価格以下に低下させられ、多大な精神的苦痛を被ったとして1戸あたり100万円の慰謝料を認めた。売主である公団に対し引渡し等の履行後においても分譲住宅の財産的価値を維持すべき信義則上の義務を認めたものとして評価できるが、値下がりが一時的なものにすぎず将来も続くとは言い難いとなぜいえるのか、将来値上がりすることがあったとしても値下げ販売の影響を払拭できないのではないか、慰謝料のみならず端的に財産的損害も認められるべきではなかったのか等の疑問が残る。

（岩岡優子・畑中　潤）

第1章　マンション分譲契約をめぐる紛争

❸　マンション眺望の瑕疵

> マンション完成後に眺望が妨げられていることが判明した場合、買主は売買契約を解約できるか

▶京都二条城マンション事件〔大阪高判平成11・9・17判タ1051号286頁〕

事案の概要　平成6年10月、Aはモデルルームを見て京都市内の7階建てマンション6階603号室（代金4560万円）をBら（売主および販売代理会社）から購入する売買契約を結び、手付金460万円を支払った（マンションの竣工予定日は平成7年6月）。マンションのパンフレット等には、本件マンションの居室からは二条城の眺望・景観が広がると説明してあり、Aも契約締結に先立ち、本件マンション西側窓からの眺望について、販売代理会社の担当者Cに質問し、視界は通っているとの説明を受けていた。

ところが、Aは、マンション竣工後の内覧会において、5階建て隣接ビルのクーリングタワーにより603号室の西側窓の眺望が妨げられ、クーリングタワーの騒音も大きいことに気がついた。そこで、Aは、売買契約の交渉当初からAが眺望を重視する旨伝えていたのに十分な説明を受けていないとして、Bらの契約違反を理由に売買契約を解除し、手付金の返還および損害賠償の請求を求めた。

判決要旨　第1審・京都地裁判決は、「Aの西側窓からの眺望についての質問に対して、（販売代理会社の担当者Cが）クーリングタワー等の構築物を意識せず、隣接ビルの高さとの比較だけから推測を述べ、その結果、Aは、西側窓からの眺望について事実と異なるイメージをもったことが認められ」るとし、この点は、分譲マンションの販売代理人として軽率の誹りを免れないと指摘した。しかし、Cにおいて、Aが、西側窓から二条城が眺望できなければ本件売買を行わない意思であることを意識できたとは認められないとしたうえで、「市街地における住居の眺望は、その性質上、長期的・独占的に享受しうるものとはいい難く、隣接建物により眺望が阻害

10

されることは、特段の事情がない限り受忍せざるを得ないものであること等を考慮すると、西側窓からの眺望が阻害されることが直ちに本件売買契約の解除事由となるとの特約がなされたと意思解釈することはできない」と述べ、Aの請求を斥けた。

　これに対して、大阪高裁判決は、「（未完成のマンションの販売においては）売主は購入希望者に対し、その売買予定物の状況について、その実物を見聞できたのと同程度にまで説明する義務がある」とし、「売主が説明したところが、その後に完成したマンションの状況と一致せず、かつそのような状況があったとすれば、買主において契約を締結しなかったと認められる場合には、買主はマンションの売買契約を解除することもでき、この場合には売主において、買主が契約が有効であると信頼したことによる損害の賠償をすべき義務があると解すべきである」と述べ、Aは本件マンション購入にあたり、Bの担当者に対して、視界を遮るものがないかについて何度も質問しており、Bにおいても、Aが二条城への眺望を重視し、購入の動機としていることを認識し得た、Bは未完成建物を販売する者として、本件居室のバルコニー、窓等からの視界についてその視界を遮るものがあるか、ないかについて調査、確認して正確な情報を提供する義務があったと認めて、Aに手付金の返還を認めた。そのうえで、同判決は、売買代金支払準備のために借入れした際発生した弁済日までの利息、弁護士費用、慰謝料、住居確保のための賃貸借契約締結に要した仲介手数料などの損害の賠償も認めている。

　最高裁判所は、Bらの上告受理申立てに対して、不受理の決定をした（最決平成12・9・26）。

解　説　「マンションの居室の売買においては、眺望は重視される1つの要素」であるとしたうえ、眺望に関する売主側の事実と異なる不正確な説明を根拠として、買主の契約解除、損害賠償を認めた本件高裁判決は、市街地（京都市中京区）に存するマンションにおいて、眺望の利益を重視した点で重要な意義を有する。また、判示指摘の事実経過に照らせば、妥当な結論であると評することができよう。しかし、マンションの売買契約一般において、具体的にいかなる要件、基準の下で、「眺望の瑕疵」が契

11

第1章　マンション分譲契約をめぐる紛争

約解除事由となりうるのか、また、いかなる損害について、どの程度の賠償が、どのような法的根拠（債務不履行、瑕疵担保、不法行為等）に基づいて認められるのかといった点については、本件判決からは必ずしも判然としない。

　まず、売買契約の解除事由となりうる「眺望の瑕疵」の具体的内容、程度であるが、本件においては、二条城という特定の景観がパンフレット等で強調され、買主であるＡは何度も眺望の確認のための質問をしたという事情が認められる。仮に、特定の景観の指摘がなく、市街地のマンションにおいて「夜景が楽しめます」といった程度の説明があったにすぎない場合は、受忍限度の問題もあろうが、本件第１審判決のような契約の解除を否定する認定に結びつきうると思われる。実際には、当該マンションの所在地や周囲の状況、パンフレット等によるセールスポイントの内容、セールストークの内容など具体的事情ごとに判断されざるを得ないと思われる。なお、マンションの眺望に対する利益が権利として保護されるための要件について触れた判例として、眺望権の侵害を理由とする建築工事中止の仮処分申請を棄却した東京高決昭和51・11・11判時840号60頁がある。

　売買契約の解除の根拠については、本件判決は売買契約に付随する説明義務違反、あるいは信義則上の義務違反を根拠にしていると考えられる。理論的には、売主による景観確保についての保証特約があったとみて、かかる特約違反による契約解除も考えられよう。さらに契約に際しての売主側担当者の説明内容によっては、消費者契約法４条による契約の申込み、またはその承諾の意思表示の取消しによる売買契約の解消も考えられる。

　次に、買主が売主側に求めうる損害賠償の範囲が問題である。売買契約の解除が認められる以上、手付金の返還請求は肯定されよう。それ以上の損害賠償について、本件高裁判決は、契約上の違約金に相当する金員の賠償は否定したものの、売買代金支払いのための借入金1000万円（契約解除に伴い借入れ後すぐに返済）の弁済日までの利息約２万8000円、居住のための新たな賃貸建物の確保のための不動産仲介手数料約15万円については、いずれも売買契約をしなければ、支払う必要がなかったものであるから、との理由で賠償を認めている。一方、従前の家賃と新家賃との差額、敷金、権利金につ

12

いての請求は、従前より広い部屋に住んでおり、賃借の利益を受けていると
して認めなかった。

　また、弁護士費用50万円、慰謝料30万円について、「Bらの行為」による
損害として賠償請求が認められている。その法的根拠は、不法行為にあるも
のと解されるものの、売買契約の解除を認めたこととの法的関係は不明であ
る。具体的事案において、契約が解除された場合、手付金の返還のほか、ど
の程度の損害が賠償されうるのかは極めて実務的な問題であるが、不法行為
における損害論として論じうるのか、あるいは契約解除の場合の信頼利益の
賠償の範囲の問題として論じられることになるのかといった問題とも絡ん
で、理論的にも極めて難解な問題を含んでいる。

　なお、参考判例として、マンションの建設工事に伴う騒音被害につき不法
行為に基づく損害賠償請求が一部認容されたが、景観権ないし景観利益侵害
を理由とするマンションの一部撤去・損害賠償請求、プライバシー侵害、日
照侵害損害賠償請求等が棄却された事例がある（京都地判平成22・10・5判時
2103号98頁）。

　　　　　　　　　　　　　　　　　　　　　　　　　　　　　（宮下和彦）

第1章　マンション分譲契約をめぐる紛争

❹　眺望をセールスポイントとしたマンションの眺望の阻害

> 同一の分譲業者が眺望を阻害するマンションを建築した場合に損害賠償を求めうるか

▶隅田川花火事件〔東京地判平成18・12・8判時1963号83頁・判タ1248号245頁〕

事案の概要　本件マンションは、総戸数126戸の地上13階、地下1階建てマンションである。立地は、地下鉄駅より徒歩10分の建築基準法上の商業地域に建築されている。

平成15年5月29日、A₁、A₂夫婦が、分譲時に隅田川花火大会の花火を観覧できることを重視して、分譲業者C社よりマンションの一室（D号室）を購入した（引渡しは同年10月10日）。また、A₁ら夫婦が経営するB社は、同室を同社の取引先の接待にも用いるために、同室の改造費用を支出した。

ところが、平成16年5月24日、C社は本件マンションから通り（道幅33m）を挟んだ向かい側に、本件マンションと同様の高さのマンション（Eマンション）を建築する計画を立てた。その後、同マンションの建築が進んだ平成17年2月頃には、A₁らが購入したマンションの部屋から隅田川花火大会の花火を観覧することができなくなった。この間、平成16年4月～7月にかけて、C社と本件マンション区分所有者らとの間で、数回にわたり協議の機会があった。結局、C社は、原告らを除く他の区分所有者らとの間で、5～10万円の金員を支払うことで問題を解決した。

その後、A₁ら夫婦およびB社が、分譲業者C社を被告として、不法行為に基づく損害賠償請求（花火を見ることができなくなったことによる財産的損害、慰謝料、弁護士費用の合計353万2500円の請求）をなした事案である。

判決要旨　「原告A₁らは、隅田川花火大会の花火が観覧できるという北東向きの部屋の特徴を重視し、これを取引先接待にも使

14

えるという考えの下にＤ号室を購入したことが認められ、被告においてもこれを知っていたと認めるのが相当である」。

「原告Ａ₁らがＤ号室からの隅田川花火大会の花火の観望という価値を重視し、これを取引先の接待にも使えると考えて同室を購入し、被告においてもこれを知っていたこと、……隅田川花火大会を巡る状況からみてこれを室内から鑑賞できるということは、取引先の接待という観点からみると少なからぬ価値を有していたと認められることを考慮すると、被告は、原告Ａ₁らに対し、信義則上、Ｄ号室からの花火の観望を妨げないよう配慮すべき義務を負っていたと解すべきである」。

「被告のＥマンション建築は、上記の信義則上の義務に違反するものといえる。したがって、被告は、これによって原告Ａ₁らに生じた損害の賠償をしなければならない」。

| 解　説 | 本件事案は、当事者間において隅田川花火大会の花火が観 |

覧できる（眺望権の一種）ことを重視していることを前提としてマンションの売買契約を締結し、その後に同一の分譲業者が別のマンションを建築した結果、特定の眺望が阻害された点につき損害賠償請求（慰謝料請求についてのみ）が認められた事例である。

　近時、このように眺望が阻害されたことによる訴訟事件が多い（東京高判平成13・6・7判タ1070号271頁、東京地判平成17・7・22判例集未登載、東京地判平成18・8・30判例集未登載、東京地判平成20・1・31判タ1276号241頁等）。これは眺望権・眺望利益につき、法的保護に値する利益として成熟し、認知されてきたことと、国民一般の権利意識の高まりによるものであろう。

　また、眺望権・眺望利益は、眺望をする場所が特定されている結果、主体が限定されうる。かかる観点から、国立マンション事件（最判平成18・3・30民集60巻3号948頁・判タ1209号87頁）にて問題となった景観権・景観利益と異なり、裁判実務においても眺望権には一定の権利性を比較的認めやすいと考えられる。

　多くの裁判例のうち、本判決の事案の特徴としては、①売主である分譲業者と、眺望を阻害した建築物を建築した業者が同一である点、②原告の請求

が不法行為による損害賠償請求として構成されている点、③不法行為の要素たる違法性の理論的根拠を眺望権または眺望利益の侵害ではなく、信義則上の観望を妨げないように配慮すべき義務違反とした点、④財産的損害ではなく、慰謝料（A₁について42万円、A₂について18万円）が認容された点の4点にある。

第1に、①本件判決においては同一の分譲業者が近隣に別途のマンションを建築したことを重視している。かかる事情は、分譲業者の違法性を認める一要素として考慮された。他方で、都心部においては次々と高層ビルが建築されているから、売主とは別の業者が同規模の高層建築物を建て、その結果眺望が阻害される可能性も十分考えられる。

この点、大阪地判平成20・6・25判時2024号48頁では、同一の事業者が82.5m離れた場所に別途の超高層マンションを建設した事案で、説明義務違反等はないとの判断をなしている。同一の分譲業者による高層マンション建設であっても、不法行為や債務不履行責任が認められるか否かは事案により異なるものと考えられる。

第2に、原告らにおいては、法的構成として債務不履行（説明義務違反など）に基づく損害賠償請求や解除、消費者契約法による取消しを求めることも考えられるところ、不法行為構成によって損害賠償請求をなしている。原告らとしてはマンション購入契約の解消までは求めていなかったことから、損害賠償を請求する視点でかかる法律構成をとったものと推察される。同一の分譲業者による眺望を阻害するマンションの建築の問題であるから、分譲業者は後に建築されるマンションの計画についても予定していたとも考えられる。そうであれば、本件においても説明義務違反に基づく損害賠償責任を問うことや、重要事項の不告知として消費者契約法4条2項による取消しも法的構成としてはありうる。

この点の参考として、同じく眺望が阻害されているとして問題となり、かつ売買契約の解除まで認めた事案として福岡地判平成18・2・2判タ1224号255頁を紹介する。この事案においては、全戸オーシャンビューであることをセールスポイントとしていたマンション（完成前に売却された）において、

そのマンションの部屋からの眺望が実際には電柱および送電線によって阻害されていた。そこで、分譲業者による説明義務違反があるとして、買主の売買契約の解除と損害賠償請求が認められた事案である。

第3に、本判決は、眺望権または眺望利益の侵害ではなく、信義則上の観望を妨げないように配慮すべき義務違反を理由として不法行為責任を認めたものである。これは本件では、「D号室からの花火の観望を妨げないよう配慮する義務」があったとして、花火大会の観覧が妨げられるという点を基礎とした主張をしているため、一般的な眺望権の議論とせずに、信義則上の義務違反との判断をしたものと推察される。もっとも、花火大会の観望という特殊な事例ではあるものの、眺望権の侵害の問題と位置づけて検討をすることも可能である。

第4に、本件判決においては、損害として④財産的損害ではなく、慰謝料を認容している。原告Ａ₁らからは、花火を見ることができる価値は、物件価格の5％程度との主張がなされ、これが失われたとして財産的損害があるとの構成をしていた。しかし、判決においては、その具体的立証が不十分として排斥されている。

この点、眺望権等の侵害について、厳密な財産的評価をし、その立証をすることは困難な事案が多いと思われる。可能であれば不動産鑑定士の鑑定書（眺望が侵害される前後の評価を出してもらう）により、評価が変化することを客観的に裏づけることも検討しうる。

【参考文献】
　大塚直＝北村喜宣編『環境法判例百選〔第3版〕』

（緒方　剛）

第 1 章　マンション分譲契約をめぐる紛争

⑤　隣接地への建物建築

> 隣地に高層マンションが建築された場合に不動産業
> 者に情報提供義務違反に基づく損害賠償を求めうる
> か

▶クリオ横浜壱番館事件〔東京高判平成11・9・8判時1710号110頁・判タ1046号175頁〕

事案の概要　分譲マンション販売業者であるＢ社（被控訴人）の営業担当者Ｃは、Ａ（控訴人）に対し、南側隣地の所有者が大蔵省（当時）なので、しばらくは何も建たないし、建物が建てられるにしても変なものは建たないはずである旨説明し、Ａに本件マンションの日照が長期間確保されるとの期待をもたせて、本件マンションの一室につき売買契約を締結させた。Ａが手付金・中間金を支払った後、残金を支払う前に、隣地に11階建てマンションが建築されることが判明したため、Ａは残金の支払いを行わなかった。そこで、Ｂは契約に基づき手付金を没収した。

そこで、Ａは、Ｂに対し、まず建物売買契約には南側隣地に建物が建たないことを保証する旨の特約があったところ、特約が履行不能になったとして、①特約違反による売買契約の解除に基づき手付金の返還を求めた。二次的に、②特約が存在する旨または南側隣地に相当長期間建物が建築されずに日照が確保される旨誤信していたとして、錯誤無効による不当利得返還請求権に基づき、もしくは③告知義務に違反したとして債務不履行（契約締結上の過失）に基づき、手付金相当額の損害金の支払いを求めた事案である。

１審判決においては、原告の請求のうち、①債務不履行解除、②錯誤無効のいずれについても証拠上事実認定ができないとして排斥し、③告知義務違反については、担当者は原告の質問に対して見通しを述べたにとどまるとして、説明義務違反は生じてない旨の認定をし、原告のいずれの請求も棄却した。

18

判決要旨 　まず、本件売買契約における①本件保証特約の債務不履行、および②錯誤無効については、１審同様控訴人の主張を排斥した。そのうえで、以下のとおり信義則上の情報提供義務違反に基づく判断を行った。

　「被控訴人は、不動産売買に関する専門的知識を有する株式会社であり、控訴人は、不動産売買の専門的知識を有しない一般消費者であるから、被控訴人としては、控訴人に対し、売却物件であるクリオ横浜壱番館ないし本件建物の日照・通風に関し、正確な情報を提供する義務があり、誤った情報を提供して本件建物の購入・不購入の判断を誤らせないようにする信義則上の義務があるというべきである」。

　「専門的知識を有し、右経過を知っていた被控訴人としては、南側隣地が横浜駅から至近距離にあるという立地条件と相まって、大蔵省において、早晩これを換金処分し、その購入者がその土地上に中高層マンション等を建築する可能性があることやマンション等の建築によって本件建物の日照・通風等が阻害されることがあることを当然予想できたというべきであるから、……営業社員をして、右のような可能性等があることを控訴人らの顧客に告知すべき義務があったというべきである」。

　「しかるに、被控訴人は、営業社員に対し、右のような可能性があることを周知徹底させず、そのため、Ｃ（営業担当者）は、……控訴人に対し、個人的見解と断りながらも、南側隣地の所有者が大蔵省なので、しばらくは何も建たないし、建物が建てられるにしても変なものは建たないはずである旨説明し、控訴人をして、……本件建物の日照が確保される旨の期待を持たせて本件建物の購入を勧誘し、控訴人をして本件建物を購入させたものであるから、被控訴人には、右告知義務違反の債務不履行があったと認められる」。

　「（Ａが）住宅条件が劣悪化する可能性がある旨の説明を受けていれば、本件売買契約を締結することはなく、ひいては、本件売買契約の不履行を理由として本件売買契約を解除され、本件手付金を没収されることはなかったと認められるから、被控訴人は、控訴人に対し、右告知義務違反の債務不履行に基づき、本件手付金430万円を没収されたことによる損害の賠償を求める

第1章　マンション分譲契約をめぐる紛争

ことができる」。

「(控訴人は) 近い将来において、南側隣地に……同程度の中高層建物が建築されることを予測できたというべきところ、控訴人は、Cの個人的見解に盲従して、……誤信し本件売買契約を締結した上、被控訴人から、本件売買契約解約の機会を与えられながら、最終金の支払期日まで本件売買契約の解約申し入れをせず、本件手付金を没収された過失がある」、「控訴人の過失割合は、50パーセントであると認められる」。

解　説　本件は、マンション分譲時に隣地が空き地であったことを前提として、本来隣地も商業地域であることから、中高層マンションが建築される可能性が十分にあるところ、営業担当者が長期間にわたって中高層建築物が建築されない旨の説明をなしていたことから、信義則上認められる告知義務違反を理由として分譲業者に一定の範囲で損害賠償責任を認めた事案である。

1　法的構成

本判決においては情報提供義務の一内容としての、告知義務違反との判断をなしているが、情報提供義務は、当事者間に情報の格差が存在する場合に、信義則上認められる保護義務の一内容としての一定の情報を提供する義務である。

本判決においても、分譲業者と購入予定者との間に情報の格差があることを指摘したうえで、分譲業者に信義則上の告知義務がある旨の認定をしている。かかる情報の格差が存在することは分譲業者と購入を予定する消費者との間では一般的であることから、少なくとも分譲業者において購入予定者に「正確な情報を提供する義務」、「誤った情報を提供して判断を誤らせないようにする信義則上の義務」があることは、一般的な義務として考えるべきであろう。

2　分譲業者の責務

マンションの分譲時には、分譲業者の担当者としてはマンションの購入を

してもらうことを目的として営業活動をなす。このため、担当者は顧客に対して利益なことは積極的に告げるものの、不利益な事実については十分に説明がなされないことがある。他方で、購入予定者としては、自ら専門的な知識や経験は有しないことから、このような営業担当者から提供される片面的情報を購入判断の前提情報としてしまう。その結果、本件のように購入後になって思っていた物件と異なるとしてトラブルとなるケースは数多く存在すると考えられる。

本判決は、分譲業者が各営業担当者にまで不利益事実の内容および告知が必要であることを周知徹底させていなかったことを問題としている。かかる観点からすれば、本判決は、不動産分譲業者において購入予定者に適切な判断をなすことのできる情報の告知義務を広く認めるとともに、分譲業者において各営業担当者にまで説明すべき情報の内容および告知が必要であることを十分に徹底させることを求めた判決である。消費者保護の視点からしても、現在においては、分譲業者が購入予定者の意思決定を左右すべき重要事項について、購入予定者に適切な情報を提供をすることは分譲業者の責務であるといえる。

3　関連裁判例

もっとも、前提としての分譲業者の情報提供義務を否定して、請求棄却した例も多数存在する。これらは、請求者側の主張を前提としても情報提供義務・説明義務は認められないとする案件（大阪地判平成24・3・27判時2159号88頁、東京地判平成24・9・14（ウエストロー・ジャパン））、前提としての説明内容につき請求者側の主張が認められなかった案件（東京地判平成25・12・27（ウエストロー・ジャパン））である。

請求者側としても単に思っていた内容と違うというだけではなく、「意思決定を左右すべき重要事項」であるか否か検討が必要であるし、分譲業者の説明内容について録音や書面化するなど証拠化が必要であろう。

（緒方　剛）

第1章　マンション分譲契約をめぐる紛争

⑥　他の専有部分を暴力団員が区分所有していることを秘匿した場合の売主の責任

> 暴力団員が他の専有部分の区分所有者であることを知らずに専有部分を買った者は、売買を解約できるか

▶武蔵小杉ダイヤモンド事件〔東京地判平成9・7・7判時1605号71頁・判タ946号282頁〕

事案の概要　AがBからマンションの専有部分・敷地利用権を3500万円で購入したが、同じマンションに暴力団幹部Cが区分所有権を有する専有部分があった。Cの部屋には多数の暴力団員が出入りし、共用部分を物置として専有使用し、多人数を集めて深夜までマンション前路上にて大騒ぎをして他の区分所有者らに迷惑をかけていた。そこでAはBに対し、購入したマンションの専有部分・敷地利用権に瑕疵があったことによる契約の解除、錯誤があったことによる契約の無効、詐欺があったことによる契約の取消しを原因とする、売買代金の返還または瑕疵担保責任に基づく損害賠償を求めた。

判決要旨　（瑕疵担保責任について）
　民法570条にいう瑕疵担保責任とは、物理的欠陥が存する場合のみならず、目的物の通常の用途に照らしその使用の際に心理的に十全な使用を妨げられるという心理的欠陥も含まれる。居住するための建物の場合、建物は継続的に生活する場であるから、その居住環境として通常人にとって平穏な生活を乱すべき環境が、売買契約時において一時的ではない属性として備わっている場合には、瑕疵にあたるというべきとしている。

　本件マンションにおいては、暴力団幹部Cが、管理人室に私物を置いて物置として利用するなど、共用部分を私物化する等の迷惑行為を継続した。また、マンションの敷地および前面道路で、多人数で長時間にわたり飲食のう

え騒ぐなどの事情があった。かかるCの、マンションの区分所有者らに迷惑をかけている状態（以下、「本件状態」という）は、通常人にとって明らかに住み心地のよさを欠く状態に至っており、また本件状態がもはや一時的な状態とはいえないから、本件事情は本件不動産の瑕疵にあたるとした。また、その瑕疵は、売買契約当時にはAは知り得なかったのであるから「隠れたる瑕疵」にあたるとしている。

　もっとも、上記瑕疵は、いまだ居住の目的に用いられない程度の瑕疵であるとはいえず、契約の解除までは認めなかったものの、Aは本件不動産の瑕疵に基づく損害を被ったとして、Bは売主の瑕疵担保責任に基づき、その損害を賠償すべきであるとした。その際、本件不動産の瑕疵に基づく損害は、不動産市況による価格の下落は含まず、瑕疵を原因として本来有すべき価値を欠いていたことによる損害をいうので、時期を異にし、かつ瑕疵の存在を前提に成立した別の売買事例における価格に、相場の変動率（本件契約当時の3.3㎡あたりの相場を別の売買事例の契約当時の相場で除したもの）を乗じた額が、本件瑕疵を前提とした本件不動産の価値とし、実際の売買代金との差額を損害（金350万円）とした。

（錯誤無効について）

　Aが本件不動産を本件瑕疵がなく永住のつもりで買い受けたことは単なる動機にすぎず、本件売買契約締結において、右動機が表明され、売買の意思表示の内容とされたことを認めるに足る証拠はない。また、本件不動産は本件瑕疵があることにより、居住の目的が達せられないとまではいえないから、右錯誤は要素の錯誤にあたらず、本件契約が無効となるものではないとした。

（詐欺取消しについて）

　Bは本件事情を知っていながら、本件売買契約の交渉においてAに対しその旨を告げていないと認定しつつ、本件不動産の売却目的は不自然ではなく、当初売出し価格と成約価格との間に一定の差があることも、中古マンションの売却では通常ありうることであるから、BがAに対し本件事情を告げなかったことが、積極的に虚偽の事実を述べたとまではいえないので、詐欺取消しはできないとした。

第1章　マンション分譲契約をめぐる紛争

解　説　1　民法570条と主観的・心理的な瑕疵

　瑕疵担保責任の要件である「瑕疵」とは、目的物に何らかの欠陥があることであるが、何が欠陥にあたるかについては、本判決を含め、目的物が通常有すべき品質・性能を有しない等の物理的欠陥だけでなく、心理的欠陥をも含むとするのが判例である。そして、目的物が家屋である場合、家屋として通常有すべき「住み心地のよさ」を欠くときもまた、家屋の有体的欠陥の一種としての瑕疵と解するに妨げない（大阪高判昭和37・6・21判時309号15頁）とした。もっとも、心理的欠陥を瑕疵といえるためには、単に買主が目的不動産を好まないということでは足りず、さらに進んで、それが通常一般人において「住み心地のよさ」を欠くと感ずることに合理性があると判断される程度に至ったものであることを必要とするとして、一定の絞りをかけている。

　さらに、心理的欠陥を瑕疵と認めたとしても、売買契約を解除できるか否かは別の問題であり、解除が許されるためには、当該瑕疵があるために、売買契約の目的を達せられない程度の瑕疵である必要があり、本件のような住居の場合、住居の目的に用いられない程度の瑕疵と認められる場合に解除が認められる。

2　「瑕疵」にあたるとした事例

①　土地建物の売買について、売主の前所有者が約7年前に同建物の付属物置で自殺したことが、隠れた瑕疵にあたり、契約解除が認められた事例（東京地判平成7・5・31判時1556号107頁・判タ910号170頁）

　　自殺行為に及んだ物置は、本件土地上にあり、本件建物に付属しているから、死亡場所が（搬送先の）病院であったとしても、右自殺が本件土地および建物と無関係であるとはいえない。本件建物に付属する物置内で自殺行為がなされたことは、売買の目的物たる土地および建物にまつわる嫌悪すべき歴史的背景に起因する心理的欠陥といえる。そのようないわく付きの建物を買い受けるということは、通常人には考えられないことであり、原告もこれを知っていれば絶対に購入しなかった。本件

契約が自殺行為より約6年11カ月経過後のものであることは、自殺という重大な歴史的背景や本件土地建物が山間農村地にあることに照らすと、問題とすべきほど長期ではない。本件売買契約には契約の目的を達成できない隠れた瑕疵があり、瑕疵担保責任による解除原因があるとした。

さらに、中古マンションの一室の売買契約においても、当該部屋で縊首自殺があったことは、瑕疵担保による解除原因があるものというべきであるとして、瑕疵担保に基づく解除を認め、受け取った手付金返還義務を認めた事例もある（横浜地判平成元・9・7判時1352号126頁・判タ729号174頁（本書**❶**判例））。

② 売買の目的土地のすぐ近くに暴力団事務所が存在することが目的土地の隠れた瑕疵にあたるとして、売主に対し代金額の2割相当の損害賠償を命じた事例（東京地判平成7・8・29判時1560号107頁）

小規模店舗、事業所、低層共同住宅等が点在する地域に所在する本件土地の交差点を隔てた対角線の位置に本件暴力団事務所が存在することが、本件土地の宅地としての用途に支障を来し、その価値を減ずるであろうことは、社会通念に照らし容易に推測されるところ、当裁判所の鑑定結果によっても、本件暴力団事務所の存在そのものが、本件土地の価値を相当程度減じていることは明らかである。本件土地は、宅地として、通常保有すべき品質・性能を欠いているものといわざるを得ず、本件暴力団事務所の存在は、本件土地の瑕疵にあたるというべきであるとした。もっとも、契約の目的を達成できないとの事情までは認められず、瑕疵担保による解除は認めなかった。

（小鉢由美）

第1章　マンション分譲契約をめぐる紛争

⑦　シックハウス

> シックハウスを理由に売買契約を解除できるか

▶台東区シックハウス事件〔東京地判平成17・12・5判時1914号107頁・判タ1219号266頁〕

事案の概要　　本件は、平成14年7月に建築基準法28条の2、同法施行令20条の4ないし7が新設され、シックハウス（ここで「シックハウス」症候群とは、住宅に由来する健康被害の総称であるが、原因物質として接着剤や塗料などに含まれる有機溶剤などが知られている。主な症状としては、倦怠感、めまい、頭痛、呼吸器疾患）に対する法規制が導入される以前の事案である。

　AB夫婦は、平成14年7月27日、東京都台東区所在の本件マンションを4350万円で購入し、翌平成15年5月29日所有権保存登記を経由し、7月15日家財道具の一部を搬入した。ところが、ABは2人とも内覧会時にすでに頭痛や鼻水等の症状が出ており、5月10日には分譲業者従業員あてに「二人とも目が痒くなったり、咳が出たりしています」とのメールを送っていた。7月25日午後2時から台東保健所に室内環境調査の簡易測定を依頼したところ、玄関側洋室0.43ppm、中央洋室0.48ppm、バルコニー横洋室0.47ppm、納戸0.44ppm、リビングダイニング0.49ppmと高濃度のホルムアルデヒドが検出された。またVOC測定用空気採取装置（10分）によるリビングのホルムアルデヒドでも0.23ppmが検出された。このためABは、同年8月22日家財道具を搬出し、本件マンションを空室とした。

　ところで分譲業者は、本件マンションの販売にあたり、新聞折込チラシやパンフレットに以下のように明記していた。

【新聞折込チラシ】

> 環境物質対策基準
> 　JAS（日本農林規格）のFc0基準とJIS（日本工業規格）のE0・E1基準の

仕様

　目にチカチカとした刺激を感じるなど、新築の建物で発生しがちなシックハウス症候群。〈ベルザ×××〉では、その主な原因とされるホルムアルデヒドの発生を抑えるために、JAS規格でもっとも放散量が少ないとされるFc 0基準やJIS規格のE 1基準以上を満たしたフローリング材や建具、建材などを採用。壁クロスの施工などにもノンホルムアルデヒドタイプの接着剤を使用しています。

【パンフレット】

　環境物質対策基準

　JASのFc 0基準とJISのE 0・E 1基準の仕様

　目にチカチカとした刺激を感じるなど、新築の建物で発生しがちなシックハウス症候群。〈ベルザ×××〉では、その主な原因とされるホルムアルデヒドの発生を抑えるために、JAS規格でもっとも放散量が少ないとされるF 1基準やJIS規格のE 1基準以上を満たしたフローリング材や建具、建材などを採用。壁クロスの施工などにもノンホルムアルデヒドタイプの接着剤を使用しています。

　JAS（日本農林規格）及びJIS（日本工業規格）では、建築部材の主原料である合板やMDFに対して、下表のようなホルムアルデヒド放散基準を定めています。

規格	JAS	
対象	合板	
		水中濃度
	Fc 0	平均0.5mg /l以下（最大0.7mg /l以下）
	Fc 1	平均1.5mg /l以下（最大2.1mg /l以下）
	Fc 2	平均5.0mg /l以下（最大7.0mg /l以下）

規格	JIS	
対象	パーティクルボード中比重ファイバーボード	
	E 0	平均0.5mg /l以下
	E 1	平均1.5mg /l以下
	E 2	平均5.0mg /l以下

第1章　マンション分譲契約をめぐる紛争

判決要旨　　裁判所は以下のとおり判断して、分譲業者の瑕疵担保責任に基づき本件分譲契約の解除と損害賠償として、内訳は売買代金4350万円のほかにローン諸費用90万円余その他を含み4791万0285円の支払いを命じた。

　分譲業者は、「本件建物を含むマンションの分譲に当たり、環境物質対策基準であるJASのFc 0 基準及びJISのE 0・E 1 基準を充足するフローリング材等を使用した物件である旨を本件チラシ等にうたって申込みの誘引をなし、原告らがこのような本件チラシ等を検討の上被告に対して本件建物の購入を申し込んだ結果、本件売買契約が成立したのである。そうである以上、本件売買契約においては、本件建物の備えるべき品質として、本件建物自体が環境物質対策基準に適合していること、すなわち、ホルムアルデヒドをはじめとする環境物質の放散につき、少なくとも契約当時行政レベルで行われていた各種取組において推奨されていたというべき水準の室内濃度に抑制されたものであることが前提とされていたものと見ることが、両当事者の合理的な意思に合致する」、「住宅室内におけるホルムアルデヒド濃度に関しては、厚生省（当時）の組織した『快適で健康的な住宅に関する検討会議住宅関連基準策定部会化学物質小委員会』が、世界保健機構による室内濃度指針値の提案を吟味した結果として、平成 9 年 6 月、『ホルムアルデヒドの室内濃度指針値として、30分平均値で0.1mg /㎥以下を提案する。』とした（厚生省指針値）。また、財団法人住宅・建築省エネルギー機構の健康住宅研究会は、この提案を踏まえ、平成10年 3 月、住宅建築の設計、施工の立場から居住者の健康被害を排除することを目標とした検討の結果として住宅生産者向けの『室内空気汚染の低減のための設計・施工ガイドライン』及び消費者向けの『室内空気汚染の低減のためのユーザーズ・マニュアル』を作成、公表した。その後も、建築物における衛生的環境の確保に関する法律の定める建築物環境衛生管理基準として、ホルムアルデヒドの量につき『空気 1 立方メートルにつき0.1ミリグラム以下』と定められる（同法 4 条 1 項、同法施行令 2 条 2 号）など、建築物におけるホルムアルデヒドに関する法的規制が行われた。さらに、平成14年 7 月 5 日には、ホルムアルデヒドを規制対象化学物質の一つとして

28

シックハウス症候群対策のための規制の導入を盛り込んだ建築基準法等の一部を改正する法律案が国会で可決成立し、平成15年7月にはこれが施行された」、「以上の取組をはじめとする本件売買契約当時までの住宅室内のホルムアルデヒド濃度に関する一連の立法、行政における各種取組の状況を踏まえると、当時行政レベルで行われていた各種取組においては、住宅室内におけるホルムアルデヒド濃度を少なくとも厚生省指針値の水準に抑制すべきものとすることが推奨されていたものと認めるのが相当である。そして本件においては、前記のとおり、原告らに対する引渡当時における本件建物の室内空気に含有されたホルムアルデヒドの濃度は、$100\,\mu\mathrm{g/m^3}$（$0.1\mathrm{mg/m^3}$）を相当程度超える水準にあったものと推認されることから、本件建物にはその品質につき当事者が前提としていた水準に到達していないという瑕疵が存在するものと認められ」、「当該瑕疵は取引上要求される一般的な注意を払っていても容易に発見し得ないものであるというべきである。したがって、当該瑕疵の存在につき原告らは善意無過失であり、隠れた瑕疵ということができる」。

解　説　　　本件は、戸建て住宅も含めてシックハウスに係る消費者あるいは借主側が勝訴した初判決である。これまでの判決は、いずれも業者あるいは貸主に予見可能性がない、あるいは当時使用が禁止された建材ではなく注意義務違反は認められないとして責任を否定していた。

ホルムアルデヒドの分子量は30、ホルムアルデヒド1ppmは、台東区の簡易測定時の気温は25.6度、気圧1013hPaとすれば、

$$1\,\mathrm{ppm} \times \frac{30}{22.4} \times \frac{273}{(273+25.6)} \times \frac{1013}{1013} = 1.224\mathrm{mg/m^3}$$

となる。そこでこれを前記台東保健所の行った簡易測定器による測定結果にあてはめると、玄関側洋室0.43ppm→0.526mg/m³、中央洋室0.48ppm→0.588mg/m³、バルコニー横洋室0.47ppm→0.575mg/m、納戸0.44ppm→0.538mg/m³、リビングダイニング0.49ppm→0.600mg/m³となり、確かに厚生省指針値の水準（0.1mg/m³以下）を大幅に上回っていた。

なお本判決は、瑕疵担保責任を認容したが、慰謝料および弁護士費用の賠償は命じていない。控訴審で和解が成立している。　　　　　　（山上知裕）

第1章　マンション分譲契約をめぐる紛争

⑧　ペット飼育可否と説明義務

> ペット飼育可否についての分譲業者の説明義務違反
> は不法行為を構成するか

▶大分ペット事件〔福岡高判平成17・12・13判例集未登載〕

事案の概要　・平成14年8月20日　　本件マンション新築（15階建て、56戸）

- 平成14年2月8日　　Aが売買契約、合計2650万円。管理規約案には、ペット飼育に関する規約上の定めはなく、ペット飼育禁止として説明販売
- 平成14年9月　　A入居
- 平成15年3月24日　　Cが売買契約、合計1950万円
- 平成15年6月18日　　Bが売買契約、分譲業者の従業員から本件マンションで犬の飼育が可能であると説明を受け、入居当初から犬を飼育
- 平成15年8月24日　　管理組合設立に向けて説明会開催、同日時点でペットを飼育している入居者につき、そのペット一代限り飼育を認めることを決議（本件決議）
- 平成15年9月19日　　B飼育のスパニエル犬が死亡
- 平成15年10月19日　　管理組合理事会、Bについて特例として新たに犬を購入して飼育することを許すことにした（本件特例）。
- 平成15年10月25日　　第1回総会開催、本件決議を前提とする内容の動物飼育の禁止条項が管理規約に追加承認されるとともに、一の専有部分につき犬もしくは猫1匹の飼育とする旨定めたペット飼育細則が承認された。
- 平成15年11月10日　　Bが新たにプードルを23万円で購入
- 平成16年2月8日　　第3回総会開催、本件特例が問題となり、一代限りの原則を貫くべきであるとの意見が強く出されたため、原告Bは管理組合とではなく分譲業者との間で今後話し合う旨発言し、本件特例は認められないとの決議がされた。

30

・平成16年2月10日　　　Ｂ、ペットショップを通じて、プードルを第三者
に譲渡
・平成16年5月24日　　　ＡＢＣの3名が分譲業者を相手取って本件訴訟提
起（Ａ：慰謝料100万＋弁護士費用10万円、Ｂ：慰謝料100万＋犬購入費23万円
＋弁護士費用12万円、Ｃ：略）

判決要旨 （分譲業者の説明義務）

　　　Ａは、旧宅にＤと居住していたが、同女が足を悪くして
車いすを利用するようになったため、バリアフリーのマンションを購入しよ
うと考えた。ただし、2人とも犬や猫が嫌いであったため、ペット類の飼育
ができないマンションを探して約3軒見学するなどし、その中には飼育可能
と聞いて購入を断ったものもあった。

　Ｂは、一戸建ての旧宅で妻と2人暮らしをし、子供がいないため、過去
20年以上にわたって犬を家族の一員のようにして飼育していたが、旧宅が
老朽化したため、リフォーム等も検討した結果、老後に備え、バリアフリー
のマンションを購入しようと考えた。Ｂは、犬を飼育できることを大前提と
してマンションを探し、平成15年5月下旬、本件マンションを見学した際、
分譲業者従業員Ｅに対して犬を飼育していることを伝え、飼育の可否を尋ね
たところ、Ｅから可能であると言われ、本件マンションを購入する気持になっ
た。また、Ｂは、同月末頃、旧宅を訪れた分譲業者従業員ＦやＥから、飼育
が可能であると説明を受けた。Ｆは、上記旧宅を訪れた際、Ｂが年老いたス
パニエル犬を飼育し、家中に犬の写真を飾っていたことから、犬を家族の一
員としていると認識した。そしてＢは同年6月18日ペット類（犬）の飼育が
可能であることを前提としてＧ号室を購入し、同年7月26日上記スパニエ
ル犬を連れて入居した。

　マンション内における動物の飼育は、建物の構造上、糞尿によるマンショ
ンの汚損や臭気、病気の伝染や衛生上の問題、鳴き声による騒音、咬傷事故等、
建物の維持管理や他の入居者の生活に影響をもたらすおそれがあるほか、犬
や猫などの一般的なペット類であっても、そのしつけの程度が飼育者によっ
て同様ではなく、飼育者のしつけが行き届いていたとしても、動物である以

上、行動、生態、習性等が他の入居者に対して不快感を生じさせるなどの影響をもたらすおそれがある。そこで、多くのマンションその他の共同住宅においては、入居者による動物の飼育によって、しばしば住民間に深刻なトラブルを招くことから、こうしたトラブルを回避するため、あらかじめ動物の飼育を規約で禁止したり、動物の飼育を認める場合には、飼育方法や飼育が許される動物の定義等について詳細な規定を設け、防音、防臭設備を整えるなどして住宅の構造自体を相当整備するなどし、他の入居者に迷惑がかからないよう配慮されており、マンションにおいてペット類の飼育が禁止されるのか、可能であるのかが、購入者にとって、契約締結の動機を形成するにあたって重要な要素となることもありうる。

　こうした点に加え、マンション販売業者と購入者との情報の格差や、マンションの管理規約の作成にあたっては、販売業者がその案を準備し、個々の売買契約時に購入者から同意を取得してこれを交付している状況等に照らすと、マンションの販売業者には、購入希望者との売買契約にあたって、少なくとも当該購入希望者がペット類の飼育禁止、飼育可能のいずれを期待しているのかを把握できるときは、こうした期待に配慮して、将来無用なトラブルを招くことがないよう正確な情報を提供するとともに、当初ペット類の飼育を禁止するとして販売し、後に管理規約案に飼育禁止の条項がないなどとしてペット類の飼育を可能として販売する場合には、先の入居者（非飼育者）と後の入居者（飼育者）との間でトラブルとなることが予測できるのであるから、先の入居者に対してその旨を説明して了解を求めるべき信義則上の義務を負っている。

（原告Aについて）

　「Aはかねてから犬や猫に対して嫌悪感等を有し、ペット類飼育禁止のマンションを探していたところ、売買契約に当たって、念のため、契約書に署名押印するに先立ち、ペット類の飼育が禁止されるマンションであることを確認していた。分譲業者の従業員には、ペットの飼育……に関して正確な情報を提供すべき義務がある上、後にペット類の飼育が可能として販売する場合には、Aに対してその旨説明して了解を求める義務があった」、「ところが、

分譲業者の従業員は、Aに対し、単に飼育が禁止である旨説明しただけで、……後に飼育可能として販売するに当たって、Aに対して説明すらしていない」、「分譲業者の従業員は、上記のような事情を説明しなかったことなどにおいて、信義則上の義務に違反したものと認められ……、分譲業者従業員の行為は、不法行為を構成し……慰謝料請求権が発生する」、「Aが受けた精神的苦痛に対する慰謝料としては、30万円が相当である。弁護士費用としては、5万円が相当である」。

（原告Bについて）

「Bが分譲業者との間で契約した平成15年6月18日に先立つ同年4月段階で、ペット類の飼育を可能として販売することに関して、従前の購入者からFに対して抗議が出ていた状況があったにもかかわらず、従前の購入者全員に対して了解を求めていなかった。そうすると、販売業者としては、マンションを販売するに当たって、従前の購入者との間でトラブルが生じる危険性があることや、管理組合の決議により飼育できなくなる危険性があることを具体的に予見でき、ペット類の飼育を希望している購入予定者に対して、こうした危険性を説明すべき信義則上の義務がある」。

「Bが受けた精神的苦痛に対する慰謝料としては70万円と認めるのが相当である。新しい犬の購入代金は、理事会の承認にとどまり、総会の承認が予定されていたにもかかわらず、これを待たずして購入に至った点において、軽率であったことは否定できず、5割の過失相殺をした上、11万5000円について損害賠償請求を認めるのが相当である。弁護士費用は、8万5000円を認めるのが相当である」。

解　説　本件は、原審が大分地裁平成17年5月30日判決であり、高裁判決は確定している。区分所有法上規約の設定、変更、廃止は管理組合における特別多数決議によって行われるから、規約が事実として管理組合で設定等されているのだとすれば、それ以前の分譲契約における分譲業者の説明は単なる予測にすぎず、本来積極的に説明義務を負ういわれはない。しかし、わが国における分譲の実際は、ほとんどの場合に分譲業者が規約原案を用意し（原始規約）、これに各入居者から個別の承諾を取り付け、

第1章　マンション分譲契約をめぐる紛争

区分所有法45条2項（旧同条1項）に定める書面決議があったものとして有効視するという実務が行われている。入居開始直後から管理が始まり、総会の開催を待っていられないという現場の要請から「実務的には是認せざるを得ない」（濱崎恭生『建物区分所有法の改正』42頁）とされてきたが、このような実務からすれば、少なくとも原始規約に関する限りは事実上の作成者は分譲業者であることが承認されなければならない。本判決もかかる実態を踏まえて説明義務を承認したものである。

　　　　　　　　　　　　　　　　　　　　　　　　　　　（山上知裕）

⑨ 外壁落下による交換価値下落の有無と損害賠償請求

> 外壁落下による価値下落分の損害賠償請求はできるか

▶ロイヤルコート大手町事件〔福岡高判平成18・3・9判タ1223号205頁〕

事案の概要　平成11年1月14日に新築登記のなされた本件マンションは、総戸数260戸、14階建ての住居専用マンションである。A夫婦は平成11年7月24日、本件マンションの一室を4400万円で、B夫婦は同年3月20日、2580万円で、Cは平成12年12月12日、2970万円で、Dは平成12年4月7日、2室を各2950万円と3450万円でそれぞれ購入し、その頃入居した。

本件マンションの外壁タイル落下は、次のような経過で生じた。

① 完成前の平成10年11月、エレベーターホールの壁および階段手すり部分の壁に外壁タイルの剥離が確認され部分的張替えが行われ、竣工後の平成11年5月、住戸面の壁および半円柱の外壁タイルが剥落し張替えが行われたが、ほとんどの住民は知らされていなかった。

② 平成12年3月、2・3階の居室各バルコニー部の外壁タイルの剥離・剥落が生じその都度補修が行われたが、これもほとんどの者が知らされていなかった。

③ 同年9月、東面4階外壁部の外壁タイルが大規模に剥落し、住民のほとんどの者が知ることとなった。

分譲業者は、本件マンションの建設業者に、外壁タイル剥離の現況調査およびその原因究明と対応策についての報告を求めた。建設業者は、平成12年9月23日から同年10月8日までの間、本件マンションの外壁面および中庭面の調査可能な範囲の外壁タイルについて、仮設足場および仮設機器等に

第1章　マンション分譲契約をめぐる紛争

よる打診検査や赤外線映像装置による調査を実施し、さらに同年11月、既往の実態調査結果報告をもとに現地調査を実施して、分譲業者に外壁タイルが剥離した原因と対策結果をまとめて報告した。この報告をもとに分譲業者は、管理組合の承認を得て外壁タイル全面の補修工事をすることとした。具体的には外周外壁部、バルコニー部および玄関・廊下周り部では既設タイルを撤去し、下地コンクリートに下地処理を行うなどして、新たにタイルを貼り付ける工法を、中庭外壁部ではアンカーピンニング工事（タイルを下地コンクリートにピンで直接固定する工法）をそれぞれ施工するというものであった。

　補修工事は、平成12年9月17日から平成14年2月28日までを全体工期として行われたが、まず①14階までの足場および防護フェンス設置の仮設工事が平成12年9月から11月まで行われ、②平成12年11月7日から翌13年3月19日までタイル撤去はつり工事、③撤去面下地処理が平成13年1月中旬から3月末まで、④コンクリート壁ひびわれ補修工事が同年4月初旬から5月中旬まで、⑤タイル墨出しおよび貼り工事が4月初旬から9月中旬まで、⑥バルコニー内の塗装、シーリング工事が同年6月中旬から10月中旬まで、また⑦中庭外壁についてはアンカーピンニング工事が11月初旬頃から12月上旬まで、⑧12月末までにこれらの足場が撤去された。さらに⑨玄関・廊下の浮き部撤去張替工事は翌平成14年1月中旬頃まで行われた。

　他方で管理組合では、平成12年12月23日、臨時総会において外壁問題をめぐって対策委員会を設置することととし、当初13名で構成された対策委員会は平成12年12月24日から翌平成13年1月11日までの4回の準備会を経て、同年12月4日までで51回の会議を重ねている。

　A・B・C・Dは、いずれも外壁問題対策委員会の構成員であったが、補修方法などをめぐって内部に紛糾が生じて辞任し、平成13年12月、外壁落下による価値下落分を建物価格の3割、その他補修工事による慰謝料、弁護士費用の支払いを求めて福岡地方裁判所小倉支部に提訴した。その後管理組合は、弁護士を代理人として選任し、個々の区分所有者から委任状を徴して、分譲業者との間で平成15年6月30日訴訟外で和解をし、各40万円を個々の

36

区分所有者に分配している（Ａ・Ｂ・Ｃ・Ｄは委任状を提出していない）。

　平成16年５月17日、１審は、「本件マンションにおける外壁タイルの瑕疵は既に補修されているし、これ以外の瑕疵があることを認定できる証拠もない」として、原告全面敗訴となった。

判決要旨　　控訴審である福岡高等裁判所は、以下のとおり認定して原判決を破棄し、Ａ夫婦に対し各105万3614円、Ｂ夫婦に対し各78万2067円、Ｃに対し125万9019円、Ｄに対し247万2089円、および提訴時（平成13年12月）以降年５分の遅延損害金の支払いを命じた。

　「本件補修工事後における本件マンションの各室の販売状況等は、次のとおりである。新築当時3010万円で販売されたイ号室について不動産競売手続が開始されたが、その際提出された評価人作成の評価書では、競売市場減価前のイ号室の価額（ただし、敷地を除いた建物のみの評価）を2190万7314円と評価し、その中で、減価要素として、維持・管理の状況、リフォームの必要状況に関し、外壁の剥離が以前生じたことを踏まえて30パーセントと査定されている」。新築当時の販売価格が3700万円であったロ号室は平成14年６月30日に2800万円で、4330万円であったハ号室は同月28日に3600万円で、2960万円であったニ号室は平成13年11月17日に2580万円で、3000万円であったホ号室は同年４月20日に2650万円で、2980万円であったヘ号室は同年８月31日に2600万円で、3000万円であったト号室は同年３月25日に2550万円でそれぞれ売却された。

　「Ａ・Ｂ・Ｃ・Ｄらが本件マンションの各室を購入したのは、いずれもその竣工後間もなくであり、これらはいわゆる新築物件であること、本件外壁タイルの剥離・剥落は、既に本件マンションの竣工前である平成10年11月ころから見られ、その後も継続、拡大したものであること、分譲業者は、Ａ・Ｂ・Ｃ・Ｄらに対する各室の販売の際、この外壁タイルの剥離・剥落を知っていた可能性がうかがわれること、Ａ・Ｂ・Ｃ・Ｄらが入居して１年ないし２年足らずで、大規模な本件補修工事に至ったこと、本件マンションの外壁タイルは、高級感や意匠性が重視されていたものであるところ、本件補修工事は、施工方法につき、新築時の工法と異なり、目地の仕上げを浅く変更し

たり、一部アンカーピンニング工法を採用するなどして、完全な意味での回復を図ったものではない」。「そうすると、まず、本件マンションの上記瑕疵により、Ａ・Ｂ・Ｃ・Ｄらが購入した各室の経済的価値が、いずれもその購入時において、上記瑕疵がない場合のそれと比較して低下していることは否定しがたいところである。すなわち、本件マンションの売主である分譲業者は、売主の瑕疵担保責任として、瑕疵の存在を知らずに合意した売買代金額と瑕疵を前提にした目的物の客観的評価額との差額に相当する、この経済的価値の低下分について、損害賠償義務を負わなければならないことになる」。

「補修工事によって上記瑕疵が修復された結果、外壁としての機能上の問題は今のところ解消されたということができようが、本件マンションの外観上の完全性が回復されたということはできない」、「本件マンションの上記瑕疵が顕在化したことから一度生じた、本件マンションの新築工事には外壁タイル以外にも施工不良が存在するのではないかという不安感や新築直後から本件マンションの外壁タイルに対して施工された大規模な本件補修工事から一般的に受ける相当な心理的不快感、ひいてはこれらに基づく経済的価値の低下分は、本件補修工事をもってしても到底払拭しがたいといわなければならない」、「マンション分譲における各室の購入者は、その経済的価値としては、各室の使用価値とともに交換価値（資産価値）にも重大な関心を有していることが一般である。実際イ号室に関する不動産競売手続において、外壁タイルの剥離・剥落をもって減額要素の１つとして評価されている」、「本件補修工事後においても、なお、Ａ・Ｂ・Ｃ・Ｄらが購入した本件マンションの各室については、その共用部分である外壁タイルの瑕疵に起因する経済的価値の低下が存続していることは否定できない」、「外壁タイルの剥離・剥落が専ら共用部分に生じたものであっても、その共用部分を共有する建物区分所有者たるＡ・Ｂ・Ｃ・Ｄらの損害賠償請求が否定される理由はない」。

上記認定にかかる売却事例では、「ロ号室は約３年５か月の間に約24パーセント、ハ号室は同期間の間に約17パーセント、ニ号室は約２年５か月の間に約13パーセント、ホ号室は約２年３か月の間に約12パーセント、ヘ号室は約２年７か月の間に約13パーセント、ト号室は約２年２か月の間に約

14パーセントのそれぞれ販売価格の下落が認められる」、「外壁タイルの剥離・剥落の時期・状況、本件補修工事の内容、参考売却事例などを総合すると、現存する上記瑕疵に起因するＡ・Ｂ・Ｃ・Ｄらが購入した本件マンションの各室の交換価値の低下分は、それぞれＡ・Ｂ・Ｃ・Ｄらの購入した各室の建物価格の５パーセントを下らないと認めるのが相当である」。

　「この点、分譲業者は、参考売却事例はいずれも通常の経年を理由とする値引きの範囲内であり、特に、マンションは、一般に竣工後２年を超えると住宅金融公庫の融資の制限がされるため、値引率が20パーセント以上となる傾向があって、通常の値引き実態からすれば上記売却事例の値引率はむしろ控えめであり、そこに外壁タイルの施工不良の影響を見ることはできない旨主張する」が「直ちに、上記瑕疵や本件補修工事の影響を否定することはできない」。

　慰謝料については、「主に外壁タイルの剥離・剥落の補修として施工された本件補修工事による精神的苦痛に対するものであ」り、「通常、本件のような外壁タイルの剥離・剥落そのものは、特段の事情がない限り、Ａ・Ｂ・Ｃ・Ｄらの慰謝料請求を相当とする事情とは言い難い」。しかし、本件マンションの外壁タイル瑕疵は、「そもそも分譲業者が発注した本件マンションの新築工事の施工不良に起因するものであ」り、「本件マンションの各室を購入したにすぎないＡ・Ｂ・Ｃ・Ｄらに何らの責任もないことはいうまでもない。仮に本件補修工事によってＡ・Ｂ・Ｃ・Ｄらに不利益が生じたときは、それは分譲業者が負うべきである。それ故、本件補修工事の施工そのものは、本件マンションの他の居住者とともにＡ・Ｂ・Ｃ・Ｄらも受忍しなければならないが、本件補修工事から受ける騒音、粉塵等による生活被害についてまでその負担を強いられるものでない。これらの生活被害は、本件マンションの各室の売主である分譲業者の負担でもって回復されるべきである」、「本件補修工事によるＡ・Ｂ・Ｃ・Ｄらの上記生活被害についても、本件マンションの外壁タイルの剥離・剥落という上記瑕疵に基づく損害に通常含まれるものとして、分譲業者が賠償しなければならない」から「慰謝料は、上記瑕疵による損害というべきである」。

第1章　マンション分譲契約をめぐる紛争

「本件補修工事の期間は1年4か月という長期間に及ぶものであり、なかでも、平成12年11月から12月にかけてと平成13年2月から3月にかけてのタイル撤去工事による騒音や粉塵による生活被害には大きいものがあったと認められ、特に、高齢のためにタイル撤去工事中も在室せざるを得なかったB夫婦にとって、それが日中施工されたものであっても、耐え難いものであったであろうことが容易に推測される」、「B夫婦については各30万円を、その余のA・C・Dらについては各20万円を下らないと認めるのが相当である」。

相当因果関係ある弁護士費用としては、A夫婦は各10万円、B夫婦は各8万円、Cは12万円、Dは23万円が相当である。

| 解　説 | 1　外壁タイル落下 |

中高層のマンション（本件マンションは14階建て）の外壁をタイル仕上げとすることは、外観上高級感が出せることから多用されてきたが、経年劣化による落下を想定しなければならないことから、十分な管理が行われていないと危険性を孕む。建築物のLC評価用データ集改訂第4版編集委員会編『建築物のLC評価用データ集〔改訂第4版〕』によれば、「外壁二丁掛タイルは、5年周期で破損2.5%」とされている。つまり、5年経過で2.5%程度の自然劣化を想定しなければならないのである。外壁落下の危険性が社会的に認識されるのは、本件マンションの所在地と同じ北九州市小倉北区において、平成元年11月に通行人2名死亡1名重傷の被害を出した昭和町公団外壁落下事件が契機であった。欠陥住宅訴訟において欠陥判断の基準とされる日本建築学会標準仕様書（JASS）も、右事故発生後の1991年3月に独立した「JASS11陶磁器質タイル張り工事」として改定されるに至っているが（現在はJASS19）、なおも業界内では危険性に対する認識が乏しいようである。

一般に、経年劣化の範囲を超える外壁タイル落下の原因については、下地コンクリートの洗浄不良、型枠剥離材の影響、収縮目地の不施工などさまざまな原因が考えられるようであるが、本件マンションにおける外壁タイル落下の原因は不明である。いずれにせよ、平成11年1月新築で、翌平成12年9月には大規模に落下したというものであるから、経年劣化をはるかに超え

40

る欠陥施工であったことは間違いない。ただし本件は、右欠陥施工の結果の補修工事費用の請求訴訟ではないから、通常の欠陥訴訟とは様相を異にしている。なお、高嶋卓大阪地方裁判所裁判官による「外壁タイルの瑕疵と施工者の責任」判タ1438号48頁（平成29年9月）は、平成20年4月1日以降に施工された湿式工法による外壁タイルの浮き、剥落には基本的に施工者の注意義務違反が認められるという注目すべき見解が述べられているので参照されたい。

2　平成14年区分所有法改正と損害賠償請求

ところで、本件訴訟が提起された後の平成14年に改正区分所有法が施行され、改正26条2項により「共用部分等について生じた損害賠償金の請求」について管理者（多くの場合は管理組合理事長）による訴訟追行が許されることとなった。改正法は遡求適用されるが、となると管理者による請求と個々の区分所有者による請求との相互関係が法改正の審議中からも論議を呼んだ。法務省民事局参事官であった吉田徹編著『一問一答改正マンション法』は、「管理者が、共用部分等について生じた損害賠償金の請求等に関する訴訟を提起すると、各区分所有者はこれとは別に訴訟を提起できなくな」るとする（同書31頁）。本件訴訟においても、管理組合が別に弁護士を選任して分譲業者と和解交渉を行い妥結していることから、本件訴訟が不適法であるかのごとき主張もなされていたが、判決は「外壁タイルの剥離・剥落が専ら共用部分に生じたものであっても、その共用部分を共有する建物区分所有者らの損害賠償請求が否定される理由はない」として排斥している。

　思うに、①本件の場合は管理組合が弁護士に依頼したのは訴訟担当ではなかったから、区分所有法26条4項の要件を満たしていなかったこと、②事実として管理組合の選任した弁護士は個々の区分所有者から委任状を徴していてA・B・C・Dを除外した和解をしていること、③改正26条2項は「共用部分等について生じた損害賠償」と規定しているから、共用部分の補修費であればともかく、本件のような個々の専有部分の価値下落分と生活被害については管理者は元々訴訟担当できないと解することも可能ではないだろう

第1章　マンション分譲契約をめぐる紛争

か。

3　スティグマ

心理的な嫌悪感等から生じる減価をスティグマという。社団法人日本不動産鑑定協会の研修会テキストによれば、土壌汚染地の価値は汚染の除去が行われても心理的な嫌悪感等から生じる減価分を考慮しなければならないとしている。

本件は外壁落下に起因する価値下落の有無が争点であったが、判決は「本件マンションの新築工事には外壁タイル以外にも施工不良が存在するのではないかという不安感や新築直後から本件マンションの外壁タイルに対して施工された大規模な本件補修工事から一般的に受ける相当な心理的不快感、ひいてはこれらに基づく経済的価値の低下」を承認したものであるから、下落幅が5％にすぎなかったとはいえ、かかるスティグマを認容した判決としても注目される。

（山上知裕）

第2章

登記・借地権・団地
をめぐる紛争

第2章　登記・借地権・団地をめぐる紛争

🔟　共用部分が専有部分として登記されているときの登記の訂正方法

本来なら共用部分であるべき建物部分が専有部分として登記されているときに、どのような登記手続を請求をするか

▶シャトー三田事件〔東京地判平成元・10・19判時1355号102頁〕

事案の概要　シャトー三田は、昭和39年に建築された地上8階地下2階建ての分譲マンションである。大ホール、10室のゲストルーム、トランクルーム、自家発電装置、美容室さらには茶室まで完備した高級マンションであった。

建築分譲したA社が、専有部分として表示登記し、自己名義で保存登記している建物部分（ロビー、大ホール、管理室、自家発電室、バッテリー室、駐車場、ゲストルーム、トランクルーム、倉庫、茶室、事務室など）につき、区分所有者Bらは、区分所有法上の法定共用部分に該当するとして、表示登記および所有権保存登記の抹消登記手続を求めた。

判決要旨　本判決は、専有部分と共用部分の区別につき、最判昭和56・6・18民集35巻4号798頁・判時1009号58頁・判タ446号76頁（本書🔟判例）を引用し、管理室、自家発電室、バッテリー室、電気室、一部の倉庫は、全区分所有者にとって不可欠なものや、共用設備を設置するため利用上の独立性を欠くものと判断し、法定共用部分であると認定した。他方で、ロビー、大ホール、ゲストルーム、トランクルーム、茶室、駐車場、事務室などは、構造上・利用上の独立性があり、専有部分であるとした。

そのうえで、独立の専有部分としての表示登記および所有権保存登記がなされた建物部分の全部または一部が法定共用部分に該当する場合の各登記の訂正方法として、全部の場合と一部の場合とに分け、次のとおり判示した。

「建物部分の全部が法定共用部分にあたる場合、右各登記（執筆者注・表示

44

登記および所有権保存登記）は抹消されるべきであるが、表示登記の抹消は、通常登記官に対し職権の発動を促すことにより実現可能であるから、保存登記の抹消のほかに表示登記の抹消を命ずる必要はない」、「建物部分の一部が法定共用部分にあたる場合は、実体と齟齬する限度において表示登記を更正するのが相当であり、これにより目的を達しうるから保存登記に触れる必要はない」。

そして、専有部分として表示登記および所有権保存登記がされた建物部分の全部が共用部分であるとされた管理人室については、所有権保存登記を抹消し、建物部分の一部が共用部分に該当する箇所は、表示登記の床面積につき専有部分を減少した床面積に更正すべきであるとした。

解説

本件マンションは、日本のマンション黎明期に建築され、分譲当初から都内有数の高級マンションとして話題となった。分譲会社は、建物の全体を売却するのではなく、投資物件として建物の一部の所有権を自己に留保したうえ、それを自らの用に供したり、または他の区分所有者らの使用に供して使用料を徴収したりすることを目的としており、また分譲後の管理も自ら担当することとしていた。

こうした事情から、分譲会社は管理に必要な設備等の所有権を自己に留保し、将来の区分所有者等の利用により収益を得られると見込んだ建物部分についても、専有部分として表示登記し自己名義に保存登記していた。

分譲会社所有の専有部分として登記された建物部分のうち、たとえば、1つの「倉庫」として表示登記・保存登記されている部分は、実態としては、自家発電室、バッテリー室、倉庫3室からなっており、また、1つの「店舗」として表示登記・保存登記されている部分は、実態としてはトランクルーム、電気室、休憩室、倉庫2室からなっていた。

本判決は、まず、専有部分と共用部分の区別に関し、本書**19**判例の考え方を踏襲し、構造上の独立性および利用上の独立性の観点から判断し、登記上1つの専有部分として表示登記・保存登記されている建物部分について、その構造および利用の実態を詳しく認定し、その全部または一部が法定共用部分にあたるとした。

第2章　登記・借地権・団地をめぐる紛争

　専有部分性について、詳しくは本書⓳判例の解説を参照していただき、本稿においては、専有部分を共用部分に変更する登記手続について解説する。

　通常の不動産においては、土地および建物はそれぞれ別に登記されるが、区分所有建物においては、区分所有建物と敷地権は同じ登記記録上に登記される。昭和58年の区分所有法および不動産登記法の改正以降、登記事項としては、冒頭に「専有部分の家屋番号」がマンション全部につき記載され、表題部の欄に、次の項目が記載される。

　①　1棟の建物の表示として、所在、建物の名称、構造、床面積として各
　　　階の総床面積の表示
　②　敷地権の目的たる土地の表示として、土地の符号、所在および地番、
　　　地目、地積
　③　専有部分の建物の表示として、家屋番号、建物の名称（マンションの
　　　部屋番号）、種類、構造、当該専有部分の階数と床面積、権利取得の原
　　　因および日付
　④　敷地権の表示として、土地の符号、敷地権の種類、敷地権の割合、原
　　　因および日付

　このように、マンションの専有部分と共用部分の合計床面積は、上記①で各階ごとに表示されている。また、専有部分については、③でそれぞれ床面積が表示される。しかし、共用部分のみの登記はないことから、共用部分の面積を直接に表示する登記は存在しない。このため、共用部分の面積の増減を反映する更正登記は観念できないことになる。

　本件では、判決がBの主張を容れてAの専有部分を否定し、共用部分と判断した部分について、どのように登記を抹消または更正するか、その手続が問題となる。

　Aの専有部分全部が否定された場合は、所有権がなくなるので保存登記抹消をすることは問題ない。

　表示登記をどうするかであるが、表示に関する登記は一般に登記官に実質的審査権が認められ（不動産登記法29条1項）、不動産取引の安全、円滑化を図るため不動産の物理的な状況を登記記録上に正確に反映させる目的で、所

有者等に申請義務が課せられ、かつ実効性を期するため登記官が職権で行うことができるものとされている（同法28条）。本件は、判決を得て専有部分を共用部分に変更する手続であるが、判決により専有部分全部が否定され保存登記抹消が登記官に明らかになれば、登記官の職権発動を促すことにより表示登記を抹消できるから、判決で表示登記の抹消を命じる必要がないことになる。

　では、判決により専有部分の一部のみが共用部分にあたると判断された場合、どのような手続が必要だろうか。この場合は、Aの所有権は一部残り、専有部分の床面積が共用部分になった分だけ減少するにすぎないから、専有部分の床面積を少なく登記し直す必要がある。そのためには、表示登記の一部抹消を内容とする更正登記を命じれば足りる。

　保存登記自体は、元々床面積の記載はないから、床面積の更正は表示登記の更正で目的が達成され、保存登記に触れる必要がないのである。

　区分所有権登記の更正のあり方として、妥当な結論であろう。

（鳥居玲子）

第 2 章　登記・借地権・団地をめぐる紛争

⓫　過少登記された敷地共有持分割合の更正登記

> 敷地の共有持分割合が過少に登記されているとき、
> どのようにして訂正するか

▶サンコート東御影マンション事件〔神戸地判平成 4・10・6 判時1456号131頁〕

事案の概要　　　　昭和61年に建築された本件マンションにおいて、敷地所有権は各区分所有者の共有とされ、敷地の共有持分割合は、建物全体の専有部分面積を分母、各区分所有者の専有部分の床面積を分子として表示されていた。しかし、表示登記申請時に申請を代理した土地家屋調査士が、区分所有者Aの部屋の床面積を80.4㎡とすべきところを70.16㎡と誤って申請したため、Aの専有部分建物表示の床面積が実際よりも少なく登記されてしまった。そのため、敷地の共有持分割合についても相違が生じ、本来であれば分母が187887となるべきところ186863と登記されてしまった。

　Aは登記官に表示登記の更正を求め、専有部分建物表示については錯誤を原因とする更正登記がなされた。しかし、敷地共有持分割合については他の区分所有者のものも訂正を行い、抵当権者等利害関係者の同意を得る必要があったところ、一部の区分所有者の了解が得られなかった。

　そのため、Aは、自身以外の本件マンションの区分所有者全員であるBらと、一部の区分所有権について担保権を有するCらに対し、処分可能な旨の規約設定に同意すること、敷地権たる登記の抹消登記をすること、真正な割合による敷地共有持分権の確認、敷地共有持分割合を真正なものとする内容の更正登記をすることないしその承諾を求め、訴えを提起した。

判決要旨　　（規約設定同意請求）
　　　　各区分所有者は集会において議決権を自由に行使でき、区分所有法には特定の区分所有者の利益のために議決権を行使し、あるいは書面決議をしなければならない義務を定める規定は見当たらない。そのため、

48

当該義務を前提とする規約設定同意請求権は認められない。

（敷地権たる登記の抹消請求）

　敷地権たる旨の登記の抹消は登記官が職権をもって行うものであるので、実体法上抹消登記請求権は認められない。

（真正な割合による共有持分権確認請求、敷地共有持分割合を真正なものとする内容の更正登記請求ないし承諾請求）

　真正な割合による確認を求める理由があるとしたうえで、Ｂらの真実の各共有持分と現在有するとされている各共有持分の差は無権利で、Ａの所有に属するというべきものであるとして、Ｂらには更正登記手続、Ｃらには承諾をすべき義務があると認め、請求を認容した。

解　説　1　規約設定同意請求権の有無

　区分所有法（以下、「法」という）は、専有部分と敷地利用権の分離処分を原則として禁じる（法22条１項）。本件においては、Ａの専有部分の床面積が増加したことで敷地共有持分割合の分母も増加する。一方で、その他の区分所有者であるＢらの敷地共有持分割合の分子は従前どおりであるため、Ｂらの敷地共有持分割合は減少してしまう。そうすると、敷地共有持分割合の更正登記を行うことは、ＡがＢら他の区分所有者から敷地利用権の一部譲渡を受けたのと同様の効果を生ずるといえ、法が分離処分を禁止する「処分」にあたると解される。

　他方で、法は、専有部分と敷地利用権の分離処分を許す旨規約で定めることができるという適用除外の規定を設け（法22条１項ただし書）、本件も適用除外の合理性は有する。しかし、マンション自治の観点からは、当該同意をするか否かは各区分所有者の議決権行使に委ねられるべきであり、判決をもって強制することはできないといえよう。

2　更正登記の方法

　専有部分建物床面積の登記に誤記があり訂正を行う場合、錯誤を登記原因として真正な専有面積を表す資料を添付して申請を行えば更正登記は可能で

あるので、Aは建物床面積については容易に更正登記をなし得た。しかし、敷地権割合の登記の訂正については、分離処分を禁止する法の趣旨からは、敷地権登記を抹消してからでないと敷地権割合の更正登記はできないようにも思える。また、前述のとおり他の区分所有者は敷地共有持分割合が減少することになる以上、Bら他の区分所有者についても登記の申請人となる必要がある。さらに、区分所有権に担保権を有するCらも、当該区分所有者の有する共有持分割合が減少することに利害関係を有する第三者であるため、登記の訂正に際してはその承諾を得る必要があった（不動産登記法66条）。

本判決は、敷地権たる旨の登記の抹消請求については登記官が職権をもって行うものであると否定したうえで、真正な割合によるAの共有持分権を認め、Bらに対し更正登記手続、Cらに対し承諾を命じて、敷地権共有持分割合の登記の訂正を可能とした。登記実務においても、敷地権割合の更正登記手続およびこの登記をすることについての承諾を命ずる判決を提供し、区分所有者が敷地権割合の更正登記申請をすれば、敷地権の表示の登記を抹消することなく敷地権割合の更正登記ができるとされており、実務とも合致する。

3　本判決の意義

本件においては、現実に敷地利用権の処分が行われたわけではなく、当初から敷地共有持分割合に過誤があったものであり、Bらの敷地共有持分割合のうち真正な割合を超える部分については無権利で是正されるべきであった。そうすると、Bらに真正な持分割合となるよう更正登記手続をなす義務を、Cらに承諾義務を認めた本判決は妥当であり、敷地共有持分割合の更正登記を行う際の先例としての意義を有する。

（田坂　幸）

12　団地関係の成立時期

> 1筆の土地に複数棟の建設・分譲が計画され、一部が既分譲、一部が未分譲である場合、未分譲建物の敷地部分についても団地関係が成立するか

▶西福岡マリナタウンイーストコート事件〔福岡高判平成15・2・13判時1828号36頁〕

事案の概要　A（住宅・都市整備公団）は、その所有する約2万8700㎡の1筆の土地上にマンション9棟を建築して分譲する計画をし、順次分譲していたところ、すでに完成して分譲されたマンションを購入した区分所有者で構成される管理組合が、建物としては一応完成しているが、内装関係が未施工であるために分譲が開始されていないマンションの敷地についても、区分所有法65条所定の団地関係が成立すると主張して、Aに対し、管理費等の支払いを求めて提訴した。

判決要旨　請求棄却。次のように述べて区分所有法65条の団地関係の成立を否定した。

「本件の場合には各棟の建物の建築が完了してそれぞれその分譲が開始されるまでは、分譲開始前の建物敷地部分に関して、区分所有法65条の適用の前提となる既存の本件マンション住戸部分の所有者とAとの間の共有に属するとの要件を実質的に充足せず、団地関係は成立しない」。

解説　本件は、1筆の共有土地上に数棟の区分所有建物が建築されて分譲される計画の下に、数棟の建物が予定の敷地内に建築され、その予定された建物数棟の一部がすでに完成して分譲されているが、その残部の建物数棟がいまだ分譲が開始されていない場合において、未分譲の建物の敷地に関しても、既分譲の建物の敷地およびその附属建物を対象とする同一の団地関係が成立し、既分譲の建物の区分所有者で構成される管理組合の管理の対象となるか否かが争われた事案である。

未分譲建物の敷地についても既分譲の建物の敷地およびその附属建物を対象とする同一の団地関係が成立しているのであれば、区分所有法65条・66条によって、管理組合のAに対する管理費等の請求が認められる。すなわち、団地関係の成否は、同法65条の要件を満たしているか否かによって判断される。

区分所有法65条の規定は、「一団地内に数棟の建物があって、その団地内の土地又は附属施設……がそれらの建物の所有者（専有部分のある建物にあっては、区分所有者）の共有に属する場合には、それらの所有者……は、全員で、その団地内の土地、附属施設及び専有部分のある建物の管理を行うための団体を構成し、この法律の定めるところにより、集会を開き、規約を定め、及び管理者を置くことができる」というものであり、本件でも、形式的には、この要件（一団地内に数棟の建物があって、その団地内の土地又は附属施設……がそれらの建物の所有者（専有部分のある建物にあっては、区分所有者）の共有に属する）を満たすように思われる。実際、本判決も、同条は、団地内に数棟の建物があり、団地内の土地または附属施設がそれらの建物所有者の共有に属するとの2要件を具備する場合には、団地建物所有者は法律上当然に団体を構成し、この団体が主体となって、同法66条で準用する各規定に基づき、集会を開き、規約を定めるなどして目的物を管理すべき団体的拘束を受けることを規定していることを確認し、そのうえで、本件の場合、1号棟ないし9号棟はAが当初単独所有し、その後順次住戸部分の分譲に従って持分が譲渡されつつある1筆の土地上に存在するから、上記規定を形式的に適用すれば、外形的に建物として完成しAがその所有権を取得した以上、Aは本件マンションの各住戸部分の分譲を受けた者とともに団地建物所有者の一員となって、未分譲建物との関係でも建物完成と同時に団地関係が成立し、組合規約の適用を受けるかのように解されないでもないと判示する。

しかし、本判決は、区分所有法65条の立法趣旨を検討し、「区分所有法65条による団地関係成立の法意、すなわち同条は団地建物所有者全員にとって利害関係を共通にする事項の管理の便宜上団地関係の成立を定めたものと解される」との解釈をなし、そのうえで、本件の場合に、利害関係の共通性が

認められるのかを検討している。つまり、団地関係の成立要件として、形式的な共有関係に加えて、利害関係の共通性という実質的要件を付加するという法解釈を行った。本判決は、そのような解釈をする理由として、「区分所有法65条が上記のような要件を具備した場合に、団地建物所有者全員による団体を構成させることとした目的は、同団体の意思に基づいて、共有に係る土地、附属施設の管理等を行わせることにあることは、同条の文言からも明らかである。即ち、一定の要件の下に団地関係の成立が法的に強制されるのは、団地建物所有者全員にとって共通の利害関係を有すると考えられる事項の管理について、全員を構成員とする団体の意思によってこれを決定、実行させようとすることにあるといえる」と判示している。

そのうえで、本判決は、利害関係の共通性の判断について、「広範囲な敷地に多数の棟のマンションの建築がなされる場合には、それが一筆の土地上に建築されるものであったとしても、土地全体の利用状況からみると、建築工事が完了している入居者のある棟の敷地に供されている土地部分の利用形態と、現に建築工事が続行中の土地部分の利用状況との間には大きな隔たりが存在し、前者の敷地部分が主としてマンション居住者によって利用されるのに対し、後者の土地部分は専らマンション建築の施主により工事専用に利用されるものといえ、各土地を管理するためになすべき事柄や管理に必要な費用も大きく異なることは経験則上明らかというべきである」と判示し、それぞれの敷地部分の管理内容や管理にかかる費用を基準とした判断をした。この判断の従たる理由として、Aが本件マンションの売買に際し、譲受人（区分所有者）から「本件マンションの共有地の一部を、分譲住宅建設等のために専用することを承諾する」旨が記載された書面の交付を受けていることもあげている。

そして、本判決は、結論として、団地関係の成立時期について、前述の判決要旨のとおり判断した。

本判決と類似したケースに関する裁判例は見当たらないが、「団地関係が形成されるには、単に、核となる共有関係が住棟所有者間に存在するだけでは足りず、その目的物である土地・附属施設の共同管理を相互に有用・有益

第2章　登記・借地権・団地をめぐる紛争

とする事情（実態）、つまり共通の利害関係があることが要件として必要である」と述べて、本判決の立場を支持する学説（玉田弘毅）があり、また、本判決の事例を紹介しつつ解説する区分所有法の代表的なコンメンタール（逐条解説書）では、「Aに対して既分譲建物の敷地部分を含む共有敷地の負担（管理費の支払い）を伴う管理をさせるためには、単に共有関係にあるという形式的な団地関係では足りず、Aが他の共有者（既分譲建物の区分所有者）と同様に当該共有敷地から生ずる利益を収受できる状況にあり、また、団地管理組合の集会決議や規約の設定等に参画できる地位にならなければならないが、一部の棟につき分譲開始前の状態にあるAは、このような状況や地位にはないと考えられるから、共有敷地に関し実質的な団地管理関係にあるとはいえない」（コンメ455頁〜456頁）として、本判決を支持する。

【参考文献】

玉田弘毅「建物区分所有法上の団地と団地関係に関する一考察⒤・⒨・⒧」NBL765号8頁・768号43頁・770号54頁

（石川和弘）

⑬ 規約共用部分と背信的悪意者

管理組合が規約共用部分を登記なくして対抗できるのはどのような場合か

▶未登記規約共用部分事件〔東京高判平成21・8・6判タ1314号211頁〕

事案の概要　本件マンションは昭和47年にA社によって建築され、1階には「洗濯場」、「倉庫」と登記された建物部分（以下、「本物件」という）があり、所有者はA社であったが、その使用実態は共用部分であった。すなわち、洗濯室、倉庫は、住戸番号はなく管理費・修繕積立金は徴収されていなかったうえに、管理組合が管理していた。マンションの各戸には洗濯機置場がない設計であったため、洗濯室には住民の洗濯の便宜のため共同で使用する洗濯機が設置されていた。また、マンション全体のブレーカーである引込開閉器盤も設置され、地下にはマンホールがある。倉庫は、木製仕切り板と木製扉で22に区画され居住者のトランクルームとして使用されていた。通路など以外の空きスペースはない。いずれにもトイレ、電話線はなく、倉庫には水道設備もない。洗濯室の空きスペースはマンション自治会の理事会開催場所として使用されてきた。

平成17年5月、洗濯場および倉庫と登記されていた本物件を競落したB社は、コンピューターを利用する事務所に転用するとして、管理会社と管理組合Dに対し電話線敷設工事やトイレ排水管の設置工事の申入れと専有部分の改修届出を行い、それと相前後して不動産登記を「居宅事務所」および「事務所」に変更した。平成17年6月、DはB社に対し、B社は区分所有者ではないから改修工事は認めないと回答したため両者の交渉は決裂し、B社は電話線敷設、トイレ用配水管設置、エアコン室外機設置の各工事を強行したため、DはB社に対し、増築工事禁止の仮処分を申し立て、認容された（平成18年1月）。また平成17年9月、DがB社に対し、電話線、配水管、室外機

第2章　登記・借地権・団地をめぐる紛争

の撤去と損害賠償を求める訴訟を提起し係争中であったところ、Ｂ社は、平成18年３月、本物件をＣに譲渡し、Ｃは同訴訟の一部を引き受けていた。同訴訟では、平成18年７月、電話線、室外機の撤去と損害賠償の一部が認容された（控訴審でも、平成20年10月、電話線、トイレの撤去と損害賠償の一部が認容された）。

　本件は、平成19年、ＣがＤに対し、本物件を店舗または事務所として使用する権利があることの確認、電話線およびトイレの設置工事の承諾または妨害予防、室内に存する引込開閉器盤の撤去および撤去までの使用料相当損害金支払いを求めたものである。

　ＣはＢ社代表者の実姉で、Ｂ社はＣのためにこの裁判に訴訟参加している。

　第１審の東京地方裁判所は、上記使用権の確認請求、電話線設置工事妨害予防請求、引込開閉器盤撤去請求および使用料相当損害金支払請求は認め、トイレ設置工事の承諾または妨害予防請求は棄却したので、Ｃの請求を認めた部分を不服としてＤが控訴した。

　なお、Ｃは、控訴審において、本物件を店舗または事務所として使用する権利の確認請求から、これらの物件を専用使用する権利の確認請求に請求の趣旨の一部を変更した。

判決要旨　　Ｄ敗訴部分を取り消し、Ｃの請求をいずれも棄却した。

　「Ｂは、本件洗濯室及び本件倉庫が本件マンションの区分所有者の共用に供されている現状を認識しながら、あえてこれを低価格となる競売手続により買い受け、本件洗濯室及び本件倉庫について共用部分である旨の登記がないことを奇貨として、時を移さず登記を『洗濯場』『倉庫』から『居宅事務所』『事務所』に変更するなどしてＤによる共用部分の主張を封ずる手立てを講じたものであり、これら一連の事実関係からすると、Ｂは、Ｄに対し、規約共用部分について登記がないことを主張することを許されない背信的悪意の第三者というべきである。

　Ｃは、Ｂの代表者の姉であり、本訴においてもＢに従属する訴訟行動をしていることからみても、Ｂの依頼により、Ｄの権利主張をより困難にするために、本件洗濯室及び本件倉庫の移転登記を受けたものであり、Ｂの背信的

悪意を承継した者というべきである。

　以上のとおりであるから、B及びCは、Dに対し、本件洗濯室及び本件倉庫について共用部分としての登記がないことを主張することができない背信的悪意の第三者というべきであり、DはCに対し、本件洗濯室及び本件倉庫が規約上の共用部分であることを主張し得るものということができる。したがって、CはDに対し、本件洗濯室及び本件倉庫を排他的に使用する権利を有しないものというべきであるから、Cが本件洗濯室及び本件倉庫を専用使用する権利を有することの確認を求める請求は、理由がない」。

解説　　1　専有部分と共用部分（法定共用部分と規約共用部分）

　「1棟の建物に構造上区分された数個の部分で独立して住居、店舗、事務所又は倉庫その他建物としての用途に供することができる」部分を「専有部分」といい、専有部分を目的とする所有権を「区分所有権」という（区分所有法1条、2条1項・3項）。

　「専有部分以外の建物の部分」あるいは「構造上区分所有者の全員又はその一部の共用に供されるべき建物の部分」を法定「共用部分」といい、「区分所有権の目的とならない」（区分所有法2条4項、4条1項）。たとえば、建物の玄関、廊下、階段室、エレベーター室などである。電気配線・各種配管類のうち専有部分に属さない部分、エレベーター、貯水槽、消防設備など「専有部分に属しない建物の附属物」も同様である。法定共用部分は、区分所有者の共有となり、登記がなくとも共用部分であることを第三者に対抗できる（同法11条1項・3項）。

　専有部分を管理組合の集会室や管理人室とするなど専有部分および附属の建物であっても「規約により共用部分とすることができる」。これを「規約共用部分」という。しかし規約共用部分は、「その旨を登記しなければ、これをもって第三者に対抗することができない」（区分所有法4条2項）。

2　本件洗濯室および倉庫の規約共用部分性

　本件マンションの規約は、①「住戸番号を付した店舗、事務所及び住戸」

が専有部分であり、②専有部分に属さない建物部分は共用部分と規定している。本判決は、本件洗濯室および倉庫には住戸番号が付されておらず①に該当せず、②によって共用部分だと認定した。元々「洗濯場」、「倉庫」と登記されていたとはいえＡ社が所有していたのであるから「構造上の独立性」は肯定される。他方で、本判決が詳細に認定した本件洗濯室および倉庫の由来と共用部分としての使用実態からすれば、「利用上の独立性」が認められず、専有部分とはいえないのではないかが問題となろう（最判昭和56・6・18民集35巻4号798頁〔目黒コーポラス事件〕（本書**19**判例））。しかし洗濯室は、洗濯機を置かせ、引込開閉器盤の管理をさせたとしても、それら共用設備以外の部分で排他的な利用が可能であるし、倉庫も後から木製の仕切り板と木製の扉で区画されただけでは当然に構造上区分所有者の共用に供されるべき建物部分とはいえず、トランクルームないしロッカールームとして自ら利用するか居住者に賃貸することにより排他的な利用が可能である。よって、なお利用上の独立性も認められるから専有部分といわざるを得ず、規約共用部分とする本判決の認定が妥当である。

3　規約共用部分と対抗問題

　区分所有法4条2項は、規約共用部分であることを登記しなければ第三者に対抗することができないとしている。これは、本来専有部分であっても規約の設定という団体的合意によって共用部分とすることが認められているため、その共用部分化を「不動産に関する物権の得喪及び変更」として「登記をしなければ第三者に対抗できない」と定める民法177条に従うことを明記したものである。ここにいう第三者とは、「当事者もしくはその包括承継人ではないすべての者を指すのではなく、不動産物権の得喪及び変更の登記欠缺を主張するにつき正当の利益を有する者」をいう（大連判明治41・12・15民録14輯1276頁）。しかし、実体上物権変動があった事実を知る者において、その物権変動について登記の欠缺を主張することが、不動産登記法5条に準じて、信義誠実の原則に反するものと認められる事情がある場合には、「背信的悪意者」として登記の欠缺を主張するについて正当な利益を有しないも

のであって、民法177条にいう第三者にあたらない（最判昭和43・8・2民集22巻8号1571頁）。

4 B社、Cが背信的悪意者であること

本判決はCをB社の背信的悪意者性を承継した背信的悪意者としたものである。その理由は「判決要旨」に記載されているが、その前提として、本件洗濯室および倉庫の由来と共用部分としての使用実態を前記「事案の概要」に記載した以上に詳細に認定している。そして本判決は、B社がその由来と使用実態の実情を競売時の物件明細書、現況調査報告書、評価書の記載により認識していたことを重視している（特に評価書では「単独使用に難あり」として20％の減額がなされていた）。妥当な判断である。

なお、実際には本件のB社やCほどひどくなく背信的悪意者とは言い切れない場合もあろう。そのような場合であっても、マンションの特質から物件の由来や共用部分としての使用実態を十分に認識していたような場合には、信義に反するものと認められる事情がある場合として、登記の欠缺を主張するについて正当な利益を有しないと認定される余地がありうる（最判平成10・2・13民集52巻1号65頁・平成10年度重要判例－ジュリ臨時増刊1157号62頁）。

（笹森　学）

第2章　登記・借地権・団地をめぐる紛争

🔟4　敷地利用権が地上権の場合の地代支払義務の範囲

> 敷地利用権が地上権であるとき、区分所有者は、地上権の持分割合に対応する地代を地主に支払えば足りるか

▶東京地裁・地代請求事件〔東京地判平成7・6・7判時1560号102頁・判タ911号132頁〕

事案の概要　昭和58年10月20日、Aはその所有する土地につきBに対し地上権を設定した。その内容は、期間は35年、Bは堅固な建物の所有を目的とすること、地代は当該年度に土地に賦課される公租公課の8倍とすること（一時的または臨時に賦課される公租公課が発生した場合は、その税額を加算する）、敷金は地代の1年分であるが地代に増減があった場合は敷金もこれに従って増減し、変動後の地代の1年相当額を上限とするというものであった。

　昭和61年12月頃、Bは土地上に区分所有建物（総戸数約200）を建築して区分建物部分を地上権の割合部分とともに分譲した。

　Cら3名は、昭和63年4月から8月にかけて分譲に応じて区分建物部分と地上権の割合部分を取得した。

　平成4年分の地代の基本部分は1億0771万4000円、公租公課の変動に伴う増加支払分は2066万6000円、公租公課の変動に伴う敷金の増額分は2066万6000円となった。

　Aは、Cら3名に対し、上記の合計額全額につき連帯債務としての支払いを求めて提訴した。

判決要旨　Cらが地上権持分を取得し保有するためにAに支払わなければならない地代は、地上権の持分に対応する金額であって、地上権全体の対価ではないとした。

60

14 敷地利用権が地上権の場合の地代支払義務の範囲

解　説

地上権は賃借権と異なり民法上「物権」に区分される権利であって、ＢはＡの許可なくして地上権をＣらに対して譲渡することができる。その場合、ＡはＣらに対して直接地代を請求するほかなく、Ｂに対して地代を請求することはできなくなる。地主としては、Ｂ１人に対して地代の請求をすればよかったものを、多くの区分所有者に請求しなければならない（その場合、一定程度の地代の支払いの不履行も予想される）という不利益を負う。

しかし、他方、区分所有建物を所有する者が、敷地の地上権の持分割合を取得する目的は、区分所有建物との分離処分が禁止されていることにあるから、各区分所有者はその持分に対応した地代を負担すれば足りるとした本判決は妥当であるというべきであろう。

すなわち、判旨は、第１に、ＡとＢとの間に、「特別の約束がない限り」、地代が地上権全体の設定の対価ではなく、地上権の持分割合の設定の対価となることは「事柄の性質上当然のこと」というものであり、その理由として、建物の専有部分と敷地についての地上権の割合的持分とを一体的な財産権として管理・処分せざるを得ないところ、地代を支払うべき理由が地上権の割合的持分を取得することにあることをあげる。

そのうえで、第２に、このように解釈することがＡの不利益にならないか（最初１人しかいなかった地上権者が、マンション分譲により多数者となり、地代の回収が困難になる）について検討し、①ＣらがＡに支払うべき地代を地上権全体の対価とする特別の約束がなかったこと、②Ｂは分譲マンション事業を営む会社であり、Ａは地上権の譲渡を予想し得たこと、③ＢとＣらの間で交わされた「地上権の承認等に関する確認書」によれば、ＢがＣらを含む区分所有者から地代相当額を代理受領して、一括してＡに支払うことになっていることからすれば、各区分所有者に全体の地代についての債務を負わせることは公平にかけると思われることからして、地主としては地代回収に要するＡの不利益を受忍すべきであると判断した。

（石川和弘）

第3章

敷地をめぐる紛争

第3章　敷地をめぐる紛争

⓯　建築基準法違反と不法行為責任

> 建築確認時の敷地が後に切り離されて建築基準法違
> 反となった場合、売主は民事上の賠償責任を負うか

▶小金井桜町コーポラス事件〔東京地判平成2・2・27判時1365号79頁・判タ743号180頁〕

事案の概要　本件マンションの建築主は、建築面積を拡大するため、A所有の土地①に、Aの夫がBから賃借していた土地②を敷地として加え、建築確認を得た。この際、建築主は、2つの土地が一団の土地を形成するように記載された図面を設計事務所に渡し、設計事務所がこの図面に基づいて作成した図面を添付して建築確認申請を代行した。

　ところで、本件の建築確認申請時当時の建築基準法上の規制によると、土地①が敷地となる場合には、建ぺい率が30％以下となるのに対し、土地②を敷地に加えた場合には、建ぺい率が60％となる。本件マンションは、土地①に、土地②を敷地に加えることができて初めて適法とされる建築物だった。

　ところが、その後、第三者が土地②を取得し、土地②を敷地として利用することが事実上不可能となり、本件マンションは建ぺい率を大幅に超過する違法な建物となってしまった。

　本件マンションの分譲販売業務を建築主から委託された不動産会社（売主）は、行政庁から建ぺい率違反である旨の指摘を受け、検査済証の交付が留保されたにもかかわらず、敷地のことは建築主において解決するものと軽く考え、買主らにはそのことを知らせなかった。買主らは土地②を含んだ面積全体がマンションの敷地であると思い込んでいたが、10年が過ぎてから敷地不足に気づいた。

　そこで、マンションの買主らは、土地②に借地権を設定するために必要な費用の損害を被ったとして、建築主、売主、設計監理を委託された設計事務所および建築工事の請負業者に対し、損害賠償を請求した。買主らの第1次

64

的な請求は、建築主らが共謀して建ぺい率違反の建築確認を得たことに基づくものであるとの不法行為を理由とするものであり、第2次的な請求は、瑕疵担保責任に基づくことを理由とするものであった。

判決要旨 まず建築主について「マンションを建築して分譲販売しようとする建築主としては、敷地面積に不足のない建築基準法上適法な建築物として販売すべき義務があることはいうまでもないところ、（建築主）は、本件マンションの建築面積を拡大することを企図し、……（土地②）を含めた敷地面積で建築確認を得、行政庁から建ぺい率違反であるとの指摘を受けた後も、これを放置していたものである」として不法行為の成立を認めた。

次に売主についても「建築主と同様、……適法な建築物を販売すべき義務があるところ、遅くとも行政庁から（前記のような）指摘があった後も、建ぺい率違反の事実を買主らに告知せず、漫然販売を継続し、登記手続を行なったものである」として不法行為の成立を認めたが、設計事務所と請負業者については不法行為の成立を否定した。

さらに損害額については、「（一）買主らが被った損害とは、前記のとおり建築基準法上の建ぺい率違反の状態について行政庁から違反建築物に対する是正措置を命じられる危険を負担しているという不利益であるが、それが現実化しているとの主張立証はないし、再建築に当たり当初の建築面積が確保されない可能性があるといっても、将来の不確定な事項に属することであるから、これらの損害を直接金銭で評価することは困難である。（二）買主らの不利益は、（本件②の）土地が本件マンションの敷地として確保されるならば回復される性質のものであるが、建築基準法上の敷地要件を満たすためには、右土地に賃借権のような明確な用役権が設定されなければならないものではなく、実際にも前認定の事実によれば、（建築主ら）は買主らに対し、右土地に明確な用役権を設定することを約した訳ではない」として、訴え提起時の隣地の更地価格の2割を使用借地権価格として認容した。

第3章　敷地をめぐる紛争

解　説	1　建築主、売主の不法行為責任

　本判決は、敷地として予定されていた土地の一部が確保されず建ぺい率違反の状態になった分譲マンションの住民から、建築主およびその委託を受けていた売主に対する不法行為に基づく損害賠償請求が認められた事例として、意義を有する。

　建築主は、本件②の土地の地主に対し、敷地として利用させてもらいたいとの交渉をしようと考えたこともなく、その後も敷地面積を確保するための対策を講ずることもなかった。また、売主が販売するにあたってパンフレットには②の土地を含めた確認許可を受けた面積を表示し、所在地としては住居表示の番地を記載した。一方、売買契約書には全体の敷地面積は表示しないで、②の土地を除いて旧番地でもって数筆を表示した。そのため、住民らは約10年間、敷地不足に気がつかなかったのである。

　これら判示の事実関係からすれば、建築主や売主に不法行為を認めることにつき、異論はないものと思われるが、これまでのマンションの裁判例の中でみると買主救済という点で重要な意味をもつ裁判例といえる。

　これまでの裁判例では、たとえ建築基準法違反の建築物であっても、直ちにその建築物が私法上も違法な建築物であるとはいえないという判断が主流であり、その結果、このような建築物を取得した買主を救済する方法が閉ざされていた。本件においても、建ぺい率違反はマンションの全容積との関係における建築基準法上の問題であり、そのことは各戸の区分所有権を対象とした本件マンションの売買契約における売買の目的物の瑕疵にはならないとして、裁判所が私法上の損害賠償責任を否定する可能性も考えられる事案であったといえる。

　しかし、違反建築物は単に建築基準法の是正措置の対象となるのみならず、将来、同じ延床面積での再建築不可能な物件として低廉な評価を受けることになることは明らかである。このようなマンションを購入してしまうと、売却しようとしても、この事実を表示すれば買い手がつかない状況ともなるし、この事実を秘して売却すれば、後日、売主の瑕疵担保責任等を追及される立

66

場に立たされる危険がある。また、建築主ないし売主が、建築確認申請時に一時的に敷地を所有ないし借用し、建築確認許可を受けさえすれば、その後は違法な建築物を販売しても何ら民事上の責任を問われないというのでは、違法建築物の販売によるトラブルが多発することは避けられない。

にもかかわらず、従来の判例は、このような買主の損害に目を向けることなく、形式的な判断を繰り返してきたのである。

以上の点に鑑みれば、本判決は従来の流れを覆し、建築基準法違反の建物の建築主および売主に私法上も損害賠償責任を認め、買主らを救済した画期的な裁判例といえるのである。なお、本判決の後、転売目的のマンションの売買契約に建築基準法の検査済証の交付の特約があったにもかかわらず、同法に抵触する瑕疵のため検査済証の交付が不可能となった事案について、東京地方裁判所は、買主は催告のうえ債務不履行として売買契約を解除することができると判断した（東京地判平成5・12・16判夕849号210頁）。

2　損害論

本判決は、買主らの損害は第三者が土地②を取得した時点には確定的になったから、それに一番近い訴え提起時を基準時とすべきであり、損害の内容は土地②の使用価値の価格と解するのが相当であり、具体的には土地②の更地価格の約2割を戸数で除した価格であるとした。しかし、買主らの損害は「建ぺい率違反の是正措置を命じられる危険」だけではなく、将来、同じ延床面積での再建築が不可能な物件として低廉な評価を受けるといった損害も被っている。この点も損害額を算定する要素として考慮すべきと思われるが、算定要素としては抽象的かつ流動的なものであるため、損害を立証する側に工夫がいるところである。

【参考文献】
①対処法62頁、②山上知裕『マンション・トラブル』

（東　敦子）

第3章　敷地をめぐる紛争

16　敷地の不足と通行地役権

> 要役地が数人の共有に属する場合、共有者は単独で
> 地役権設定登記手続を求める訴えを提起することが
> できるか

▶コーポラス北野事件〔最判平成7・7・18民集49巻7号
2684頁・判時1544号56頁・判タ890号78頁〕

事案の概要　　京都市上京区所在のマンション「コーポラス北野」の敷
地は、マンションがその上に建築され区分所有者が共有す
る土地（以下、「A土地」という）のほか、これに隣接する分譲業者所有地（以下、
「B土地」という）を含んでいた。分譲業者は、更地であるB土地のうち塀に
沿う部分に7台の駐車場スペースをとり、これを区分所有者に有料で使用さ
せていた。駐車場を利用するに際しては、敷地の面積・形状の関係から、A
土地の玄関前部分を車の出入りに使用せざるを得ず、その反面、区分所有者
は実際の駐車に差し支えない限度でB土地を自由に通行してきた。

上記ABの各土地は元々分譲業者が所有していたもので、同社はマンショ
ン分譲に際して区分所有者らにA土地の共有持分を移転登記したが、B土地
については、自社所有名義のままにしていた。

マンションの区分所有者81名（全員ではない）は、昭和59年、分譲業者を
被告として、B土地もA土地と同様、分譲の対象物であったとして所有権移
転登記手続を求める訴えを京都地方裁判所に提起した。これに対し、分譲業
者は反訴を提起し、原告らに対して、B土地の所有権に基づき同土地の明渡
しを請求した。1審は、上記土地は分譲の対象ではなく被告の所有であると
して原告らの請求を棄却したが、反訴請求についてはA土地を要役地とする
地役権が黙示的に設定されていたと認定して棄却した。

原・被告とも大阪高等裁判所に控訴したが、原告らは、控訴審において請
求を追加し、予備的請求として、A土地の共有持分に基づいて、B土地につ

68

き、A土地を要役地とする通行等の地役権設定登記手続を求めた。これが原審である。

　原審は、1審原・被告の各控訴をいずれも棄却するとともに、上記予備的請求も棄却した。原審の判示は、要旨、次のとおりであった（大阪高判平成2・6・26判タ736号183頁）。「共有持分の上に地役権を設定することは許されず、共有持分について地役権設定登記手続を請求することも許されない。予備的請求の内容は、第1審原告らの各持分について地役権設定登記手続を求めるものであるから主張自体失当である。第1審原告らの主張を善解して、A土地の共有持分に基づき、地役権設定登記手続を求めていると解すると、その訴えは固有必要的共同訴訟であり、第1審原告らはA土地の全所有者でないから、その訴えは訴訟要件を欠き却下を免れない」。

判決要旨　　最高裁判所は原判決中予備的請求に関する部分を破棄し、要旨、次のように判示して本件を原審に差し戻した。

　「要役地の共有持分のために地役権を設定することはできないが、上告人（1審原告）らの予備的請求は、そのような不可能な権利の設定登記手続を求めているのではなく、上告人らがその共有持分権に基づいて、共有者全員のため、本件要役地のために地役権設定登記手続を求めるものと解すべきである。要役地が数人の共有に属する場合、各共有者は、単独で共有者全員のため共有物の保存行為として、要役地のために地役権設定登記手続を求める訴えを提起することができ、その訴えは固有必要的共同訴訟には当たらない」。

解　説　　本件は、要役地が共有に属するときの地役権設定登記手続請求に関する最初の最高裁判例だと思われる。

　争点の第1は、共有持分のため地役権を設定することが認められるかという点であるが、通説は否定している（我妻榮『民法講義Ⅱ』414頁、注釈民法(7)308頁、林良平ほか編『注解判例民法1ｂ』320頁）。民法282条は、共有持分について地役権を消滅させることができない旨規定するが、成立に関しては何ら規定がない。しかし、「地役権は要役地の物質的利用のために存する権利であるから、要役地の持分のために存在することができない」（我妻・前掲書414頁）と説明されており、この結論について異論はないと思われる。

第3章　敷地をめぐる紛争

　争点の第2は、要役地の共有者が承役地所有者に対して地役権設定登記手続を求める訴えは、固有必要的共同訴訟かという点である。これが肯定されれば、要役地の一部の共有者のみが提起した訴えは不適法なものとして却下されることになる。

　本件最高裁判決は、上記のとおり、かかる訴えは固有必要的共同訴訟ではないと判示したが、その理由としてあげるのは、本件地役権設定登記手続請求の訴えは、共有者全員のための保存行為であるということに尽きる。「保存行為」というのは、固有必要的共同訴訟にあたらないと判断する場合の理由づけとして大審院、最高裁判所の判決において古くから用いられてきたが、学説からは個別訴訟を許す根拠としては形式的なものにすぎないという批判がなされてきた。しかし本判決が、なお保存行為という理由づけを維持したのは、共有関係訴訟が固有必要的共同訴訟にあたるか否かの一般的判断基準について判決理由に採用可能な理論が提示されていないこと、保存行為という理由づけ自体もそれほどの理論的破綻を来すものではないことに尽きるといえよう（法曹会編『最高裁判所判例解説民事篇〔平成7年度〕(下)』788頁)。

　そこで、以下この点について検討する。

　共有者全員が共同原告となり、共有権（その数名が共同して有する1個の所有権）の確認を求める場合はもちろん、共有権に基づき所有権移転登記手続を求めているときも、その訴訟の形態は、固有必要的共同訴訟とされている（最判昭和46・10・7民集25巻7号885頁)。しかし、かかる訴えも保存行為と考えれば一部の共有者のみで訴えを提起することができるとすることも不可能ではない。

　本件最高裁判決を前提とすると、要役地の共有者の1人が承役地所有者に対して地役権設定登記手続請求の訴えを提起した場合、原告敗訴の判決が確定しても、既判力は他の共有者に及ばないから、判決確定後に、他の共有者が同一の訴えを提起し、勝訴判決を得ることも論理的には可能である。つまり、共有地を要役地とする地役権設定登記手続請求権の存否につき、矛盾する判決を許すことになる。しかし、そもそもこのような事態の発生防止のための制度が、固有必要的共同訴訟だったはずである。本件訴訟が共有物の保

存行為であっても、かかる事情は変わらない。

　本件地役権設定登記手続請求は地役権の準共有持分に基づいて保存行為として行うものであるから固有必要的共同訴訟ではないというのが本件判決であるが、共有不動産の持分権に基づいて、登記名義人に対して、共有者全員に対する所有権移転登記手続請求を認めることが許されない（他の共有者が有する権利の行使を許すことになる）ことから考えれば、このような説明は説得的ではない。

　ただし、両者の権利には差異があって、共有の場合、共有者は単独でその持分について所有権移転登記手続を求めることができるのに対し、地役権の準共有の場合、準共有者は単独で準共有持分につき地役権設定登記手続を求めることはできない。本件判決はこのような所有権と地役権の登記請求権の差異を実質的に配慮したと考えることもできる。

　以上のとおり、本件判決が論理的説得力をもつとはいいにくい。しかし、本件訴えが固有必要的共同訴訟であるとすれば、現実的妥当性を欠くことになる。100名を超える区分所有者を有するマンションは珍しくないが、1名も欠けず全員で訴えを提起することは不可能に近い。本件判決はこのような実際的な問題に対する配慮も行ったものであろう。しかし、本件事件の要役地が通常の共有地ではなく、マンションの敷地であることを考えれば、本件訴えが固有必要的共同訴訟であるとしても、別の方法による解決の道はあった。

　区分所有法26条は、管理者が敷地等の保存、集会決議の実行をする権利と義務を負い（1項）、規約または集会の決議により区分所有者のために原告または被告となることができると規定する。「区分所有者のために」とは、いわゆる訴訟担当を意味し、管理者が原告または被告となった訴訟の判決の効力が、訴訟当事者である管理者だけでなく全区分所有者にも及ぶという趣旨である。

　したがって、本件事案でいえば、本件マンション管理組合は地役権設定登記手続請求訴訟の提起につき、集会の決議を経たうえ、管理者が原告となって訴えを提起することが可能である。判決の効力は区分所有者全員に及ぶか

第3章　敷地をめぐる紛争

ら判決の合一的確定という法的要請も満たされる。

　筆者は、マンション敷地を通常の共有地と同様の法的取扱いをすることに疑問をもっている。マンション敷地は原則として区分所有建物のために存在するものであって分離処分が禁止されるとともに、区分所有者らは「建物並びにその敷地及び附属施設の管理を行うための団体を構成し……集会を開き、規約を定め、及び管理者を置くことができる」（区分所有法3条）ものである。つまり、マンション敷地は団体法的規制に馴染むものであって、個人的色彩の強い民法上の共有とは異なっている。本件のようなマンションの事案において、個々の区分所有者が個別に本件のような訴訟を提起することは好ましくない。むしろ、管理組合の総会（集会）において決議を経たうえで、管理者が訴えを提起するほうが、現実的な処理としても望ましいと思われる。

　なお本件事件は、差戻審において和解が成立し、分譲業者は通行地役権設定登記手続に応じたそうである。

（中村　仁）

⓱　区分所有法における「一棟の建物」の範囲

> マンションに併設された立体駐車場も「一棟の建物」
> （区分所有法１条）に含まれ、その外壁等の共用部分
> について管理組合が修繕の責任を負うか

▶不当利得返還等請求事件〔東京地判平成28・9・29判時2342号47頁〕

事案の概要　本件マンションは、昭和57年10月建築の13階建てで、1階および2階が店舗および事務所、3階から13階が住居となっており、マンション敷地内に、高さ11階相当の立体駐車場（エキスパンションジョイントによって本件マンションに接合されている。以下、「本件立体駐車場」という）が併設されている。

原告Aは、不動産および車庫の賃貸業等を営んでいる会社であり、本件マンションの13戸を区分所有し、本件立体駐車場もAが所有している。

被告である本件マンション管理組合Bは、平成11年8月頃、本件マンションの大規模修繕工事を行い、その際本件立体駐車場の外壁や屋上もその対象に含まれていた。

その後、平成22年3月7日開催の総会において、大規模修繕工事に関する議案が上程され、議案書には外壁塗装工事については「範囲内の被塗装面に対して塗り重ねを行います」と記載され、塗装範囲に限定があることが明らかにされていたが、総会に出席したAの代表取締役や取締役からは、本件立体駐車場の外壁が含まれていないことについて異論や反対意見は述べられなかった。これを受けて、Bは、同年6月から10月にかけて、本件立体駐車場の外壁や屋上を対象に含めずに、本件マンションの大規模修繕工事を実施した。

Aは、その後本件立体駐車場の外壁や屋上部分の劣化・損傷により雨漏りが生じたため、平成23年に本件立体駐車場の天井部分に防水工事等の修繕

第 3 章　敷地をめぐる紛争

工事を行い、77万円を支出したことから、平成24年12月20日にＢを相手方として、修繕費用の支払いを求める民事調停を起こしたが、不成立で終了した。

　また、Ａは、平成25年から26年にかけて、本件立体駐車場の外壁や天井の修繕工事を２回に分けて実施し、第１回工事代金として136万5000円を、第２回工事代金として624万7500円を支出した。

　本訴訟は、ＡがＢに対して、本件立体駐車場が本件マンションと一体の構造となっており、「一棟の建物」（区分所有法１条）に含まれると主張し、修繕工事費用分の不当利得返還を求め、選択的に、債務（修繕義務）不履行に基づく修繕工事費用相当の損害賠償を求めたものである。

　本件立体駐車場が「一棟の建物」に含まれる場合、マンションの外壁と同様に、立体駐車場の外壁も共用部分に該当し（区分所有法４条１項）、共用部分の維持管理を行うＢが修繕の責任を負うためである。

判決要旨　　本判決は、以下のとおり、本件立体駐車場が本件マンション（本判決では、立体駐車場部分と区別して、「居住棟」と呼称している）と「一棟の建物」として構成されず、別棟となると判断し、原告Ａの請求を棄却した。

（「一棟の建物」の判断基準）

　「『一棟の建物』（区分所有法１条）であるか否かは、社会通念に従って決定されるべきところ、その具体的な判定基準としては、①建物構造上の一体性、②外観（外装）上の一体性、③建物機能の一体性、④用途ないし利用上の一体性が挙げられる」。

（建物構造上の一体性）

　「構造種別及び構造形式は、居住棟がSRC造（鉄骨鉄筋コンクリート構造）、耐震壁付ラーメン構造、本件立体駐車場部分がＳ造（鉄骨構造）、ブレース構造となっていること、設計図面上、居住棟と本件立体駐車場部分とは相互に力をやり取りせずに、両者が構造的に自立できるようにするためにエキスパンションジョイントによって物理的に分離して接合されていることが認められる」として、「居住棟と本件立体駐車場部分とは、建物構造上、分離した構造となっており、物理的に一体とは認め難い」。

74

（外観（外装）上の一体性）

「外壁について、居住棟はタイル張り、本件立体駐車場部分は石綿サンドイッチ板、屋根について、居住棟はコンクリート床上に防水、本件立体駐車場部分は軽量鉄骨下地の上に鉄板葺きとなっており、使用している仕上材が異なるし、デザインも異なっている」。

（建物機能の一体性および用途ないし利用上の一体性）

「本件立体駐車場部分は、駐車場用途のみであるところ、居住棟は1階及び2階に店舗及び事務所、3階から13階が住宅となっており、用途（利用空間）として全く異なっている」。

また、本件立体駐車場部分への駐車車両の出入庫は、原告Aの専有部分（本件マンションの1階部分）を通らなければ不可能であること、加えて、外部道路へ出入りするには原告Aが設置した「××パーキング」との看板が掲げられた出入口を通行しなければならないこと、本件立体駐車場が「居住棟の区分所有者専用の利用駐車場ではなく、区分所有者が駐車場として利用するためには、原告との間で駐車場利用契約を個別に締結しなければ利用できず、その場合に、居住棟の区分所有者であることをもって優先的に利用できる関係にはないことが認められる」、「これらによれば、機能的、用途ないし利用的にも、居住棟と本件立体駐車場部分とは違いが大きいと言わざるを得ない」。

（結論）

「以上の検討結果を総合すれば、社会通念に照らし、本件立体駐車場部分は、本件マンションと一棟の建物として構成されず、別棟となるものと認められる（本件立体駐車場部分は、マンション敷地内の別棟の立体駐車場棟ということになるから、区分所有建物の建物部分ではない。）」。

「本件外壁を含む本件立体駐車場部分が本件マンションとは別棟である以上、本件外壁を本件マンションの大規模修繕工事の対象に含めるか否かについて、集会の多数決の決議で決することとしても、本件管理規約に反せず、違法はない」。

解　説

「一棟の建物」（区分所有法1条）であるか否かについては、学説上も本判決と同様に、①建築構造上の一体性（物理的一塊

性）、②外観（外装）上の一体性、③建物機能（外部との出入口、廊下、階段室、エレベーター、水道、電気、ガス、集中冷暖房設備等）の一体性、④用途ないし利用上の一体性（生活空間としての一体性）を具体的に検討して判定すべきと解されており、建物の堅固・非堅固の別、平屋・低層・中高層の別を問わないとされている（コンメ6頁）。

　本訴訟では、全部事項証明書において、A所有の103号室の種類欄に「車庫、事務所」と表示されていたことから、立体駐車場が103号室に含まれるか否かという形で争われた（本解説では事案簡略化のため、本件マンションに立体駐車場が含まれるか否かという形で記載した）。Aは、103号室の全部事項証明書記載の床面積が「98.38平方メートル」であり、Bが主張する103号室の床面積の数値に本件立体駐車場部分の1階部分の床面積を加えた数値が、「98.38平方メートル」に近いことから、登記上も建物構造上の一体性が認められると主張したが、本判決は、「登記上の取扱と現実の建物の状況に食い違いが生じることも十分予想されるところであり、本項目の検討に際しては、登記上の取扱を重視することは避けるべきであると考えられる」とし、登記上の形式的な記載内容にとらわれず、現実の建物の状況を踏まえて判断すべきとの考え方を示し、Aの主張を採用しなかった。

　本判決は事例判断ではあるものの、「一棟の建物」の範囲について争われた事例は少なく、具体的な認定については非常に参考となる。

　なお、本件立体駐車場では、Aが月極での契約を原則として断っていたことから、本件マンション区分所有者の利用がおよそ想定できない事例（実際に区分所有者による利用は一切なかった）であったが、マンション区分所有者が専用ないし優先的に利用する立体駐車場の場合には、用途ないし利用上の一体性が肯定され、立体駐車場部分が「一棟の建物」に含まれるとの判断がされる可能性も十分にあると考えられる。

（渡邉浩司）

第4章

専有部分性をめぐる紛争

第4章　専有部分性をめぐる紛争

🔟　ピロティの専有部分性

> ピロティを専有部分とすることができるか

▶宮町マンション事件〔東京高判平成 7・2・28判時1529号73頁〕

事案の概要　宮町マンションは、昭和49年から分譲された全40戸の
マンションであるが、同マンション 1 階の103号室（専有面
積19.02㎡）は、当初の分譲の対象となっておらず、その他39戸が分譲され、
敷地の持分については専有面積にかかわりなく、各区分所有者に平等に各
40分の 1 として販売されていた。

103号室の西側の建物の外壁との間は、幅員3.27mの土地部分があり、ト
ンネル状の吹き抜け部分（以下、「本件ピロティ部分」という。後記図面の斜線部
分）となっていた。本件ピロティ部分は、昭和51年のマンション自治会にお
いても、自治会が管理する共用部分であること、全区分所有者に使用権があ
ることが確認されており、その後は区分所有者の自転車置場あるいは通路と
して10年以上にわたって使用され続けていた。

その後、分譲業者は、昭和53年12月17日、Bに103号室および敷地の持分
40分の 1 を売り渡したが、その際、本件ピロティ部分は売買の対象ではなか
った。ところが、昭和63年10月18日、Bは本件ピロティ部分に外壁を設置し
てトンネル状の部分を塞いで占有を始めるとともに、床面積を増積する登記
を経由した。CはBの占有状態を承継し、Dと共同して、北側の外壁に出入
口を設けてそこにガラス戸を取り付けるなどして、内部を物置として利用し
ている。そこで、マンションの管理者であるマンション自治会の会長Aは、
区分所有法57条に基づき、C、Dに対する外壁の撤去、その部分の明渡し
などを求めた。

C、Dは、分譲業者は本件ピロティ部分に当初から増築を予定し、Bも購
入の際に本件ピロティ部分に増築が可能であるとの説明を受けて購入したも
のであるなどと主張して、本件ピロティ部分が共用部分であることを争った

78

（床面積増積の登記も、本件ピロティについて元々専有部分性があるということで具備したものと思料される）。

　原審は、本件ピロティ部分が共用部分であることを前提に、C、Dに対する外壁、ガラス戸、基礎ブロックの撤去、本件ピロティ部分の明渡しなどを認容する判断を下した。

　それに対して原被告双方が控訴。

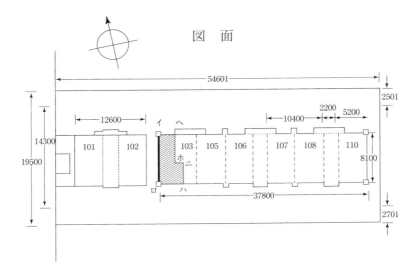

図　面

判決要旨　本件ピロティ部分が専有部分であることを否定した。「本件１階吹き抜け部分は、宮町マンション建物のうちの他の区分所有建物と区別されそれ自体が独立の建物としての用途に供することができる外形を有するものではなく、また、利用上も独立していない部分であ」る。「そして、右マンション建物の外壁や床下部分は区分建物所有者の専有部分ではなく右区分建物所有者全員の共用部分であることは明らかである。そうすると、このような設置物をもって所有権の対象となる独立した建物といえないことはもとより、103号室に構造上附合した、したがって103号室と運命を共にするといった意味で同室の構成物となったものとみることもできない」。

第 4 章　専有部分性をめぐる紛争

| 解　説 | **1　本判決** |

　分譲マンションの建物のある部分が区分所有権の対象となる「専有部分」
といえるためには、一般に構造上の独立性、利用上の独立性が必要とされて
いる。

　本判決は、構造上の独立性につき、

①　ピロティ部分の東西の側面は本件マンションの外壁を利用しているこ
　と

②　ピロティ部分の南側および北側は木材で囲いを付けて壁状に遮断して
　あり、北側の壁には戸が備え付けられていること

③　ピロティ部分の上部は本件マンション2階の203号室の床下部分を利
　用して板枠を取り付けた程度であること

を前提にして、本件マンションの外壁や床下部分が共用部分であることを理
由にその独立性を否定し、利用上の独立性についても、

①　39戸の分譲が完了した昭和49年当時から10年以上にわたって自転車
　置場などとして区分所有者全員の共用に供されており、上記利用方法は、
　昭和51年末頃に自治会の集会で使用確認決議がなされていたこと

②　Bが103号室とともに本件ピロティ部分を分譲業者から買い受けたと
　主張し出したのは本マンション完成後14年を経過した時点であること
　（なお、Bが103号室を購入した際には本件ピロティ部分はその対象となって
　いなかった）

を理由にその独立性を否定し、さらには附合の点も否定して、本件ピロティ
部分が共用部分に該当すると判断しているが、その判断がピロティそれ自体
を法定共用部分として認めたものか、あるいは規約共用部分として認めたも
のかは必ずしも判然としない（判例研究・判時1552号・判例評論445号18頁）。

2　最判昭和56・6・18判決

　最判昭和56・6・18は、車庫の専有部分性が問題になったA事案（民集35
巻4号798頁・判時1009号58頁・判タ446号76頁）、および倉庫の専有部分性が

80

問題となったＢ事案（判時1009号63頁・判タ446号74頁。なお、本書**19**判例参照）について、その専有部分性をそれぞれ肯定した。

　構造上の独立性について、Ａ事案の車庫に関する判決は、建物の構成部分である隔壁、階層等により独立した物的支配に適する程度に他の部分と遮断されており、その範囲が明確な建物部分をいい、必ずしも隔壁がなくても他の方法によってその範囲が明確に識別できれば足り、周囲を完全に遮断することは必要ではないとの立場に立ち、その独立性を肯定したが、これは、鉄パイプを、４本の角柱および天井部分と相まって建物の内外を画する標識ととらえ、独立した物的支配に適する程度に遮断された範囲の明確性を肯定したものと思料される（「最高裁判所判例解説民事篇〔昭和56年度〕」379頁以下）。

　利用上の独立性について、Ａ事案の車庫に関する判決は、共用設備が小部分を占めるにすぎないため、共用設備の存在によっても車庫としての排他的使用に格別の制限ないし障害を生ずることがなく、反面、かかる使用によって共用設備の保存および他の区分所有者らによる利用に影響を及ぼすこともないとして、その独立性を肯定した。

　以上が最高裁判所が提供する一般的な基準であるが、この基準がピロティについてもそのまま妥当するというのは早計であろう。なぜなら、本判決の事例と上記ＡＢの事例とではそもそも建物部分が異なるし（車庫や倉庫と異なり、ピロティは完全に遮蔽された空間ではなく、開かれた空間部分であることを本来的に予定している）、そのほかにも、①物の追加設置の有無、②利用態様、③当該建物部分内の共用設備の有無等が異なっているからである。

　また、利用上の独立性については、車庫に関する判決が詳細な基準を提供するが、この判決は共用設備が設置された建物部分に関するものであり、本判決とは事案が異なるため、その基準をあてはめることは困難と思われる。

　なお、車庫の判決と異なり、本判決では構造上の独立性が否定されているが、これは、本判決が建物構成部分の共用部分性に踏み込んで判断している（車庫の判決においては指摘がない）こともその一因と考えられる。

3 他の判決との比較（ピロティの特殊性）

ピロティの事案として、本判決のほかに、分譲後に分譲業者が隔壁を設けて車庫に改造した場合（東京地判昭和56・8・3判時1034号112頁）や、配電盤や排水設備等の共用設備が設置されていた場合（大阪高判平成10・12・28判例集未登載、原審・神戸地判平成9・3・26判タ947号273頁）に専有部分性を肯定した判決が存するが、この否定と肯定の違いはピロティという空間部分の特殊性によるものと思われる。

すなわち、いわゆるピロティの空間部分には、①完成された建物内の空間部分である場合（これが本来の意味でのピロティである）と、②建築主がこれから建築を予定している未完成建物の空間部分である場合（あるいは売買を留保する場合）との2種類があり、本判決は①の場合に該当し、上記専有部分性を肯定した判決は②の場合に該当すると思われる。学説の中にも上記①と②に場合を分け、①の場合には構造上の法定共用部分にあたると説くものがある（対処法241頁、玉田弘毅『注解建物区分所有法(1)』146頁、なお、丸山英氣『区分所有建物の法律問題』99頁も同趣旨と思われる）が、同様の視点に基づくものである。

4 総 括

以上から検討するに、判例も、学説が説くように、前述のピロティの特殊性から当該ピロティ部分を場合分けして判断を加えていると思われるが、本判決は完成された建物内の空間部分の場合に当然法定共用部分に該当するとの判断をしておらず、本判決が学説の立場をそのまま採用しているとは言い難い。本判決は、昭和56年6月18日の2つの最高裁判決の示した一般的な基準を判断の基礎としながら必ずしも両要件に拘束されず、事案を実質的に検討したうえで総合的判断を加えているとはいうことができよう。以上私見を述べてきたが、前述のように、現時点でピロティ部分が専有部分か否かの判断基準を明確に打ち出すことは困難であり、基準の明確化のためには今後の事例の集積を待つほかないものと思われる。 　　　　　　（吉原　洋）

🔢 共用設備が設置されている車庫と倉庫の専有部分性

> 共用設備のある車庫や倉庫を専有部分にできるか

▶目黒コーポラス事件〔(車庫について)最判昭和56・6・18民集35巻4号798頁・判時1009号58頁・判タ446号76頁〕〔(倉庫について)最判昭和56・6・18判時1009号63頁・判タ446号74頁〕

事案の概要　Aら(7名)は、B会社が昭和38年12月に新築した鉄筋コンクリート造陸屋根7階建てマンション(各階の床面積は799.42㎡で65戸の居室がある)の各1戸の分譲を受けた区分所有者の一部である。本件建物の1階の一部には後掲図面のとおり倉庫(床面積81.09㎡。以下、「本件倉庫」という)があるが、未登記であった。B会社は、本件倉庫につ

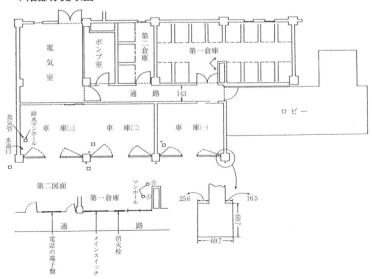

1階部分見取図

第4章　専有部分性をめぐる紛争

いて昭和49年6月17日付けで所有権保存登記を経由した後、同年10月22日、会社更生手続開始決定を受け、Cが更生管財人に選任された。そこで、AらはCに対し、本件倉庫は、利用上の独立性を欠くものであるから共用部分であって、区分所有の対象となるものではないと主張してその所有権保存登記の抹消登記手続を求めて訴訟を提起した。

判決要旨　本判決は、「1棟の建物のうち構造上他の部分と区分され、それ自体として独立の建物としての用途に供することができるような外形を有する建物部分であるが、そのうちの一部に他の区分所有者らの共用に供される設備が設置され、このような共用設備の設置場所としての意味ないし機能を一部帯有しているようなものであっても、右の共用設備が当該建物部分の小部分を占めるにとどまり、その余の部分をもって独立の建物の場合と実質的に異なるところのない態様の排他的使用に供することができ、かつ、他の区分所有者らによる右共用設備の利用、管理によって右の排他的使用に格別の制限ないし障害を生ずることがなく、反面、かかる使用によって共用設備の保存及び他の区分所有者らによる利用に影響を及ぼすこともない場合には、なお建物の区分所有等に関する法律にいう建物の専有部分として区分所有権の目的となりうるものと解するのが相当である」と一般的基準を述べたうえ、「第2倉庫は、構造上他の部分と区分され、それ自体として独立の建物としての用途に供することができる外形を有する建物部分であるが、他の区分所有者らの共用に供される設備として、床から高さ約2.05メートルの高さの部分に電気、水道等のパイプが設置されているというにすぎず、右共用設備の利用、管理によって第2倉庫の排他的使用に格別の制限ないし障害を生ずるかどうかの点についてはなんら明確にされていないから、原審の認定した事実のみでは、少なくとも第2倉庫についてはそれが建物の区分所有等に関する法律にいう建物の専有部分として区分所有権の目的となることを否定することはできないものといわなければならない」として、本件倉庫の専有部分性を肯定した。

84

解説 1 構造上・利用上の独立性についての判断基準

建物の区分所有は、①専有部分の個別的所有権（狭義の「区分所有権」）、②区分所有の享受に必要不可欠な共用部分、③建物の存在する敷地の利用権で構成されるが、その中でも①専有部分の個別所有権が中心的となる。

専有部分について、区分所有権の対象となるためには、①構造上の独立性と、②利用上の独立性を必要とすることが、学説上指摘されている。

そこで、「構造上・利用上の独立性の判断基準」について検討すると、「構造上の独立性」は、完全な遮断性を要件とせず、独立した物的支配に適する程度に他の部分と遮断されていれば足りるとされている。

「利用上の独立性」は、①共用設備が当該建物部分の小部分であること（共用設備の小規模性）、②その余の部分をもって独立の建物の場合と実質的に異なることのない態様の排他的使用が可能であること（当該建物部分の排他的利用可能性）、かつ、③かかる排他的利用によって、共用設備の保存、他の区分所有者の利用に影響を及ぼすことがないこと、を要件としている。

その趣旨は、共用設備の共用性と建物部分の排他的使用性を比較考量しているところからみれば、共用設備が存するために他の建物部分の所有者、使用者の建物の使用、生活等に支障を生ずるおそれがある場合、他の建物部分ないし全体建物の利用、保安、管理ができないことになるから、このような弊害を避けるためにはかかる建物部分を「専有部分」として特定の者の所有に帰属させるべきでないとする見地からその利用上の独立性を否定することにある。

したがって、ある建物部分に共用設備があっても、その共用設備の利用、保安、管理のために当該建物部分が使用されることによって上記のような支障が生じない場合には、利用上の独立性を肯定することになる。上記①および③の部分は、具体的には建物部分の利用目的、利用形態および共用設備の位置、面積、形状、機能、利用度、管理方法等を斟酌することになろう（遠藤賢治「判解」最高裁判所判例解説民事篇〔昭和56年度〕379頁）。

前掲判決を素直に読めば、当該建物部分に共用設備が設置されている場合

には、原則としてその建物部分は共用部分となるが、例外として前記「利用上の独立性」の①ないし③の要件を満たす場合にのみ専有部分として所有権の目的となりうるということになろう。

2　共用設備が設置されている「車庫」

　学説の中には、マンションの屋内駐車場（車庫）について、近時における自動車の保有状況、利用状況、駐停車状況を考慮し、車庫は単に有用であるのみならず必須不可欠の共用設備といえるので、社会観念上からも特段の事情がない限り、構造上、性質上当然に法定共用部分と解すべきとするものもあるが、岡本マンション事件（最判昭和56・7・17民集35巻5号977頁・判時1018号72頁・判タ453号73頁）および目黒コーポラス事件いずれも車庫を専有部分と認めている。

　目黒コーポラス事件の事案における車庫は、車庫の奥2カ所に臭気抜きの排気管があり、床にはマンホールがあったにすぎないため、基準に照らしてそれが専有部分であると判断することが比較的容易であった。しかし、岡本マンション事件の場合は、マンション全体の用に供するため、天井に配線や配水管が取り付けられ、床下には浄化槽や受水槽があり、床面にはこれらを清掃するための地下に通じるマンホールおよび排水ポンプの故障に備えるための予備の手動ポンプが設置されていて、浄化槽等の点検、清掃、故障修理のための専門業者がその車庫に立ち入って作業をすることが予定されていたのであり、共用設備の小規模性、排他的利用による共用設備利用に対する無影響性の点で、利用上の独立性があるとするには、疑問を感じ得なくない。

　本判決後、共用設備が設置されている車庫について、専有部分か共用部分かが判断された事案として、①東京地判平成元・10・19判時1355号102頁（本書**⑩**判例）、②東京地判平成2・1・30判時1370号83頁、③東京地判平成5・9・30判タ874号202頁、④東京地判平成26・10・28判時2245号42頁などがある。

　①は、電力、給排水、給湯、空調などの露出した配管が天井の一部に設置されており、一部の柱に浄化設備が付設されているが、共用設備の点検・補修などの必要性はあるものの、それによって駐車場の使用に格別の障害が生

じるわけでもなく、また駐車場としての使用が、区分所有者らの通路としての機能を妨げるものではないとして、駐車場が法定共用部分にあたらないとしている。

②は、駐車場内に共用施設として自転車置場があるほかには、一部に共用設備たる配管類が設置されているが、点検などのために立ち入る必要がなく、駐車場専用の出入口と住居部分の出入口が別に存在していることから利用上の独立性を認めている。

③は、駐車場に関し、共用設備部分は本件駐車場のうちのごくわずかな部分を占めるにすぎず、その余の部分は排他的使用に供されうるものであり、また、本件マンションの居住者がごみを置きに行きあるいは中庭に行くためには本件駐車場を通るであろうが、それは長時間にわたるものではなく、したがって、そのような通行の負担があるからといって本件駐車場が駐車場としての排他的使用を格別制限されるわけでもないとして利用上の独立性を認めた。また、マンションの管理事務所に隣接する居室について、その構造上、管理事務所と一体となって使用されることが予定されていることから、独立して建物としての用途に供することができる部分にはあたらず、区分所有権の目的とはならないとされた。

④は、マンション1階の駐車場として使用されている建物部分には、区分所有権の目的となりうるだけの構造上の独立性および利用上の独立性があるとはいえず、道路からホール等部分に通じそこから各専有部分に通じるためのピロティ兼通路として、構造上区分所有者全員の共用に供されるべき建物の部分であるというべきであるから、同建物部分は、専有部分ではなく、法定共用部分であるとされた。

この基準は、一般的・抽象的には、容認できるものであり、専有部分性を実務レベルで判断する際には有効であると考える。

（安原伸人）

第4章　専有部分性をめぐる紛争

20 管理人室の専有部分性

専有部分と共用部分はどのように判別されるか

▶安東板東方マンション事件〔最判平成5・2・12民集47巻2号393頁・判時1459号111頁・判タ819号153頁〕

事案の概要　本件マンションは1、2階に店舗、駐車場、倉庫があり、2階以上に居宅108戸がある、比較的規模が大きいマンションである。本件マンションには、管理人室（37.35㎡）と管理事務室（8.28㎡）が隣接して設置されており、本件管理人室は分譲業者A社による所有権保存登記がなされている。

　本件管理人室は和室二間、台所、トイレ、風呂場、廊下および玄関出入口からなる。室内には、警報装置、配電盤、点消灯装置などの共用設備はなく、電話も設置されていないが、鉄製で施錠可能な玄関ドアがあり、これを利用して、隣接する本件管理事務室を利用することなく外部との出入りができる。

　本件管理人室に隣接する本件管理事務室には、その玄関・ロビーに面した

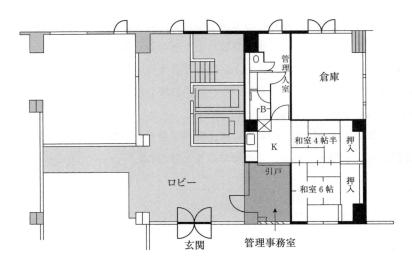

88

側に開閉可能なガラス窓およびカウンターが設けられていて、本件マンションに出入りする人との応対やその監視ができる構造になっている。その他、火災、溢水などの警報装置、配電盤、共用部分の電灯の点消灯装置などの共用設備が設けられているが、トイレはなく、管理関係の書類を保管するほどのスペースはない。

また、本件管理人室の床と本件管理事務室の床との間には段差がなく、その境にあるガラス引戸を開閉して自由に行き来することができるようになっていた。

なお、本件マンションの販売にあたって頒布されたパンフレットや、管理委託契約書に添付の管理費一覧表には、管理事務室の表示とともに管理人室の表示があり、本件マンションの設計図には、本件管理人室と本件管理事務室が一体として「管理人室」と表示されていた。

本件マンションの管理は、元々は管理会社であるB社が行っていたが、後に区分所有者らが本件管理事務室の返還を受けたうえで自主管理を行うこととなった。しかし、本件管理人室はその後もB社が占有し続けていた。

そこで、区分所有者Cらは、本件管理人室は共用部分だと主張し、A社に対して保存登記の抹消を、B社に対して明渡しを求めて提訴した。

1審判決は本件管理人室を専有部分であるとしたが、原審判決は共用部分としてCらの請求を認容したため、B社が上告した。

判決要旨 　本件マンションは、比較的規模が大きく、居宅の専有部分が大部分を占めているため、区分所有者の居住生活を円滑にし、その環境の維持保全を図るため、その業務にあたる管理人を常駐させ、多岐にわたる管理業務の遂行にあたらせる必要があるというべきであるが、本件マンションの玄関に接する共用部分である本件管理事務室のみではそれが困難である。したがって、本件管理人室は本件管理事務室とあわせて一体として利用することが予定されていたものというべきであり、両室は機能的にこれを分離することができない。そうすると、本件管理人室には、構造上の独立性があるとしても、利用上の独立性はないので、区分所有権の目的とはならない。

第 4 章　専有部分性をめぐる紛争

解　説	1　専有部分と共用部分の区別基準

　分譲マンションの建物部分は、専有部分か共用部分かのいずれかに属する。専有部分は、区分所有権の目的たる建物の部分で、構造上区分され、住居、店舗、事務所または倉庫その他の建物としての用途に供することができるものとされている（区分所有法1条、2条1項）ことから、①構造上の独立性、および②利用上の独立性が専有部分の要件であると解されている。

　構造上の独立性とは、建物の構成部分である隔壁、階層等により独立した物的支配に適する程度に他の部分と遮断され、その範囲が明確であることをもって足り、必ずしも周囲すべてが完全に遮断されていることを要しない。

　利用上の独立性とは、①共用設備が当該建物部分の小部分であること、②その余の部分をもって独立の建物の場合と実質的に異なるところのない態様の排他的使用が可能であること、③この排他的使用が共用設備の保存および他の区分所有者らによる利用に影響を及ぼさないこと、とされている（最判昭和56・6・18（本書**19**判例）。以下、「昭和56年判決」という）。

　もっとも、この昭和56年判決は、車庫および倉庫の専有部分性についての判断を示したものであり、性質上区分所有者が利用する設備が存在するのが通例である管理事務室やこれと一体となっている管理人室については、異なる観点からの検討が必要と思われる。

　なお、登記実務では、管理人室を、

① 　内部に各専有部分を集中管理する消防設備、警報装置などの恒常的共用設備が設けられ、常時来訪者、配達物などの処理ができる、受付者の常駐する構造を有しているもの

② 　管理人が居宅として使用しあわせて管理事務を行っているが、受付や共用設備がないもの

③ 　①と同様の構造を有し、かつ居室と一体をなしているもの

と分類したうえで、①を法定共用部分、②を専有部分として扱い、③については、主たる部分が居室部分と管理受付部分のいずれかによって法定共用部分または専有部分として扱うものとされ（昭和51年1月13日民三第147号民事

90

局長通達）、現在もこうした運用が続いているようである。

　しかし、このような分類については学説上批判も強く、これらはあくまでも司法判断を経ない局面においての登記受付の指針を示したにとどまり、専有部分性の判断にあたって拘束力をもつものではないと解されている（最高裁判所判例解説民事篇平成5年度(上)156頁参照）。

　裁判例でも、管理人室が専有部分に該当するか否かについて、これを否定するもの（東京地判昭和60・7・26判時1219号90頁、東京地判平成元・10・19判時1355号102頁（本書**10**判例））と肯定するもの（東京地判昭和63・11・10判時1323号92頁、東京地判平成元・3・8判タ715号239頁）とに分かれていた。

2　本判決の意義

　本件管理人室は、和室二間、台所、トイレ、風呂場、廊下および玄関出入口を有しており、鉄製で施錠可能な玄関ドアがあるうえ、これを利用して、隣接する本件管理事務室を利用しないでも外部との出入りができることから、構造上の独立性を有していることは明らかである。また、昭和56年判決の示した3要件に照らせば、利用上の独立性も認められる可能性があった。

　しかし、本判決は、上記の3要件とは異なる観点から（上告代理人が昭和56年判決を引用したのに対し、「所論引用の判例は事案を異にし、本件に適切でない」と述べて退けている）、本件管理人室の利用上の独立性について検討を行った。

　具体的には、本件管理人室および本件管理事務室の構造や設備、区分所有者に頒布されたパンフレットや管理委託契約書の記載内容等について詳細な事実認定を行ったうえで、本件マンションは比較的大規模であり、管理人室の設置が必然的と解されること、本件管理人室は共用設備のある本件管理事務室に隣接し、本件管理事務室と一体的に利用されていることなどを理由に、利用上の独立性を否定し、共用部分と認定したものである。

　本判決後に出された下級審裁判例も、本判決の流れに沿ったものがみられる（東京地判平成5・9・30判タ874号202頁、東京地判平成10・12・21判タ1066号274頁）。

第4章　専有部分性をめぐる紛争

　本判決によれば、一定規模以上のマンションにおいて、共用設備を有する管理事務室と一体的に利用されている管理人室については、基本的に共用部分と推定されるものと思われる。もっとも、この点についての争いを避けるためには、規約によって管理人室が共用部分である旨を明らかにしておくことが望ましいであろう。

（岡田美紀）

第5章

屋上・外壁・バルコニー をめぐる紛争

第5章　屋上・外壁・バルコニーをめぐる紛争

21　ベランダ・バルコニーの使用方法

> ベランダ・バルコニーを温室に改造することは許されるのか

▶石神井公園団地バルコニー温室事件〔最判昭和50・4・10 判時779号62頁・判タ323号148頁〕

事案の概要　　日本住宅公団（当時）が建設、分譲した石神井公園団地においては、管理組合規約と同視することのできる建築協定にバルコニーの改築を禁止する旨の定めがあった。それにもかかわらず、組合員Aがその所有の住宅部分に接続するバルコニーに、手すり用障壁の上に木製およびアルミサッシ製の枠を取り付け、これにガラス戸をはめ込んで窓を設け、隣のバルコニーとの境の仕切板の隙間をベニヤ板でふさぎ、その上部に回転窓を取り付け、壁面と天井の全面に発泡スチロールを張りつめて、バルコニーを温室に改造した。そこで、管理組合が組合員Aを相手として、建築協定違反を理由に、工作物撤去による原状回復などを求めて訴えを提起した。

　第1審判決（東京地判昭和45・9・24判時606号16頁）は、要旨次のように述べて管理組合の請求を棄却した。つまり、バルコニーの改造が建築協定の禁止する改築にあたるかどうかを判断するにあたっては、当該バルコニーを含む住宅区分の所有者が所有権に基づいてその内部において有すべき自由をも考慮し、共同の利益のためにこれを制限する範囲は必要最小限度にとどめるべきであるとしたうえで、本件建築協定の改築禁止の理由は、①建物の美観保持、②バルコニーの構造上の安全保持、③バルコニーの避難通路としての効用保持にあるが、本件の温室への改造は上記のような共同利益を害するようなものではなく、したがって協定の禁止する「改築」にあたらないとした。

　これに対して、第2審判決（東京高判昭和47・5・30判時667号10頁）は、要旨次のように述べて管理組合の請求を認容した。つまり、管理規約によると

94

建物の軀体部分は管理組合の管理する共有物と定められているところ、バルコニーに該当する部分の軀体は、建物の軀体部分に含まれることは当事者間で争いがないので、共用部分といえる。そして、共用部分については、個人の自由は著しく制限されるのであって、規約や協定が共同生活上の普通の利益の維持の必要を超えて過酷であり、個人の基本的人権を損なうものであればともかく、そうでない限りその規約や協定は組合員を拘束するものである。そして、バルコニー改築禁止協定の実質的理由は、①建物の美観の保持、②バルコニーの構造上の安全保持、③バルコニーの避難通路としての効用保持にあるところ、本件改築は、①、②に違反し、③を害するおそれもあり、かつ、雨水によって階下の居住者に迷惑をかけているので、協定違反行為であり、組合員の共同利益を侵害するものであるから、違反組合員は工作部分を撤去して原状に復旧すべき義務がある。

　組合員Aはこれを不服として上告した。

判決要旨　　　本件バルコニーは管理組合の管理する共有物であり、本件バルコニーに加えられた工事は、バルコニーの改築を禁止した建築協定に違反するものであって、違反組合員はその加えた工事部分を撤去して復旧すべき義務があるとした原審の判断は、正当として是認することができる。

解　説　　　バルコニーは、いわゆる㋐跳ね出しバルコニー（建物の柱または壁から突出したバルコニーで、屋外の床および手すり、隔て板に囲まれた開放空間が存在するもの）や㋑ルーフバルコニー（直下階住戸の居室の天井部分がバルコニーの床になっているもの）、㋒プライベートバルコニー（居室から出入りできるバルコニーで避難通路とされていないもの）、㋓キッチン等のサービスバルコニー（キッチン等から出入りできるバルコニーでごみの一時的な保管場所等として使用されるもの）などに分類され、バルコニーといっても一様ではないし、また、ベランダ・バルコニーについて厳密な定義がなされているわけでもない。

　ところで、ベランダ・バルコニーの法的性格については、一般に、ⓐベランダ・バルコニーが構造上個々の専有部分に附属し、特定区分所有者の居室

の延長として利用されていることから専有部分とするもの、⑥非常用通路としての機能やベランダ・バルコニーに該当する部分の軀体が区分所有建物の軀体部分に含まれることから共用部分とするもの、ⓒ非常用通路としての機能を有するものは共用部分、そうでないものは専有部分とするもの、の3説に分けることができる。なお、⑥説やⓒ説でベランダ・バルコニーを共用部分と考える場合は、これに接続する居室の区分所有者がその専用使用権を有していると考えることになる。

　このベランダ・バルコニーの法的性質についての違いは、ベランダ・バルコニーの利用に対する管理組合規約等による制約の範囲についての判断に影響を与えることになる。本事案の第1審判決と第2審判決・最高裁判決との間での結論の差異も、バルコニーの法的性格についての違いに起因するものと評価することができる。

　すなわち、ベランダ・バルコニーが専有部分であるとした場合は、専有部分は本来その区分所有者の自由に利用できる部分であるから、管理組合規約等による制約は必要最小限にとどめられるべきことになるのが論理的である。そして、本件の第1審判決も、本件バルコニーは専有部分であることを前提として共同の利益のためにこれを制限する範囲は必要最小限度にとどめるべきであると判示したものと評価することができる。

　これに対し、ベランダ・バルコニーが共用部分であるとした場合は、このベランダ・バルコニーに接続する居室の区分所有者の専用使用権に対する制約ということになるが、あくまでもベランダ・バルコニーは基本的に共用部分である以上、その制約は相当広範なものであることが許されることになるのが論理的である。本件の第2審判決も本件バルコニーは共有物（共用部分）であるとして共用部分については個人の自由は著しく制限されると判示したものと考えられ、最高裁判決もこの立場を踏襲したものである。

　これまで裁判所は、ベランダ・バルコニーの法的性格について、当該ベランダ・バルコニーの形状・構造・機能、管理組合規約の規定内容などから総合的に判断して、共用部分か、専有部分かを決定しているものと考えられる（法定共用部分としたものとして前掲・東京高判昭和47・5・30、規約共用部分と

したものとして横浜地判昭和60・9・26判タ584号52頁、専有部分としたものとして東京地判平成4・9・22判時1468号111頁）。ただし、現在、ほとんどのマンションでは、管理組合規約で⑦跳ね出しバルコニーや①ルーフバルコニーなどについて共用部分であることを明確にしたうえで専用使用権を設定し（マンション標準管理規約14条1項参照）、さらに使用細則で工作物の設置の禁止、外観変更の禁止を定めており（中高層共同住宅使用細則モデル11条）、ベランダ・バルコニーの法的性格が直接問題となる紛争はほとんどないものと思われる。現在では、ベランダ・バルコニーが共用部分であることを前提に、管理組合規約等による専用使用権の制約が、その制約目的との関係でどこまで許されてよいのかという個別具体的な判断に焦点が移ってきている（東京地判平成3・12・26判時1418号103頁・判タ789号179頁（本書**22**判例）、東京地判平成3・11・19判時1420号82頁、東京地判昭和61・9・25判時1240号88頁）。

　ベランダ・バルコニーが共用部分であることを前提とすると、バルコニーを本件のような態様で温室に改造することは、改築禁止の建築協定に違反することは明らかであるといえるので、本件での最高裁判例の結論は妥当であろう。

(柴山真人)

第 5 章　屋上・外壁・バルコニーをめぐる紛争

㉒　BSアンテナの設置

> 管理組合で衛星放送受信用パラボラアンテナを設置
> した場合、すでに区分所有者が個別に設置していた
> アンテナは撤去義務があるか

▶中銀弥生町マンション事件〔東京地判平成 3・12・26判時
　1418号103頁・判タ789号179頁〕

事案の概要　　区分所有者である B は、昭和63年 6 月、管理組合 A の
承認を得ずに、バルコニーの壁に衛星放送受信用アンテナ
を設置していたところ、A は平成元年 2 月、総会にて「将来管理組合が共同
パラボラアンテナを設置した際には、個人で設置しているものは撤去し、そ
の撤去費用は個人の負担とする」との決議を、同年11月の総会決議では、「平
成 2 年 2 月までに共同パラボラアンテナを設置し、その費用108万1500円を
全25戸で均等に負担し、各戸 4 万3200円を支払う」との決議をした。A は、
平成 2 年 2 月25日までに同アンテナを設置した。そこで、A は B に対して、
①管理規約に規定されているバルコニーを通常の用法に従って使用すべき義
務、構造物等を設置し外観、形状等を変更してはならない義務等に、各違反
していること、②上記総会決議違反、を理由として、B の設置した衛星放送
受信用アンテナの撤去と負担金の支払いを求めて訴えを提起したものである。

判決要旨　　アンテナ 1 基の撤去と撤去費用 4 万5200円の支払いを命
じた。

　B がアンテナを設置した昭和63年 6 月当時は、規約にいうバルコニーと
しての通常の用法内にあったとしたが、通常の用法内であるか否かの判断は、
固定的なものではなく、その後の社会状況の変化やマンションのもつ条件の
変化によっても変わりうるものというべきとし、設置当時においては、①個
別アンテナをバルコニーやベランダに取り付けているマンションは少なから
ずあったこと、②エアコンの室外機をバルコニーやベランダに設置している

98

マンションも都内に多数みられたこと、③当時本件マンションには共同パラボラアンテナは設置されておらず、衛星放送を受信するには個別アンテナを設置する方法しかなかったこと、④本件アンテナはそれほど大きくなく、特に美観を害するものとも思えず、取付方法はバルコニーに挟みつけるようにして取り付け、ボルトで締め付けて固定するというもので壁には穴を開けていないこと、⑤本件マンションはエアコンの室外機はバルコニーに設置してもよいことになっていること、を理由として、規約上にいう「バルコニーとしての通常の用法」内にあったと認定したが、①平成２年２月25日以降共同パラボラアンテナが設置されたので、これにより衛星放送を受信することが可能であること、②バルコニーは共用部分であり、Ｂはただ専用使用を許されているにすぎないこと、③NHK等４団体構成の委員会が発行しているパンフレットにも、マンションでの個別受信については、管理者の承諾が必要と明記されていること等により、共同パラボラアンテナが設置された平成２年２月25日以降は、個別パラボラアンテナをバルコニーに取り付けることは、「バルコニーとしての通常の用法」とはいえなくなったとして、撤去すべき義務があるとした。

　しかし、Ａの主張した「本件アンテナを本件バルコニーに取り付けることは、バルコニーに構造物を設置し、バルコニーの外観、形状を変更するものである」との規約違反および「敷地、建物または附属施設に広告物、看板、標識等を設置すること」にあたるとの使用細則違反、の各主張については、いずれもこれを認めなかった。Ｂは、Ａの撤去の請求は権利の濫用であると主張したが、裁判所は、上記①②に加え③アンテナ撤去は極めて容易であること、取付費用は約６万2000円程度であること、④共同パラボラアンテナが設置されてから２年間経過していること、⑤他の部屋では撤去していること、⑥ＢはかつてＡの理事長であったことなどの理由から、権利の濫用とはいえないと結論づけた。

解　説　　1　バルコニー、ベランダの法的性格

　区分所有法４条は１項に当然共用部分、２項に規約共用部分を規定してい

る。前者は「数個の専有部分に通ずる廊下又は階段室その他構造上区分所有者の全員又はその一部の共用に供されるべき建物の部分」であり、後者は規約により共用部分とされている部分である。

バルコニーが共用部分かどうかにつき「居室部分とともにこれに附属して一体をなす専有部分としてその所有権を取得した」（広島地判昭和54・3・23判タ392号163頁）として専有部分とした判例もあるが、バルコニーに枠を設置してガラス戸をはめ込んで窓をつくるなどして温室とした事件について、最判昭和50・4・10判タ323号148頁（本書**㉑**判例）は、「本件バルコニーは被上告人組合の管理する共用物である」とした。

現在のほとんどの管理組合規約では、ベランダ・バルコニーは共用部分と規定されているものと思われる。標準管理規約では、同規約の別表の共用部分の範囲にバルコニー、ベランダが記載されている。したがって、争いは当該部分がその規約上の共用部分かどうか、という形で行われる。マンションの外壁・屋根・階段室・バルコニーの防水塗装工事等の工事負担金を区分所有者に請求し、バルコニーが共用部分かどうかで争われた事件で、横浜地判昭和60・9・26判タ584号52頁は、バルコニーは規約によって共用部分と定められている、として支払いを命じた事例がある。なお、バルコニーは「建物の外面に張り出した屋根のない平らな所」、ベランダは「建物から張り出した縁、普通は庇があるもの」（大辞林）といわれている。

2　用法違反とは何か

バルコニーやベランダが当然共用部分あるいは規約共用部分に該当するとしても、規約で区分所有者には専用使用権が設定されている。したがって、区分所有者が当該部分をどのように使用しているか、用法違反かどうかという形で問題が発生することとなる。専用使用権が設定されているとしても、権利者は何でも自由にできるわけではなく、共用部分であることに変わりはないので個人の自由は著しく制限され、その制限が共同生活の共通の利益維持の必要を超えて過酷でない限り区分所有者を拘束するとされている。「区分所有者は、建物の保存に有害な行為その他建物の管理又は使用に関し区分

所有者の共同の利益に反する行為をしてはならない」（区分所有法6条1項）からである。

本件判決の場合、Bがバルコニーに設置したアンテナは、設置当時はバルコニーの通常の用法の範囲内としたが、その後、上記の事情により、通常の用法外とした。つまり、用法違反かどうかは、ベランダの「通常の用法」かどうか、ということであり、かつ、「通常の用法」かどうかは、固定的に一義的に決まっているものではなく、社会状況の変化やマンションのもつ条件の変化によっても変わりうるものである、と指摘している。

一般的には、バルコニーには緊急避難通路の用途があること、美観、構造上の安全性などから、その用途は制限される。本判決では、バルコニーの外観、形状変更違反や広告物、看板標識等の設置義務違反ではない、としているので、バルコニーそのものの用法違反とされているものである。しかし、本判決の摘示する理由は、共同アンテナが設置されているという個別アンテナ設置の必要性の変化、専用使用権にすぎないこと、本来は組合の承諾がいること、のみであり、バルコニーの通常の用法の変化の根拠づけとしてはやや説得性に欠けるものである。総会決議があり他の組合員は撤去していることやBが以前Aの理事長であったこと、Bの負担もそれほどでないことなどからAの請求を認めたものと思われる。

3　類似の判例

バルコニーと同様の性格を有するルーフテラスにサンルームを設置したことなどが、バルコニーに構造物の設置を禁止した規約に反するとして撤去を命じた判例（京都地判昭和63・6・16判タ683号148頁）、区分所有者がバルコニーの床にコンクリートを8㎝から10㎝打ち増ししてその上に大理石を敷設したうえ、既設のバルコニーの手すり補強材、控え柱、手摺子およびアルミバーを撤去するなどしてバルコニーを改造したため、組合が、その撤去と原状回復を求めた事案で、区分所有者の行為はバルコニーの専用使用部分の外観などを変更するものであり、区分所有法17条1項の共用部分の変更にあたり管理規約等に規定する区分所有者の共同の利益に反する行為に該当する、と

第5章　屋上・外壁・バルコニーをめぐる紛争

してコンクリートと大理石の撤去と原状回復工事を命じた判例（東京地判平成18・8・31判タ1256号342頁）がある。

　ベランダの定義として民法235条1項に関してではあるが、「建物の外壁に沿ってその外側に床面が張り出した部分であって、かつ、建物内部から出入りが可能である一方、手すり等により建物外部と区別され、通常の利用に当たっては外部からの出入りが予定されてない点で外部へ通じる通路と異なり、かつ、そのような構造の建物内部の延長部分として、種々の生活の用に供するために居住者等が滞留することができる建物の部分」とした判例（東京地判平成19・6・18判タ1256号113頁）がある。

（清水隆人）

㉓　屋上広告塔の設置

> 分譲業者が設置した無償の屋上広告塔の撤去請求は
> どのような条件が整えば認められるか

▶青葉丘マンション事件〔大阪地判平成 4 ・ 9 ・16判例集未登載〕

事案の概要　青葉丘マンションは、大阪府吹田市内で昭和55年10月頃に建設され、昭和57年11月頃に分譲されたマンションで、鉄筋コンクリート造の地下 1 階、地上13階建て、区分所有者総数176戸のマンションである。

分譲業者A社（以下、「A社」という）は、本件マンションの専有部分の区分所有者でもあった（A社の専有部分は本件マンションの専有部分の総床面積の約1.6％の割合）。

A社は、分譲当初から、本件マンションの屋上給水塔の上に 3 面（その面積は、一面が約80㎡で、合計約240㎡）で囲むA社所有の鉄骨造の広告塔（以下、「本件広告塔」という）を設置し、これに「A住宅　青葉丘マンション」と表示したネオンサインを付けて、A社の営業用の広告塔として使用していた。そして、この広告塔の文字「A住宅　青葉丘マンション」は「A住宅」の文字がマンション名の10倍以上の大きさで、しかもネオン表示されるのは「A住宅」の文字だけで、夜になると「青葉丘マンション」の名前が見えなくなるものであった。

そもそもA社所有の本件広告塔を本件マンションの屋上給水塔に付設使用することは、共用部分の専用使用に該当するが、A社は昭和54年夏頃から昭和55年 7 月31日頃までの間に、本件マンションの分譲販売をなした際、購入者との間において取り交わした次の各文書により、各購入者との間で、本件広告塔設置のための使用貸借契約（以下、「本件使用貸借契約」という）を順次締結し、屋上給水塔の無償使用の根拠となっていた。

①　土地付区分所有建物売買契約書の27条 2 項（広告等に関する承諾）

103

第5章　屋上・外壁・バルコニーをめぐる紛争

「甲（買主）は、本物件共用部分の給水塔上及び側面に設置するネオンサインについて、将来に亘り、無償で使用することを承諾する」。

② 　重要事項説明書の補足説明事項欄　　「買主は、本物件共用部分の給水塔及び側面に設置するネオンサインについて、将来に亘り、無償で使用することを承諾する」。

③ 　本件マンションのパンフレット　　表紙には、広告塔の描かれた完成予想図が掲載され、パンフレット内には、広告塔が描かれた立面図が存する。

④ 　管理規約12条（原始規約、ネオンサインの設置使用）　　「区分所有者は本物件塔屋に売主が設置したネオンサインについて将来に亘って無償使用を承認するものとする」。

その後、マンションの入居者から本件広告塔があることで分譲マンションには見えず、賃貸マンションに間違われてマンションの資産価値が下がるとの不満が続出し、本件マンション管理組合は、平成2年5月20日、総会を開催し、前記管理規約12条のネオンサインの設置使用の承認の項を削除することについて決議し可決された、管理組合は、A社に対し、本件広告塔についての使用貸借契約を解約する旨の意思表示をした。

そこで、本件マンション管理組合は、分譲業者A社に対し、本件広告塔を収去して屋上給水塔上部の明渡しを求めるとともに、本件使用貸借契約が遅くとも平成2年12月10日に終了したので、平成3年1月1日以降年間500万円以上の賃料相当の損害を負っているとして、そのうち同日以降明渡し済みまで1カ月10万円の遅延損害金の支払いを求める訴訟を提起した。

> 判決要旨

（本件使用貸借契約の内容）

「本件使用貸借契約については、期限の定めはなく、単に、本件広告塔の設置使用のためとする旨の目的についての黙示の合意がなされたものと認められ、さらに、その使用が被告の商号表示による営業広告をその態様とするものであることについても、了解されていたものと認めるのが相当である」。

（本件使用貸借契約の終了時期）

「本件使用貸借契約の目的にしたがった使用収益をなすべき期間が経過して、本件使用貸借契約が終わったといえるか否かについて検討するに、本件広告塔の設置使用態様を社会通念に照せば、合理的な範囲での返還時期としては、10年をもって区切りとすることが相当である」。

「これに対し、被告は、『被告の営業の継続性、契約成立の経緯、当事者双方の目的物使用の必要性、契約終了により被る双方の利害得失等の事情を考慮して、目的にしたがった使用収益をするに足りる期間が経過したか否かを決すべきである。』旨主張する。そして、本件使用貸借契約締結のための区分所有者らへの売買契約書、重要事項説明書及びパンフレット等による説明等において、被告に責められるべき点が存していないことは、前記事案の概要掲記の証拠によれば、優に認定できるところであり、さらに、被告が本件広告塔による経済効果を収受してきたことや、本件広告塔の収去により、そのための費用の支出を要することになるだけでなく、他に同様の広告塔を設置しようとすれば、さらに多大の費用を要することになる」。

「しかしながら、他方の区分所有者らからすれば、何らの経済的利益もなく、格別の生活上の利便もないまま、10年以上の長期にわたり、本件広告塔の設置を受忍しなければならないとすることも、健全な社会通念からは論理的連結性を見出し得ないこと、本件広告塔が鉄骨造であることは、その設置場所や規模などの事情からすれば当然のことであり、その収去費用が相当額に上ることは、やむを得ないものであり、いずれは必要な支出であるに過ぎないこと、被告においても、本件使用貸借契約締結時に、これを賃貸借契約にして、その専用使用権を強固なものにしておく契機を有していたところ、そのための自らの負担を回避してきた経過の存することも明らかである」。

「したがって、上各事情を比較考慮するときは、前記判示のとおり、本件使用貸借契約の目的に副う使用収益をするに足りる期間については、これを10年と解すべきであると認められるので、被告の上主張は採用できない」。

「そうすると、本件使用貸借契約については、その締結時期及び本件広告塔設置時期から本件口頭弁論終結時までに既に10年余を経過していることが明らかである。よって、被告は、原告に対し、本件広告塔の収去による本

件マンションの共用部分明渡義務を負っているものと認められる」。

解　説　本件判決は、分譲業者が所有する屋上広告塔について、原始規約等で定められた無償の専用使用権が10年の経過により消滅したとして、その収去を命じた事例であるが、本件は分譲業者による屋上広告塔問題解決のための指針を示し、その後の同種事件のリーディングケースとなっている。

民法の使用貸借契約は、返還時期を定めない場合には、①借主が目的に従い使用収益を終わったとき、②それ以前であっても使用収益をなすに足るべき期間を経過したとき、に終了すると規定されている（民法597条2項）。

この点、被告は，営業が継続する限り、無償の使用貸借権は継続すると主張したが、本件判決は、「被告の営業の終期を社会通念により合理的に観念することはできない」として①の終了事由を否定した。

また、被告は，②の本件マンションが存在する限り使用できると主張したが、「本件広告塔は、本件マンションと運命を共にすることとなり、無償の使用貸借権が区分所有権と同一の実質を有する」として②の終了事由も否定した。

そこで、判決は、分譲業者と区分所有者の利益・不利益を比較衡量したうえで、本件使用貸借契約の目的に副う使用収益をするに足りる期間は10年と制限的に示した点で実務上の意義を有する（なお、10年の期間の判断根拠については具体的に示されていない）。

【参考文献】

田中峯子「マンション管理の判例＆解説」（財団法人マンション管理センター）20頁

（時枝和正・田中佑一）

24 空調機用室外機・パラボラアンテナの撤去

1階テナント入居者が共用部分に空調機用室外機や
パラボラアンテナを設置したことは、管理規約違反
といえるか

▶ライオンズマンション牛田中事件〔広島地判平成17・3・24判例集未登載〕

事案の概要　広島県内の分譲マンションにおいて、1階101号室の区分所有者A₁が、同室をA₂(会社)に賃貸し、A₂はセブン－イレブンとフランチャイズ契約を締結してコンビニエンスストア(以下、「本件店舗」という)を営業した。さらにA₂から転借したA₃(会社)も同様のフランチャイズ契約を引き継いで、本件店舗の営業を継続していた。

A₂は、平成11年8月に、本件店舗の陸屋根部分(2階テラス部分)に空調機用室外機および冷凍機用室外機を設置し、さらに、本件マンションの駐車場屋根笠木部分にパラボラアンテナを設置し営業を開始した。上記空調機用室外機の所有者はA₂(後にA₃)であり、冷凍機用室外機およびパラボラアンテナの所有者は、いずれもセブン－イレブンである。

本件マンションの管理規約上、室外機およびパラボラアンテナが設置された店舗陸屋根部分や駐車場上笠木部分は、いずれも共用部分であるが、店舗陸屋根部分については1階事務所の区分所有者が専用使用権をもつ。そして、その使用にあたっては「通常の空調用室外機等設置場所としての用法」に従って使用されなければならないと定められている。

本件マンション管理組合は、上記室外機は業務用のものであり、パラボラアンテナの設置も含めて管理規約で承認された用法に違反していること、室外機の稼動により熱風と騒音を出し続けていることから、区分所有者の共同の利益(区分所有法6条1項)に違反していることを理由として、Aらおよびセブンーイレブンを被告として、室外機等の撤去を求めた。また、本件室外

第 5 章　屋上・外壁・バルコニーをめぐる紛争

機の被害を最も受ける３階の区分所有者が騒音その他嫌がらせ行為について
の慰謝料を求めた。

　訴訟では、本件室外機等の設置について、①通常の用法による使用に該当
するか、②管理組合の黙示の承諾があったといえるか、③撤去要求が権利濫
用に該当するかが主な争点となった。③について補足すると、101号室はこ
れまで薬局として営業されており、その当時は室外機について撤去要求がな
されなかった。また、Ａらは、室外機撤去によって廃業に追い込まれること、
商業地域である以上室外機の音量は受忍限度内であると主張した。かかる観
点から、撤去請求の可否が問題となった。

判決要旨　　管理組合の本件室外機の撤去請求は認めたが、パラボラア
ンテナの撤去請求は棄却した。また、３階区分所有者の慰謝
料15万円の請求も認めた。

①　通常の用法による使用に該当するか　本件室外機等が業務用である
　ことのみをもって通常の用法に反しているとはいえない。しかし、当初
　入店していた薬局の場合は、室外機は３台であったところ、本件店舗に
　は大きさも上回る室外機が５台設置され、薬局の営業時間は午前10時
　から午後７、８時で、休日は休業していたが、本件店舗は365日24時間
　の営業となった。よって、２階、３階の住民の生活への影響が受忍限度
　を超えるものであり、本件室外機の設置は管理規約の「通常の用法」に
　従ったものとはいえない。

　　ただし、パラボラアンテナについては、通常の用法違反とはいえない。

②　管理組合の黙示の承諾　管理組合の黙示の承諾は認められない。

③　権利濫用　３階住人は室外機の騒音により夜耳栓をしなければ眠れ
　ないという生活実態であり、本件室外機側の２階の部屋は、機械音と熱
　風のため人が住めず空室となっている状態を鑑みると、原告組合の本件
　請求は権利濫用に該当するとはいえない。

解　説　1　空調機用室外機および冷凍機用室外機

本件では、室外機、パラボラアンテナの設置されている場所は、規約によっ

108

ても共用部分とされ、従前の室外機の設置について専用使用権が認められていることは争いのない事案である。したがって、その用法が規約に定める「通常の用法」に従ったものであるかが問題となった。

そこで、「通常の用法」か否かについて、本件判決は、室外機の台数、大きさ、稼働時間、本件室外機の騒音や熱風が住人に及ぼす影響、従前入居していた薬局の場合との利用状況の比較等を検討したうえで、「通常の空調用室外機等による生活への影響の受忍限度を超えている」というほかはなく、したがって、管理規約にいう「通常の用法」に従ったものとはいえないと判示している。

もっとも、室外機の場合は、一般住戸においても設置が当然予定されているものであり、業務用であったとしても設置が容認されない場合との線引きが難しい。そこで、本件室外機の住民の生活への影響が受忍限度内か否かを検討したものとも考えられる。

規約に反する本件室外機の設置が、共用部分の変更（区分所有法17条）にあたる場合はもとより、変更にあたらないとしても管理組合の承認を得る必要がある。しかし、本件においては管理組合も再三にわたり抗議をしており、到底黙示の承諾があったと認められる事案ではなかった。

次に、被告Aらは、規約に基づいて区分所有者の権利を制限することは慎重でなければならないところ、Aらの店舗経営に不可欠である室外機の撤去を請求することは原告管理組合の権利濫用にあたると主張した。この点、本件判決は、住人の生活への影響が受忍限度を超えているということを理由として、特に詳細な検討をせず、Aらの権利濫用の主張を退けている。確かに、規約や総会決議には一応の合理性の推定が働く。そして、本件実態に即してみると結論は妥当である。しかし、①室外機の設置費用、②撤去費用、③耐用年数、④代替手段の有無等は検討すべき要素と思われる（本書22判例参照）。

本件と同様、マンションの１階部分を区分所有者から賃借した者が居酒屋を営業し、厨房換気ダクト等を設置した事案で、ダクトの撤去が認められたもの（本書87判例）、マンション１階の焼鳥屋が２階陸屋根に接するパラペット上に設置した排煙設備が、共用部分の変更にあたるとして撤去および臭気、騒音による慰謝料として60万円が認められたもの（東京地判平成15・２・20判

第5章 屋上・外壁・バルコニーをめぐる紛争

例集未登載）、同じくパラペット部分に設置した広告用看板の撤去が認められたもの（大阪高判昭和62・11・10判時1277号131頁）が裁判例として参考になる。

2 パラボラアンテナ

パラボラアンテナについては、設置方法によるマンションへの影響、景観、他の区分所有者の生活への影響等を考慮したうえで、規約違反にはあたらないとされた。確かに大型室外機と比較すると、他の区分所有者への不快となるような生活妨害とは程遠く、アンテナが小型であった点からも結論が異なっても当然である。

なお、バルコニーに個別に設置されたパラボラアンテナを撤去するよう命じた裁判（本書㉒判例）も存在する。各マンションの立地や規約成立過程、利益衡量によって結論は異なるものであり、本件も事例判決の1つとして参考にされたい。

（渡辺晶子）

110

25 外壁の開口

外壁に無断で貫通孔を開けた区分所有者に対して、その修復まで求めることができるか

▶コープ戸山台事件〔東京地判平成3・3・8判時1402号55頁・判タ765号207頁〕

事案の概要 Aは東京都内にあるマンションコープ戸山台の管理組合集会において管理者に選任された者、Bは同マンションの区分所有者である。同マンションの区分所有者Cは使用に支障を来していた既存の湯沸器を取り替えるべく、建物の共用部分であるその壁柱に2つの貫通孔を開けて給水・給湯管やガス管などを通し、壁柱にガスバランス釜(幅35cm、長さ50cm、厚さ10cm、重さ14.5kg)を取り付けた。

そこで管理組合は、Cに対し再三にわたり配管類を撤去し、貫通孔を原状回復するよう要求したが、Cがこれに応じなかった。そこで上記穿孔等の行為は、区分所有法6条1項に定める建物の保存に有害な行為等にあたると主張し、Aは管理者として区分所有法57条1項により、Bは区分所有者の保存行為として上記穿孔等につき復旧工事をなすよう求めたほか、不法行為による損害賠償請求として本件訴訟追行のために支払った弁護士報酬の支払いを求めた。これに対してCはA、Bの本訴請求は権利濫用である旨主張した。

判決要旨 判決は、要旨「区分所有法57条により行為の結果の除去を求めるその行為とは、建物の保存にとっての被害が現実に生じている場合に限定されるものではない。区分所有者が独自の判断により悪影響を及ぼさないと考えて、共用部分に変更を加えることが現実に建物に害を与えていなくても有害となるおそれがある以上、区分所有者の共同の利益に反する行為ということができる」とし、Cの権利濫用の主張に対しては、「区分所有建物の保守維持のためには個人の判断による勝手な行動は許されず集会の決議を経なければならないという原則は守らなければならない」として、

111

第 5 章　屋上・外壁・バルコニーをめぐる紛争

「現実の被害の発生はなくても、そのことをもって権利濫用の理由とすることはできない」としている。

　判決は、「既存の湯沸器の使用障害は、直ちに日常生活に支障を来しているわけではないし、Ｃだけでなく他の区分所有者にも問題が生じていた既存の湯沸器問題について管理組合において対処の検討を重ねており、ガス会社から解決策が示されていたのにＣはこれを無視して本件行為に及んだもの」と認定し、配管やバランス釜などの撤去と貫通孔を塞ぐ工事をすることを命じ、弁護士費用の請求についてこれを認容した。

解　説　各区分所有者は、共用部分をその用法によって使用することができるが、その用法は区分所有法、管理規約、集会の決議によって定められている。

　しかし、区分所有者の中にはこれらに違反した使用をする者がおり、この場合は管理組合と各区分所有者間でトラブルが生じる。区分所有法は 6 条 1 項で、「区分所有者は、建物の保存に有害な行為その他建物の管理又は使用に関し区分所有者の共同の利益に反する行為をしてはならない」と定め、同法57条で、「区分所有者が第 6 条第 1 項に規定する行為をした場合……には、他の区分所有者の全員又は管理組合法人」、管理者（同法26条 4 項）は、その行為の差止請求等ができる旨規定している。

　本件では、区分所有者が既存の湯沸器の使用に障害が生じたことを理由に建物の共用部分である壁柱に貫通孔を開け、ガス湯沸器バランス釜を取り付けたのであるが、このことについて本件マンションの管理者および他の区分所有者が、上記壁柱の穿孔行為は区分所有法 6 条 1 項に定める建物の保存に有害な行為等に該当するとして、管理者において同法57条 1 項により、区分所有者において所有権に基づく保存行為として、上記穿孔等の行為による結果の復旧工事をなすように求めたものである。

　判決は、区分所有法57条によりその行為の結果の除去を求めることができるのは建物の保存にとって有害な状態が現実化している場合に限定されないと判示し、本件該当行為の結果の除去を認める判断を示した。

　さらに判決は、配管やバランス釜の撤去だけでなく貫通孔をセメントで塞

ぐことまでを命じており、この点は画期的である。区分所有法57条に規定する「行為の結果の除去」には元の状態に戻すことも含まれるとの解釈を示しているものである。

　なお本件と類似の事案として、一級建築士である区分所有者が、分譲の当初からマンション全体に設置されていた地域熱供給システムによる高温水の供給を受けることに反対し、管理組合の意に反して単独で電気暖房設備を設置し、隔壁に4つの貫通孔を開ける工事をしたという真駒内緑町団地事件がある。このような区分所有者の行為に対して、管理者は規約および区分所有法6条に違反するとして設備の取りはずしと貫通孔の復旧、さらに弁護士費用の支払いを求める訴訟を提起した。当該区分所有者は、貫通孔が開けられた隔壁部分は耐力壁ではなく建物の安全性に何ら影響がないこと等を主張したところ、1審はこの区分所有者の主張を認め、他の区分所有者の具体的不利益はないとして請求をいずれも棄却した（札幌地判平成8・6・25（マンション管理センター「マンション管理判例集」CD-ROM版掲載））。しかし控訴審では、本判決と同様に区分所有法6条1項の「共同の利益に反する行為」とは、「建物の管理又は使用に障害を発生させるおそれがある」行為も含み、「仮に建物の保存に有害ではないとしても」この区分所有者の行為は同法6条1項に違反するとして、同法57条1項に基づく原状回復を認め原判決を変更している（札幌高判平成9・12・25判例集未登載）。

（松坂徹也）

第5章　屋上・外壁・バルコニーをめぐる紛争

26　携帯電話基地局の設置

> 携帯電話の基地局設置のためにマンション屋上の一部を賃貸するには、いかなる決議要件が必要か

▶ライオンズマンション札幌定山渓事件〔札幌高判平成21・2・27判タ1304号201頁〕

事案の概要　　電気通信事業会社Aがマンション管理組合Bとの間で、携帯電話の基地局用アンテナおよび通信機等（以下、「本件設備等」という）を設置するため（工事の内容は屋上の一部に高さ8mのアンテナと機械収納箱（170×66×165cm）等計約1.5tの設備を設置）、本件マンション屋上の一部に期間10年の賃貸借契約（以下、「本件契約」という）を締結し、本件設備等の設置工事を行おうとしたところ、電磁波による健康被害を懸念する居住者らに同工事が妨害されたため、本件契約に基づく賃借権の確認および設置工事の妨害禁止を求めてAがBを訴えたのが本件事案である。

　本件の主要な争点は、①民法602条3号が定める3年の期間を超える賃貸借は通常管理の範囲内と評価できるか否か、②本件設備等の設置工事は、共用部分の処分行為、共用部分の変更行為、通常管理行為のいずれに該当するのか、③特別の影響を受ける区分所有者等の同意は必要か否か、④電磁波による健康被害をどう評価するのか、という点である。そして、これらの争点に関連して、以下の本件管理規約（以下、「本件規約」という）の解釈が問題となった。

（i）　管理組合は、総会の決議を経て、敷地および共用部分等（駐車場および専用使用部分を除く）の一部について、第三者に使用させることができる（本件規約16条2項）。

（ii）　集会の決議要件に関して、原則は普通決議（本件規約46条2項）とし、「敷地及び共用部分の変更（改良を目的として、かつ、著しく多額の費用を要しないものを除く。）」については特別決議事項とする（同条3項2号）。

114

(iii) そして、(ii)の変更が、「専有部分又は専用使用部分の使用に特別の影響を及ぼすときは、その専有部分を所有する組合員又はその専用使用部分の専用使用を認められている組合員の承諾を得なければならない」とする（同条7項）。

原審（札幌地判平成20・5・30金判1300号28頁）では、争点①〜④に関して、そもそも、(1)10年の期間を定める本件契約は、民法602条3号所定の期間の3倍もの長期に及び、途中解約も想定しがたい内容であること、(2)設置される設備の総重量が1.5tもあること、(3)8mのアンテナの設置によりマンションの外観が変化すること、(4)電磁波被害を問題視する反対者が一定数存在すること等の理由から、本件マンションの市場価格に影響を与えることも否定できないとして、本件契約および設置行為は、実質的にみて「共用部分の処分行為」に該当するから、区分所有者全員の同意が必要があるとして、Aの請求をいずれも棄却した。そこで、Aが控訴した。

判決要旨　原審の判決を取り消した。

争点①に関して、「区分所有法は、区分所有関係が成立している建物の共用部分を対象とする限りにおいては、民法の特別法に当たるから、共用部分の賃貸借につき、民法602条の適用は排除され」るとした。

争点②に関して、本件規約46条3項2号に規定される「『敷地及び共用部分の変更』も区分所有法17条1項と同じく、『形状又は効用の著しい変更を伴』うものであると解され、本件管理規約においては、『形状又は効用の著しい変更を伴』うものであっても、『改良を目的とし、かつ、著しく多額の費用を要しないもの』については、特別決議事項から除外されていると解すべきである」。そして、「（共用部分を）第三者に使用させることにより『敷地及び共用部分の変更（改良を目的とし、かつ、著しく多額の費用を要しないものを除く。）』をもたらすときは特別決議、これをもたらさないときは普通決議であると解される」と判示し、本件建物の屋上に本件設備等を設置する工事については、「共用部分に『形状又は効用の著しい変更』が生ずるとは認められない」ので「普通決議（本件管理規約46条2項）で足りる」とした。

争点③に関して、特別の影響を及ぼす者の承諾は、本件管理規約46条3

項2号に該当することが前提であり、「本件設備等の設置はこれに当たらないから、同条7項の適用はない」との形式的判断を示した。加えて、「特別の影響」を及ぼすか否かの実質的判断基準についても、「区分所有法17条2項と同じく、共用部分に変更、すなわち形状又は効用の著しい変更が生じたことにより、〔1〕特定の専有部分を所有する組合員又は特定の専用使用部分の使用者にのみ影響があり、〔2〕その影響が社会通念上受忍すべき限度を超えるもの（例えば、採光や通風の障害）である場合をいうと解される。本件管理規約46条7項には、『この場合において、その組合員は正当な理由がなければこれを拒否してはならない。』との規定もあるから、〔2〕の要件が必要なことは明らかであり、本件設備等による電磁波の発生によって社会通念上受忍すべき限度を超える影響があるときでなければ、承諾を拒めない」とした。

　争点④に関して、「〔2〕の要件については、承諾が必要であると主張する側……に立証責任があるところ、本件設備等からの電磁波の発生によって、付近の住戸の居住者に健康被害が生ずると認めるに足りる証拠はない。したがって、被控訴人のいう影響は、電磁波の発生による漠然とした不安感にすぎず、社会通念上の受忍限度を超える影響に当たらない」と判示した。

解説　争点①について、原審では、管理組合が締結できる契約期間は管理行為と評価できる民法602条の期間内に限定されるとの当然の前提に立ち、本契約期間との比較を行うにとどまるが、控訴審では、民法602条の短期賃貸借と、区分所有法上区分所有者に課せられた処分行為の制限とは、制度趣旨が異なる点を明確にし、特別法たる区分所有法に民法602条の期間制限の適用がないことを示したものであり、控訴審の判断が正当であろう。

　争点②について、本判決では、平成9年の「中高層共同住宅標準管理規約」に準じた本件規約46条3項の「敷地及び共用部分の変更」の規定を、平成14年に改正された区分所有法17条1項の「共用部分の変更（その形状又は効用の著しい変更を伴わないものを除く。）」に則して解釈し、さらに、本件規約のかっこ書については、改良を目的とし、かつ、著しく多額の費用を要しないものについては、特別決議事項から除外されると判示する。

なお、平成14年改正では、区分所有法17条の「共用部分の変更」に関して、多額の費用を伴う大規模修繕等をできるだけ円滑に実施できるように、「改良を目的とし、かつ、著しく多額の費用を要しないもの」とされていた要件が削除され、単に「形状又は効用の著しい変更を伴わないもの」へと変更したもの（吉田徹編著『一問一答改正マンション法』32頁参照）であるが、本件事案では、同削除部分については、直接的に争点とはなっていない。

争点③について、本判決は、そもそも「敷地及び共用部分の変更」に該当しないのであるから「承諾」は不要である、との形式判断にとどまらず、一部の専有者および専用使用者に「特別の影響」を及ぼすか否かの実質的判断として、前記〔1〕、〔2〕の要件を示して、社会通念上、受忍限度を超えていないとの、いわゆる「相当性」判断も示しており、特に〔2〕の要件の立証責任の所在を明らかにしている点が注目される。

争点④について、近時、携帯電話基地局の電磁波による健康被害の声が高まる中、人格権侵害を理由とする操業差止請求等の一連の事件（福岡高裁宮崎支判平成26・12・5（判例秘書）、福岡高判平成21・9・14判タ1337号166頁、福岡高判平成21・9・14判タ1332号121頁、熊本地判平成19・6・25（裁判所ウェブサイト））では、いずれも、総務省の電波の人体に対する被害に関する調査報告（http://www.soumu.go.jp/soutsu/tokai/denpa/jintai/）と同趣旨の消極的な見解や、前記熊本地裁判決のように「本件基地局からの電磁波の放射により原告らの健康に具体的な危険が発生すると認めることはできず、結局、本件基地局からの電磁波による健康被害のおそれがあるとはいえない」との消極的判断が示されている。本件控訴審においても、「電磁波の発生による漠然とした不安感にすぎず、社会通念上の受忍限度を超える影響に当たらない」と判示するものである。

しかし、本判決も含めて一連の判決は、争点④に関して、判決当時において、電磁波による健康被害について積極的な証明をするに至っていない、とするものであり、今後の被害調査研究の進展、あるいは、放射量を拡大した技術への変更等によっては、携帯電話基地局から放射される電磁波の健康被害を認める可能性を残す判断をしている点が重要である。　　　　（花房博文）

第6章

駐車場専用使用権をめぐる紛争

第6章　駐車場専用使用権をめぐる紛争

27　駐車場専用使用権分譲における分譲業者の法的地位と分譲代金の帰属

> 管理組合は分譲業者に対して駐車場分譲代金の引渡しを求めることができるか

▶ミリオンコーポラス高峰館事件〔最判平成10・10・22民集52巻7号1555頁・判時1663号47頁・判タ991号296頁〕

事案の概要　ミリオンコーポラス高峰館は、北九州市内で平成元年に分譲された総戸数31戸のマンションである。敷地の空地部分が25区画の駐車場に区分され、一区画あたり80万円から110万円、合計2440万円で分譲されていた。分譲業者が分譲時に交わした管理委託契約書には、①マンション購入者が分譲業者に対し、建物・敷地および付属施設の管理並びに環境の維持に必要な処理および業務を委託すること、②購入者は分譲業者に対し管理費6カ月分を諸手続開始時に前納すること、③分譲業者はマンションの竣工後6カ月以内、または入居者が80％以上となったときに管理組合に事務を引き継ぎ本委託契約を解除すること、などが規定されていた。平成2年、管理組合理事長が、管理者たる資格において分譲業者を相手取り、分譲業者が保留したままとなっている駐車場分譲代金の返還を求めて提訴した。

　1審（福岡地裁小倉支判平成6・2・1判時1521号107頁）は、駐車場対価について売買契約書、重要事項説明書、管理規約案等において、これを説明する具体的記載が全くないこと、分譲業者は委託契約に基づき駐車場使用希望者との間で順次駐車場専用使用権を設定していったものと認定した。法的性質については、「駐車場を含む本件敷地は共用部分として区分所有権者全員の共有とされていたことは明らかであるから」、分譲業者が「独立の取引対象になったり、永久使用ができるような物権的権利や物的負担をたやすく設定しえないものであることもまた明らかである」、分譲代金は「反対給付で

120

27 駐車場専用使用権分譲における分譲業者の法的地位と分譲代金の帰属

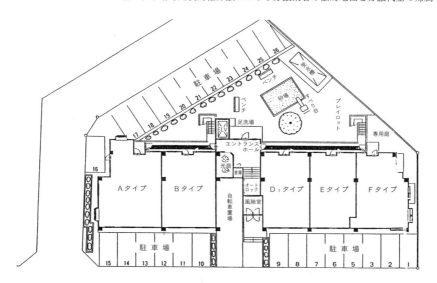

ある駐車場の専用使用を認諾する義務を負担した本件マンション購入者全員（管理組合）に帰属すべきであり、被告がこれを取得するいわれはない」として、分譲業者に対してその返還を命じた。

2審（福岡高判平成8・4・25判時1582号44頁）は、「混同の法理により、本件敷地を所有していた分譲業者において、自己の意思のみによっては、分譲前にあらかじめ本件敷地につき自己のために地上権、地役権、賃借権、使用借権その他の用益権を設定しておくことはできないのであるから、右用益権が付着した状態で本件敷地を売却し、これとは別に用益権を他に譲渡し得る余地はない」、「分譲が完了した後は、本件敷地は区分所有者全員の共有となり、本件敷地の一部を駐車場として特定の区分所有者が専用使用する権利を設定することを含め、その管理使用（用益）に関する事項は、共有者である区分所有者全員の意思によって決定されるべきことがらである。したがって、分譲完了後は本件敷地について何らの権利も保有しなくなる分譲業者はこれに容喙し得る立場にはないし、また、専用使用権を有する区分所有者に対し駐車場を専用使用させる義務を負担し、かつ、右専用使用により当該駐車場部分の使用ができないという損失を受けるのは、他の共有者（区分所有者）で

121

あって、分譲業者は何らの義務も負担せず、損失を受けることもないのであるから、分譲業者が駐車場専用使用の対価を自らの利得として収受し得る根拠はない」。「委任契約に基づく受任事務を処理するにつき、受任者が外形的に委任の範囲内に属する行為を自己のためにする意思のもとに行い、これにより金員を収受したときは、委任者は、受任者に対し、右金員を委任事務処理を行うにつき収受したものとして、受取物引渡請求権を行使できる」として1審判決を支持した。

判決要旨　原判決破棄自判・請求棄却（全員一致）。

「右売買契約書の記載によれば、分譲業者である上告人は、営利の目的に基づき、自己の利益のために専用使用権を分譲し、その対価を受領したものであって、専用使用権の分譲を受けた区分所有者もこれと同様の認識を有していたものと解されるから、右対価は売買契約書に基づく専用使用権分譲契約における合意の内容に従って上告人に帰属するものというべきである。この点に関し、上告人が、区分所有者全員の委任に基づき、その受任者として専用使用権の分譲を行ったと解することは、右専用使用権分譲契約における当事者の意思に反するものであり、前記管理委託契約書の記載も右判断を左右しない」。「具体的な当事者の意思や契約書の文言に関係なく、およそマンションの分譲契約においては分譲業者が専用使用権の分譲も含めて包括的に管理組合ないし区分所有者全員の受任者的地位に立つと解することも、その根拠を欠くものといわなければならない」。

〔遠藤光男裁判官の補足意見〕

駐車場専用使用権分譲については、①二重の利益を得ているとの疑いがもたれること、②分譲後も専用使用権者と管理組合との間に紛争が生じる、等の問題の存することは指摘のとおりであり、「好ましいものではなく、速やかに根絶されなければならない」。「しかし立法論や行政指導であれば格別、基本的に契約自由の原則が妥当する現行法の下における解釈論としては、おのずから限界があるものといわざるを得ない」。「原判決の意図するところは理解し得ないではないが、結果的な妥当性を追求する余り、解釈論としての範囲を超えた無理な法律構成、法律解釈を採るものといわざるを得ない」。

解 説　平成10年秋に下された一連の最高裁判決の嚆矢たる判決である。すでに論評され尽くした感があるが、本判決が「根拠を欠く」と結論づけて明確に否定した「分譲業者が専用使用権の分譲も含めて包括的に管理組合ないし区分所有者全員の受任者的地位に立つ」と解するいわゆる受任者説について、その後10年を経過した現在でも、有用性を再検証しなければならないと考えられる。なぜなら、わが国の分譲現場の実態に照らせば、管理組合が実働するに至るまでに行われている分譲業者の管理は、受任者たる地位に基づき行われているものと解するほかにないからである。本件最高裁判決当時と比べて、さらにはるかに分譲マンションは増加し、今後とも減ることのないマンション紛争の増加によってしか、受任者説の有効性が再検証される機会は訪れないのかもしれない。

　なお、平成14年区分所有法改正の法制審議会においては、遠藤光男裁判官の補足意見でも付託された駐車場専用使用権分譲の本件の問題が重要課題の一つとして審議されたが、駐車場専用使用権分譲は分譲業者と購入者との取引法上の問題であるのに対し、区分所有法は基本的に区分所有者間の相互関係を規定する物権法の特別法として性格づけられ、分譲業者のような取引上の概念は馴染まないこと等から、改正区分所有法の中に分譲業者に対する規制を新設することは見送られ、規約の公平性に関して新30条３項「規約は、専有部分若しくは共用部分又は建物の敷地若しくは附属施設（建物の敷地又は附属施設に関する権利を含む。）につき、これらの形状、面積、位置関係、使用目的及び利用状況並びに区分所有者が支払つた対価その他の事情を総合的に考慮して、区分所有者間の利害の衡平が図られるように定めなければならない」が新設されるにとどめられた。

　新30条３項がどれほどの実務的有用性を発揮できているのかは、残念ながらほとんど耳にしていない。

　なお、このように分譲形式で設定された駐車場専用使用権の実質有償化について、これを支持する東京地判平成28・９・15判時2347号93頁（確定）（本書**30**判例）を参照されたい。

（山上知裕）

第6章　駐車場専用使用権をめぐる紛争

28　駐車場専用使用権の法的性質と変更可能性

分譲駐車場を有料化することはできるのか

▶シャルマンコーポ博多事件〔最判平成10・10・30民集52巻
7号1604頁・判時1663号56頁・判タ991号288頁〕

事案の概要　福岡市内のシャルマンコーポ博多は、昭和49年に分譲された全部で365戸のマンションである。分譲時に敷地の一部が47台分の駐車場として区画され、1台分30万円から40万円でマンション購入者の中の一部の者に各建物部分（区分所有権）とは別に「分譲」されていた。以後、分譲駐車場を「購入」した区分所有者は、駐車場の管理使用料として月700円を管理組合に支払うのみで、駐車場を利用してきた。364世帯のうち、駐車場を取得した者は47世帯である。後に管理組合は残空地部分に20台分の駐車場を増設し、他の区分所有者が月1万円の使用料を管理組合に支払って使用するようになった。平成2年5月、管理組合は規約および使用細則を改正し、分譲駐車場の使用料を平成2年7月分から1年間月額4000円に改定した。以後、平成3年度5000円、平成4年度6000円と1000円ずつスライド方式で増額することを決議した。これに対して、一部の分譲駐車場利用者が管理組合を相手取って、①月額4000円の支払義務がないこと、②分譲駐車場を区分所有権とともに自由に譲渡処分する権利を有すること、の確認を求める訴訟を提起した。この間、逆に管理組合は、上記総会決議に従って平成3年3月18日開催の理事会で、原告らに対して、差額分の使用料の支払いの催告と、これに従わない場合には駐車場使用契約を解除すると通知した。

　1審判決（福岡地判平成6・7・26民集52巻7号1629頁）は、まず②については、分譲駐車場の法的性質は、管理組合を貸主とする「賃貸借類似の契約に基づく債権的使用権」にすぎないという理由で、本来貸主である管理組合の承諾なく自由に譲渡することのできるような権利ではないとして原告の請求を棄却した。①については、区分所有法31条1項の定める「特別の影響を及ぼす」

124

場合の規定を適用して、分譲駐車場使用者の承諾を得ていないことを理由に原告の請求をほぼ認めた。管理組合側が控訴（②の判断は確定）。

　２審判決（福岡高判平成７・10・27判時1557号94頁・判タ909号182頁）は、管理組合の決議に従った使用料を支払わなかった原告らに対して、管理組合がなした駐車場使用契約の解除通知は有効であるから、すべての原告が駐車場の使用権を失っており、増額部分についても支払義務がないとして、結論的には１審原告の請求認容の判断を下した。１審原告らが上告。

判決要旨
　　　　　　原判決破棄・原審差戻し。
　(イ)　「専用使用権は、区分所有者全員の共有に属するマンション敷地の使用に関する権利であるから、これが分譲された後は、管理組合と組合員たる専用使用権者との関係においては、法の規定の下で、規約及び集会決議による団体的規制に服すべきものであり、管理組合である被上告人は、法の定める手続要件に従い、規約又は集会決議をもって、専用使用権者の承諾を得ることなく使用料を増額することができる」。

(ロ)　区分所有法31条後段にいう規約の設定、変更または廃止が一部の区分所有者の権利に「特別の影響を及ぼすべきとき」とは、「規約の設定、変更等の必要性及び合理性とこれによって一部の区分所有者が受ける不利益とを比較衡量し、当該区分所有関係の実態に照らして、その不利益が区分所有者の受忍すべき限度を超えると認められる場合をいう」。

(ハ)　「これを使用料の増額についていえば、使用料の増額は一般的に専用使用権者に不利益を及ぼすものであるが、増額の必要性及び合理性が認められ、かつ、増額された使用料が当該区分所有関係において社会通念上相当な額であると認められる場合には、専用使用権者は使用料の増額を受忍すべきであり、使用料の増額に関する規約の設定、変更等は専用使用権者の権利に『特別の影響』を及ぼすものではないというべきである」。

(ニ)　「増額された使用料が社会通念上相当なものか否かは、当該区分所有関係における諸事情、例えば」、①「当初の専用使用権分譲における対価の額、その額とマンション本体の価格との関係」、②「分譲当時の近隣における類似の駐車場の使用料、その現在までの推移」、③「この間のマンション駐車

第6章　駐車場専用使用権をめぐる紛争

場の敷地の価格及び公租公課の変動」、④「専用使用権者がマンション駐車場を使用してきた期間」、⑤「マンション駐車場の維持・管理に要する費用」「等を総合的に考慮して判断すべきものである」。

「本件においては、使用料増額の適否について1、2審が判断を異にしたように、被上告人の主張する使用料の増額が社会通念上相当なものであることが明白であるとはいい難いこと等の事情にかんがみると」、「被上告人による契約の解除はその効力を生じないものと解すべきである」。

解　説　まず判示(イ)部分については、駐車場専用使用権の法的性質論について、「規約又は集会決議をもって、専用使用権者の承諾を得ることなく使用料を増額することができる」と述べているから、物権的利用権説を明確に排斥し、共有物の管理に関する合意説に立つことを明確にしたと解される。

　判示(ロ)、(ハ)部分は、特別の影響に関する一般論であり、特に異論はないであろう。問題は判示(ニ)部分である。駐車場専用使用権の法的性質が共有物の管理に関する合意だとすると、駐車場使用料は駐車場利用者と非利用者間の不平等を衡平化するために共有者間で授受すべく合意されたものであって、賃貸借契約において使用収益の対価たる賃料とは法的性質を異にしている。しかし、使用料の法的性質がそうだからといってみても、使用料増額の社会通念上の相当性の判断基準を何ら提供しない。そこで大多数のマンション駐車場の実態をみると、管理組合と駐車場利用者との間で賃貸借契約を締結して利用されているが、この場合もその法的性質は債権契約関係ではない。とすると「分譲代金」として授受された金銭も、賃貸借契約下の月々の使用料と同質であり、その一括前払いと解するほかないことになろう。かかる観点で判示(ニ)部分をみると、具体的な考慮すべき事情中①の「当初の専用使用権分譲における対価の額、その額とマンション本体の価格との関係」は、著しく疑問が残る。なぜなら、賃貸方式と同一レベルで考えるなら、マンション本体価格がいかであったかは考慮の対象とならないはずであり、他方で右「マンション本体の価格」が「その分安くなっている」論を容認するのだとすれば、購入者側にとって事実上反証不可能だからである。専有部分床面積割合によ

126

る多数決原理を原則とする区分所有法制の中で、特別の影響の有無の判断という形式をとりながら、既得権たる価値を組み入れ、事実上全員一致を要求するという相容れない結果をもたらしていると批判されている点である。

駐車場専用使用権分譲は、事実として多数行われてきて、無償のままで使用し続けることは老朽化の進行とともに区分所有者間で深刻な軋轢をもたらしている。いずれにせよ本判決については、すでになされた駐車場専用使用権分譲について、分譲業者に帰属した分譲代金を管理組合が取り戻すことができるなら、その代金を返還することで専用使用権を有償化する方策もあり得たが、最高裁判所はミリオンコーポラス高峰館事件判決（本書27判例）でその途も閉ざしてしまった。

いずれにせよ、駐車場分譲がなされたマンションでは有料化が懸案となるが、その場合に分譲代金というものが賃料の一括先払いだとすれば、理念的には支払済賃料分だけ使えばその後は有料化できるはずである。その賃料分だけ使ったのか否かの判定にあたって、分譲代金として支払った金額、これまで管理組合に支払ってきた金額、分譲後の年数、周辺の駐車場の料金相場とその変遷等が考慮要素となろう。

「駐車場専用使用権分譲」＝業者の悪しき置き土産は、区分所有者間に長くのしかかる困難な問題として、これを克服する地道な努力と説得、解決例の積み重ねによって展望を見出していくしかないのが現状である。

なお本件は、差戻審（福岡高等裁判所）において和解が成立している。

【参考文献】

山上知裕「マンションの駐車場専用使用権裁判例の検討（3・完）」NBL624号43頁以下

（山上知裕）

第6章　駐車場専用使用権をめぐる紛争

㉙　留保形式の駐車場専用使用権の消滅、有償化と区分所有法31条１項後段の「特別の影響」

> 分譲業者に留保されたマンション駐車場等の専用使用権を一部消滅させ、一部有償化するとの集会決議と区分所有法31条１項後段の「特別の影響」の有無

▶高島平マンション事件〔最判平成10・11・20判時1663号102頁・判タ991号121頁〕

事案の概要 分譲業者は、昭和48年、自己の所有地上に本件マンションを建築し、２階ないし８階の建物専有部分（住居部分）の区分所有権と敷地の共有持分を分譲した。１階店舗部分の区分所有権は、サウナ、理髪店等の営業をする目的で分譲業者が取得（留保）し、住居部分の一部についても分譲業者が区分所有権を取得（留保）した。区分所有者の数は、分譲業者を含めて35名である。本件マンションの敷地および共用部分は、区分所有者全員が有する専有部分の床面積の割合に応じて共有している。

　分譲業者は本件マンションの分譲に際し、「マンション規約書」（以下、「旧規約」という）を定めた。その６条２項には、専用使用権に関し、「本敷地の使用権は分譲業者が保有する」と規定されている。

　分譲業者は、１階店舗の来客用および自家用のため、敷地の南側と南西側にそれぞれ自動車４台（計８台）が駐車可能な駐車場（以下、「南側駐車場」、「南西側駐車場」という）を設置し、それぞれ無償で専用使用してきた。敷地の空地部分のほとんどすべてを分譲業者が使用し、管理用自動車、緊急自動車の駐車スペースも自転車置場もないという状況であった（図面は本書㉒判例参照）。

　管理組合は、分譲業者を含む本件マンションの区分所有者全員により構成される管理組合であり、平成元年10月29日に第１回総会を開催し、区分所有者および議決権総数の各４分の３を超える賛成決議により、旧規約に変え

128

㉙ 留保形式の駐車場専用使用権の消滅、有償化と区分所有法31条1項後段の「特別の影響」

て新規約を設定した。

新規約の14条には、専用使用権に関し、「店舗部分の区分所有者は、本建物のうち……敷地の専用使用権を有することを承認する」（2項）、「前項の専用使用権を有している者は、総会の決定があった場合は、管理組合に専用使用料を納入しなければならない」（3項）、「2項の専用使用部分の変更については、管理組合の承認が必要である。また総会の決議によって専用使用部分を変更することができる」（4項）と規定されている。

管理組合は、平成4年10月18日開催の平成4年度定期総会において、区分所有者および議決権総数の各4分の3を超える賛成により、新規約に基づき、分譲業者の専用使用権について次の決議をした。

① 南西側駐車場についての専用使用権は、平成4年12月31日をもって消滅させる（以下、「消滅決議」という）。

② その余の専用使用権については、分譲業者は、平成5年1月以降、専用使用料として、南側駐車場につき月額10万円等を、毎月25日限り翌月分を管理組合に支払う（以下、「有償化決議」という）。

この決議に基づき、管理費等の請求を求めた裁判が本件である。原審である東京高判平成8・2・20判タ909号176頁は、消滅決議および有償化決議ないしその前提となる新規約設定の効力をいずれも無効と判断していた。

判決要旨 一部（有償化決議について）破棄差戻し、一部（消滅決議について）上告棄却。

「法31条1項後段の『規約の設定、変更又は廃止が一部の区分所有者の権利に特別の影響を及ぼすべきとき』とは、規約の設定、変更等の必要性及び合理性とこれによって一部の区分所有者が受ける不利益とを比較衡量し、当該区分所有関係の実態に照らして、その不利益が区分所有者の受忍すべき限度を超えると認められる場合をいうものと解される。そして、直接に規約の設定、変更等による場合だけでなく、規約の定めに基づき、集会決議をもって専用使用権を消滅させ、又はこれを有償化した場合においても、法31条1項後段の規定を類推適用して区分所有者間の利害の調整を図るのが相当である（最高裁平成8年(オ)第258号同10年10月30日第二小法廷判決参照）」。

129

第6章　駐車場専用使用権をめぐる紛争

（消滅決議について）「本件区分所有関係についての前記諸事情、殊に、(1)被上告人は、分譲当初から、本件マンションの一階店舗部分においてサウナ、理髪店等を営業しており、来客用及び自家用のため、南側駐車場及び南西側駐車場の専用使用権を取得したものであること、(2)　南西側駐車場の専用使用権が消滅させられた場合、南側駐車場だけでは被上告人が営業活動を継続するのに支障を生ずる可能性がないとはいえないこと、(3)　一方、被上告人以外の区分所有者は、駐車場及び自転車置場がないことを前提として本件マンションを購入したものであること等を考慮すると、被上告人が南西側駐車場の専用使用権を消滅させられることにより受ける不利益は、その受忍すべき限度を超えると認めるべきである。したがって、消滅決議は被上告人の専用使用権に『特別の影響』を及ぼすものであって、被上告人の承諾のないままにされた消滅決議はその効力を有しない」。

（有償化決議について）「従来無償とされてきた専用使用権を有償化し、専用使用権者に使用料を支払わせることは、一般的に専用使用権者に不利益を及ぼすものであるが、有償化の必要性及び合理性が認められ、かつ、設定された使用料が当該区分所有関係において社会通念上相当な額であると認められる場合には、専用使用権者は専用使用権の有償化を受忍すべきであり、そのような有償化決議は専用使用権者の権利に『特別の影響』を及ぼすものではないというべきである。また、設定された使用料がそのままでは社会通念上相当な額とは認められない場合であっても、その範囲内の一定額をもって社会通念上相当な額と認めることができるときは、特段の事情がない限り、その限度で、有償化決議は、専用使用権者の権利に『特別の影響』を及ぼすものではなく、専用使用権者の承諾を得ていなくとも有効なものであると解するのが相当である（前掲平成10年10月30日第二小法廷判決参照）」。

解　説　本件は、分譲業者に留保された（いわゆる留保形式）駐車場等の専用使用権を消滅させ、または有償化する規約改正およびその改正規約に基づく集会決議の効力について、シャルマンコーポ博多事件（最判平成10・10・30民集52巻7号1604頁・判時1663号56頁・判タ991号288頁（本書❷❸判例））と同様に、区分所有法31条1項後段の「特別の影響」の問題と

130

しつつ、上記判決と同様の一般的基準を用いたうえで、消滅決議は分譲業者に「特別の影響」を及ぼすため無効、有償化決議は社会通念上相当な額の範囲では「特別の影響」を及ぼすものではないためその限度で有効とした事件である。

本件最高裁判所は、まず、消滅決議について、「管理用自動車、緊急自動車の駐車場」および「全員のための自転車置場」を設置するという管理組合側の「高度の必要性」の主張の適否については十分な検討を行わないまま、①分譲業者が当初からサウナ等を営業しており、その営業等のため専用使用権を取得したこと、②専用使用権が消滅させられた場合、分譲業者の営業活動に支障を生じる可能性がないとはいえないこと、③一般区分所有者は駐車場および自転車置場がないことを前提として本件マンションを購入したこと等を根拠に、分譲業者の有する専用使用権の消滅決議は、その「受忍すべき限度を超える」と判示している。

しかし、駐車場専用使用権の使用料に関して分譲形式と留保形式とで同様の基準を用いるのであれば、「分譲駐車場代金」が賃料の一括前払いであると考えうるのと同様に、「留保駐車場代金」相当の価値（専用使用権取得の価値）を算定したうえで、無償使用期間の経過によって分譲業者がその対価を十分得たといえるかどうかについても検討すべきである。とすれば、前述の一般的基準からすれば、「当該区分所有関係の実態に照らして」、少なくとも、具体的に①一般区分所有者側の必要性および合理性の程度、②分譲業者側の不利益の程度（不利益の「可能性」ではなく、具体的な不利益の程度を検討すべきである）に加え、③分譲業者に専用使用権を留保したことによる一般区分所有者への分譲価格への影響の程度、④分譲業者の無償使用期間等の事情を考慮すべきであったといえる。

次に、本件最高裁判所は、有償化決議について、前述のシャルマンコーポ博多事件の基準を前提に、有償化決議により設定された額が「社会通念上相当」なものか否かを検討する必要があるとして東京高等裁判所に差し戻している。この基準によれば、「社会通念上相当」か否かは、①「当初の専用使用権分譲における対価の額、その額とマンション本体の価格との関係」、②「分

第6章　駐車場専用使用権をめぐる紛争

譲当時の近隣における類似の駐車場の使用料、その現在までの推移」、③「この間のマンション駐車場の敷地の価格及び公租公課の変動」、④「専用使用権者がマンション駐車場を使用してきた期間」、⑤「マンション駐車場の維持・管理に要する費用」等を総合的に考慮して判断すべきことになる（本書㉘判例参照）。

　これに関し、差戻し後の東京高等裁判所は、現在（判決時）の近隣の駐車場の月額賃料が1台あたり2万2000円〜2万8000円であることを認めつつも（管理組合側の請求は1台あたり2万5000円）、分譲業者による専用使用権の取得を前提に分譲価格が設定され、分譲業者が自己の費用で駐車場等の設備を設置し、本件マンションの区分所有者は分譲業者が駐車場等を無償で使用することを承知のうえで各区分所有建物を購入したという事情に加え、問題とされている設備は分譲業者の営業上必要なものと認められること、当該共用部分の専用使用によって住居部分の区分所有者らの本件マンション利用に特に支障があるとは認められないことなどを理由に、社会通念上相当な南側駐車場の専用使用料は合計（4台）で月額1万円（1台あたり2500円）であると判示した（東京高判平成13・1・30判時1810号61頁）。

　この高裁判決は、前述のシャルマンコーポ博多事件最高裁判決の具体的考慮事由を十分考慮しているかについて疑問が残る。特に、本件のような留保形式の場合、①当初の専用使用権分譲における対価の額、その額とマンション本体の価格との関係について、管理組合側が具体的に反証することが困難な場合も予想されるのであるから、他の②ないし⑤の要件をも十分考慮したうえで総合的な判断を行うべきであったといえる。

（油布　　剛）

⑳ 駐車場使用料増額決議の拘束力

> 駐車場の専用使用料を増額する旨の管理組合の総会
> 決議は有効か

▶駐車場専用使用料増額確認等請求事件〔東京地判平成28・9・15判時2347号93頁〕

事案の概要　原告Aは、昭和48年10月築の13階建てのマンションの区分所有者によって構成される管理組合である。

　被告ら3名（B₁〜B₃）は、いずれも本マンションの区分所有者であるところ、本マンションの1階部分に設置している駐車場の一区画を、それぞれ使用しまたは使用可能な状態としている。

　本マンションの分譲契約締結にあたり、分譲業者は、本駐車場の専用使用権について、屋内部分は1台120万円、屋外部分は1台80万円で分譲したところ、その際、分譲部分の面積に応じた必要経費（固定資産税、都市計画税等）は、購入者がAに納入することとされていた。

　本駐車場については、平成8年頃までは使用料等の金銭の支払いはされていなかったが、その頃に行われた総会において、専用使用料を徴収することおよびその額は当面は月額100円とする旨決議され、さらに、平成20年11月頃に行われた総会において、専用使用料を月額1500円に増額する旨決議されたところ、本駐車場を使用する区分所有者らはいずれもこれらに従って支払いを行っていた。

　平成23年7月24日に開催されたAの臨時総会において、Bらが使用する本駐車場の区画の維持管理費につき、算定根拠の説明がなされたうえで、それぞれ、月額2万3250円、月額2万5950円、月額1万2720円に増額することを含む内容の議案（以下、「本件増額決議」という）が提出され、継続審議となった。

　その後、Bらは、同議案に対して、使用面積を9.81㎡、管理費および修繕

第6章　駐車場専用使用権をめぐる紛争

積立金の評価を居住箇所の50％として算定した月額3600円への変更を提案したが、Aはこれを拒絶した。

　平成23年12月11日に開催されたAの臨時総会において、本件増額決議が承認された。

　Bらが増額分の専用使用料の支払いに応じないことから、AはBらに対し本件増額決議が有効であることの確認を求めるとともに、平成24年1月分以降の未払専用使用料およびこれに対するAの管理規約所定の遅延損害金の支払い等を求め訴訟提起した。

判決要旨　「本件マンション分譲契約時の売買対象として本件駐車場は含まれておらず、その後の譲渡等の場面においても所有権ではなく専用使用権の移転として取り扱われてきたことがうかがわれる。また、本件駐車場の各専用部分は区分所有法1条所定の区分所有権の目的となり得るものではなく、これについてのBらの権利は、区分所有者全員の共有に属するマンション敷地を排他的に使用することができる債権的権利であると解するのが相当であり、分譲後は、管理組合と組合員たる専用使用権者との関係においては、法の規定の下で規約及び集会決議による団体的規制に服し、管理組合は法の定める手続要件に従い、規約又は集会決議をもって、専用使用権者の承諾を得ることなく使用料を増額することができるものと解される。

　そして、当該区分所有関係における諸事情、例えば、①当初の専用使用権分譲における対価の額、その額とマンション本体の価格との関係、②分譲当時の近隣における類似の駐車場の使用料、その現在までの推移、③この間のマンション駐車場の敷地の価格及び公租公課の変動、④専用使用権者がマンション駐車場を使用してきた期間、⑤マンション駐車場の維持・管理に要する費用等を総合的に考慮して、増額の必要性及び合理性が認められ、かつ、増額された使用料が当該区分所有関係において社会通念上相当な額であると認められる場合には、専用使用権者は使用料の増額を受忍すべきであり、このような場合は使用料の増額に関する規約の設定、変更等は専用使用権者の権利に「特別の影響」（区分所有法31条1項後段）を及ぼすものでなく、同項所

定の区分所有者の承諾は必要ないものと解される」（最判平成10・10・30〔シャルマンコーポ博多事件〕（本書**28**判例））。

「そこで、本件増額決議に係る増額の必要性及び合理性並びに増額された使用料が社会通念上相当な額と認められるか否かにつき検討する。

　ア　本件駐車場の分譲時に支払われた対価の額は、屋内部分（区画番号No.1及びNo.3）については各120万円、屋外部分（区画番号No.6）については80万円であったところ、これは居室部分の分譲価格とは無関係に定められたものであった。

　イ　B₂は、昭和62年頃まで本件駐車場の区画番号No.1をEから賃借していたところ、その賃料は当初は月額6,000円ないし8,000円程度、最終的には2万円程度であった旨を供述しており、これを前提とすれば、本件マンション分譲当時の近隣の一般的な駐車場の使用料は上記当初の賃料額程度であったと考えられる。これに対し、本件増額決議がされた時期においては月額25,000円程度の使用料が設定された駐車場も近隣に存在しており、使用料の相場は相当程度値上がりしていたものと考えられる。

　ウ　本件駐車場の専用使用権設定時には、購入者は専用使用部分の面積に応じた必要経費（固定資産税、都市計画税等）をAに納入することとされているところ、上記規定は専用使用権の法的性質に照らしても合理的なものといえる。そして、1㎡当たりの固定資産税が年額932円、都市計画税が年額399円であることについては、Bらも特段争っていない。

　そして、証拠を踏まえれば、Bらの専用使用面積についてのAの主張は合理的なものであると認められる。この点、B₂及びB₁は、専用使用面積は駐車面積のみで算定すべきであり、進入のための部分は共用部分として扱うべきである旨を主張するが、専用使用料額算定の要素としての専用使用面積は、駐車面積のみならず、当該部分への駐車のために合理的に必要な部分の面積も含めて算定するのが相当であり、これに反する上記主張は採用できない。

　エ　B₂は昭和62年頃から、B₁は平成7年頃から、B₃は平成3年頃から、専用使用権に基づき本件駐車場を使用しているところ、上記各期間における

第6章　駐車場専用使用権をめぐる紛争

相当賃料額を6,000円として算定しても、使用期間に相当賃料額を乗じた額は、専用使用権設定時に支払われた対価の額（なお、Ｂらが前権利者から専用使用権を取得した際に支払われた代金額は、当事者間の合意により決定されたものであるから、上記算定において考慮すべきではない。）を明らかに上回っている。

オ(ア)　前記のとおり本件駐車場の固定資産税及び都市計画税相当額である年額1㎡当たり1,331円についてはＢらの負担とすることが合意されており、これに専用使用面積を乗じると、区画番号No.1については月額2,386円、同No.3については月額2,872円、同No.6については月額1,390円となる。

(イ)　本件駐車場が本件マンションの1階部分に所在し、建物敷地と一体的に使用されている状況等に照らせば、共有部分のうち本件駐車場については専用使用権者らのみが管理費・修繕積立金を負担し、その余の部分については区分所有者全員が専有面積に応じて負担するとするＡ主張の算定方法は相応の合理性を有するものというべきであり、これが二重負担を課すものであるとするＢ₁及びＢ₂の主張には理由がない。

(ウ)　また、証拠によれば、本件駐車場については日常的な点検の他、塗装作業や漏水部分への対応作業等が行われていることが認められる。上記作業には今後も継続的に費用支出が見込まれ、かつ、本件マンションの老朽化に伴い支出額の増大も見込まれることなどの事情に加え、近隣駐車場の相場や、Ｂらが当初支払対価に応じた使用利益を十分に得ていると考えられることなども考慮すれば、屋内部分については月額1万円、屋外部分については月額5,000円の維持管理費を加算することは、社会通念上の相当性を逸脱するものではないというべきである。

3　以上の事情を総合すれば、本件増額決議に係る増額については、必要性及び合理性があり、かつ、増額された使用料も社会通念上相当な額であったと認められるから、同決議はＢらの承諾を要することなく有効であり、平成24年1月分以降はこれに沿った専用使用料増額の効果が発生したものと認められる」。

解　説　　本訴訟の争点は、本駐車場の専用使用料の増額決議の有効性であるところ、本判決は、最判平成10・10・30〔シャルマ

ンコーポ博多事件〕（本書❷❽判例）の判旨の考慮要素を、本事実関係にあてはめたうえで、これを有効と判断した。なお、本判決は確定している。

　万一、同考慮要素が満たされていないと判断されていれば、「特別の影響」（区分所有法31条1項後段）を及ぼすものといえ、同項所定の区分所有者の承諾がない限り、同決議は有効とはならないこととなる。

　ところで、昭和40年代から平成初めにかけて、本事案のような駐車場専用使用権の分譲が多数行われ、当該駐車場は無償のまま使用し続けられていた。しかし、当該マンション本体や当該駐車場の老朽化に加え、管理組合の財政難に端を発し、そのような管理組合では、駐車場の専用使用料の増額あるいは同専用使用権の有償化によって、これに対処せざるを得なくなっていた。本判決は、このような背景事情の下で、駐車場の専用使用料の増額決議の有効性が問題となったのである。

　駐車場専用使用権の法的性質をいかに考えるかは種々の議論がなされているが（判時1663号58頁）、それはさておき、実務上、シャルマンコーポ博多事件の判旨の考慮要素を満たす限り、総会にて、専用使用権者の承諾を得ることなく、駐車場の専用使用料を増額あるいは同専用使用権を有償化する旨の決議を行うことができることとなる。

　そして、シャルマンコーポ博多事件の判旨の考慮要素から考えるに、駐車場の専用使用料の増額（あるいは同専用使用権の有償化）決議の有効性については、帰するところ、①同決議時点で当該専用使用料の先払い分の投下資本が回収されているか否かで、その必要性および合理性の有無を検討し、これに加えて、②増額された（あるいは有償化された）額の相当性の有無をも検討しているように思われる。

　本判決は、シャルマンコーポ博多事件にて提示された考慮要素を踏襲したうえで、駐車場の専用使用料の増額決議の有効性を認めた初の裁判例であって、極めて重要な事例である。

（荒木　勉）

第6章　駐車場専用使用権をめぐる紛争

③1　駐車場専用使用権の消滅決議の可否

> マンション屋上部分の駐車場について、リフト部分
> 等の権利関係が変動し管理が適切になされないこと
> を理由に、専用使用権を消滅させる決議は有効か

▶サンライズ仙台事件〔仙台高判平成21・10・9判例集未登載〕

事案の概要　　1　事件の経過

　本件マンションは、低層部分と高層部分の段違い構造の1棟の区分所有建物で、1階から3階までを事務所用、4階以上を居住用とする14階建て複合用途型マンションであり、A（原告・控訴人）は、後述する本件係争部分の競落人であり、B（被告・被控訴人）は、本件マンション（昭和56年7月築）の管理組合が、平成20年6月10日に、区分所有法（以下、「法」という）47条に基づいて法人化された団体である。

　①本件マンションの分譲に際して、訴外分譲会社Cは、1階から3階部分（1階西側部分は除く）について自らも区分所有者となり、4階以上のみを分譲したが、その際、原始規約に、低層部分の屋上にある29区画の駐車場のうちCに無償の駐車場専用使用権を設定する旨を設けて、Cは同6区画を自社用に利用し、残り23区画は居住者等に賃貸して収益を上げていた。

　②本件駐車場を利用するには建物内のカーリフトの利用が必要であったが、同リフト部分にはCの所有権が留保され、1階・3階の各リフト着床部分と乗降用のリフト前各空間部分もCの1階・3階各専有部分に組み込まれていた。

　③平成14年4月、倒産したCは全所有部分をDに売却し、同年6月、Dは（本件リフトの所有権を留保して）譲り受けた本件建物の1階部分のみをEへ売却した。

　④ところが、Dは平成15年12月から管理費および修繕積立金を、平成16

138

年2月からは光熱水道費用も滞納し、さらに本件リフトの点検整備も行わなくなったため、平成16年12月19日、Bは、本件駐車場の収益がDに帰属していることを理由に、本件専用使用権は本件建物2階部分の区分所有者に帰属する旨の規約に変更した。

⑤さらにBは、Dの滞納状態の解決と本件リフト等の適正な維持管理を図るために、本件無償の専用使用権を有償化させ、使用料も平成18年8月1日から順次月額9万円から15万円へと上昇させ、平成21年7月31日限りで消滅させる旨の規約変更決議を、Dの承諾を得ずに可決した。

⑥（時間が前後するが）平成17年11月17日に本件建物の2階部分の強制競売が、平成19年6月14日に本件区分所有建物の2階・3階部分の担保不動産競売が実行され、平成19年6月14日にAはこれらの部分と本件リフトの所有権を競落した。そこで、競落人Aが管理組合法人Bに対して本件規約改正決議（以下、「本件決議」という）の無効確認を求めたのが本件事案である。

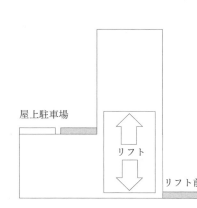

C：当初の分譲業者（原始規約作成者）
1～3階区分所有者・2階屋上駐車場29区画
専用使用者（無償）
・カーリフト部分・カーリフト前部分所有者
⇒D：Cより上記部分を購入
　　　↓　※　管理規約変更：屋上専用使用
　　　　　　権は2階部分購入者に帰属
⇒E：Dより1階部分を購入
　　　　（カーリフト所有権はCが留保）
⇒A：競売によりCの所有権を競落（原告）
　B：管理組合法人

2　争点をめぐる両当事者の主張

本件の主要な争点に関する両当事者の主張は、次のようなものである。

(1)　専用使用権の有効性

Aは、住居区分所有者等はCの本件駐車場の管理費負担（Cは41.22％、Dも24.67％を負担）と収益を容認して購入しており、これらの事情から分譲価格が割安に設定されたと推定されると主張した。

第6章　駐車場専用使用権をめぐる紛争

他方Bは、Cの本件駐車場専用使用権の対価が分譲価格に還元されている等は不明で、このような専用使用権の設定は不当であると主張した。

(2) 規約変更決議の必要性

Aは、本件駐車場は本件リフトと一体的な利用が予定された形態であり、本件専用使用権を失うとDは本件リフトを所有する経済的意義を失う。また、競売等によって本件駐車場の利用をめぐる権利者が区々になる可能性は当初より予想され重視すべき事情ではない。本件専用使用権の消滅によってDの滞納管理費が回収できる関係にはないと主張した。

他方Bは、権利者が区々なことから、平成18年3月時点ですでにDは約1890万円の管理費等を滞納し、本件リフトの点検整備も行わない問題が解決できない状態が継続し、もはや管理組合による一括管理をしなければ駐車場・リフト等の適正な管理に支障を生じていると主張した。

(3) 規約変更決議の合理性

①Aは、本件建物が存立する限り本件専用使用権は存続すると主張した。他方Bは、25年以上の期間の経過は投下資本回収に十分な期間である。また、駐車場利用は全区分所有者にかかわる問題で、BがDから本件リフトの所有権を買い取り（交渉中）、Bの管理下でDが従前どおりに利用できれば損害は生じておらず、その移行期間として専用使用権消滅まで3年間を設けるなど配慮した措置を講じていると主張した。

②Aは、本件決議は本件強制競売手続中になされたもので、競売手続における本件専用使用権の価値を奪い、本件建物2階部分の価値を減少させ、Dの債権者等の権利をも侵害していると主張した。他方Bは、規約変更決議の内容は本件執行裁判所に届け出ており、Aも現況調査報告書・評価書等でその旨を閲覧したうえで買受人となったもので権利侵害はないと主張した。

(4) 専用使用料の不相当性

Bは、本件規約変更後の本件専用使用料については、Dが取得する駐車料の収益月額45万円と本件リフトの維持管理に要する経費等の見込月額15万円とを踏まえて決定したもので、社会通念上、合理的な額であると主張した。他方Aは、3年後に本件専用使用権が消滅することを考慮すれば相当額とは

いえないと主張した。

【判決要旨】（駐車場専用使用権の権利性）

「住居部分購入者も、Cが本件駐車場を利用して収益を上げることを前提として区分所有者となったものであり、駐車場収益が分譲価格に購入者に有利な方向で反映されたと合理的に推定され、本件専用使用権の権利の正当性が十分でないとはいい難」いとして、本件駐車場専用使用権の正当性を認めた。

（権利関係の複雑化と本件規約変更の必要性）

「原始規約においては１階部分から３階部分までの区分所有者が本件専用使用権を有するとされていることに照らせば、Cを含む区分所有者は、権利者が区々に異なる事態は想定していなかったものと推認される」として、当初は想定していなかった複雑な権利関係への変更を理由に本件規約変更決議の必要性を認めた。

（投下資本の回収可能性）

「原始規約を制定した当時から20年以上が経過していることからすれば、特段の事情がなければ、本件専用使用権にかかる投下資本は回収されたとみるのが合理的であ」るとして、一定期間の経過による既得権の解消可能性に言及した。

（総合判断要素）

「以上に認定した事情に、本件駐車場の実際の利用に関する権利関係が複雑化するとともに本件駐車場にいたる本件リフトの保守管理が適切になされなくなったことなどの事情を総合すれば、本件専用使用権を消滅させて本件駐車場をBにおいて管理するために本件規約変更を行う必要性及び合理性が認められる」、「区分所有関係の実態に照らせば、結局、Dが本件規約変更により受忍限度を超える不利益を受けるとは認められない。また、激変緩和措置としての本件決議における使用料額も不当なものであるとはいえない」と相当性を判断して控訴棄却した。

第6章　駐車場専用使用権をめぐる紛争

| 解　説 | 1　本判決の意義 |

　本判決は、複合用途型マンションの屋上部分に設定された駐車場専用使用権に関する紛争であり、しかも、当該駐車場利用には、機械式リフトや事業者の専有部分たる進入口の利用が不可欠とされ、同部分の区分所有者の管理懈怠によって共用部分たる屋上駐車場の適正な管理に困難が生じたという特殊な事案である。

　敷地上の駐車場専用使用権の有償化・消滅決議をめぐる従来の判例と比較してみると、従来の判例では区分所有者間の公平を図る必要性が主要な争点となっていたのに対して、本判決では、適正な管理を図るために複雑な権利関係を解消できるか否かが主要な争点となっている点が注目される。

2　特別の影響の有無の具体的判断要素

　本件でも（他の裁判例等と同様に）シャルマンコーポ博多事件（本書**28**判例）を先例とした法31条1項後段の判断基準が示されているが、先例事件では有償化要件を中心に判断基準が検討されているのに対して、本件では、消滅の可否を中心に具体的判断基準を示している点が異なる。すなわち、本件では、①老朽化リフトの点検整備懈怠状態の危険性、②20年間の経年による投下資本の回収可能性、③屋上駐車場の独占使用の不必要性、④消滅までの移行期間設定や対価買取合意等措置の適切性、⑤競落人の不測の損害への配慮（現況調査報告書への記載と、それを参照した評価書）、⑥本件駐車場利用に不可欠な部分の複雑な権利関係から生じる管理の困難性等を総合判断して、規約変更を行う必要性と合理性を示した点は、今後の判決にとって本判決の大きな意義と考えられる。

3　駐車場専用使用権の法的性質

　分譲業者が原始規約で設定した自らの無償の駐車場専用使用権について、本件では、分譲業者の収益性の対価として分譲業者がリフト部分の管理責任を負い、また共用部分の管理費負担割合が大きく異なる等の特殊事情を根拠

142

に有効性が容易に認定されている。もちろん、その後の事情により有償化・消滅決議の有効性も認めて解決が図られているが、このような論旨は、駐車場専用使用権の法的性質を「共有物の管理の合意説」ととらえるものであり、同説の立場だけでは、不知に乗じた分譲契約・専用使用権設定合意の無効性や、分譲代金返還が求められない等の、委任説等から提起された問題が解決されたわけではなく、なお、検討課題として残されている点は注意すべきであろう。

【参考文献】

①拙稿「駐車場専用使用権の消滅決議の可否」マンション学36号118頁以下、②山上知裕「マンションの駐車場専用使用権裁判例の検討（3・完）」NBL624号43頁以下

（花房博文）

第7章

管理組合の運営
をめぐる紛争

第7章　管理組合の運営をめぐる紛争

32　管理組合規約の違法な運用についての責任

管理組合は専有部分の用途制限についてどこまで責任があるか

▶セントラル経堂事件〔東京地判平成4・3・13判時1454号114頁〕

事案の概要　　本件マンションは、昭和51年11月新築の10階建てである。1階および2階が店舗用、3階以上が住居用の建物であったが、分譲時の管理規約では住居部分を事務所として使用することを認めていたため、分譲直後から3階以上の住居部分の3室が会計事務所、大学教員研究室、芸能人事務所に使用されていた。

　Aは、昭和53年2月に本件マンション2階の店舗をA経営の会社名義で購入してレストラン営業を開始し、同年4月に本件マンション8階の専有部分（以下、「本件建物」という）をレストラン従業員の休憩用事務所兼倉庫とする目的で区分所有者Bから賃借し、その後事務所として使用してきた。そして、Aは、昭和63年7月に銀行から借金してBから本件建物を購入し毎月20万円を銀行に返済するようになったところ、本件建物の賃料収入で借入金を返済しようとして、平成元年3月15日、本件建物をM芸能プロダクションに住居兼事務所として月額賃料20万円で貸し渡した。

　管理組合は、平成元年3月12日管理組合総会で、管理規約を改正して（施行日は同年4月1日とされた）、新規約12条1項において「住居部分を事務所として使用する場合は組合の承認を受けなければならない」と定め、同時に「規約改正前にすでに占有者の使用目的が事務所となっている住居部分については、そのまま事務所として使用することを承認し、以後は事務所は増やさない方針とする」旨を決議した。Aの妻がAの代理人としてこの総会に出席し、同決議に賛同した。

　新規約施行後の平成元年7月、賃借人Mが退去したため、Aは、本件建物

146

を事務所用にすべく費用85万円で改修工事を行い、同年9月コンピューターソフト開発会社（女性従業員2、3名でパソコン2台くらいを使用して営業している）Nに対し、賃貸目的を住居兼事務所として本件建物を貸し渡した。そしてAは、管理組合に対してその承認を求めた。

しかし、管理組合理事会はその承認を拒絶した。そのためAは、やむなくNとの賃貸借契約を合意解約した。その後、Aは賃料を下げて住居用として賃借人を募集したが、結局賃借人は見つからず、借入金の返済に行き詰まり、平成3年5月本件建物をKに売却した。その際Aは、住居用に改装するための費用として100万円を売却代金から値引きした。

事務所用として使用できるというAの既得権は保護されるべきであるのに管理組合はAの既得権を知りながらAとNの賃貸借契約を承認せずAの所有権を違法に侵害したとして、Aは管理組合に対し、Nとの賃貸借契約合意解除後の平成元年10月からKに売却した平成3年5月までの間の賃貸によって得べかりし賃料相当額388万3870円、権利金相当額40万円、改修工事費用額85万円を損害賠償として請求した。

判決要旨

Aの請求を全部認容した。

「新規約12条1項は、区分所有者が住居部分を事務所に使用する場合には管理組合の承認を受けなければならない旨規定しているが、管理組合が右の承認を与えるか否かは、住居部分を事務所に使用しようとする区分所有者に重大な影響を及ぼすのであるから、その判断に当たっては、事務所としての使用を制限することにより全体の区分所有者が受ける利益と、事務所としての使用を制限される一部の区分所有者が受ける不利益とを比較考量して決定すべきである。

これを本件についてみると、たしかに、事務所としての使用を無制限に放任した場合は、床の荷重の問題のほか、消防設備あるいは電話設備等の改修工事の要否等、波及する影響は大きく、費用負担の軽減及び居住環境の悪化防止等の観点からも、その制限には一般論として合理性を是認できないわけではない。しかし、本件においては、マンション分譲時に成立した旧規約の26条に専有部分のうち住居部分は住居又は事務所以外の用に供してはならな

第7章　管理組合の運営をめぐる紛争

い旨の定めがあり、本件専有部分の属する3階以上の建物部分についても事務所としての使用が許容されていたと認められるのであるから、区分所有者にとってその同意なくして専有部分を事務所として使用することが禁止されることは所有権に対する重大な制約となることはいうまでもないところである。特に、Aは、今回の規約改正の10年以上前から本件専有部分を賃借して事務所としての使用を開始し、2年余り前にはこれを購入し、右規約改正の1か月以上前から事務所用の物件として賃借人を募集し、新規約発効時には賃借人が本件専有部分を現実に事務所として使用していたのであるから、その既得権を奪われることによるAの不利益は極めて大きいといわざるを得ない。しかも、賃借人であるNは、コンピューターソフトの開発を業とする会社で、従業員が2、3名という小規模な会社にすぎず、その入居を認めることにより床の荷重の問題が生じたり、あるいは消防設備等を設置することが不可欠となるかは疑問の余地がないではなく、また、本件専有部分を事務所として使用することにより直ちに著しく居住環境が悪化するとも思えないのであって、事務所としての使用を認めることによる被害が重大なものとはいいがたい。

　右の双方の利害状況を比較考量すれば、（管理組合の）承認拒絶によりAが受ける不利益は専有部分の所有権者であるAにとって受忍限度を越えるものと認められるから、管理組合は、本件賃貸借契約を承認する義務を負っていたものと解するのが相当である。したがって、管理組合は、本件賃貸借契約の承認を拒絶することにより、Aの所有権を違法に侵害したものと認められる」。

解　説　　区分所有法（以下、「法」という）は、区分所有者が全員で、建物並びにその敷地および附属施設の管理を行うために、規約を定めることができるとしている（法3条）。規約で定めることができるのは、建物またはその敷地もしくは附属施設の管理または使用に関する区分所有者相互間の事項であり（法30条）、専有部分の使用方法の制限も、建物全体の維持管理または共同生活上の秩序維持の要請に基づくものである限り、原則として有効とされる。

規約による建物の使用方法に関する行為の制限ないし禁止は、絶対的禁止事項と相対的禁止事項とに区別することができる。区分所有者の共同の利益に反する行為は、規約をまつまでもなく法6条によって禁止されているが、実際には、規約で具体的に禁止事項を列挙する必要がある。また、同条の共同の利益に反する行為には該当しなくとも、規約で建物等の使用方法に関して一定の行為を禁止し、制限することは可能である。同条によって禁止されている行為を具体的に規約で明らかにしたものが絶対的禁止事項であり、同条の共同の利益に反する行為とまではいえないが、規約で特に禁止した事項が相対的禁止事項である（新マンション294頁）。

本件マンションの管理規約12条1項に定められた「住居部分を事務所として使用する場合には、管理組合の承認を受けなければならない」との用途制限規定は、上記の相対的禁止事項にあたる。しかし、管理組合に認められたこの承認の権限は、区分所有者の専有部分についての所有権行使の可否を決する重大なものであるから、理由のない承認拒絶は社会的相当の範囲を超えた所有権侵害として違法となる場合があるのは避けられないところである。

そこで本判決は、一方において本件改正規定の原則的有効性を認め、他方において管理組合が承認を与えるべきであるか否かは、「事務所としての使用を制限することにより全体の区分所有者が受ける利益と、事務所としての使用を制限される一部の区分所有者が受ける不利益とを比較考量して決定すべきである」との基準を示した。そして、この基準に照らして、本件の場合「管理組合は、本件賃貸借契約を承認する義務を負っていたものと解するのが相当である。したがって、管理組合は、本件賃貸借契約の承認を拒絶することにより、Aの所有権を違法に侵害したものと認められる」としたのであった。そして同判決は、管理組合がこのような違法の規約運用をした場合、管理組合はそれによって当該区分所有者が被った全部の損害について賠償の責任を負うと判断したのである。

（中島繁樹）

149

第7章　管理組合の運営をめぐる紛争

㉝　組合員の反組合的言動に対する差止め

管理組合の役員らを誹謗中傷する区分所有者に対して、管理組合は、全区分所有者を代表する立場で、行為差止めの訴訟を提起することができるか

▶神奈川藤沢マンション事件〔最判平成24・1・17集民239号621頁・判時2142号26頁・判タ1366号99頁〕

事案の概要　本件マンションの区分所有者であるＡは、平成19年頃から、本件マンション管理組合の役員が修繕積立金を恣意的に運用したなどの記載がある役員らを誹謗中傷する内容の文書を配布し、本件マンション付近の電柱に貼付するなどの行為を繰り返し、また、本件マンションの防音工事や防水工事を受注した各業者に対し、趣旨不明の文書を送付し、工事の辞退を求める電話をかけるなどして、その業務を妨害する行為を続けた。

その行為は、本件管理組合の役員らに対する単なる個人攻撃にとどまらず、それにより、集会で正当に決議された本件マンションの防音工事等の円滑な進行が妨げられ、また、本件管理組合の役員に就任しようとする者がいなくなり、本件管理組合の運営が困難になる事態を招くようになった。

そこで、管理組合は、平成22年、総会を開催して、Ａの行為は区分所有法（以下、「法」という）6条1項にいう「区分所有者の共同の利益に反する行為」にあたるとの理由で、法57条および管理規約に基づき、他の区分所有者の全員のために、Ａに対し上記各行為の差止めの訴訟をすることを決めた。同総会の決定で区分所有者Ｂが、その訴訟の追行権者に指定された。

1審（横浜地方裁判所）および2審（東京高等裁判所）は、Ｂが問題としているＡの行為は、騒音、振動、悪臭の発散等のように建物の管理または使用にかかわるものではなく、被害を受けたとする者それぞれが差止請求または損害賠償請求等の手段を講ずれば足りるのであるから、これは法6条1項所定

150

の「区分所有者の共同の利益に反する行為」にあたらないとして、法57条に基づくBの請求を棄却した。

そのため、Bが最高裁判所に対し、上告受理の申立てをした。最高裁判所は同申立てを受理し、原判決を破棄し、Bの請求が法57条の要件を満たしているか否かにつきさらに審理を尽くさせるため、本件を原審に差し戻した。

判決要旨 「法57条に基づく差止め等の請求については、マンション内部の不正を指摘し是正を求める者の言動を多数の名において封じるなど、少数者の言動の自由を必要以上に制約することにならないよう、その要件を満たしているか否かを判断するに当たって慎重な配慮が必要であることはいうまでもないものの、マンションの区分所有者が、業務執行に当たっている管理組合の役員らをひぼう中傷する内容の文書を配布し、マンションの防音工事等を受注した業者の業務を妨害するなどする行為は、それが単なる特定の個人に対するひぼう中傷等の域を超えるもので、それにより管理組合の業務の遂行や運営に支障が生ずるなどしてマンションの正常な管理又は使用が阻害される場合には、法6条1項所定の『区分所有者の共同の利益に反する行為』に当たるとみる余地があるというべきである」。

解　説 法6条1項は、「区分所有者は、建物の保存に有害な行為その他建物の管理又は使用に関し区分所有者の共同の利益に反する行為をしてはならない」と定めている。法57条1項は、この法6条1項を前提として、「区分所有者が第6条第1項に規定する行為をした場合又はその行為をするおそれがある場合には、他の区分所有者の全員又は管理組合法人は、区分所有者の共同の利益のため、その行為を停止し、その行為の結果を除去し、又はその行為を予防するため必要な措置を執ることを請求することができる」としている。

以上の規定の解釈として、同法の立法担当者は、次のように説明している（新マンション285頁）。

「法6条1項が定める義務は、その文言からみると、むしろ区分所有者が相互に負う義務というよりも、区分所有者の共同の利益を守るため、各区分所有者が団体としての区分所有者に対して負う義務のように思われる。裏返

していえば、違反行為の影響を受けたかどうかを問わず区分所有者が共同して行使すべき権利のように考えられる。実質的に考えても、仮に違反行為の直接の影響が全区分所有者に及ばない場合であっても、それが相当の範囲に及び、共同の利益に反する行為であると判断される以上、直接違反行為の影響を受けない区分所有者であっても、共同生活の秩序の維持という観点からは当然に利害関係を有するわけであるし、法6条の趣旨が被害を受けた者の差止請求を容易にするため、物権的請求権以外に差止請求権を与えることにあるというよりも、むしろ区分所有者全体の円満な共同生活の維持のためであると解するときは、同条に基づく権利は、違反行為により直接被害を受けた個々の区分所有者ではなく、区分所有者全員が共同で行使すべき権利と構成するほうが相当であると思われる。

　また、直接の被害者である区分所有者のみが法6条1項によって差止請求ができるものとすると、当該区分所有者の差止訴訟に費やすエネルギーと費用は単に自分の受けた被害の回復に費やされるばかりでなく、建物全体の生活秩序の回復のためにも役立っているにもかかわらず、これらの負担は、事実上訴訟を提起した区分所有者のみが負わなければならないという不合理を生ずる」。

　以上のように理解することが実務に最もよく適合すると考えられるし、この最高裁判決はその至極当然の結論を明示したものということができる。

（中島繁樹）

㉞ 管理組合の不法行為債権を組合員個人が請求することの可否

個々の組合員は、管理組合に代わって理事長に対し不法行為による損害賠償の請求ができるか

▶南千住スカイハイツ事件〔東京地判平成4・7・29判タ801号236頁〕

事案の概要　A管理組合は、南千住スカイハイツの区分所有者によって構成される区分所有建物の管理組合であり、権利能力なき社団である。

A管理組合は、平成2年4月22日の総会決議に基づき、外壁等改修工事を行うこととし、C工事会社との間で、代金を工事完成時に一括払いするとの約定で、外壁等改修工事請負契約を締結し、外壁等改修工事は、平成3年3月末頃に完成した。

平成2年度A管理組合理事長であったBは、C工事会社に対して、平成2年12月28日に1億2180万円を、平成3年1月28日に5120万円を支払った。Bは、A管理組合の組合資産（修繕積立金）から各支払いを行った。

当時、上記修繕積立金は、中期国債ファンド等により運用されており、税引き後の運用利率は年4.5％強であった。

このBによる支払いについて、区分所有者であるD（原告）が、B（被告）が請負契約どおり工事完成まで各支払いを行わなかったとすれば、中期国債ファンド等の運用により、各支払いから工事完成までに少なくとも191万4000円の運用利益を得ることができたはずであり、Bによる各支払いによりA管理組合は同額の損害を被ったと主張し、Dが原告となり、A管理組合に引き渡す目的で、Bに対して、不法行為に基づき、損害賠償金191万4000円およびこれに対する遅延損害金の支払いを求めた。

153

第7章　管理組合の運営をめぐる紛争

判決要旨　建物の各区分所有権者は、区分所有建物の共用部分の保存行為をすることができるとされているが、ここにいう共用部分の保存行為とは、建物の共用部分そのものの現状を維持することをいうと解するべきであるから、区分所有建物の共用部分の改修工事の費用の支払いに関し、区分所有建物の管理組合の元理事長がした不法行為に基づいて、建物の共用部分の補修のために積み立てられた組合資産に生じた損害であっても、その賠償を訴求することは、共用部分の保存行為にあたらないことは明らかである。

　また、権利能力なき社団の資産について損害を生じた場合、その損害に関する賠償請求権は団体の全構成員に総有的に帰属するにすぎないから、支払いを受ければ直ちに団体に引き渡し、組合の損害を填補する目的であったとしても、団体の各構成員が単独で損害の賠償を請求することはできないというべきものである。

解　説　**1　管理組合の固有資産の権利関係**

　管理組合が徴収する管理費・修繕積立金・一時負担金等（以下、「管理費等」という）の金銭債権は、管理組合に帰属し、管理組合の固有の資産である。もちろん、徴収された管理費等の金銭は、管理組合の固有資産となる。

　したがって、個々の組合員（区分所有者）が管理費等の金銭債権の権利者となることはない。また、個々の組合員が、徴収された管理費等の金銭に対して権利を取得することもない。

　管理組合が法人格を有するときは、法人に帰属する債権もしくは金銭となる。

　管理組合が法人格を有しないときは、権利能力なき社団として組合員全員でその債権もしくは金銭を総有することになるが、総有するとは、その債権や金銭に対して、各組合員（区分所有者）が持分権を有せず、分割請求できないという法的意味であり、その債権や金銭が管理組合の固有資産であることを法的に意味している。

　権利能力なき社団の総有は、民法に規定があるものではなく、判例・学説

154

によって解釈されている。最高裁判所（最判昭和32・11・14民集11巻12号1943頁）で示された判断は、権利能力のない社団である労働組合に対する脱退組合員からの財産分割請求について、権利能力のない社団の財産は、実質的には社団を構成する総社員のいわゆる総有に属するものであるから、総社員の同意をもって、総有の廃止その他その財産の処分に関する定めのなされない限り、現社員および元社員は、当然には、その財産に関し、共有の持分権または分割請求権を有するものではないと、解釈したものである。そして、当該脱退組合員からの財産分割請求に対して、最高裁判所は、組合員全員の同意をもって組合財産の総有の廃止その他の処分がなされなかったので、脱退組合員の請求は認められないと結論した。

　上記最高裁判所の判断は、権利能力なき社団である労働組合から脱退した組合員が労働組合（社団）の資産に対して持分権や分割請求権を有するためには、総社員の同意をもって総有の廃止その他その財産の処分に関する定めのなされることが要件であると判断したものであり、権利能力なき社団の通常の運営において社団が資産を処分するのに、社員全員の同意を必要とするとの判断を示したものではない。

　管理組合は、法人であると否とにかかわらず、その固有資産を保有し、管理規約の定めに従って、これを処分できると解釈される。

2　管理組合による管理費等の支出並びに管理費等債権の放棄免除

　管理費や修繕積立金は、通常は管理規約によって使途が定められ、これに従って支出されている。

　管理組合が管理規約に従って、組合員に対して有する管理費等の債権を徴収することはもちろんであるが、その徴収手続の中で、組合員の支払能力等に鑑み合理的な理由があるときは、総会決議によって債権の一部を免除・放棄することもできる。管理組合の固有資産であるから、その総会決議によって債権の処分ができるのは、団体自治として当然の権限である。

3　本件判例の損害賠償債権

　本件の損害賠償請求債権は、管理組合の理事長に対する請求債権であり、その原因は、管理組合と理事長間の委任契約に基づく理事長の任務違反による損害賠償請求債権であるので、管理組合の固有資産となる。個々の組合員（区分所有者）が、損害賠償債権の権利者となることはない以上、組合員であるＤが権利者として、これを単独行使することはできない。神戸地判平成7・10・4判時1569号89頁は、同種の損害賠償請求権につき団体的性格を有する権利であり、管理組合（ないし区分所有者全員）が原告となり、個々の組合員が訴訟提起できないと判断している。

　管理組合の固有資産である債権について、訴えを提起する場合には、管理費等の回収と同様に、①権利能力なき社団として管理組合が原告となるか、②区分所有法26条1項および4項に基づき管理者が原告となって訴訟提起することになる。

　一般社団法人及び一般財団法人に関する法律（以下、「一般法人法」という）には役員の損害賠償責任の規定があり、個々の社員が役員に対して法人の被った損害につき、自ら原告となって損害賠償を求める訴え（いわゆる代表訴訟）を提起することを認めている（一般法人法278条）ので、権利能力なき社団にもこれが類推適用されるかは、今後の課題である。判例には否定例がある（東京地判平成27・12・17判時2293号67頁）。

4　区分所有法18条

　本判決は、区分所有建物の共用部分の保存行為（区分所有法18条）とは、建物の共用部分そのものの現状を維持することをいうと述べているが、正当な解釈であり、本件損害賠償の訴えの提起が共用部分の保存行為にあたらないのは、当然のことである。

（花井増實）

㉟　集会招集手続に違背した場合の規約改正決議の無効

> 規約改正のための集会招集において議案の要領を示さなかったとき、その集会の決議は有効か

▶朝日九段マンション事件〔東京高判平成７・12・18判タ929号199頁〕

事案の概要　　Aは朝日九段マンションの区分所有者であるが、同マンションの管理組合法人であるBが、平成元年２月19日開催の定期総会においてした管理規約の改正に関する決議（すなわち、所有個数および専有面積にかかわらず、組合員は１票の議決権を有する旨の改正）について、区分所有法（以下、「法」という）35条５項に規定する招集手続に瑕疵があるから無効であるなどと主張し、Bに対して上記決議の無効確認等を求めて提訴したものである。

これに対し、Bは、上記総会の招集通知書には、「規約・規則の改正の件（保険条項、近隣関連事項、総会条項、議決権条項、理事会条項）」と記載されているから、招集手続に瑕疵があるとはいえないし、仮に招集手続に瑕疵があったとしても軽微であるから、その瑕疵は治癒されたと解すべきであるなどと主張した。

第１審の東京地判平成６・11・24判例集未登載では、上記総会の招集通知書には、法35条５項に規定されている「議案の要領」が記載されているとは認められず、招集手続に瑕疵があるというべきであるとしたが、上記通知の瑕疵は、基本的には軽微な瑕疵であって、法的安定性を犠牲にしてまで常に決議の無効事由になると解するのは相当ではなく、本件の場合、上記招集通知の瑕疵が決議に重大な影響を及ぼすべき特段の事情があったものとは認められないから、上記招集通知の瑕疵は、上記決議の無効事由にはならないと判断し、本訴請求を棄却した。

157

第 7 章　管理組合の運営をめぐる紛争

　この第 1 審判決に不服であった A が控訴をした結果、判断されたのが本件判決である。

判決要旨　　A の控訴を認めて、原審を取り消したうえで、定期総会における決議無効を確認した。「総会の招集通知においては、通常は、その目的たる事項（議題）を示せば足りるが、規約の改正等一定の重要事項を決議するには、そのほかに議案の要領をも通知すべきこととされているところ（区分所有法35条 5 項）、右の趣旨は、区分所有者の権利に重要な影響を及ぼす事項を決議する場合には、区分所有者が予め十分な検討をした上で総会に臨むことができるようにするほか、総会に出席しない組合員も書面によって議決権を行使することができるようにし、もって議事の充実を図ろうとしたことにあると解される。右のような法の趣旨に照らせば、右議案の要領は、事前に賛否の検討が可能な程度に議案の具体的内容を明らかにしたものであることを要するものというべきである。

　これを本件についてみるに、本件総会……の招集通知には、本件決議……に対応する……議案として、『規約・規則の改正の件（保険条項、近隣関連事項、総会条項、議決権条項、理事会条項)』と記載されているにすぎないところ……、右をもって議案の内容を事前に把握し賛否を検討することが可能な程度の具体性のある記載があるとは到底いうことができない。

　そうすると、本件決議……の決議事項については、議案の要領の通知に欠けるから、その決議には区分所有法35条 5 項所定の総会招集手続に違背した瑕疵があるといわざるを得ない。そして、右議案の要領の通知を欠くという招集手続の瑕疵がある場合の決議の効力について検討するに、法が議案の要領を通知することとした趣旨は前示のとおりであるから、議案の要領の通知の欠缺は、組合員の適切な議決権行使を実質上困難ならしめるものというべきであって、これをもって軽微な瑕疵ということはできない。

　とりわけ、本件決議……のうちの規約44条（議決権）の改正は、従来、最小区分所有単位を 1 票とし、その所有する専有面積比割合により議決権の票数を算定していたものを、所有戸数、所有専有面積のいかんにかかわらずすべての 1 組合員 1 票にするというもので、組合員の議決権の内容を大幅に変

158

更し、複数の票数を有していた組合員に極めて大きな不利益を課すことになる制度改革であるから、事前に各組合員に右改正案の具体的内容を周知徹底させて議決権を行使する機会を与えるように特に配慮することが必要である。

しかし、本件においては、区分所有者は右通知において議決権条項の改正が審議され、決議されることは認識できたものの、その具体的内容を把握できなかったため、右のような重大な議決権内容の変更を伴う規約改正が行われることを事前に知ることができなかったものであり、その結果、58票を有していたC、24票を有していたD、2票を有していたEにおいては、その議案の重要性を認識することなくBに対し、F理事長に一任する旨の委任状を提出したこと、しかし、右決議後まもなく右内容をAから知らされて初めて決議内容の重大性に驚き、事前に知っていれば理事長に一任する旨の委任状を提出することはなかったとして、Aを通じてBに対し、委任を取り消す旨申し出ていたこと……が認められる。

そして、本件決議……の議決が成立するためには区分所有者及び議決権数の各4分の3以上の多数の賛成が必要とされるところ（区分所有法31条1項）、証拠……によれば、右各組合員らが一任の委任状を提出せず、これらの議決権数が賛成票に算入されなければ、議決権数657票の4分の3である493票以上の賛成票を集めることはできず、右決議は可決されなかったことが明らかである。

以上の事実を勘案すれば、本件決議……については、重大な手続違反があり、これを無効と解するのが相当である」。

解説

総会の招集通知においては、通常はその目的たる事項（議題）を示せば足りるが、規約の改正等一定の重要事項を決議するには、そのほかに議案の要領をも通知すべきこととされている（法35条5項）。そして、総会の招集手続に瑕疵があった場合の処理については明文はないが、その瑕疵が重大なものであれば無効となる点についても実務上争いはない（東京地判昭和62・4・10判時1266号49頁等）。

本件は、原審も控訴審も総会招集手続に瑕疵があったこと（議案の要領が具体的内容を有していなかったこと）自体は争いがなく、その瑕疵が重大なも

のかどうかという点につき、判断が分かれたものである。

　本件判決も指摘するとおり、規約改正等重要な事項の決議をする場合に議案の要領も通知すべきとする法35条5項の趣旨は、区分所有者の権利に重要な影響を及ぼす事項を決議する場合には、区分所有者があらかじめ十分な検討をしたうえで総会に臨むことができるようにするだけでなく、総会に出席しない組合員も書面によって議決権を行使することができるようにし、もって議事の充実を図ろうとしたことにあるので、議案の要領は、各組合員が当該議案に対して事前に賛否の検討が可能な程度に記載されている必要がある。

　本件では、「規約・規則の改正の件（保険条項、近隣関連事項、総会条項、議決権条項、理事会条項)」という議案の要領の提示があったものの、これでは、たとえば、議決権条項については、具体的にどの条項をどのように変更するのかが不明であり、各組合員としては、既存の条項が自分にとって有利に変更されるのか不利に変更されるのかが明らかではなく、委任状を出して欠席するか、それとも忙しい時間を割いてでも総会に出席するか、あるいはあらかじめ反対の意思を表明しておくかどうか等を決めることができない。

　したがって、本判決が、本件では議案の要領が不明確であり、招集手続に瑕疵があり重大な手続違背があったとして、決議を無効としたことはやむを得ない。

　総会で重要事項の決議を行うにあたり、議案の要領を送付する際には、あらかじめ決議内容についてはなるべく具体的な記載をしておくとか、事前に説明をしておくことなどが、後日のトラブルを避ける意味では望ましい（マンション管理センター編『解説マンション管理適正化指針』24頁参照)。その意味で、本判決は今後の総会実務としては、大いに参考になる。

　法45条の電磁的方法による議決権行使が行われることを想定すると、事前に送付される特別決議対象の議案については、議案の要領は議決権行使のために十分なものである必要がある。

（大庭康裕)

36　理事会への理事代理人の出席

> 管理組合の理事は、その代理人を理事会へ出席させることができるのか

▶ヴィラ椿事件〔最判平成 2・11・26民集44巻 8 号1137頁・判時1367号24頁・判タ744号89頁〕

事案の概要　リゾートマンションであるヴィラ椿（8 階建て・96戸）には、管理組合法人が設立されており、その区分所有者の多くは比較的遠方の大都市に居住している。管理組合法人は、臨時総会において、「理事に事故があり、理事会に出席できないときは、その配偶者又は一親等の親族に限り、これを代理出席させることができる」という条項（以下、「本件条項」という）を管理組合規約に新設する旨決議した。これに対し、その組合員Aが、本件条項は区分所有法（以下、「法」という）49条 7 項（現行法49条の 3 ）により管理組合の理事について準用される民法55条（現在削除、「理事は特定の個々の行為についてのみ委任することができる」）に違反するから、本件条項を採択した上記総会決議は無効であると主張し、管理組合法人に対する規約無効確認の請求をした。

　第 1 審の大阪地判平成元・7・5 民集44巻 8 号1153頁は、組合員Aの主張を認め、理事会の招集通知には、会議の目的が示されるものの議案の個々的内容を示すことまでは要請されておらず、理事会は会議体として、理事相互の協議によって区分所有者間の利益増進のため真に妥当な結論に到達すべきことが要請されるから、理事会における理事の職務行為は包括的行為といわざるを得ず、これに代理人を出席させることは、包括的な代理行為として民法55条に反し、本件総会決議はその内容が法令に違反するから無効であるとした。

　これに対し、控訴審の大阪高判平成元・12・27民集44巻 8 号1157頁・判時1344号142頁・判タ717号215頁は、管理組合法人では、民法上の法人と異

第7章　管理組合の運営をめぐる紛争

なり、数人の理事を置いた場合も代表権のある理事とない理事を定めること
ができるなど法人の私的自治が認められており、この趣旨からすれば、管理
組合法人の理事が内部的な事務を行う場合について、理事会に第三者を代理
出席させることができると定めることも管理組合法人の私的自治に属するこ
とであって、一律に無効とするのは相当でない。また、管理組合法人は積極
的に事業を行うものではないから、理事会に出席して決議を行う等内部的な
事務を行う場合の理事の権限行使を認めても、管理組合法人やその構成員に
実質的な不利益を与えることはなく、むしろ、本件マンションのようなリゾー
トマンションの管理組合法人の理事会の円滑な運営にとって、必要でかつ妥
当な場合もあると解すべきである。そして、本件条項は各理事が、特定の理
事会に事故があって出席できない場合に限って、配偶者または一親等の親族
にその代理出席を認めたもので、かつ、特定の理事会における議事事項はあ
らかじめ特定され各理事に知らされることになっていることから、抽象的・
包括的に代理を認めたものとは言い難く、また、本件のようなリゾートマン
ションの場合には、代理人となりうる者の範囲も相当であるとして、管理組
合法人の主張を認め、第1審判決を破棄して本件条項および総会決議を有効
とした。

　組合員Aはこれを不服として上告した。

判決要旨　　最高裁判所は、上告を棄却し、やや限定的な表現ながらも、
　　　　　　理事会への理事代理人の出席を認めた。

「法人の意思決定のための内部的会議体における出席及び議決権の行使が
代理に親しむかどうかについては、当該法人において当該会議体が設置され
た趣旨、当該会議体に委任された事務の内容に照らして、その代理が法人の
理事に対する委任の本旨に背馳するものでないかどうかによって決すべきも
のである」。管理組合についてみると、「複数の理事を置くか否か、代表権の
ない理事を置くか否か、複数の理事を置いた場合の意思決定を理事会によっ
て行うか否か、更には、理事会を設けた場合の出席の要否及び議決権の行使
の方法について、法は、これを自治的規範である規約に委ねているものと解
するのが相当である」。規約によって「理事会における出席及び議決権の行

162

使について代理の可否、その要件及び被選任者の範囲を定めることも、可能というべきであ」って、「本件条項は、理事会への出席のみならず、理事会での議決権の行使の代理を許すことを定めたものと解されるが、理事に事故がある場合に限定して、被選任者の範囲を理事の配偶者又は一親等の親族に限って、当該理事の選任に基づいて、理事会への代理出席を認めるものであるから、この条項が管理組合の理事への信任関係を害するものということはでき」ず、民法55条、法49条7項に違反するものではなく、他に本件条項を違法とすべき理由はない。

解説 民法55条は公益法人の理事に関する規定であったが、平成18年に民法上の公益法人に関する規定が削除されたことに伴い、同条も削除された。他方、民法55条を準用していた法49条7項も民法55条の削除に伴い削除され、法49条の3で理事の代理行為の委任について、「理事は、規約又は集会の決議によって禁止されていないときに限り、特定の行為の代理を他人に委任することができる」との規定が新設された。もっとも、実質的には、民法55条の規定が法49条の3の規定としてそのまま管理組合法人の理事の場合に読み替えられたものであり、法の改正によって解釈に影響を及ぼすことはないと思われる。

まず、法49条の3の文言どおり、理事は「特定の行為の代理」の範囲で他人に委任することができるが、「包括的行為の代理」を他人に委任することが許されないのが原則となる。この趣旨は、管理組合法人があえて当該理事を選任したという両者の信任関係が損なわれるのを防止する点にある。しかし、本件条項は「代理出席させることができる」とのみ規定し、「包括的行為の代理」を認めたかのようにも解釈できることから、本件条項が包括的代理の委任を禁止した民法55条、法49条7項（現行法49条の3）に違反しないかという点が問題とされたのである。なお、本件条項は、理事会への「出席」としか規定されていないが、理事会に出席した者が討議・議決ができないのでは無意味であるので、「出席」には討議・議決も含まれると考えられる。

ところで、本件マンションのごときリゾートマンションの場合、区分所有者が遠方に居住していることもしばしばであるところ、一般に、理事は規約

によりまたは事実上、区分所有者の中から選任されるため、遠方に居住する理事が何らかの事故によって理事会に出席できないという場合も生じうる。その場合に、その理事の代理出席を認めなければ理事会自体が開催できないというおそれが生じる。そして、「理事会」自体は区分所有法上、任意的機関にとどまるが、実際上、さまざまな事項に関する意思決定権限が規約によって理事会に授権されているという現実もある（法52条1項ただし書参照）。このことからすると、理事会自体が開催できないということになると、管理組合法人の事務執行が停滞し、かえって区分所有者の利益を著しく害するおそれも生じてしまうのである。

　結局、包括的代理の委任を禁止した民法55条、法49条7項（現行法49条の3）の趣旨と本件条項の実際の必要性・許容性という観点から、具体的に本件条項を検討して、第2審判決および最高裁判決は本件総会決議を有効と認定したが、最高裁判決のほうが理論的にはより明晰である。すなわち、最高裁判決は、規約で理事会への代理出席を定めることは可能とすることを前提にして、その要件および被選任者の範囲が管理組合と理事との信任関係を害するものか否かという規範を定立したうえで、本件条項の有効性を具体的に検討している。これは、出席理事が少なくて理事会の開催がままならないという現実への配慮と安易に代理出席を許すことによる理事会の形骸化への危倶を考慮したものであろう。妥当な結論である。

（柴山真人）

㊲　漏水事故と管理組合の責任

共用部分の欠陥による漏水について、管理組合は責任を負わなければならないか

▶シャンボール第二西公園事件〔福岡高判平成12・12・27判タ1085号257頁〕

事案の概要　シャンボール第二西公園は、築15年の9階建て（部分的に10階建て）マンションである。このマンションで平成7年と平成8年に立て続けに5件の漏水があった。

平成7年5月に、屋上に接する庇の上にある排水管にごみがつまり、そのため庇の上に雨水が溜まった。溜まりすぎた雨水が通気管を通って建物内に浸入し、最上階の9階にある903号室に流れた（屋上排水管事故）。また同年10月以降において、屋上および外壁のクラックから雨水が浸入して同室の壁に水滴が断続的に生じた（クラック事故）。

次に平成8年1月に、5階の503号室の玄関そば廊下の床の板張りのすぐ下のところで、排水管が亀裂してしまった。そのため、漏水した水が下の階の303号室に流れた（床板下排水管事故）。

さらに平成8年8月には、台風による集中豪雨があり、飛んできた葉っぱ等のごみが903号室のバルコニーの排水口を塞いで、そのためバルコニーに雨水が溜まった。溢れるほどに雨水が溜まったバルコニーの水は、同室に浸入した。また同じ日に、403号室のバルコニーにも同様に雨水が溜まった。この部屋には人が住んでいなかった。そのバルコニーの水は同室に浸入し、その水が下の階の303号室に流れた。

以上の漏水事故で被害を受けたのは、903号室の区分所有者Aと同室賃借人の妻B、303号室の区分所有者Cとその妻Dであった。この4人が、管理組合を相手として、総額3206万円の損害賠償を求めて訴えを起こした。

1審の福岡地方裁判所は、一般論として、「管理組合は、その組織、理事

の存在、総会の運営方法等に照らして、権利能力なき社団と解される。権利能力なき社団にも不法行為責任を認めうることは多言を要しない。共用部分については、本来最終的な管理責任を負う本件マンションの区分所有者により構成された管理組合が、管理権限を有するのみならず、その責任と負担において管理を行うこととされている（本件管理規約）。したがって、管理組合が共用部分を管理すべき義務を負う以上、その義務違反が不法行為又は債務不履行責任を構成する可能性がある」と述べたうえで、本件管理組合の具体的な作為義務違反はなかったとして、被害者らの請求をすべて棄却した。これに対して、被害者らが控訴した。

判決要旨　原判決を一部変更し、Ｂについての損害の賠償として56万8000円を認容した。

屋上排水管事故（第1事故）については次のように判断した。

「第1事故の約3年前である平成4年4月28日に屋上排水ドレーンにゴミ（鳥が運んできたわら等）がたまって排水できず、低位置にあった通気孔から903号室に水漏れが生じ、さらに803号室まで水漏れが生じたという事故があり、その際管理組合と被害者2名（うち1名はＡである）との間で示談書が交わされ、（施設所有者賠償責任保険により）管理組合に対し損害保険金が支払われたことが認められること、ゴミがたまって屋上排水ドレーンが詰まるのを防ぐための措置をとることが著しく困難であるとは考え難いこと（毎月の掃除のほか、排水口に大きめの椀型の網の蓋をかぶせ、また通気孔を高くする方法等が考えられ、現に平成9年2月に同様の改修工事が行われた。）などにかんがみると、管理組合は屋上排水ドレーンのゴミ詰まりによる漏水事故の結果を予見してこれを回避することが可能であり、そうすべき義務があったというべきであり、これを怠った過失を認めることができる。また、右は工作物の設置又は保存の瑕疵に該当するというべきである。したがって、屋上排水ドレーンを管理していた管理組合は右瑕疵によって損害を蒙った者に対し管理規約に基づく責任あるいは工作物の不法行為責任を免れない（民法717条1項）」。

また、クラック事故（第2事故）については次のように判断した。「管理規

約8条によれば屋上、外壁は共用部分であるから、……管理組合がその管理義務を怠った場合には管理規約による管理責任が認められる余地がある。また、屋上等のクラックから雨水等が浸入するのは、本件マンションが通常有すべき安全性を欠いていたというべきであり、工作物の保存に瑕疵（民法717条1項）があったというべきであるから、工作物責任も免れないことになる」。

床板下排水管事故（第3事故）については次のように判断した。

「床下排水管は床スラブ内に存する部分は共用部分であるが、床とスラブとの間の空間に存する部分は区分所有者の専有部分であると解するのが相当であり、第3事故の原因となった排水管は床下空間部分に存したものであるから共用部分とは認められない」。「したがって、この排水管の管理責任は503号室の区分所有者が負うべきであるから、管理組合は、この事故についても不法行為責任及び債務不履行責任を負わない」。

バルコニー事故については、1審の判断をそのまま是認して、次のように判断した。「本件事故は、バルコニー排水口からの雨水の排水という、バルコニーの通常の使用過程で生じた事故であって、その雨水が台風の直撃によるものであり、木の葉が台風により飛来したものと推定されることを考慮しても、バルコニーの使用自体の性格としては、通常の使用と異なることにはならないといわざるをえない。してみれば、この事故は、通常の使用に伴って生じたものというべきであり、その管理は、各室の専用使用権を有する者が責任をもって行うものというべきである」。

解　説　通常マンションの漏水事故でまず責任を追及されるのは、その漏水の原因をつくった個人である。これは民法709条の定める不法行為責任の法理による。また、共用部分に漏水の原因があった場合であれば、その共用部分の共有者である区分所有者全員が過失のあるなしにかかわらず最終的な責任を負う。これもまた、民法717条の定める土地の工作物責任の法理の帰結である。しかし、本件の被害者らは区分所有者全員を被告にするという方法をとらず、また5階の床板下排水管の所有者を被告にするという方法もとらず、管理組合を被告に選んだ。漏水の原因をつくった個人でもなく、区分所有者本人でもない管理組合が賠償責任を追及される

理由はどこにあるのか。これが本件訴訟で問題とされた。

　本件の福岡高裁判決は、結論として「管理組合は管理規約に基づく責任あるいは工作物の不法行為責任がある」とする。

　管理組合と区分所有者の関係について、同判決はこのように述べている。「管理組合は、建物の区分所有等に関する法律3条に基づき区分所有の目的とする建物並びにその敷地等の管理のために区分所有者全員をもって構成するものとされ（管理規約6条）、敷地及び共用部分等の管理をその責任と負担において行うものとされている（同23条本文）のであるから、管理組合において管理すべき共用部分に起因して個々の区分所有者に損害が発生した場合、その区分所有者の責に帰すべき事情がない限り、その損害が最終的には全区分所有者間でその持分に応じて分担されるとしても、先ずは管理規約に基づいて管理組合に対して請求できると解するのが相当である」。

　さらに管理組合と第三者の関係について、同判決は、屋上排水管事故について、「管理組合は屋上排水ドレーンのゴミ詰まりによる漏水事故の結果を予見してこれを回避することが可能であり、そうすべき義務があったというべきであり、これを怠った過失を認めることができる。また、右は工作物の設置又は保存の瑕疵に該当するというべきである」と述べ、またクラック事故について、「管理組合が屋上、外壁の管理義務を怠った場合には管理責任が認められる余地がある。また、屋上等のクラックから雨水等が浸入するのは、本件マンションが通常有すべき安全性を欠いていたというべきであり、工作物の保存に瑕疵があったというべきである」と述べている。その意味するところは、管理組合に当該共用部分について管理責任が認められるような場合には、管理組合は民法717条1項にいう占有者として不法行為責任を負うという趣旨であると考えられる。

　そして、他方、バルコニー事故については、通常の使用に伴う事故については管理組合は管理責任のある立場ではなく、専用使用権を有する者が占有者として工作物の設置または保存の瑕疵につき責任を負うと解されたものである。

（中島繁樹）

㊳　会計帳簿類の閲覧撮影の可否

> 各区分所有者は、規約に明文の定めがない場合で
> あっても、管理組合保管文書の閲覧・写真撮影を請
> 求できるか

▶情報開示等請求事件〔大阪高判平成28・12・9判時2336号 32頁・判タ1439号103頁〕

事案の概要　Ａマンション（昭和50年築、総戸数301戸）は大規模マンションであり、管理組合Ｂは権利能力なき社団の要件を満たしているが、Ｂ管理組合は、同じ理事長Ｃが長年留任し、運営にもさまざまな問題があった。

Ａマンションの規約には、各組合員は、①総会・理事会の議事録、②会計帳簿、③組合員名簿、④什器備品台帳の閲覧を請求できる旨の規定はあるが、⑤会計帳簿の裏づけ資料の閲覧を認める規定はないし、①～④についても、謄写（コピー）や閲覧の際の写真撮影を認める規定はない。

本件訴訟前に、区分所有者であるＤらは、Ｂ管理組合に対し、過去5年分の①議事録と②会計帳簿、③組合員名簿、⑤修繕工事関係見積書等の裏づけ資料の閲覧・謄写を請求したが、Ｂ管理組合からは、①②の閲覧には応じるが、謄写は認めないし、③⑤については閲覧も認めない旨の回答があり、実際に、9回にわたって、①、②とその他一部の閲覧がなされた（いずれも管理会社の担当社員が立ち会い、写真撮影は認められなかった）。

そのため、Ｄらは、Ｂ管理組合に対し、過去5年分の①議事録、②会計帳簿、④什器備品台帳、⑤裏づけ資料の閲覧・写真撮影を求め、③組合員名簿の閲覧を求める本件訴訟を提起した。

1審判決は、規約に定めのある①議事録、②会計帳簿、③組合員名簿、④什器備品台帳については、1回限りの閲覧を認めたものの、規約に定めのない⑤裏づけ資料の閲覧および①、②、④の閲覧の際の写真撮影を認めなかっ

169

第7章　管理組合の運営をめぐる紛争

たため、Ｄらが控訴し、Ｂも認められた部分を不服として附帯控訴した。

判決要旨　　本判決は、Ｂ管理組合が権利能力なき社団（以下単に、「社団」という）であることを認定したうえで、以下の根拠から、社団である管理組合と個々の組合員（区分所有者）との間の関係には、民法645条の定める受任者の報告義務の規定が類推適用され、その一環として、①〜⑤の閲覧および③組合員名簿以外の閲覧の際の写真撮影をいずれも認め、Ｂの附帯控訴を棄却した（すなわち、Ｄらの請求を全部認容した。なお、③組合員名簿の写真撮影は、Ｄらが訴訟上請求していなかったためであり、請求していれば認められた可能性もある）。

　まず、Ｂ管理組合は、他人（各組合員）の費用負担の下に、その他人が保有（共有）する不動産（Ａマンションの敷地・共用部分）を管理する社団であり、Ｂ管理組合（受任者）とＤら組合員（委任者）との間には、準委任の場合と類似の法律関係があり、民法の委任に関する規定を類推適用すべき基礎がある。

　次に、マンションの管理の適正化の推進に関する法律（以下、「マンション管理適正化法」という）3条所定のマンションの管理の適正化に関する指針（以下、「適正化指針」という）は、二4において、管理組合に対して、帳票類の作成・保管とともに、組合員への速やかな開示を義務づけ、経理の透明性の確保を求めており、同法および同指針に沿った解釈適用をすべきである。

　また、社団の内部関係については、社団法人に関する法律の規定が類推適用されるのが通説であるところ、一般社団法人及び一般財団法人に関する法律（以下、「一般法人法」という）32条、97条、129条は、個々の社員が法人に対して社員名簿、計算書類や事業報告書の閲覧謄写請求権を、同法121条は、一定の社員については、原資料の閲覧謄写請求権までも認めており、社団である管理組合への適用を否定する理由はない。

解　説　**1　本判決の意義**

　1審判決も含め、従前の下級審裁判例が、規約自治・団体自治論を過度に尊重し、管理組合と各組合員（区分所有者）との間の権利義務については、規約に定めがあるものは認められるものの、規約に定めがないものはいっさい

170

認めないという傾向が強かった中で、本判決は、規約に明文の定めがない文書の閲覧や、これも規約に定めのない閲覧の際の写真撮影を認めている。

特に、従前の下級審裁判例と異なり一歩踏み込んだ判断を示すためか、マンション管理適正化法や同法3条所定の適正化指針の内容、同法が施行されてから長年が経過し、同指針が公表されているという点に言及している点は評価されるべきである。

2 本判決の問題点

ところで、本判決は、Ｄらの主張に沿ったためか、管理組合を「他人の費用負担の下に、当該他人の財産を管理する団体」であるとして、組合員を委任者とし、管理組合を受任者とする準委任類似の法律関係があるとしている。

しかし、管理組合は当該マンションの「管理を行うために構成」（区分所有法3条）されるのであって、当該マンションを離れては存在し得ず（組合員が委任する以前から管理組合が存在するわけではない）、管理組合と各組合員との間の関係は、社団とその構成員であり、社団の内部関係というべきではないだろうか。

そして、本判決も述べるとおり、社団の内部関係については、社団法人に関する法律（一般法人法）の規定が類推適用されるというのが通説であり、本件においても、端的に、一般法人法の規定が類推適用されるという構成もあり得たのではないかと思われる。

また、管理組合と管理者・理事長との関係は委任に関する規定に従うとされており（区分所有法28条、一般法人法64条類推）、理事長は、管理組合に対して民法645条の説明義務を負うものの、原則的には、管理組合の総会で報告すれば報告義務を履行したことになると解されている。

そうすると、仮に、各組合員と管理組合の関係を委任類似の関係とみて、類推適用による一般法人法の規定も読み込んで、民法645条の規定の類推適用をするにしても、説明義務の一環ということのみをもって閲覧謄写請求権を認めるのは、解釈論としては飛躍があるのではないであろうか。

171

3　写真撮影と謄写の違い

　本件では、Dらが閲覧の際の写真撮影を求めており、謄写は求めていなかったために、問題とはならなかったが、本判決は、写真撮影と謄写の違いには言及せず、マンション管理適正化法の法意から「規約によって定められた情報開示に関する手段以外の情報開示をあえて禁止しなければならない具体的な必要性がある場合はともかく、そのような必要性が認められない場合において、……拒絶すること許されない」としていることからすると、謄写も認められる可能性はあったものと思われる。

　しかし、閲覧の際の写真撮影は管理組合側に不作為（要するに、黙って見ていること）を求めるものであるが、謄写は管理組合側に一定の作為（コピー機等の準備、実際のコピー作業等）を求めるものであるため、異なる判断もありうるものと思われる（なお、不動産登記法121条2項では、利害関係人は、登記申請書類の「閲覧」のみが認められているが、実務上、閲覧の際の写真撮影は禁止されていない）。

4　今後の課題

　本件で閲覧が請求され、認められている組合員名簿は、組合員の氏名、専有部分、住所のみで構成されるものであり（なお、社員名簿は氏名、住所のみである（一般社団法人及び一般財団法人に関する法律31条））、登記記録として公開されている以上の、たとえば組合員のメールアドレス等の情報が閲覧できるかは今後の課題である。また、組合員名簿や会計帳簿の閲覧請求は、目的が不当な場合等は拒絶されうるものと思われる（同法32条3項、121条2項参照）。

　本判決の法律構成の問題点や、管理組合が権利能力なき社団の要件を充たさない場合の法律構成、謄写まで認められるか等については、今後の裁判例の集積を待ちたい。

（佐田洋平）

39 組合員名簿閲覧請求の拒絶等の可否

> 組合員から規約に基づいて組合員名簿の閲覧請求が
> なされた場合に、管理組合はこれを拒絶したり閲覧
> の範囲を制限したりすることができるか

▶組合員名簿閲覧請求事件〔東京地判平成29・10・26判タ 1450号196頁〕

事案の概要　本件は、マンションの管理組合の組合員（区分所有者）であり理事でもある原告が、被告である管理組合に対し、管理規約に基づき組合員名簿の閲覧を請求した事案である。

被告管理組合の管理規約には、以下の規定がある。

① 組合員は、組合員総数の5分の1以上の同意を得るなどの要件を満たした場合は、総会の招集を請求することができる旨の規定（本件規約46条）。

② 理事長は、会計帳簿、什器備品台帳、組合員名簿およびその帳票類を作成して保管し、組合員または利害関係人の理由を付した書面による請求があったときは、これらを閲覧させなければならない旨の規定（本件規約66条）。

総会においてある議案を提出しようと考えた原告は、本件規約46条に基づき組合員による総会招集権を行使するため、他の組合員の連絡先等を把握する必要があるとして、被告に対し、本件規約66条に基づき、組合員名簿の閲覧を請求した。

本件の争点は、①組合員名簿の閲覧請求が正当な理由を欠き、権利濫用に該当するか、②閲覧請求が認められるとして、閲覧の範囲を組合員の氏名・住所等に限定すべきか、であった。

被告（管理組合）は、争点①については、原告は被告の理事であるにもかかわらず、本件議案の内容について一度も理事会に提案せずに、組合員の総会招集権を行使して本件議案を総会に提出しようとしており、その準備とし

第7章　管理組合の運営をめぐる紛争

てされた本件閲覧請求は、正当な理由を欠き、権利濫用であると主張し、争点②については、組合員の自宅電話番号や携帯電話番号、備考欄など極めて機密性の高い個人情報が記載されていること、本件閲覧請求の目的を達成するには、組合員の氏名、部屋番号および送付先住所のみ閲覧すれば十分であることから、閲覧の範囲を組合員の氏名、部屋番号および送付先住所に限定すべきである、と主張した。

判決要旨　（争点①（本件閲覧請求が正当な理由を欠き、権利濫用に該当するか））

　「本件閲覧請求は、被告の組合員である原告が、組合員による総会招集権を行使して本件規約の改正を内容とする本件議案を総会に提案するため、他の組合員の連絡先を把握することを目的としている。まさに組合員としての正当な権利行使のための名簿の閲覧請求であって、本件閲覧請求の目的に不当性又は濫用的な側面を見出すことはできない。被告は、原告が理事会を通さずに本件議案を直接総会に提案することが問題であるなどと主張するが、被告又は被告の理事会がそのように考えるのであれば、本件議案が提案された総会においてその旨主張し、他の組合員の賛同を得るよう努力すべきであって、本件議案の総会への提出自体又は本件閲覧請求が妨げられる理由にはなり得ない。このような被告又は被告の理事会の対応は、本件議案に反対であるがために、本件議案の総会への提案を阻止するための便法として、本件閲覧請求を拒否しているといえるのであって、少数組合員による権利実現の機会を保障するため、組合員に総会招集権を認めた本件規約46条の趣旨を没却するものであり、……その主張には一片の合理性も認められない」。「本件閲覧請求は、組合員による総会招集権の行使という被告全体の利益に資する重要な権利の行使を準備するためにされており、その目的の重要性に照らすと、本件名簿に組合員の個人情報……が記載されているからといって、本件閲覧請求が権利濫用に該当すると認めることはできない」。「本件閲覧請求が、正当な理由を欠き、権利濫用に該当するとは認められ」ない。

（争点②（閲覧範囲の制限））

　「本件閲覧請求は、組合員による総会招集権の行使という被告全体の利益

に資する重要な権利の行使を準備するためにされており、その目的の重要性
に照らすと、本件名簿に個人情報が記載されているとしても、その閲覧の範
囲を限定することには慎重な検討が必要である。特に、本件では、前記説示
のとおり、被告が本件議案の総会への提案自体を阻止することを目的として
本件閲覧請求を拒否していると認められるのであり、なおさら慎重な検討が
必要といえる。以上の観点に立った上で、本件閲覧請求の目的の重要性に照
らしてもなお、本件閲覧請求による本件名簿の閲覧の範囲を制限すべき事情
があるかどうかについて検討すると、本件名簿の記載内容その他本件全証拠
によっても、そのような事情を認めるに足りない」。

解　説　管理規約に基づく組合員名簿の閲覧請求の可否（前記争点
①）が争われた裁判例としては、すでに大阪高判平成28・12・9・
判時2336号32頁・判タ1439号103頁（本書**38**判例）がある。本判決はこの争点
に加えて、組合員名簿の閲覧の範囲（前記争点②）が争われた裁判例である。

　本判決は、争点①について、閲覧請求の目的（組合員による総会招集権とい
う重要な権利の行使を目的とする）の重要性に照らして、権利濫用にはならな
いと判断したものと思われる。また、争点②については、本件閲覧請求の目
的の重要性や、閲覧請求を被告が拒否する目的（原告による議案の総会への提
案自体を阻止する目的）などの事情を考慮し、閲覧範囲の限定を認めなかった
ものと思われる。ただ、閲覧自体が認められない場合や閲覧の範囲が制限さ
れるべき場合がありうることは否定していないようである。なお、本判決に
対しては被告が控訴し、控訴審において、閲覧の範囲を組合員の部屋番号、
氏名および住所とする裁判上の和解が成立したようである。

　組合員名簿の閲覧請求権は、組合員による総会招集権の行使の準備等に資
する重要な権限であり、標準管理規約でもこれを認める規定がおかれている
（同規約（単棟型）64条等参照）。ただ、組合員のプライバシー権と衝突する局
面が生じることは否定できないことから、標準管理規約のコメントにおいて
も、「組合員名簿の閲覧に際しては、組合員のプライバシーに留意する必要
がある」とされているところである。

　さらに、平成29年の個人情報の保護に関する法律（以下、「個人情報保護法」

175

という）改正により、マンション管理組合も同法の「個人情報取扱事業者」となったことから、今後は、個人情報保護法との関係も問題となりうる。同法との関係では、組合員名簿の閲覧請求権を認めた管理規約の規定が個人情報保護法により無効になるのではないかという点や、個人情報保護法が要求する手続（第三者への情報の提供には原則としてあらかじめ本人の同意が必要等）が履践されているかという点が問題となろう。前者の論点については、前掲・大阪高判平成28・12・9が、個人情報保護法施行後も一般社団法人及び一般財団法人に関する法律（以下、「一般社団法人法」という）32条が一般社団法人の社員に社員名簿閲覧謄写請求権を認めていることなどを理由に、無効と解すべきではないとしている。また、後者については、少なくとも、組合員名簿閲覧請求権の規定を設けることに賛成した組合員および同規定を設けた後に区分所有者となった組合員については、他の組合員への提供に対する同意があるものと考えてよいと思われる。

　どのような場合に閲覧請求自体が認められないのか、あるいは、閲覧請求の範囲が制限されるのかについては、結局のところ、個々の事案によるとしかいえないが、閲覧請求自体（争点①）に関しては、前掲・大阪高判平成28・12・9が、閲覧請求が一般社団法人法32条3項所定の拒絶事由のような不適切なものと認められる場合には閲覧請求を拒絶できるとしており、参考になる。

　なお、本件は、閲覧請求権を認めた規約の規定に基づき、閲覧を請求した事案である。では、仮にこのような「閲覧」請求権を認めた規定（標準管理規約も「閲覧」請求権を認めている）に基づき「謄写」請求がなされた場合、謄写は認められるのか。この点については、管理規約に会計帳簿等の閲覧請求権しか定められていない事案において、前掲・大阪高判平成28・12・9が民法645条類推適用により謄写請求権を肯定したところが一応、参考になる。ただし、個人情報保護やプライバシーの観点を考慮すべき組合員名簿と会計帳簿等とを全く同列に扱ってよいかは疑問もあろう。組合員名簿の場合は、閲覧は認められるが謄写は認められないという局面が生じるかもしれない。

（佐藤哲也）

❹ 会計担当理事による管理費の使い込みと役員の責任

会計担当理事が管理費等を着服横領した場合、他の
役員はどのような場合に責任を負うか

▶管理費使い込み事件〔東京地判平成27・3・30判時2274号57頁〕

事案の概要　　A管理組合は、長く自主管理の体制をとっており、会計
担当理事であったB名義の本件預金口座で管理費、修繕積
立金などを管理していた。Bは平成6年に会計担当理事となって以降、本件
預金口座を管理し、その預金通帳と印鑑を保管し、また総会に報告する前年
度の収支決算報告書を作成していたが、平成10年2月から平成19年9月ま
での間に、本件預金口座から合計1億1528万円余を払い戻して着服横領した。

A管理組合の権利義務を承継したA管理組合法人は、平成26年4月、平
成7年から平成19年11月までA管理組合の理事長を務めていたC、Cと同
じ時期に会計監査役員を務めていたD、平成6年から平成19年6月までA
管理組合の副理事長を務めていたEの3人に対し、善管注意義務違反に基づ
く損害賠償として、Bの着服行為により被った損害5489万円余（Bが一部返
還した合計7792万円余を充当した残額）と遅延損害金の支払いを求めて訴えを
提起した。

Cは、会計については定期総会の直前にBから簡単な説明を受けるのみで、
本件預金口座の預金通帳の残高を確認することもなく、また会計監査役員で
あるDに対し、会計監査について具体的な指示をすることもなかった。

Dは、定期総会開催の1時間30分から2時間前にB宅を訪ね、Bが作成
した収支決算報告書と本件預金口座の残高証明書、領収証の束などを示され、
収支決算報告書の残高と残高証明書の金額を照合するなどして間違いがない
かどうかを点検・確認していた。Bが示した残高証明書はBがワープロで偽
造したものであったが、Dは、本件預金口座の残高確認に際して預金通帳を

177

第7章　管理組合の運営をめぐる紛争

確認することはなかった。

　なお、A管理組合では、理事長には年間6万円、副理事長には年間5万円、会計担当理事には年間6万円、会計監査役員には年間5000円の謝礼が支払われていた。

判決要旨　　元理事長Cと元会計監査役員Dにつき464万円余と遅延損害金の限度で認容。元副理事長Eにつき請求棄却。

（善管注意義務違反の有無）

　Cは理事長として前年度の収支決算報告書を作成して総会で組合員に報告する義務を負っていたから、会計をBに委託し、またBによる収支決算報告に対してDの会計監査が行われていたとしても、Bが作成した収支決算報告書を確認・点検して適正に行われていることを確認すべき義務があった。それにもかかわらず、CはBによる会計業務の具体的内容を十分に確認しておらず、善管注意義務違反が認められる。なお、仮にCがBから偽造された残高証明書を見せられていたとしても、注意義務違反がないとされるものではない。

　Dは会計監査役員として、会計業務が適正に行われていることを確認すべき義務があったにもかかわらず、Bから定期総会直前に示された虚偽の収支決算報告書の記載とBが偽造した残高証明書の残高等を確認するだけで、本件預金口座の通帳を確認せず、Bによる横領行為を看過した。残高証明書はBがワープロで偽造したもので、その体裁等からして真実の銀行発行の残高証明書とはかなり異なるものであったことが推認されるが、Dはこの残高証明書を安易に信用し、その確認が容易である本件預金口座の預金通帳によって残高を確認しようとしなかった。Dには善管注意義務違反がある。

　Eは規約上も実際の職務分担のいずれにおいても、A管理組合の会計事務について具体的に何らかの権限が与えられていない。Eが会計事務について何らかの措置を講ずべき場合とは、理事長であるCが会計事務に関して行っていた行為について副理事長として何らかの補佐をしなければならない状況が存在することになった場合またはCに事故があった場合と解されるが、そのような事情はなく、Eに善管注意義務違反を認めることはできない。

178

ＣとＤが消滅時効を援用しており、消滅時効の対象とならない残元本額は4641万円余となる。

（責任の減免事由）

①ＣとＤは謝礼を受け取っていたとはいえ専従ではなく、自主管理であることから多様な業務にかかわらざるを得ないＡ管理組合の役員の職務を分担してきた。②組合員の管理運営への関心は高くなく、大多数の組合員は役員に任せるままであった。③平成13年度の定期総会で、もっと多くの組合員に管理運営への関心をもってもらいたいとの意見が出されたが、その後も総会への本人出席が少ない状況が続いた。④ＣとＤが偽造された残高証明書を信じたことは軽卒といわざるを得ないが、Ｂは残高証明書をＤに提示し、またＣに対しても会計について説明しており、ＣとＤは一応のチェックはしていた。役員の選任・監督については各組合員も責任を負っているといえるが、それにもかかわらず、上記のとおり各組合員の会計を含めた管理運営への関心が高くなく、役員に任せるままであったこともＢによる横領行為が継続して行われた原因の１つであるといわざるを得ない。そこで損害の衡平な分担の見地から、過失相殺の法理を適用し、ＣとＤの責任を９割減ずるのが相当である。

解説　1　善管注意義務違反

管理組合と役員との関係は委任に準じると解され、役員は、委任の本旨に従い、善良な管理者の注意をもって、委任事務を処理する義務を負う（民法644条）。この義務は「善管注意義務」と呼ばれ、これに違反した役員は、管理組合に対して損害賠償責任を負う（民法415条）。

同じ役員であっても、善管注意義務は「委任の本旨に従い」負うものであるから、具体的な義務の内容は、その役員が、規約などにより管理組合からどのような職務を分担していたのかによって異なる。本判決は、被告とされた３人の役員それぞれについて、規約の定めなどから善管注意義務の具体的内容を検討し、理事長Ｃには「Ｂが作成した収支決算報告書を確認・点検して適正に行われていることを確認すべき義務」が、会計監査役員Ｄには「Ｂ

が作成した前年度の収支決算報告書を確認・点検し、会計業務が適正に行われていることを確認すべき義務」があるとし、他方、基本的に会計事務を分担していない副理事長Eについては、義務を負うのは限定的な場面に限られると判断した。

本判決において注目されるのは、会計監査役員Dが、偽造されていたとはいえ残高証明書を示されていたにもかかわらず、預金通帳を確認しなかったことをもって善管注意義務違反があると判断されている点である。残高証明書も預金通帳も、銀行が発行し、残高を確認できる書類という点で違いはなく、常に預金通帳のほうが高い信用性が認められるとは限らないようにも思われるが、本判決は、Bが偽造した残高証明書は「その体裁等からして真実の銀行発行の預金口座の残高証明書の原本とはかなり異なるものであったことが推認され」るとしており、残高証明書が精巧に偽造されていた場合は、判断が異なった可能性もあると思われる。

もっとも、組合運営の実務としては、特定の日時における残高を確認できるにとどまる残高証明書ではなく、過去の入出金の状況まで確認できる預金通帳の原本を、それも定期的に（たとえば理事会開催の都度）確認することが望ましいことはいうまでもない。A管理組合のような会計事務の方法をとっている管理組合は現実には少なくないと思われるが、見直しが必要である。

なお、管理組合の役員による横領事案について、管理会社が管理委託契約上の善管注意義務違反を問われた事例として、東京地判平成26・9・5判例集未登載がある。

2 責任の減免事由

本判決は、自ら着服横領していない役員に責任を認めた点のほか、過失相殺の法理を適用して責任の範囲を限定した点でも注目に値する。本件では9割もの減額が認められているが、これは本判決が認定した諸事情を考慮した結果であり、管理の方法、組合員の管理運営への関与の度合い、役員による確認の慎重さなどの事情によって、減額される範囲が大きく異なりうることに注意が必要である。　　　　　　　　　　　　　　　　　　（安孫子健輔）

㊶ 共用部分について生じた不当利得返還請求権の帰属と行使

> 一部の区分所有者は共用部分について生じた不当利得返還請求権を行使できるか

▶共用部分不当利得返還請求事件〔最判平成27・9・18民集69巻6号1711頁・判時2278号63頁・判タ1418号92頁〕

事案の概要　　Bは、C社との間で、本件マンションのBの専有部分並びに共用部分である塔屋および外壁等を、携帯基地局設置のために、賃貸する旨の賃貸借契約（以下、「本件賃貸借契約」という）を締結した。携帯基地局設備のうちアンテナの支柱、ケーブル配管部分等は共用部分に設置された。

本件マンションの規約（以下、「本件規約」という）には、要旨次の定めがある。

① 　各住戸および事務所に接する共用部分であるバルコニーについては、各バルコニーの接する専有部分を所有する区分所有者に無償で（③の管理等の費用を除く）使用させることができる。

② 　塔屋、外壁およびパイプシャフトの一部については、事務所所有の区分所有者に対し、事務所用冷却塔、および店舗、事務所用袖看板等の設置のため、その用法に従い、①と同様に無償で使用させることができる。

③ 　区分所有者が無償で使用する①、②の部分の修理、保守および管理の費用は、各使用者が負担し、その他の共用部分の修理、保守および管理は、管理者において行い、その費用負担は他の条項の定めによる。

共用部分である塔屋および外壁等に設置されたアンテナの支柱、ケーブル配管部分等は、上記②の「事務所用冷却塔、および店舗、事務所用袖看板等」にあたらないため、Bが本件賃貸借契約に基づき、共用部分の使用の対価に相当する賃料分につき法律上の原因なく利益を受け、そのために区分所有者の1人であるAに持分相当額の損失を与えたとして、Aは、Bに対して、不

181

第7章　管理組合の運営をめぐる紛争

当利得に基づく利得金の返還請求をした。

　原審（東京高判平成24・12・13民集69巻6号1722頁）は、不当利得の成立は肯定したうえで、本件マンションの共用部分の管理は団体的制約に服するから、一部の区分所有者が不当利得返還請求権を行使する余地はないとして、Aの請求を棄却した。Aによる上告受理申立て。

判決要旨　「一部の区分所有者が共用部分を第三者に賃貸して得た賃料のうち各区分所有者の持分割合に相当する部分につき生ずる不当利得返還請求権は各区分所有者に帰属するから、各区分所有者は、原則として、上記請求権を行使することができるものと解するのが相当である」（以下、同部分を「規範α」という）。

　（区分所有法3条が建物等の管理のための団体を構成する旨規定していること、同法が同団体の意思決定機関としての集会や団体の自治的規範として規約について規定していることを確認したうえで）「同法18条1項本文及び2項は、区分所有者に建物の区分所有という共同の目的があり、この共同目的達成の手段として共用部分が区分所有者全員の共有に属するものとされているという特殊性に鑑みて、共用部分の管理に関する事項は集会の決議で決するか、又は規約で定めをする旨を規定し、共用部分の管理を団体的規制に服させている。そして、共用部分を第三者に賃貸することは共用部分の管理に関する事項に当たるところ、上記請求権は、共用部分の第三者に対する賃貸による収益を得ることができなかったという区分所有者の損失を回復するためのものであるから、共用部分の管理と密接に関連するものであるといえる。そうすると、区分所有者の団体は、区分所有者の団体のみが上記請求権を行使することができる旨を集会で決議し、又は規約で定めることができるものと解される。そして、上記の集会の決議又は規約の定めがある場合には、各区分所有者は、上記請求権を行使することができないものと解するのが相当である」（以下、同部分を「規範β」という）。

　「共用部分の管理を団体的規制に服させている上記のような建物の区分所有等に関する法律の趣旨に照らすと、区分所有者の団体の執行機関である管理者が共用部分の管理を行い、共用部分を使用させることができる旨の集会

の決議又は規約の定めがある場合には、上記の集会の決議又は規約の定めは、区分所有者の団体のみが上記請求権を行使することができる旨を含むものと解される」（以下、同部分を「規範γ」という）。

本件規約には上記趣旨の規定があるため、Aは上記請求権を行使できないとし、Aの上告を棄却した。

解　説

1　共用部分について生じた不当利得返還請求権の「帰属主体」と原則的「行使主体」

共用部分について生じた不当利得返還請求権が、可分債権として各区分所有者に帰属する債権であるか、区分所有者の団体に帰属する債権であるかについては、学説上争いがあった。通説は、同債権が可分債権であり各区分所有者に持分割合に応じて帰属すると解していた（分割的帰属説。吉田徹編著『一問一答改正マンション法』30頁、コンメ159頁〜160頁）。他方、同債権が団体的に帰属すると解する学説があった（団体的帰属説。新田敏「マンションの共用部分から生ずる金銭債権の性質」杏林社会科学研究18巻2号69頁、拙稿「判批」マンション学48号72頁）。また、折衷説として、「帰属主体」を各区分所有者とし「行使主体」を区分所有者の団体と解する見解があった（帰属・行使分離説。平野裕之「マンションの共用部分の瑕疵と区分所有者の交替」ジュリ1402号15頁）。

本判決は、規範αにおいて、共用部分について生じた不当利得返還請求権の帰属主体が各区分所有者であり、その原則的行使主体も各区分所有者である旨判示し、分割的帰属説をとることを明らかにした。

2　各区分所有者による請求権行使の制約

しかし、本判決は、規範βにおいて、各区分所有者の権利行使が制約されることがある旨判示する。すなわち、規範βは、共用部分について生じた不当利得返還請求権の「帰属主体」と「行使主体」を分離し、同請求権が各区分所有者に帰属するとしつつ、区分所有者の団体のみが同請求権を行使することができる旨を集会の決議または規約で定めた場合（以下、「団体的行使の定め」という）には、各区分所有者による個別行使が制約されると判示したも

のである（本判決と帰属・行使分離説との違いは、前者が原則的行使主体が各区分所有者であると解するのに対し、後者は原則的行使主体が区分所有者の団体であると解する点にある）。

3　決議・規約の意思解釈

規範γは、管理者が共用部分の管理を行い、共用部分を使用させることができる旨の集会の決議または規約の定めがある場合（本件規約①ないし③がこれにあたる）には、団体的行使の定めがあるものと意思解釈できる旨判示する。

なお、標準管理規約（単棟型）では16条の規定が団体的行使の定めと解釈される。

4　本判決の射程

本判決は、直接的な判示事項としては、共用部分の賃貸を理由として生ずる不当利得返還請求権について、各区分所有者による個別行使が制限される場合について判示したものである（同様の理由による損害賠償請求にも妥当する。齋藤毅「判解」法曹時報68巻11号239頁）。

さらに、共用部分等（敷地を含む）について生じる不当利得返還請求および損害賠償請求一般にも本判決の射程が及ぶかについては残された課題である。

5　本判決の意義

本判決は、分割的帰属説を採用し、共用部分について生じた不当利得返還請求権＝共有＝可分債権＝各区分所有者への帰属、という伝統的な民法の理解を保持しつつ、他方で、意思解釈を柔軟に行うことで個別行使を制約できる場面を広く確保したものであって、かかる解釈を初めて示した最高裁判例として実務上、理論上重要な意義を有する。

　　（注）　本解説における「分割的帰属説」、「団体的帰属説」、「帰属・行使
　　　　　分離説」および「団体的行使の定め」の用語は、齋藤・前掲「判解」
　　　　　に従った。

（佐藤　元）

第8章

居住ルール・管理規約
をめぐる紛争

第8章　居住ルール・管理規約をめぐる紛争

㊷　クリーンハンドの原則

用途制限違反に対する使用禁止請求はどこまで可能か

▶用途制限違反使用禁止事件〔東京地判平成17・6・23判タ1205号207頁〕

事案の概要　　本件マンションは、地下1階地上10階建て複合住宅である。管理規約12条には、「区分所有者は、その専有部分を専ら住宅部分は住宅、事務所部分は事務所、店舗部分は店舗……として使用するものとし、他の用途に供してはならない」との定めがある。本マンションの区分所有者であるBは、住戸部分をCに賃貸し、Cはカイロプラクティック治療院を営んでいた。そこで、本マンション管理組合AがCに対して、区分所有法57条に基づき治療院としての使用禁止を求めるとともに、弁護士費用をBおよびCに対して請求した事案である。

　裁判の争点は、①Cがカイロプラクティック治療院を営んでいることが管理規約に違反するか、②Cの使用態様は、「区分所有者の共同の利益」（区分所有法6条1項）に反する行為にあたるか、③Aの使用禁止請求は権利の濫用にあたるか、であった。

判決要旨　　棄却（控訴）。

　争点①については、「住戸」の使用方法は、「生活の本拠としての使用であるか否かによって判断されるべきもの」であり、カイロプラクティック「治療院の使用態様は、その規模、予想される出入りの人数、営業時間、周囲の環境等を考慮すると、事業・営業等に関する事務を取り扱うところである『事務所』としての使用態様よりも、居住者の生活の平穏を損なう恐れが高いもの」であるから、住戸使用には含まれず、「管理規約12条に違反する」とした。

　争点②についても、Cの「使用態様は、『事務所』としての使用態様よりも、

186

本件マンション居住者の生活の平穏を損なう恐れの高いものである上」、C
がAの承諾を得ることなく「道路に置き看板を設置して千代田区や警察の警
告を受けていることに鑑みれば」共同の利益に反する行為であるとして、A
の主張を認めた。

　しかし、争点③については、本マンションの住戸部分29戸のうち、24戸
は会社等の事務所として使用されており、その用途違反についてはAから改
善の注意や警告が発せられたことはなく、平成15年10月になって初めてC
を含めた3軒の治療院に対して使用禁止を求めていること、B（当時はBの夫）
は居室取得当時から、事務所として賃貸してきており、Bは特に用途違反の
認識がなかったことなどから、「原告（A）が、住戸部分を事務所として使用
している大多数の用途違反を長期間放置し、かつ、現在に至るも何らの警告
も発しないでおきながら、他方で、事務所と治療院とは使用態様が多少異な
るとはいえ、特に合理的な理由もなく、しかも、多数の用途違反を行ってい
る区分所有者である組合員の賛成により、被告C……に対して、治療院とし
ての使用の禁止を求めるAの行為は、クリーン・ハンズの原則に反し、権利
の濫用といわざるを得ない」と判示した。

解　説　　クリーンハンド（クリーン・ハンズ）の原則は、不誠実な行
為によって獲得された権利ないし地位を主張すること、ある
いは、そのような行為によって相手方に有利な地位ないし権利が生ずるのを
妨げることは許されないとする原則（「信義誠実の原則」の1つ。民法1条3項）
である（新版注釈民法(1)71頁以下）。

　クリーンハンドの原則を認めた最高裁判例はあるが（最判昭和52・3・15判
時852号60頁）、クリーンハンドの原則という言葉が用いられたものは少なく、
天神島スカイマンション事件判決（福岡地裁小倉支判平成12・2・29セ通信175
号17頁）程度であった。

　本件マンションは昭和60年新築である。1階には飲食店が2店舗入って
おり、2階から4階は事務所、5階から9階までは同一階に事務所と住戸が
併存しており、事務所部分と住戸部分との間には特別な仕切はない。10階
は2戸の住戸のみとなっている。本件マンション管理規約12条には用途変

187

第8章　居住ルール・管理規約をめぐる紛争

更を禁止する規定がある。ところが、Ｂの夫は平成４年に居室を取得したときから会社に事務所として賃貸しており、他の住戸部分も大半が事務所として使用されてきた。このような住戸部分の事務所使用に対して、Ａが改善の注意や警告を発したことはなく、平成15年時点で存在した治療院３軒に対して、初めて使用禁止を求めたものであった。しかも、この時点でも、他の事務所使用に対しての改善注意や使用禁止はいっさいなされていない。

　そのため、管理組合が用途違反である「事務所使用」について長期間放置している状態で、自ら用途違反を犯している区分所有者の賛成でもって、同じ用途違反である「治療院使用」に対してのみ使用禁止を求めることが権利の濫用に該当するとした本判決は極めて妥当である。まさに、Ａの行為は、Ａ自身の規約違反状況放置・是認によって、ＢやＣが規約違反である用途違反（という有利な立場を取得）することを妨げようとするものであって、信義誠実の原則が適用されることに異論はないであろう。

　上記天神島スカイマンション事件は、当時の理事がマンションに居住もしておらず、区分所有者でもないため、規約に定める「理事の資格」を有しないとして、前理事長が管理組合に対して理事選任決議無効と、理事の地位不存在確認を求めた事案である。管理規約においては、「役員は天神島スカイマンションに現に居住する組合員でなければならない」、組合員の資格は「天神島スカイマンションに区分所有権を有する者」とされていた。しかし、前理事長自身、マンションの区分所有者でも居住者でもないのに、長年理事や理事長を務めており、前理事長のみならず他の組合員も規約違反を問題にしたこともなかった。そのため、裁判所は理事資格を定めた規約は形骸化しており、規範的効力はないと判断した。そして「規約が有効としても」と条件付きで、「前理事長自身が規約違反状況を是認してきたにもかかわらず、新たに選任された理事について、前理事長自身が規約違反を問題とすることは信義則上許されず、クリーンハンドの原則に照らして禁じられる」と判断し、前理事長の請求を棄却した。

　本件と天神島スカイマンション事件では、管理組合の勝敗は分かれているが、両事案で重視されているのは管理組合や区分所有者が「規約違反」を問

題視もしくは是認してきたかどうかである。管理規約は、マンションでの団体的生活を快適・良好にするために一定の規律を定めたものであり、マンション生活における「憲法」ともいうべきものである（折田・100章54頁）。そのため、規約違反は、本来マンション住民の利益に反するものとして許されず、だからこそ、規約違反は「区分所有者の共同の利益に反する行為」にも該当する。ところが、多くの区分所有者が規約違反をしており、かつ管理組合も特段違反行為の改善・是正措置を長期間とっていない場合には、当該規約によってマンション住民の快適な生活を保障しようとした意義は失われているといえよう。そのため、当該規約違反を問題とすることはできないと判断されたのである。

　ペット飼育や不在区分所有者に対する負担金問題など、規約違反について争われる事案は多い。規約違反を主張する者自身の言動によって、主張を制限した上記2つの判決は、紛争の一解決基準を定立したといえよう。

　本件で、天神島スカイマンション事件と異なり、用途制限を定めた規約の失効が争点とならなかったのは、規約失効の影響の大きさであろう。すなわち、理事の資格要件は「区分所有者」「居住者」という要件のみであり、この要件が失効したとしても理事は総会によって選任されるから、区分所有者自身によって資格要件撤廃の悪影響を最小限度に抑えることが可能である。ところが、用途制限が完全に失効したとなれば、住戸が飲食店、さらには風俗営業店などに利用されるおそれも出てくる。用途制限撤廃の悪影響は際限なく広がる可能性があるため、規約失効とまでは主張し得なかったものと思われる。

　なお、BやCの使用態様が「事務所」もしくは「事務所類似」の使用であれば、そもそも「共同の利益に反する行為」に該当しないという判断がなされた可能性が高いことも注意すべきである（なお、本書㊾判例参照）。

（小倉知子）

第 8 章　居住ルール・管理規約をめぐる紛争

43　猫への餌やり

> 敷地内での複数の猫への餌やりを行う区分所有者に
> 対して差止め、慰謝料請求ができるか

▶猫への餌やり差止等請求事件〔東京地裁立川支判平成22・5・13判時2082号74頁〕

事案の概要　　原告は、区分所有法の適用のあるタウンハウス（以下、「本件タウンハウス」という）の組合員（区分所有者）および居住者並びに管理組合であり、被告は本件タウンハウスの組合員（区分所有者）兼居住者である。

　本件は、本件タウンハウスの区分所有者である被告が複数の猫に継続的に餌やりを行い、糞尿等による被害を生じさせたことは、区分所有者の共同の利益に反し（区分所有法6条1項）、本件タウンハウスの規約に違反すると主張して、原告管理組合は区分所有法57条1項または管理組合規約に基づき、個人原告らは人格権に基づき、本件タウンハウスの敷地および被告の区分建物内での猫への餌やりの差止めを求めるとともに、原告らが不法行為に基づく慰謝料（原告管理組合を除く）および弁護士費用の損害金並びに遅延損害金の支払いを求めた事案である。

判決要旨　　（当事者）
　本件タウンハウスは、南側のA棟（5戸）と北側のB棟（5戸）の2棟で構成される2階建てのタウンハウス形式で、本件土地は本件タウンハウスの敷地であり、各区分所有者が、各専有部分の面積比率により共有している。

　個人原告らは9戸の区分所有者と居住者であり、被告は残る1戸の区分所有者で居住者である。原告管理組合は、区分所有者全員で構成された本件タウンハウスの管理を行うための団体であり、管理組合規約を有している。

（規約の禁止事項）

190

原告管理組合の規約には一般的禁止事項として、次のことを定めている。

・他の居住者に迷惑を及ぼすおそれのある動物を飼育しないこと（以下、「動物飼育禁止条項」という）」

・前各号のほか、他の組合員および占有者に迷惑を及ぼし、不快の念を抱かせ、もしくは危害を及ぼすおそれのある行為をしないこと（以下、「迷惑行為禁止条項」という）

（猫の飼育および猫の数）

被告は、平成5年頃、猫に対する餌やりを開始し、以後、餌やりを続けていた。現在、被告の餌やり行為により本件土地に現れる猫は、白黒の猫1匹、焦げ茶色の猫1匹、黄色と茶色の猫2匹の合計4匹である。白黒の猫1匹、焦げ茶色の猫1匹は、比較的被告専用庭にいることが多く、黄色と茶色の猫2匹は、比較的被告北側玄関で餌やりを受けることが多い。

被告は、被告専有部分の屋内で、白色の猫を飼育し、さらに、本件土地上の屋外で、4匹の猫に対し、単に餌やりをしているのにとどまらず、被告専用庭等に段ボール箱等を用意して住みかを提供しているものであるから、これらの猫を飼育しているものと認めるべきである。

（糞尿）

本件土地では、平成19年12月以後においても、通路や専用庭に、被告が餌やりをしている猫によって数多くの糞がされている状況にあり、個人原告らは、糞に蝿がたかったり、糞尿による異臭がし、洗濯物にもその臭いが付いたり、専用庭の芝が枯れたりの被害を受け、見つけた糞の始末をすることを余儀なくされている。

（ごみの散乱などの被害）

餌やりに集まってきた猫が、収集時間外に出されたごみ集積所のごみ袋を荒らし、生ごみを散乱させ、残った餌にカラスが集まるなどの被害が生じている。猫のうなり声がしたり、夜間などは、猫の眼光の薄気味悪さから、恐怖感を感じ、専用庭に飛び降りて侵入する猫が庭木や植木鉢等を壊す被害が生じている。

（自動車）

第8章 居住ルール・管理規約をめぐる紛争

本件土地に現れる猫が、駐車場の原告の自動車や居住者のバイクに上がることによって傷が付くなどの被害が生じている。

（被告の行った対策）

被告は、Cと協力して不妊去勢手術を受けさせ、その費用を負担したり、被告専用庭や被告専有部分の北側玄関付近に、最大時で4個の猫用のトイレを設置し、現在は、2個を被告専用庭に設置し、2日に1回程度砂を取り替えて、平成19年11月から、1日に数回、本件土地のパトロールを行い、発見した動物の糞を清掃している。

（動物飼育禁止条項等違反および人格権侵害の成否）

原告管理組合の動物飼育禁止条項は、一律に動物の飼育を禁止しているものではなく、「他の居住者に迷惑を及ぼすおそれのある」動物を飼育しないことと定めているものではあるが、このような限定は、小鳥や金魚の飼育を許す趣旨は含んでいるとしても、小型犬や猫の飼育を許す趣旨も含むものとは認められない。したがって、白色の猫1匹の屋内飼育であっても、動物飼育禁止条項に違反すると認められる。

屋外での4匹の猫への餌やりは、段ボール箱等の提供を伴って住みかを提供する飼育の域に達しており、それらの猫は個人原告らに対しさまざまな被害を及ぼしているから、動物飼育禁止条項に違反するものといわなければならない。

現時点での白色の猫1匹の屋内飼育が、個人原告らの人格権を侵害すると認めることはできない。しかし、現時点での猫4匹の屋外飼育は、個人原告らの人格権を侵害し、以前の屋外での猫への餌やり行為も、飼育の程度に達していないものを含め、個人原告らの人格権を侵害するものであったと認められる。

原告管理組合の差止請求については、原告管理組合規約違反に基づき、本件土地および被告専有部分内において、猫に餌を与えてはならないことを認容すべきである。飼い猫の域に達している猫に対する餌やりへの差止めを命じることは、動物の愛護及び管理に関する法律44条2項違反となる行為を命じていると誤解されるおそれがあるが、飼い猫の域に達している猫につい

192

ては、本件土地および被告区分建物内での猫の飼育をしてはならないことを命じているものである。個人原告らの差止請求は、人格権侵害に基づき、本件土地において、猫に餌を与えてはならないことを求める限度で認容すべきである。飼い猫の域に達している猫については、本件土地での猫の飼育をしてはならないことを命じているものである。被告の餌やり行為（屋内飼育の白色の１匹の猫への餌やり行為を除くが、現在の４匹の飼育以外の猫への餌やり行為を含む）は、現在に至るまで、受忍限度を超える違法なものであり、故意過失に欠けるところもないと認められる。被告は、原告管理組合および個人原告らの再三にわたる飼育および餌やりの中止の申入れを拒否して、猫の飼育および餌やりを継続し、その結果、原告管理組合は、弁護士に委任して本訴を提起せざるを得なかったものであり、被告のこのような行為は、原告管理組合に対する不法行為を構成するものというべきである。

　個人原告について慰謝料としてＡ棟居住者５万円、Ｂ棟居住者８万円に猫除け対策各戸５万円を加算し、弁護士費用は慰謝料認容額の２割をその損害とした。また、原告管理組合には弁護士費用30万円を損害として認めた。

解　説　判決は、タウンハウス形式の区分所有建物における被告が行った室内と屋外における猫の飼育について、長年の飼育の経過、その飼育による被害、被告が行った不妊去勢手術の負担、トイレの設置などの対策を、詳細に事実認定したうえで、管理組合との関係では規約違反行為と判示し、個人原告との関係では受忍限度を超える違法があったとして、差止請求を認め、また不法行為による損害賠償を認容している。マンションにおける動物の飼育は、区分所有法30条に基づき、専有部分の使用に関する区分所有者相互間の事項とし規約により一律禁止できるとするのが裁判例である（東京高判平成６・８・４判時1509号71頁）。本件タウンハウスの規約の定めは明確なものではなかったが、猫の飼育は禁止されていると判断し、また被告による猫の飼育は他の区分所有者の受忍限度を超えているとして丁寧に事実認定をしている。

　事案は輻輳しているが、管理組合の運営実務の参考となる。

（花井増實）

第8章 居住ルール・管理規約をめぐる紛争

44 集会決議による営業時間の制限

規約ではなく集会決議で営業時間を制限できるのか

▶ウエストヒル町屋事件〔東京高判平成15・12・4判時1860号66頁〕

事案の概要 マンションの管理組合が、管理規約および店舗使用規則上、店舗の営業時間は午前10時から午後10時までと制限されていると主張するのに対して、マンションの2階部分にある店舗区画の区分所有権の共有者Aが、午前10時以前および午後10時以降も営業することができる地位にあることの確認を求めたものである。

判決要旨 原審では請求棄却され、控訴したが、控訴棄却された。

区分所有法3条は、「区分所有者は、全員で、建物並びにその敷地及び附属施設の管理を行うための団体を構成し、この法律の定めるところにより、集会を開き、規約を定め、及び管理者を置くことができる」と規定しているが、ここでいう「建物」には専有部分も含まれるものと解すべきであるから、同条は、区分所有法中の強行法規に反したり、同法が一般的、抽象的規定を設けて制限したり、わが国の法秩序全体から導かれる制約に反しない限り、専有部分の建物の管理についても、集会の決議によることを許容しているものと解される。同法30条1項で「建物又はその敷地若しくは附属施設の管理又は使用に関する区分所有者相互間の事項は、この法律に定めるもののほか、規約で定めることができる」とあるが、専有部分の管理または使用について、規約で定めなければならないとは規定しておらず、専有部分の権利者保護については、同法31条1項後段で「規約の設定、変更又は廃止が一部の区分所有者の権利に特別の影響を及ぼすべきときは、その承諾を得なければならない」と規定しているだけである。また、同法18条1項、21条は、共用部分の管理を集会の普通決議事項と定めているが、このことから専有部分の管理については、規約で定めなければならないと解することもで

194

きない。このように考えた場合、専有部分の建物の管理に関しては、規約によって制限する方法、集会の決議によって制限する方法、規約に基本的な事項を定め、細目を規則や集会決議に委ねるなど、いくつかの方法をとることが考えられ、たとえば、規約によって規制する場合は、その設定や変更に集会の特別決議という厳格な手続を要するため、恒久性がある反面、事態の推移に応じて適宜改定することが困難になるなど、区分所有者が選択した方法のいかんによって、手続や機能に差異を生じることになるが、そのいずれを選択するかは、区分所有法による私的自治に委ねられるものと解され、そのようにして定められた事項については、区分所有者の意思が反映されたものとして、これを尊重すべきである。

　複合マンションにおける店舗部分の営業時間の制限は、前記強行法規等の制限に反するものとは解されないから集会の決議によって定めうるものと解するのが相当であるが、店舗の営業時間の制限は、その区分所有者にとって、不利益となる場合があることも考えられる。このような場合、区分所有者が被る不利益がその権利に「特別の影響を及ぼす」と認められるときには、区分所有法31条1項後段の趣旨に従い、当該区分所有者の承諾を要するものと解するのが相当である（最判平成10・11・20判時1663号102頁）。

　以上の観点から、本件で問題とされた店舗の営業時間の制限は、本件規約と一体となった店舗使用規則に定められたもので、これに基づいて設立総会で決議されたものであるが、複合マンションにある店舗の営業時間については、集会の決議で決するものと解すべきであるから、設立総会でされた決議に基づく営業時間の制限は、本件店舗の区分所有者であるAの権利に特別の影響を及ぼすものでない限り、有効である。

　本件店舗の営業時間が制限されると、その所有者であるAは本件店舗にテナントを入居させる際、業種によっては誘致が困難となるなど、本件建物の使用に制限を受けることは容易に推測することができる。しかし、本件マンションの構造が地下1階および地上2階が店舗部分で、4階から12階までが居住区画であることを考えると、居住者の生活環境を維持するため、店舗使用にある程度の制約が課されることは避け難いことというべきである。そ

第8章　居住ルール・管理規約をめぐる紛争

して、設立総会で決議された午前10時から午後10時までという営業時間は、通常の商店や飲食店の営業時間を考えると、合理性を欠くものであったということはできない。確かに、24時間営業のコンビニエンスストアや深夜営業を要するレンタルビデオ店などでは、上記時間帯での営業は困難であるから、これらの業者を本件店舗に誘致することはできないことになるが、上記設立総会の決議がなされたのは昭和62年12月12日であり、当時は、コンビニエンスストア等の営業が一般的であったとはいえないことに鑑みれば、このような制限がAの権利に「特別の影響を及ぼす」ものであるとは認めることはできない。

　本件店舗における営業時間の制限は、本件規約と一体となった店舗使用規則に基づき、設立総会の決議で定められたものであり、この制限がAの権利に特別の影響を及ぼすものであるということもできないから、Aの承諾を要するものとはいえない。

解　説　区分所有法3条の建物に専有部分も含まれるので、専有部分の管理も集会の決議によることを許容していると判決は述べるが、同法条は、区分所有者団体の構成を定め、同法に従って「集会を開き、規約を定め、及び管理者を置くことができる」と規定しており、専有部分の管理が集会の決議によるか否かは、区分所有法の各論部分の規定の解釈によることになる。同法30条1項は「建物又はその敷地若しくは附属施設の管理又は使用に関する区分所有者相互間の事項は、この法律に定めるもののほか、規約で定めることができる」とあり、同法18条は共用部分の管理に関する事項は規約に別段の定めがあるほか集会の決議によるとあり、専有部分の管理に関する事項は規約によると解釈することができる。しかし、規約で専有部分の使用に関する基本的な事項を定め、細部は使用細則に規定することができるので、規約において店舗の営業時間は使用細則に定めると規定すれば、具体的な営業時間は使用細則に規定することでよいことになる。また、使用細則において、営業時間の制限ができるとしたうえで、具体的な制限時間は集会の決議によると規定し、集会の決議で具体的な制限時間を決定することも可能である。

本件では、店舗の営業時間について規約には何も定められず、店舗使用規則の規定には、集会の決議で営業時間を決議できるとされており、設立総会で本件決議を行ったものであるが、判決が引用する最判平成10・11・20は、駐車場専用使用権を消滅させる旨の集会決議に関して、区分所有法31条1項後段を類推適用すると判断した先例であり、集会の決議により影響を受ける区分所有者との利害調整として同法条を類推適用することは妥当な結論である。

（花井増實）

第8章 居住ルール・管理規約をめぐる紛争

45 専有部分の用途

専有部分の用途に関する分譲時の合意は特定承継人
に対して効力があるか

▶セブンスターマンション原宿事件①〔最判平成9・3・27
判時1610号72頁・判タ947号204頁〕

事案の概要 　　本件マンションは、昭和54年に住居専用マンションと
して建築され、2階以上が住居用として分譲され、1階の
101号室はコンクリート壁と柱からなり、屋内駐車場として設計され、等価
交換で敷地所有者であったBが取得し、分譲業者との間で、同室を屋内駐車
場として使用し、他の区分所有者の承諾なしに駐車場以外の用途に変更しな
い旨の契約を締結した(以下、「本件分譲契約の特約」という)。

その後、101号室は遺贈によりCに区分所有権が移転し、Cは昭和58年同
室を店舗に改造し、登記の建物の種類も「駐車場」から「店舗」に変更し、D
に賃貸した。Dから賃借権を承継したEは、昭和61年6月、101号室の区分
所有権を取得した。

昭和61年10月、管理組合が設立され、同62年2月13日の臨時総会におい
て管理規約の改定が議決され、新規約12条で、専有部分は専ら住宅として
使用するものとし、店舗、事務所、倉庫等住宅以外の用途に供してはならな
い旨を定められた。

Eは、昭和62年3月19日、101号室をFに売却し、これを知った管理組合
はFに対して、同室は住宅以外の用途に供することはできないと通告した。
そこで、Fは、この事情を伝えて不動産業者であるGに時価相場よりもかな
り低い価格でこれを買い取ってもらった。

本件訴訟は、Gが管理組合に対して、101号室につき、飲食店に使用する
ことができないこと以外に使用目的制限がないことの確認などを求めたもの
である。

198

原審高等裁判所は請求棄却。

判決要旨　原判決を破棄し、高等裁判所に差し戻した。

昭和58年改正前の区分所有法は、建物の使用に関する区分所有者相互間の事項については、これを規約で定めることができるものとし（同法23条）、かつ、規約は区分所有者の特定承継人に対してもその効力を生ずる旨を定めていた（同法25条）。その趣旨は、区分所有建物の特殊性に鑑み、区分所有権を取得しようとする者は、規約を点検することによって、自己が権利を得ようとする物件について存在する各種の制限を知りうることを前提としたものである。したがって、特定承継人をも拘束しうる制限条項を設けるためには、すべて画一的に規約（現行法の下においては、規約または集会の決議）によってこれを明記しておくことが求められ、元所有者または前所有者がした債権契約に基づく権利制限の合意を安易に規約上定められた制限条項と同視することは許されない。

仮に「住戸部分を取得した区分所有者」につき規定した新規約12条が101号室にも適用されるとしても、同条の規定は「一部の区分所有者の権利に特別の影響を及ぼすべきとき」にあたるから、当時の区分所有者であるＤの承諾を得なければならないところ（区分所有法31条１項後段）、個別の承諾をしたものとは認められない。

いずれにせよ、101号室の区分所有権を前所有者であるＦから売買によって取得したＧは、101号室を駐車場以外に使用しない旨の制限に拘束されることはない。

解　説　専有部分の用途の制限は、区分所有法30条１項の「建物又はその敷地若しくは附属施設の管理又は使用に関する区分所有者相互間の事項は、この法律に定めるもののほか、規約で定めることができる」との規定に基づき、規約によって定めるべき事項である。これに対して、本件分譲契約の特約は、当該分譲契約の当事者に対して拘束力を有するが、その後101号室を承継取得した者に対して、物権的な効力を有しないとした本判決の結論は当然の解釈論である。最高裁判決が破棄差し戻した、原判決（東京高判平成３・９・26判タ780号194頁）が、本件分譲契約の特約は債

第 8 章　居住ルール・管理規約をめぐる紛争

権契約であるとしながら、101号室の成り立ち等に鑑みて同特約の制限は対物的なもの、すなわち特定承継人に対してもその効力が及ぶと解したことは、解釈論として理解困難である。

（花井増實）

46 専有部分の用途（パチンコ店）

> パチンコ店を営むことは共同利益違反行為となるか

▶ダイアパレスステーションプラザお花茶屋事件〔東京地判
平成7・3・2判時1553号98頁〕

事案の概要　　　Aは、Bが建築した本件マンションの管理組合であり、
管理規約上その代表者である理事長が区分所有法上の管理
者とされているが、1階の店舗部分の区分所有者であるBが管理者の許可な
くこれを第三者に貸与してパチンコ店を開業しようとしており、騒音、品位
低下等により他の区分所有者の受ける不利益には著しいものがあり、共同の
利益を害するとして、集会決議を経たうえ、Bに対し、本件店舗に対する区
分所有権をパチンコ店営業の用途に供することの差止め等を求めた。

判決要旨　　　Aの請求を棄却した。
　　　規約において店舗に対する区分所有権をパチンコ店営業の
用途に供することを明文では禁止していないマンションにつき、専有部分の
店舗を第三者に貸与してパチンコ店を開業することが「共同の利益」に反す
るかどうかについての判断は、当該店舗をパチンコ店営業の用途に供するこ
との必要性、これによってマンションの区分所有者が被る不利益の態様、性
質および程度、他の手段の可能性等諸般の事情を比較考量して社会通念に
よって決するのが相当である。

　1、2階を店舗、事務所、3階以上を住宅とする混合マンションにおいて、
店舗のパチンコ営業そのものを一切禁止することは、当該店舗の区分所有者
が受忍すべき程度を超えるものであり、したがって、当該店舗につき内外装
工事をしてパチンコ店営業の用途に供すること自体が「共同の利益」に違反
するものではないというべきであるとされた。

解　説　　　区分所有法6条1項で規定する、区分所有者の禁止される
行為は、「建物の保存に有害な行為」「その他建物の管理又は
使用に関し区分所有者の共同の利益に反する行為」となっているが、一般に

201

「共同の利益」に反する行為の該当性は、「当該行為の必要性の程度、これによって他の区分所有者の被る不利益の態様、程度の諸事情を比較考量して決すべき」であるとされる（東京高判昭和53・2・27金法875号31頁）。この基準に照らして、本判決はＢのパチンコ店営業等の行為は共同の利益に反しないとした。

　Ａは、Ｂによるパチンコ店営業自体と、Ｂのパチンコ店開業に向けて行われた内外装工事が「共同の利益」に反すると主張したが、本件マンションには次に掲げるような事情が存した。

　本件マンションは、いわゆるファミリータイプの住戸、ワンルームタイプの住戸のほか、本件店舗および本件事務所が一体として利用される複合用途のマンションであって、3階以上の住戸は、1、2階と明確に区画され、騒音も考慮して1、2階から大きくセットバックしている。また、2階から住戸に一般人が自由に出入りすることはできず、3階以上の住戸の生活空間と本件店舗の営業空間とは別個独立のものとされている。

　販売会社が準備した本件マンションの3階以上の住宅専用部分の販売用パンフレットにおいては、特記事項として、「1　本建物1階店舗、2階事務所については、現在業種は未定ですが、風俗営業が入る場合があります。2　本建物1階店舗、2階事務所の区分所有者及びその特定承継人が売主の指定する部分に店舗営業用看板を設置すること及び1階店舗前空地部分㋑部分を店舗来客用自転車置場等として、又、㋺部分を空調室外機置場として、専用使用することを他の区分所有者は認めていただきます」との記載がある。そして、本件マンションの3階以上の住宅専用部分の各購入者は、訴外会社から当該パンフレットと同様のことが明記されている「重要事項説明書」の交付を受けている。なお、上記につき、「風俗営業」と記載されて「パチンコ営業」と特定されていないのは、ゲームセンター等の他の業種も想定されたことによる。Ｂは、本件内外装工事をしたものの、現実には本件店舗において自らまたは第三者に賃貸してパチンコ店の営業を差し控えて開始しておらず、また本件規約12条2項所定の誓約書を提出する用意をしている。

　以上のような事情を踏まえて、判決は、パチンコ店営業が共同の利益に反

するか否かについて、①本件規約所定の「共同の利益」は、本件店舗において「風俗営業」がなされることもありうることを前提として解釈するのが相当であり、風俗営業についてパチンコ営業を除外することはできない。また、②本件店舗のパチンコ営業そのものを一切禁止することは、本件店舗の区分所有者たるBが受忍すべき程度を超えるものと認定するのが相当である。したがって、Bにおいて本件内外装工事をして本件店舗をパチンコ店営業の用途に供すること自体が「共同の利益」に違反するものではないというべきであるから、これが直ちに本件規約に違反するものではないといわなければならない。しかも、③Aの主張する被害の内容は抽象的かつ一般的なものにとどまっているというべきである。むしろ、AはBが本件店舗で営業を予定しているパチンコ店の構造、発生する騒音等を具体的に検討していないことが明らかであって、本件全証拠によっても、Bが本件店舗をパチンコ店営業の用途に供することによってBを除く本件マンションの区分所有者が現実にまたは将来被る不利益の内容を確定することは困難である。したがって、Aの主張する被害については、共同生活上の障害が著しく、これにより共同生活の維持が困難となっているものとは断定することができないといわなければならないとした。

　また、内外装工事が共同の利益に反するか否かについては、Bは、本件マンションの1、2階用の電源である既存の変電設備機器（キュービクル）の容量を大きくしたが、当該変電設備機器は、本件マンションの建設設計図においても記載がなされていたこと、その設置は敷地の利用に障害を及ぼすものではないこと、Bが本件マンション1階専有部分と外部を隔てる壁の一部に配管および配線をした行為は、専用部分の使用に付随し、かつ、軽微なものであること、Bが看板を設置した場所は、Bが看板設置を含む専用使用権を有する場所であることが認められ、本件内外装工事が本件規約に違反するものとして、Aの撤去請求を認めることは相当ではないものといわなければならないとした。

　以上のような事情に鑑みると、本判決の結論は妥当である。他に共同の利益に反するか否かが問題となった事例を紹介すると以下のとおりであり、結

第 8 章　居住ルール・管理規約をめぐる紛争

局事案ごとに比較考量を行って判断するしかない。

① 敷地について規約により使用目的を庭として専用使用権を与えられていたにもかかわらず、その敷地部分を駐車場に改造した行為について原状回復が命じられた事例（不当使用行為性あり。東京地判昭和53・2・1判時911号134頁）

② バルコニーに衛星放送受信用アンテナを設置したことが共用部分の通常の用法に反するとして、その撤去請求を認めた事例（不当使用行為性あり。東京地判平成3・12・26判時1418号103頁・判タ789号179頁（本書**22**判例））

③ 専有部分に多くの間仕切りを設置して多数の者を居住させていることが、管理規約に違反し、また、区分所有者の共同の利益に反する行為にあたると主張して、管理規約および区分所有法57条1項に基づき、規約違反の行為の禁止および間仕切りの撤去請求が認められた事例（不当使用行為性あり。東京地判平成27・9・18判例集未登載）

（安原伸人）

47 専有部分の用途（税理士事務所）

管理規約で専有部分を専ら住宅として使用することが規定されているマンションで専有部分を税理士事務所として使用することができるか

▶税理士事務所開設事件〔東京高判平成23・11・24判タ1375号215頁〕

事案の概要 本件マンションは昭和44年に建築され、当初の規約には住居専用規定は定められていなかったが、昭和58年5月「専有部分は専ら住宅として使用するものとし、他の用途に使用してはならない」との住居専用規定を設ける規約改正案を作成し、各区分所有者に配付した。この規約改正は昭和59年5月27日の定期総会で可決された。

税理士であるBは昭和58年12月、妻と共有名義で本件マンション5階の一室（以下、これを「本件建物」という）を購入し、当初これを住居として使用した。Bは税理士事務所を別のところに設けていたが、その後の昭和60年7月15日頃税理士事務所を本件建物に移し、昭和63年11月には妻の持分につきBへ移転登記を経由した。

本件マンションの管理組合Aは平成19年にこのことを知り、Bに対し本件建物を税理士事務所として使用することは管理規約に違反する旨指摘し是正を求めたが、Bは取り合わず税理士事務所としての使用を継続したため、平成20年、Bを被告として税理士事務所としての使用禁止を求める訴訟を提起した。

Aはこの訴訟で、住居専用規定は良好な住環境の確保を目的としており、規定違反は本件マンションの住環境を悪化させる、規定違反を放置することは規定の実効性および信頼性を損ない、他の規約違反を誘発し、住環境をさらに悪化させるとしてBの本件建物の税理士事務所としての使用は共同の利益に反すると主張した。それに対しBは、住居専用規定は制定当時から空文

205

第8章　居住ルール・管理規約をめぐる紛争

化しており規範性がないなどと主張した。

判決要旨　　１審判決は、本件マンションには平成６年に皮膚科医院、歯科医院があったことがあること、現在でもカラオケ教室が営まれている部分があること、これまで住居専用規定が厳格に適用されてきたとはいえないこと、Ｂの税理士事務所があることによって日常的に騒音などの多大な被害が生じておらず、良好な住環境が維持できなくなっているとは認められないこと、Ｂの税理士事務所の存在が住居専用規定の目的に反しているとはいえないことを理由に、Ｂが税理士事務所としての本件建物を使用することは共同の利益に反しないとしてＡの請求を棄却した。

　控訴審判決である本判決は、Ｂは住居専用規定が設けられることになった後に本件建物を取得したこと、当初は住宅として使用していたこと、Ｂの本件建物の使用は住居専用規定に違反していると認められること、Ａは住居専用規定を含めた管理規約について区分所有者に周知を図るとともに、違反した使用を行っている者に対して、住居専用規定に沿った使用方法を実践するよう管理組合として努めてきたこと、その結果違反した使用を行っていた区分所有者は順次それをあらためてきたことなどを理由に、規範性が欠如しているとはいえず、税理士事務所としての使用は共同の利益に反すると認められるとしてＢの主張を退け、１審判決を取り消してＢに対し税理士事務所としての使用を禁止した。

解　説　　管理規約はマンションの区分所有者、居住者が守らなければならないルールを定めたものであり、管理組合は管理規約に基づいて管理を行う。したがって、この管理規約違反の事態が生じた場合には管理組合はそれに対する適切な措置をとることができる。

　管理組合が速やかにこの措置をとらずに放置すると、Ａが主張するように管理規約の実効性、管理規約に対する信頼が損なわれ、他の規約違反を誘発するとともに、居住環境の悪化を招き、区分所有者、居住者の共同生活上の利益が害される事態へと発展する。

　本件の場合Ａは、住居専用規定に違反して本件建物を税理士事務所として使用している区分所有者に対し使用禁止を求める本件訴訟を提起したのであ

るが、1審判決はこの請求を退けた。

　しかし、控訴審判決は前記「判決要旨」記載のとおり、Bの本件建物使用が住居専用規定に違反していること、Aは他の区分所有者の違反の是正に努め、その結果と規定違反は順次解消されてきたことを認定し、Bの住居専用規定に違反した本件建物の使用は共同の利益に反するものとして使用禁止を認めた。

　請求を棄却した1審判決の理由には首肯できるところもないではないが、住居専用規定遵守の重要性に鑑みると本件控訴審判決は極めて妥当な判決である。

　この判決は、住居専用規定に違反した専有部分の使用が区分所有法6条1項の共同の利益に反する行為にあたるとし、それへの措置として同法57条による税理士事務所としての使用を禁止したものであるが、住居専用規定など管理規約に違反する使用が共同の利益に反するとまではいえない程度のものもある。この場合には、単に規約違反を理由に、その使用の禁止を求めることもできるであろう。なお、この訴訟では、区分所有法6条1項、57条に基づく請求だけではなく管理規約違反による使用禁止も請求していると思われるが、判決は管理規約違反については特に判断していない。

（松坂徹也）

第8章　居住ルール・管理規約をめぐる紛争

48　専有部分の用途（無認可託児所）

> 区分所有者が住居部分を託児所として使用している
> 場合、託児所としての使用の差止めを求めることが
> できるか

▶無認可託児所「マム・クラブ」事件〔東京地判平成18・3・30判時1949号55頁〕

事案の概要　AおよびBは、管理組合規約に①「組合員は、本件マンションを取得する際に定められた店舗、事務所を除き、その専有部分を住居の目的以外に使用することはできない」、②「組合員は、その専有部分を住居の目的以外に使用しようとする第三者に転売及び賃貸してはならない」と定められたマンションにおいて、その1室の区分所有者であった株式会社から同室を賃借し、同室において託児所（年中無休、利用者数1日平均約10名程度）を経営していた。

そこで、マンションの管理組合は、AおよびBと、同室の区分所有者に対して、託児所としての使用は専有部分を住居の目的以外に使用することはできないとする管理組合規約に違反し、さらに区分所有者の共同の利益にも反するとして、区分所有法57条1項に基づき、託児所としての使用の差止めを求めた。

これに対し、Aらは、託児所としての使用は共同利益背反行為に該当しないことや、マンションの他の住居部分においてギター教室などが開設されていたにもかかわらず、Aらに対してのみ使用の差止めを求めることが権利の濫用に該当することを主張した。

判決要旨　①マンションの一室を託児所として使用することが共同利益背反行為に該当するか否か、②管理組合の請求が権利濫用に該当するか否かにつき、以下のとおり検討したうえで、管理組合の請求を認めた。

48 専有部分の用途（無認可託児所）

（共同利益背反行為に該当するか否か）

　まず、託児所としての利用による騒音被害については、「居住者の間であれば、自ら子育ての最中であるとか知人等の来訪者が幼い子供を連れて来た場合に、子供が泣いたり騒ぐなどしても、お互い様であるとして通常は問題視されず受忍限度内にあるが、本件託児所においては、人数的にも……、期間的にも……、居住者間で相互に迷惑をかけあう可能性があるのとは全く異なり、本件マンションの居住者に対して一方的に我慢を強いるものというべきであって、居住者間の関係とは質的に異なる」として、受忍限度内にあるとは到底いえないとした。

　加えて、「被告らの利益のために本件マンションの居住者が一方的な犠牲を強いられて居住用マンションとしての居住環境を損なわれることは相当でない」、「火災や地震等の災害時には、数人の従業員が10名前後（最大15名程度）の乳幼児を連れて避難することとなるのであって、非常階段を往復する事態も予想され、……、本件託児所の利用者はもとより本件マンションの居住者にも避難に支障を来すおそれは十分あり、生命身体への危険がある」ことを理由に、託児所としての使用が共同利益背反行為に該当するとした。

（権利濫用に該当するか否か）

　「ギター教室については不特定多数の人が参集する可能性もあるが、本件託児所のように居住者から苦情が寄せられているわけではなく」、「多数の苦情が寄せられて問題視されてきた本件託児所とは比較にならない」などとして、管理組合のＡらに対する請求は権利濫用に該当しないとした。

解説　1　区分所有法57条に基づく差止請求の要件

　区分所有法57条に基づく共同利益背反行為の差止請求が認められるためには、①共同利益背反行為をしたあるいは当該行為をするおそれがあること、②集会の普通決議（区分所有者および議決権の各過半数による決議）が必要であるところ、本件はＡらが居住部分を託児所として使用していたことが①共同利益背反行為に該当するか否かが問題となった事案である。

209

2 共同利益背反行為の判断基準

　共同利益背反行為に該当するか否かは、一般的には「当該行為の必要性の程度、これによって他の区分所有者が被る不利益の態様、程度等の諸事情を比較考量して決すべきものである」（東京高判昭和53・2・27金法875号31頁）とされている。

　また、本件と同様に専有部分の用途を住宅に限る旨の規約のあるマンションにおいて、自己の専有部分を従業員らの幼児の保育室として使用していた場合に、保育室としての使用差止めを認めた事案として、横浜地判平成6・9・9判時1524号124頁・判タ859号199頁〔城郷コート事件〕が存在する。

　この裁判例も、共同利益背反行為に該当するか否かについて、「当該行為の性質、必要性の程度、これによって他の住民らが受ける不利益の態様、程度等の事情を十分比較して、それが住民らの受忍の限度を超えているかどうか」で判断すべきであるとして、前掲・東京高判昭和53・2・27と同様の基準を示している。

　なお、この「城郷コート事件」判決が「一定の行為を禁止する規約があるからといって、形式的にこれに該当する行為をすべて一律に禁止するということは相当ではなく」とも判示していることについては注意を要する。すなわち、規約において専有部分の用途を住宅に限る旨の規約が存在するマンションにおいて、専有部分を住宅以外の目的に利用していたとしても、直ちに共同利益背反行為に該当するという結論が得られるものではなく、共同利益背反行為に該当するか否かは、あくまでも当該利用の実態が区分所有者の「受忍の限度を超えているかどうか」で決せられるのである。

　したがって、管理組合が、規約で定められた用途に違反する使用の差止めを求める場合には、当該利用の実態の調査を十分に行ったうえで区分所有者の受忍限度を超えるか否かを吟味する必要があるということになる。

3 区分所有法57条に基づく使用差止請求の対象となる行為

　以上を前提にすると、区分所有法57条に基づく使用差止請求の対象とな

る行為は、不当毀損行為（共用部分に対する侵害行為や、自己の専有部分を中心とした増改築行為など）、不当使用行為（共有敷地に自動車を駐車させて独占的に使用する行為など）、共同生活上の不当行為（騒音・振動・悪臭の発散など）などのうち、他の区分所有者の受忍の限度を超えた行為ということになる。

4　本件について

本件は、規約に定められた用途以外の目的である託児所として使用している点で不当使用行為、あるいは幼い子供による騒音を発散する使用方法であるという点で共同生活上の不当行為として類型化が可能な事案である。

また、本件は、専有部分を託児所として利用することが規約違反であることは明らかであるとしたうえで、さらに共同利益背反行為に該当するか否かをＡらの利益と他の区分所有者が受ける不利益の程度とを比較衡量して検討していることに鑑みれば、判示の中に明示はないものの前記２の２つの裁判例と同様の判断基準を用いて結論を導いたものであると考えられる。

（中村匠吾）

第 8 章　居住ルール・管理規約をめぐる紛争

49　専有部分の用途（心療内科）

管理組合の部会が専有部分における心療内科クリニックの営業開始を承認せず、区分所有者による専有部分の賃貸を妨げたことが不法行為にあたるか

▶心療内科クリニック開設事件〔東京地判平成21・9・15判タ1319号172頁〕

事案の概要　　Aは専有部分（店舗部分）の区分所有者で、B店舗部会は、B管理組合の下に、当該区分所有建物のうち店舗等に使用される専有部分（店舗部分）の区分所有者全員で構成される団体である。

Aは、自らが区分所有する専有部分（店舗部分）をCに心療内科クリニックとして賃貸することを予定していた。そして、管理組合規約および店舗使用規則において、店舗部分で営業を開始する場合には、B店舗部会の部会長による承認を得なければならないと定められていた。そこで、CはB店舗部会に対し、心療内科クリニックの営業開始の承認を求めたところ、B店舗部会理事会は、以下の①～③の理由（以下、これらの理由を「本件理由①」のように番号を付して呼称する）で本件承認願を承認しないと決定した。

①　医療モールの出店者は、本件ビルの開業時において診療科目の調整がされ、現状の4科目のみが出店することになったこと

②　心療内科は内科診療が可能であり、既存のDクリニック（内科・胃腸科）およびEクリニックと競合すること

③　診療科目は心療内科であるが、実際には精神科であり、そこに通院する患者によって他の店舗やクリニックに迷惑になるおそれがあること

そこで、Aは、Bら（B管理組合・B店舗部会）との間で、その不承認処分が無効であることの確認を求めるとともに、Bらに対し、不法行為に基づき、営業開始が不承認とされなければ得られたであろう賃料等に相当する確定損害金165万円および平成19年12月2日から本判決確定の日まで1カ月33

212

万2000円の割合による損害金の連帯支払いを求め、さらに、区分所有権に基づき、Aが上記専有部分を心療内科等のクリニックとして賃貸することを妨害することの禁止を求めた。

○管理規約12条（専有部分の用途）

第２項　店舗区分所有者及びその占有者が当該店舗部分を店舗等事業所として使用する場合、又は営業の内容を変更する場合は、所定の書面により部会理事会（第73条（部会理事会）に定める部会理事会をいう）の承認を得なければならない。

　　　また、その専有部分を公序良俗に反する物品店等、公序良俗に反する行為の販売・斡旋・機会の提供を業とする用途、風俗営業（キャバレー、ダンスホール、ナイトクラブ等）、パチンコ店等の遊戯場、宗教団体、政治団体、暴力団及び危険物・汚物を取り扱う営業、悪臭・煤煙を発する物品を取扱う営業など、他の区分所有者及び近隣住民に迷惑を及ぼすおそれのある用途に供してはならない。

○店舗使用規則７条（承認事項）

第１項　営業者は、次の各号に掲げる行為をしようとするときは、事前に書面により店舗部会部会長に届け出て、承認を得なければならない。

　　一　営業を開始するとき、又は営業内容を変更するとき

判決要旨　**（不法行為にあたるか否かの判断基準）**

「裁判所が被告店舗部会が営業者による営業開始を承認するかどうかの判断は、被告店舗部会の合理的裁量にゆだねられるべきものである。もっとも、被告店舗部会が営業開始を承認せず、その営業のために店舗部分を使用することを禁止すると、区分所有者等の権利が制約されることになるので、その適否について司法審査が一切及ばないと解するのは妥当でなく、例外的に被告店舗部会の上記判断が違法となる場合があると解すべきである。そして、……裁判所がその処分の適否を審査するに当たっては、被告店舗部会と同一の立場に立って当該処分をすべきであったかどうか等について判断し、その結果と当該処分とを比較してその適否、軽重等を論ずべきものではなく、被告店舗部会の裁量権の行使としての処分が、全く事実の基礎

第8章　居住ルール・管理規約をめぐる紛争

を欠くか又は社会観念上著しく妥当を欠き、裁量権の範囲を超え又は裁量権を濫用してされたと認められる場合に限り、違法であると判断すべきものである（最判昭和29年7月30日民集8巻7号1463頁、同昭和49年7月19日民集28巻5号790頁、同昭和52年12月20日民集31巻7号1101頁、同平成8年3月8日民集50巻3号469頁各参照）。」

（本件における適用）

　「本件承認願を承認しなかった被告店舗部会の行為が不法行為として違法であるかどうかを検討するに、……事実経過に照らすと、被告店舗部会が本件承認願に対する承認を拒否した実質的な理由は、専ら本件理由③に帰着するというべきである。すなわち、本件理由①については、原告による申入れに対する拒否の回答をした平成19年8月31日より前の同月22日、被告管理組合の理事会において、原告に対し、既存の診療科目と重複しないほかのクリニックによる開業の提案を検討する旨が報告されたことが認められるので、被告店舗部会自らが既存の診療科目以外での開業を許容していたと見ることができる。したがって、本件理由①が被告店舗部会による不承認の実質的な根拠となっていたと見ることはできない。

　また、本件理由②については、原告からCが「内科」との競合を避けるため、「心療内科」ではなく「精神科・神経科」又は「神経科」との診療科目で開業することも検討している旨の申入れがされたにもかかわらず、被告店舗部会は本件承認願に対する承認を拒否したことが認められるので、本件理由②は当該判断の実質的な根拠ではないといわざるを得ない。

　そこで、被告店舗部会が本件理由③に基づいて本件承認願を承認しなかったことが不法行為として違法かどうかを見ると、心療内科、精神科や神経科に通院する患者が周囲の者に対し不安感を与えたり又は迷惑を掛けたりするような行動を取るとの事実を認めるに足りる証拠はないし、被告店舗部会がこのような事実の裏付けとなり得る資料に基づいて承認しないとの判断をしたことを認めるに足りる的確な証拠もない。

　被告らは、被告店舗部会の理事の親戚が精神病に罹患し、ショッピングモールで事件を起こしたことがある旨を主張し、これに沿うD証人の証言がある。

214

しかし、仮に、この事実が認められるとしても、飽くまでも個別具体的な事例にとどまるのであって、これだけでは、一般的に、心療内科、精神科や神経科に通院する患者がこのような行動を取る危険があることを裏付けるには足りないといわなければならない。

そうすると、被告店舗部会は資料又は事実による裏付けを欠く本件理由③に依拠して、本件承認願を承認しなかったと認められるので、上記……の基準に照らし、被告店舗部会は、その裁量権を逸脱し、又は濫用して、本件承認願を承認せず、原告の区分所有権を制約したものといわざるを得ず、このような行為には不法行為としての違法性が認められるというべきである」。

解　説　住宅部分と店舗部分が存在する複合用途型マンションにおいては、管理組合に、住宅部分の区分所有者で構成する「住宅部会」および店舗部分の区分所有者で構成する「店舗部会」が置かれる例が多く、それぞれの共用部分の管理等については、各部会で協議等が行われる（標準管理規約（複合用途型）コメントの全般関係の③、および同60条とそのコメントを参照）。

本判決は、Ｂ店舗部会が営業者による営業開始を承認するかどうかの判断は、原則的には、Ｂ店舗部会の合理的裁量に委ねられているとしたうえで、一定の場合には違法となる場合があるとし、違法性の判断基準としては、全く事実の基礎を欠くかまたは社会観念上著しく妥当を欠き、裁量権の範囲を超えまたは裁量権を濫用してされたと認められる場合に限り、違法であるとの基準を採用したものである。

そして、本判決は、心療内科クリニックの営業が周囲に迷惑をかけるとの理由でその営業を制限することは資料および事実による具体的な裏づけを欠き、裁量権を逸脱しまたは濫用したものであると判断した（なお、本書❷判例参照）。

（時枝和正・田中佑一）

第8章　居住ルール・管理規約をめぐる紛争

50　リゾートマンションと定住禁止の規約変更の効力

> リゾートマンションの各居室の使用の仕方についての制約と、区分所有法31条1項後段の「特別の影響を及ぼすべきとき」との関係

▶箱根仙石原マンション事件〔東京高判平成21・9・24判時2061号31頁・判タ1319号145頁〕

事案の概要　本件マンション（5階建て、40戸、1階に広いロビー・温泉設備・プール）は、昭和39年に箱根町仙石原での温泉保養を目的とする別荘として分譲され、分譲会社が区分所有者と管理委託契約を締結し、不定期に保養のために利用する区分所有者への対応をしていた。区分所有者は全員が他の場所に居住しており、本件マンションを利用する場合には、事前に管理人に連絡し、利用期間や滞在日数を来館者名簿へ記入することが必要とされ、また、ゴールデンウィークや夏期休暇の期間を除き週1回の休館日がある。

平成6年頃、本件マンションの管理委員会は、先の管理委託会社からの要請を受け、区分所有者へのアンケート結果や実際の管理実態を踏まえて、最小限の遵守事項を定めた旧管理規定を作成し、全区分所有者へ郵送した。この旧規定は、平成7年1月1日施行とし、1年間特に異議がなければそのまま継続されることとされていた（なお、区分所有者の集会は開かれていない）。

Aは、平成8年に本件マンションを娘のBの居住用として購入し、Bは居住をしていたところ、平成18年に管理会社が倒産したため、同年7月1日に管理組合の設立総会が開かれ、Aを除く全員の賛成により新たな管理規約を制定した。

新管理規約では、①用法を、「不定期な保養施設として」に限定し、②病気療養など特段の理由により1カ月以上の継続使用を必要とする場合には理事

216

会の承認を得ること、③管理費・修繕積立金につき、不定期に利用する短期使用者と、特例で承認する長期使用者で異なる金額を定め、④用法を超えた使用方法をする者に対しては、短期使用者の負担額の5倍の範囲内での負担額を請求できることとし、⑤違反者が3カ月以内に用法を改善しない場合には法的手続で改善を求めることができる、などを定めた。

Bは、平成18年10月に本件マンションから一時転居したが、平成19年4月から再び本件マンションで居住を始めたので、管理組合はAに対して新管理規約に違反した用法（定住）がみられるとして繰り返し改善を求めた。そこで、AとBは管理組合に対し、Bは本件マンションを住居として利用する権利があることの確認を、Aは自分が反対した新管理規約のうち先の用法の限定などに関する規定が無効であることの確認とともに、短期使用者が負担する以上の金額の管理費と修繕積立金の支払義務がないことの確認を求める訴訟を提起した。

原審は、Bの請求については、訴えの利益がなく、確認を求める権利の内容も不明確であるとして却下し、Aの請求については棄却したので、AとBは控訴した。

判決要旨 Bの控訴は、原審と同様の理由で不適法として棄却したが、Aの控訴については原判決の敗訴部分をいずれも取り消して、Aの請求を全面的に認めた。

平成18年7月1日に制定された新管理規約のうち、

① 短期使用者以外の者に対して通常より高額の管理費等の支払義務を定めた規定については、「一定の範囲の者にそれまでとは異なった管理費等の定めをするものであるから、『規約の設定、変更』に当たることが明らかである」とし、

② 本件マンションを「不定期に保養施設として」使用する範囲を超えて使用することを原則として禁止した規定については、「本件各居室につき定住を含む一定の形態の使用を原則として禁止するものであるから、それ以前においても同様にそのような形態の使用が原則として禁止されていたと認められない限り、『規約の設定、変更』に該当することとなる」

217

としたうえで、旧管理規定を検討したところ、「保養をその主な使用目的と想定しているものと認めることができるものの、定住使用の可否を明示的に定めたものとは認め難く」、「これらの契約は本件マンションの各居室を住居の用に供することを前提としてその所有権を取引の対象とし」、「各居室の形状及び設備等は定住使用にも適するものと認めることができる」、「したがって、旧管理規定が定住使用を禁止するものと認めることはできず」、区分所有法法31条1項にいう「規約の設定」に該当する、とした。

続いて、上記の「規約の設定、変更」が区分所有法31条1項後段に規定する「一部の区分所有者の権利に特別の影響を及ぼすべきとき」に該当するか否かにつき検討を進め、

① まず、Aは、「区分所有者の一人として自己又は第三者をして、本件居室をその本来の用法である住居用のものとして使用収益することができる地位にあったと認めることができ」、「本件管理規約の設定されるまで本件居室につき定住使用が禁止されていたと認めることができない」から、Aは本件居室を「定住を含む住居用として使用収益する法的地位を有していたと認めることができる」、

とした。しかし、原則として定住使用を含む継続使用を禁止する規定は、「Aの本件居室所有権の本質的内容に制約を加えるものと認めることができ、この規定を定めなければ他の居室所有者の権利が著しく害されることが避けられないなどの特段の事情がない限り、Aに受忍限度を超える不利益を与えるものと認めることができる」としたうえで、保養か定住かという使用方法の違いによる管理費用等の不均衡は是正が可能であるから、この規定の設定はAにとって「特別の影響を及ぼすとき」に該当するとし、

② 次に、短期使用者以外の者に対し、通常より高額の管理費等の支払義務を定めた規定については、「一部の居室のみが定住等のために継続使用されると、管理費用等の負担に不均衡が生ずるおそれがあるから、……高額の負担がこの不均衡を是正する目的に沿った合理的なものと認められる場合には、Aもこれを受忍すべきものであり、その権利に特別

の影響を及ぼすべきものには該当しないこととなる」と述べたうえで、管理等に関する費用の中で、その使用量・頻度にかかわらず常にほぼ一定額を要するものについては所有権の割合に応じて、使用量・頻度に応じて増加するものはそれに応じて按分するのが合理的であるが、本件マンションの管理組合は「管理費等の金額を定めるに当たって、どのような点を考慮してこれを算出したのかにつき、具体的な主張立証をしないし、他の類似のマンションにおける定めと比較考慮して定めた形跡もない」から、合理的な根拠に基づかない高額の負担を定めるもので、Aにおいてその負担を受忍すべきとは認めがたいとし、

③　以上のとおり、2つの新管理規約の規定は、Aの本件居室に関する区分所有権に特別の影響を及ぼす規約の設定に該当するので、区分所有法31条1項後段によりAの同意を要するところ、「Aがこれに同意したと認めることはできないから、これらの規定はA及び本件居室との関係では無効である」、

と判断した。

| 解　説 |

区分所有法31条1項後段は、区分所有者間の利害を調整するための規定であり、「権利に特別の影響を及ぼすべきとき」とは、規約の設定、変更等の必要性および合理性とこれによって一部の区分所有者が受ける不利益とを比較衡量し、当該区分所有関係の実態に照らして、その不利益が区分所有者の受忍すべき限度を超えると認められる場合をいうものとされている（本書**29**判例、**62**判例）。

ところで、本件の原審は、不定期の保養という、自宅と異なる場所に滞在し日常の生活から離れて余暇を楽しむために購入したのであり、定住使用者が増えるとルールや設備の変更が必要となり、共用部分の費用負担も増え、通常の住宅と同様になって、日常と離れた空間としての保養施設の価値が損なわれるから、定住等の継続使用の原則禁止には必要性と合理性が認められるとした。そして、AもBも通常の居住用マンションにはない制約を知っていたから、Aの受ける不利益は受忍限度を超えず、また、定住使用者が負担する額が短期使用者の5倍以内であることも直ちに不合理とはいえないとし

第8章　居住ルール・管理規約をめぐる紛争

た。

　本件の原審も控訴審も、訴訟で争われた新管理規約は旧管理規定の内容とは異なるから、区分所有法31条1項にいう「規約の設定、変更」に該当すると判断し、上記最高裁判例の判断基準に基づきながらも、Aの「権利に特別の影響を及ぼすべきとき」に該当するか否かで結論が異なることになった。本件マンションの実態のとらえ方はほとんど変わりがないが、原審はリゾートマンションであることに力点をおき、控訴審は居住使用の余地を認めることに力点をおくことによって、それぞれ規約変更の合理性の判断が異なったと考えられる。

　なお、リゾートマンションについては、管理組合の役員のなり手がいないことなどから、いわゆる第三者管理方式への変更を内容とする管理規約の変更問題や、区分所有者以外の第三者（友人、知人など）が利用する場合の規制をめぐる管理規約または使用細則の変更問題のほか、温泉付きリゾートマンションでは、温泉の利用方法（疾病のある者、要介護者、幼児などについて）や利用時間などについての管理規約または使用細則の変更問題等も議論となっている実情もあり、新たな紛争も予想されるところである。

（石口俊一）

51 専有部分の用途 (民泊)

> いわゆる民泊営業をした者に対し差止請求・損害賠
> 償請求をすることができるのか

▶民泊差止請求・損害賠償請求事件〔大阪地判平成29・1・13判例集未登載〕

事案の概要 　区分所有者であるＢが専有部分の本件居宅を利用して、観光客に有料で宿泊させる事業、いわゆる民泊営業を営んでいたが、鍵管理の杜撰さ、床の汚れ、ごみの放置、非常ボタンの誤用の多発といった、不当使用や共同生活上の不当行為が現実に発生する事態となっていた。管理組合は、本件マンションの管理規約12条１号の「区分所有者は、その専有部分の住戸部分を住宅もしくは事務所として使用するものとし、他の用途に供してはならない」との規定を改正し、「住戸部分は住宅もしくは事務所として使用し、不特定多数の実質的な宿泊施設、会社寮等としての使用を禁じる。尚、本号の規定を遵守しないことによって、他に迷惑または損害を与えたときは、その区分所有者はこの除去と賠償の責に任じなければならない」として民泊営業の禁止を明確化したが、その後も、Ｂは、民泊営業を継続した。

そこで、理事長兼管理者であったＡが、Ｂに対し、民泊営業を営むことは本件マンションの管理規約12条１号に違反するとして区分所有法57条１項を根拠に民泊営業の差止めを求めるとともに、不法行為（民法709条）を根拠に弁護士費用の損害賠償請求を求めた事案である。

判決要旨 　Ｂの民泊営業は、管理規約の改正の前後を通じて12条１号に明らかに違反するものであり、また、本件建物におけるＢの行っていた民泊営業は不法行為にあたるといえるので、本判決は、Ｂに弁護士費用の損害賠償責任があると判示した。

なお、理事長Ａが訴訟提起後、Ｂが本件マンションの専有部分を第三者に

第 8 章　居住ルール・管理規約をめぐる紛争

売却して民泊営業を終了していたため、民泊営業の差止請求自体を認める意味は失われ、Ａの差止請求は棄却されている。

解　説　従来、マンションの空き部屋等を利用して不特定多数人に対し有償で貸し出す、いわゆる民泊営業を営むには、原則として、旅館業法の「簡易宿所営業」の許可が必要であった。しかし、戸建て住戸・マンション等の空室率が増加している反面、外国人観光客が増加して宿泊施設が不足している現状から、民泊の需要が増大してきた。そこで、旅館業法上の「簡易宿所営業」の許可基準の緩和がなされるとともに、旅館業を営む者以外の者が民泊営業を営むことを届出により認める「住宅宿泊事業法」（以下、「民泊新法」という。平成30年6月15日施行）が制定され、民泊営業が営みやすい環境が整備されてきた。一方で、民泊営業は不特定多数人が出入りすることが予定されていることから、マンションに実際に居住している住民の生活の平穏が害されるという事態も生じる。

　本件は、民泊新法が成立する前の事案ではあるが、Ｂの賃貸営業は、いわゆる民泊営業であると認定され本件マンションの管理規約12条1号に違反すると判示されるともに、本件居宅でＢが行っていた民泊営業について、利用者による具体的な迷惑行為の有無や程度などを検討したうえでＢの不法行為責任を認めた事案である。

　つまり、Ｂが行っていた賃貸営業は実質的にはインターネットを通じた募集の時点で不特定の外国人旅行者を対象とするいわゆる民泊営業そのものであり、また、約1年9カ月の営業期間を通じてみると、現実の利用者が多数に上ることも明らかであるので、管理規約の改正の前後を通じて12条1号に明らかに違反すると判示した。また、Ｂは本件居室の利用者のために本件マンションの東隣の建物の金網フェンスに吊り下げられたキーボックスの中に鍵を置き、その利用者に本件居室の鍵を扱わせていた。しかも、その鍵は本件マンションの玄関のオートロックを解除する鍵でもあり、鍵の管理状況も杜撰な状況にあった。さらに、床の汚れ、ごみの放置、非常ボタンの誤用の多発といった迷惑行為も発生していた。そして、ＡはＢに対して注意や勧告等をしているにもかかわらず、Ｂはあえて本件居室を旅行者に賃貸する営

業をやめなかったという経緯もあり、裁判所はBに対する不法行為に基づく弁護士費用の損害賠償請求を認めたものである。

本判決は、民泊新法施行後も、民泊の差止請求および損害賠償請求を行う事案の先例的な意義をもつものと評価できる。なお、民泊行為差止等請求事件（東京地判平成30・8・9判例集未登載）や民泊営業行為停止等請求事件（東京地判平成30・9・5判例集未登載）は、本件と類似事案で、被告に対して区分所有法57条1項等に基づく宿泊施設としての使用禁止が認められるとともに、不法行為に基づく弁護士費用等の損害賠償請求も認められた裁判例であり参考となる。

ところで、従前の標準管理規約12条の規定（「区分所有者は、その専有部分を専ら住宅として使用するものとし、他の用途に供してはならない」）によっても、他の区分所有者とのトラブルが生じやすい家主不在型の民泊営業などは禁止できると考えることもでき、本判決もそのような考え方が前提にあったものと思料される。しかし、管理組合として民泊を禁止したいのであれば、最新の標準管理規約（平成29年8月29日国住マ第33号）12条2項（「住宅宿泊事業を禁止する場合」）と同様に、「区分所有者は、その専有部分を住宅宿泊事業法第3条第1項の届出を行って営む同法第2条第3項の住宅宿泊事業に使用してはならない」との規定を追加することがより確実である。

なお、平成30年6月15日の民泊新法の施行にあたり、多くの管理組合において、民泊営業を禁止するために、上記の最新の標準管理規約12条と同等の内容の管理規約の改正手続を行っている。もっとも、いまだに改正を行っていない管理組合においても、区分所有法31条1項の「一部の区分所有者の権利に特別の影響を及ぼすべきとき」に該当しない限り、上記標準管理規約12条2項と同等の内容の規定を追加変更することも有効と解されるので、すでに民泊営業の許可を取得した区分所有者がいた場合でも、事後的に民泊営業を禁止することもできる余地がある。つまり、結局、この場合は、当該規約の変更が、当該区分所有者に「特別の影響を及ぼすべきとき」といえるか否かという個別具体的な解釈問題に帰着して解決されるものと解される。

(柴山真人)

第9章

財務をめぐる紛争

第9章　財務をめぐる紛争

52　一部共用部分と管理費の支払義務

一部共用部分であることを理由に管理費の支払いを
拒絶できるか

▶高島平マンション第1次訴訟事件〔東京高判昭和59・11・
29判時1139号44頁・判タ566号155頁〕

事案の概要　　　区分所有法11条1項に定める一部共用部分であるか否か
が争点となった判例は、本判例以降いくつも出現している
（たとえば、東京地裁八王子支判平成5・2・10判タ815号198頁、東京地判平成5・3・
30判時1461号72頁）。最近では福岡地裁小倉支判平成21・4・27セ通信299号16頁「法
律のひろば」〔花房博文〕等）。しかし、本件は一部共用部分をめぐる先駆的判
例であり、また、事案が最判平成10・11・20（本書❷判例、同事件は第2次訴訟）
と同一の著名な高島平マンションにかかる第1次訴訟案件でもあるため、本
書第4版でも取り上げることにした。

　事案の高島平マンションは、等価交換方式によって昭和48年7月に新築
された鉄筋コンクリート造8階建て、1階部分が店舗、2階以上が住戸とい
う店舗、住居併用型のマンションである。分譲戸数は34戸、1階部分の店
舗と2階部分の住戸2戸を、分譲開始以来分譲者でもあるM社が所有し続け、
サウナ、理髪店、スナック、後にはコインランドリーを営んできた。玄関ホー
ル、階段、非常階段とエレベーター室は、M社所有1階店舗部分と分離され
ていた。

　敷地南側部分は、店舗の来客用駐車場8台分（他に駐車場はない）、屋上に
高さ2.5m、幅5.5mの看板、側壁にも高さ8m、幅0.8mの看板、敷地北側の
空地部分にはコインランドリー用水槽（140×95×160㎝）、ポンプ（41×69×
80㎝）、ボイラー（60×60×116㎝）、クーリングタワー（直径110×110㎝）、石
油タンク（70×80×84㎝）をM社が無償設置していた。これら駐車場等の専
用使用権をめぐって争いになったのが第2次訴訟である（東京地判平成6・3・

226

52 一部共用部分と管理費の支払義務

24判時1522号85頁、東京高判平成8・2・20判タ909号176頁、前掲・最判平成10・11・20、差戻後控訴審東京高判平成13・1・30判時1810号61頁)。

本件第1次訴訟は、分譲の当初からM社がこのマンションの管理を行ってきていたにもかかわらず、M社自身がその所有する1階店舗部分の管理費を払っていなかったことから紛争となり、M社を除いた他の区分所有者は自治会を結成したが、M社は、玄関ホール、階段、非常階段とエレベーター室等は、2階以上の区分所有者の一部共用部分だとして支払いを拒否した。昭和

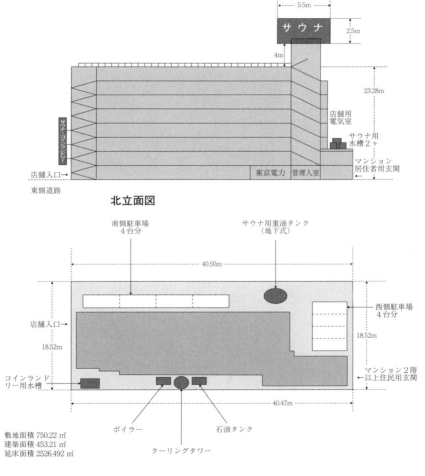

227

第9章　財務をめぐる紛争

53年自治会（選定当事者A）はM社相手に管理費等の支払い等を求めて提訴したのが本件である。1審（東京地判昭和58・8・24判時1109号99頁）は、M社の一部共用部分との主張をほぼ認め、自治会の請求中合計で61万円余のみを認め、その余を棄却したため、双方が控訴した。

判決要旨　控訴審は、以下のとおり認定して原判決を破棄し、M社に対し昭和54年7月以前分の管理費として257万円余、昭和54年7月以降毎月4万5800円の支払いを命じた。

「元来、各区分所有者ないしその専有部分と共用部分との関係は、位置関係、使用度、必要性等さまざまであるが、これら関係の濃淡、態様を細かに権利関係に反映させることは困難でもあり、相当でもなく、むしろ、建物全体の保全、全区分所有者の利益の増進、法律関係の複雑化の防止等のため、ある共用部分が構造上機能上特に一部区分所有者のみの共用に供されるべきことが明白な場合に限ってこれを一部共用部分とし、それ以外の場合は全体共用部分として扱うことを相当とする」。

「これを本件についてみると、……本件共用部分……の中、玄関ホール、階段室、エレベーター室、エレベーター、非常階段、管理人室等は、M社の専有部分とは構造上かなり分離され、同人の使用頻度も少ないとはいえ、なお右専有部分と完全に分離されたものでもなく、……これらを構造上機能上M社を除くAらのみの共用に供されるべきことの明白な共用部分と認めることはでき……ないから、結局、本件共用部分は全体共用部分というべきである」。

解　説　本判決以降、構造上・機能上からみて一部の区分所有者のみの共用に供されるべきことが明白な共用部分といえるか否かという判断枠組は踏襲されており、妥当な判断である。

たとえば、エレベーターだけをみても高層階の区分所有者はその利用は必要不可欠であるが、1階や2階の低層階の区分所有者は階段だけで生活は十分に可能であって、利用頻度は低い。廊下の照明をとってみても、出入口に近い区分所有者は出入口から遠くに位置する照明による恩恵を直接受けているわけではない。このような利用頻度や受益の差異を管理費に反映させよう

228

とすれば、数値化に著しく煩瑣な作業が必要となる。したがって、管理組合の実務の側からみれば、本判決のいうように「構造上機能上から一部共用部分であることが明白」でない限り、画一的に全体共用部分として取り扱うとする結論は支持されるであろう。

　さらには、本判決の理由づけは、管理費の使途の面からも支持される。というのも、月々の管理費の余剰金は、管理実務上は修繕積立金に繰り入れられ、将来の大規模修繕費にあてられていることが多くみられる。大規模修繕による利益は、１階や２階の低層階の区分所有者も均等に受益する結果となる。だとすれば、管理費を現在の管理費用としてだけ性格づけられるものではないが、一部共用部分との主張はその使途を現在の管理費用としてだけで把握しようとするものであるから、その誤りはより明らかとなる。

　ただし、このような理由づけと結論は、中規模程度までの主としてファミリータイプのマンションには妥当するとしても、再開発型の大規模マンションにはそのままでは妥当しないかもしれない。近年の超高層でかつ大型店舗や事務所などの商業施設が混在するような大規模開発では、共用者の構成員が異なる複雑な一部共用部分を職業的コンサルタントが専門的に関与して、分譲の当初から規約上明示している例もみられるからである。かかるケースでは、一部管理組合をそれぞれに開催することが必要になり、実務的に不安に感じざるを得ないが、本来は現行の単一の区分所有制度を改正して、多元化することによって対応すべき問題だと考えられる。

　なお、本件について付言すれば、このような第１次訴訟が決着した後、平成元年10月にM社も加えて、正式に管理組合として設立されている。

（山上知裕）

229

第 9 章　財務をめぐる紛争

53　共用部分から生じた利益に対する分配請求権

> 共用部分から生じた利益は当然に各区分所有者が行使可能な具体的収益金分配請求権となるか

▶ニュー新橋ビル事件① 〔東京地判平成 3・5・29 判時1406号33頁〕

事案の概要　Aらは本件ビルの区分所有者であり、Bは本件ビルの管理規約に基づきその管理者に選任され、かつ、各区分所有者との間において管理委託契約を締結して、本件ビルの共用部分および敷地の管理を行うものである。本件規約には、①区分所有者は、管理者が区分所有者から委託を受けた共用部分等の管理に要する一切の費用（管理費用）を負担するものとし、その額は集会の決議により決定または変更すること、②各区分所有者は、各月の管理費を毎月25日までに管理者に対して支払うこと、③共用部分の変更および敷地利用上の変更に要する費用は、集会決議により費用総額、負担額、支払期日等を決定すること、④共用部分から生じる利益については、区分所有者が専有床面積の割合に応じて取得すること、⑤上記利益は、各区分所有者が負担する管理費に振替充当すること、⑥規約に定めのない事項については、集会の決議によって決定することなどが定められた。

そして、本件ビルでは、これに基づき、本件の各年分の管理費等の額が集会により決定され、また昭和50年度から58年度までの間において、共用部分を駐車場として賃貸するなどして得られた収益金については、ⓐ新規資産取得費用、機械設備修繕費用等に振替充当する会計処理を行い、ⓑまた、収益金の一部について区分所有者に分配することなく繰越処理を行い、ⓒさらに、一定の年度の分の損害保険引当金を計上してこれに相当する額の収益金を内部留保することについて各年の集会決議で承認され、Bはそのとおり会計処理を行った。

以上のように、振替充当、繰越処理、内部留保をした収益金の合計は、

230

６億4031万円余に上っていた。

　ところが、Ｂのこのような会計処理に対してＡらは、上記収益金は、遅くとも当該事業年度末に各区分所有者に対して専有部分床面積の割合に応じて具体的に分配されなければならず、これに対する例外は、本件規約に基づく管理費用の振替充当のみであり、これをその他の費用へ振替充当し、また次年度に繰り越しあるいは内部留保する等して収益金を各区分所有者に分配しないことは、いずれも本件規約に反し無効で許されず、この収益金分配請求権は集会決議による多数決によっても奪い得ない権利であるとして、昭和58年１月から９月までの間のＡらの管理費用等支払債務とＢの収益金分配債務を対当額で相殺し、上記期間の管理費等の支払債務のないことの確認を求める訴えを提起した。そこで、これに対しＢは、Ａらに対し管理費および延滞金の支払いを求めて反訴を提起した。

判決要旨

　本訴請求棄却、反訴請求認容。

　本件規約上に、共用部分から生じた利益の帰属について直接の規定はないことを前提に、「共用部分から生じた利益は、いったん区分所有者らの団体に合有的に帰属して団体の財産を構成し、区分所有者集会決議等により団体内において具体的にこれを区分所有者らに分配すべきこと並びにその金額及び時期が決定されてはじめて、具体的に行使可能ないわば支分権としての収益金分配請求権が発生するものというべきである」、「したがって、Ａらが主張するような具体的に行使可能な債権としての収益金分配請求権はこれを肯認することはでき」ない。

解説

　共有物から生じる収益の帰属については、民法上直接の規定はないが、一般的には民法249条を類推し、持分に応じ各共有者に帰属すると解されており、収益が可分債権の場合には、同法427条により各共有者は分割債権を取得するとされている（注釈民法(7)320頁）。

　しかし、マンションの場合、判決が示すように特殊事情が存しており、単純に共有物の関係が妥当しない。本件判決は、共用部分の利益から生じた利益の帰属について丁寧に判示しており、結論のみならず理論的にも参考となるため、以下、判決を引用して説明する。

第9章　財務をめぐる紛争

　「区分所有建物においては、各区分所有者は、一棟の建物の一部を構成する専有部分に対して排他的な所有権を有する一方で、専有部分がその機能を保つために必要不可欠の補充的機能を営む共用部分に対して有する共有持分については、その分割又は解消を禁止され、専有部分と分離しての処分ができないなど、相互の拘束を受ける関係にある。区分所有者らのこのような関係に照らすと、区分所有者らの間には、一種の人的結合関係が性質上当然に成立しており、各区分所有者は、右結合関係に必然的に伴う種々の団体的拘束を受けざるを得ない関係にあると解するのが相当である」。

　また、「共用部分から生ずる利益は、……、区分所有者各人がこれを収取するものとされているけれども、共用部分の利用による収益金が生じるためには、先ず、規約又は区分所有者集会の決議において、共用部分の管理の一環として収益源となる事業を行うことについての区分所有者らの団体内の意思決定がなされ、それに基づき、区分所有者ら又はこれから委任を受けた管理者が区分所有者らの団体の事業として共用部分を第三者の利用に供してその対価を徴収し、右対価からそれを得るために区分所有者ら又は管理者が支出した経費、費用等を差し引くなど、一連の団体的な意思形成と業務遂行をとおして得られる性質のものであることを考え合わせると、共用部分そのものではないそこから派生した利益を収取する権利も、団体的拘束から自由ではないのであって、各区分所有者らは、収益の発生と同時に当然に即時これを行使することができるといった性質のものではな」い。

　本件判決はこのように理論構成したうえで、共用部分から生じた利益は、いったん区分所有者らの団体に合有的に帰属するから、具体的な権利として行使するには、さらに団体内において具体的にこれを区分所有者らに分配すべきこと並びにその金額および時期が決定されることが必要であるとした。

　最判平成27・9・18民集69巻6号1711頁・判時2278号63頁・判タ1418号92頁（本書**41**判例）においても、同様の判断がなされている。要旨は次のとおりである。「一部の区分所有者が共用部分を第三者に賃貸して得た賃料のうち各区分所有者の持分割合に相当する部分につき生ずる不当利得返還請求権は各区分所有者に帰属するから、各区分所有者は、原則として、上記請求

232

権を行使することができるものと解するのが相当である」、「共用部分を第三者に賃貸することは共用部分の管理に関する事項に当たるところ、……区分所有者の団体は、区分所有者の団体のみが上記請求権を行使することができる旨を集会で決議し、又は規約で定めることができるものと解される」、「上記の集会の決議又は規約の定めがある場合には、各区分所有者は、上記請求権を行使することができないものと解するのが相当である」。

　本判例は、マンションの特殊性を十分に汲み取った判示を行っており、上記のとおり最高裁判所でも同様の判断がなされたため、今後も参考とすべきものと考える。

（安原伸人）

第9章　財務をめぐる紛争

54　管理費請求権の消滅時効期間

滞納管理費の請求権は何年で時効にかかるか

▶草加西町マンション事件〔最判平成16・4・23民集58巻4号959頁・判時1861号38頁・判タ1152号147頁〕

事案の概要　　本件は、管理組合Aが、その組合員である区分所有者のBに対し、滞納されている管理費および特別修繕費の支払いを求めた事案である。

　Bは、区分所有建物である本件マンションの1室を平成10年3月31日、前区分所有者から買い受け、同年5月1日その旨の所有権移転登記手続をした。その前区分所有者は平成4年1月から平成10年4月までの管理費および特別修繕費の合計約174万円を滞納していた。Aは、本件管理費等の支払義務はBに承継されたとして、平成12年12月4日、Bに対し本件管理費等の支払いを求める旨の支払督促を簡易裁判所に申し立てた。この督促事件は、Bが督促異議の申立てをしたことにより訴訟に移行した。

　Bは本件訴訟において、管理費等の債権は5年の短期消滅時効により消滅すると主張して、本件管理費等のうち支払期限から5年を経過した平成7年分までのもの（合計104万0200円）につき支払義務を否定した。しかし1審・さいたま地方裁判所越谷支部も、2審・東京高等裁判所も、消滅時効の期間について10年とする説に立って、Bの消滅時効の主張を排斥し、Aの請求を全部認容した。これに対しBが最高裁判所に上告した。

判決要旨　　民法169条所定の定期給付債権にあたるとして5年の消滅時効の成立を認めた。

　「本件の管理費等の債権は、……管理規約の規定に基づいて、区分所有者に対して発生するものであり、その具体的な額は総会の決議によって確定し、月ごとに所定の方法で支払われるものである。このような本件の管理費等の債権は、基本権たる定期金債権から派生する支分権として、民法169条所定

234

の債権に当たるものというべきである。その具体的な額が共用部分等の管理に要する費用の増減に伴い、総会の決議により増減することがあるとしても、そのことは、上記の結論を左右するものではない」。

解説 マンションの管理費や修繕積立金は毎月一定期日までに一定額を支払うよう定められているのが通常である。そのため、この管理費等の請求権が、民法169条にいう「年又はこれより短い時期によって定めた金銭その他の物の給付を目的とする債権」（このような定期給付債権の消滅時効期間は同条によって5年とされている）にあたるかどうかが問題となった。この民法169条の適用を肯定すると時効は5年となり、この適用を否定すると、同法167条（一般の債権の消滅時効期間は同条によって10年とされている）に従って時効は10年となる。

最高裁判所は元々民法169条の適用を肯定する5年説の立場であった。最判平成5・9・10判例集未登載は、原審の大阪高等裁判所が「本件管理費債権は1年以内の周期で定期に金銭を給付させることを内容とする債権であり民法169条の定期金債権に当たる」としたことについて、「原審の判断は正当として是認することができる」と述べており、最高裁判所の立場はこの判決で示されていた。本件の最高裁判決は従前のこの立場を確認したものである。この判決は判例集（民集58巻4号959頁）に掲載され、各種の法律雑誌に詳しい紹介がなされた。新聞でも大きく取り上げられた。この最高裁判決がマンション管理の実務に与えた影響は大きく、以後の実務は5年説に従うことになった。

さて、民法総則が定める債権の消滅時効規定は、平成29年の民法大改正において全面的に変更された。平成29年6月2日に公布され、令和2年4月1日に施行される改正民法の総則規定において、その改正民法166条1項は、「債権は、次に掲げる場合には、時効によって消滅する。一　債権者が権利を行使することができることを知った時から5年間行使しないとき　二　権利を行使することができる時から10年間行使しないとき」と定めた。

この新規定によれば、マンション管理組合が各区分所有者に対して有する管理費や修繕積立金の請求権は、一律に5年で消滅することになる。改正前

の５年説に立った考え方と、改正後の新規定の166条１項１号の内容とは、完全に一致することになった。改正民法の施行前と施行後で適用される法律が異なることになるが、その両方の内容は完全に一致しているので、新たな問題が生じることはない。

　区分所有者が滞納管理費等について５年の消滅時効を援用することは、前述のとおり法が認める正当な権利である。しかし場合によっては、その権利の行使が債権法の一般原則である信義誠実の原則に反し、そのため権利の濫用として許されないことがある（民法１条）。東京地判平成27・7・16判時2283号51頁は、管理費等の滞納者から区分所有権を転々譲渡された区分所有者が、管理規約に従って管理組合に組合員の資格の取得を届け出る義務があるにもかかわらずその届出をしなかったこと、またその区分所有者が転得後も前所有者の名義で管理費等の支払いを続けていたこと等の事情のある場合において、その最終の転得者が管理組合に対し消滅時効を援用することは、信義則に反し権利の濫用として許されない、と判示した。

　付言すると、マンション管理の実務においては、長期間にわたって管理費等の滞納が放置されることのないよう、管理を厳格にすることが求められる。管理費等の個々の弁済期から５年以内に、支払督促の申立てをし、あるいは訴えの提起をする必要がある。ただし、仮に弁済期から５年を経過した未払い分が残ったとしても、請求する側の管理組合の立場においては、支払督促の申立てまたは訴えの提起にあたって、５年を経過してしまっている分についてもまずは支払請求をすることになる。時効による債権の消滅というものは、法律上必ず債権が消滅するのではなく、債務者が時効の利益を受けたいとの意思を表明すること（これを「時効の援用」という）によってはじめて、債権消滅の効果を生じるとされているからである。実際の裁判において、債務者が５年の時効期限のあることを知らず、そのため時効の援用をしなかった結果、判決において長期間の未払管理費等について支払義務を負わされることは、しばしばみられるところである。

（中島繁樹）

55 管理費の負担割合

居室を事業用物件として使用している区分所有者に対し通常の倍額の管理費の負担を求めることができるか

▶管理費等請求事件〔東京地判平成27・12・17判時2307号105頁〕

事案の概要　原告Aは、本件マンションの管理組合である。被告B₁
および被告B₂は、売買により本件マンションのC₁号室
（407号室）およびC₂号室（609号室）の所有権を取得し、現在まで共有している本件マンションの区分所有者であり、C₁およびC₂号室を被告B₁が代表取締役を務めるD株式会社の事務所として使用している。

昭和60年9月8日効力発生のAの管理規約（以下、「原規約」という）23条3項には、「管理組合は区分所有者が所有する住居部分を他の用途に使用した場合、その区分所有者に対し管理費の増額を理事会の決議により請求することができる」旨規定されているところ、Aは、平成元年5月25日開催の定時総会に先立ち、「事業所、事務所等」（以下、「事業用物件」という）の管理費を通常の2倍とする旨の理事会決定（以下、「平成元年決定」という）をした。

被告らは、平成24年末頃までは、原規約23条3項および平成元年決定を前提として、通常の2倍の管理費を支払い続けていたが、上記時期以降は支払いをしなくなった。

そのため、原告Aは、被告らに対し、被告らには通常の2倍の管理費を支払う義務があることを前提に、未払管理費の請求を求めた。

これに対し、被告らは、Aに対し、事業用物件の管理費を2倍とする旨の原規約23条3項および平成元年決定は区分所有法30条3項に反し無効であり、被告らが過去に支払った管理費のうち、原規約および平成元年決定により増額された部分は原告の不当利得であるとして、過払い分の管理費相当額の金銭の返還を求める反訴請求をした。

237

第 9 章　財務をめぐる紛争

判決要旨　　　「区分所有法30条 3 項は、建物又はその敷地若しくは附属施設の管理又は使用に関する区分所有者相互間の事項を規約で定めるに当たっては、これらの形状、面積、位置関係、使用目的及び利用状況並びに区分所有者が支払った対価その他の事情を総合的に考慮して、区分所有者間の利害の衡平が図られるように定めなければならない旨を規定しており、上記要件が充たされていない場合には規約の当該部分は無効になるものと解される」。

　原規約23条 3 項および平成元年決定により定められたとされる事業用物件の管理費額を通常の倍額とする規定（以下、「本件倍額規定」という）は、当該居室の使用目的が居住用であるか事業用であるかによって管理費額に差を設けるものであるところ、以下の理由から、本件倍額規定は区分所有法30条 3 項に反し無効である。

① 　営利目的の事業用物件については当該居室からの収益が想定されるものの、このことから管理費の負担能力の高さまでが当然に基礎づけられるものとは認められない。

② 　C₁およびC₂号室の利用状況は、共用部分の使用頻度の観点から通常の居住用物件と大きく異なるものではなく、またC₁およびC₂号室以外の事業用物件についても、居住用物件と大きく異なるような利用状況にあるとの証拠はない。

③ 　被告らは、平成24年末頃までの相当長期間にわたり本件倍額規定の適用を前提とした管理費の支払いをしていたが、被告らに対し本件倍額規定の説明がなされていたかは疑問があり、上記被告らによる継続的な管理費の支払いをもって本件倍額規定の合理性を基礎づけることはできない。

④ 　本件倍額規定が存在しなければ原告Ａの財政が赤字になるとしても、それは支出状況の改善および居住用物件所有者らの負担割合との調整等によって実現されるべきものであり、本件倍額規定の存在を許容すべき理由にはならない。

　そして、被告らには、通常の金額の管理費支払義務しかなく、被告らが過

去に支払った管理費のうち、本件倍額規定により増額された部分は原告の不当利得になっているから、原告Aは、被告らに対し、過払い分の管理費相当額の金銭を返還すべきである。

解　説　区分所有法19条は、区分所有者による管理費の負担につき、その持分、すなわち専有部分の床面積の割合に応じたものとすることを原則としつつ、規約により別段の定めを設けることも認めている。

しかし、規約の定めによればいかなる管理費負担割合も認められるわけではなく、平成14年改正により新設された区分所有法30条3項は、規約は、建物、敷地および附属施設の形状、面積、位置関係、使用目的および利用状況並びに区分所有者が支払った対価その他の事情を総合的に考慮して、区分所有者間の利害の衡平が図られるように定めることを要請しており、区分所有者間の利害の衡平を害する規約については、同条により無効となると解されている。そして、本件は、事業用物件の管理費額を通常の倍額とする本件倍額規定が、区分所有者間の利害の衡平を害し無効ではないかがまさに争いとなった事案であり、区分所有法30条3項により規約が無効と判断された初事例でもある。

本判決では、①事業者の管理費負担能力の程度、②事業用物件利用者の共用部分の利用頻度、③被告らの合意の有無、④原告管理組合の財政状況、の観点から本件倍額規定の合理性を判断しているが、中でも特に重視すべき事情は、②事業用物件利用者の共用部分の利用頻度、であろう。なぜなら、区分所有法30条3項は、区分所有者間の利害の衡平を害するか否かの判断要素につき、形状、面積、位置関係、使用目的および利用状況といった建物等の客観的な利用実態をあげており、また、事業用物件利用者が通常の居住用物件利用者よりも共用部分を多く利用しておりその分多く費用が生じているという点に、事業用物件の区分所有者に通常よりも多くの管理費を負わせる正当性の根拠があると考えられるからである。

本件で、C₁およびC₂号室利用者の共用部分の利用頻度について当事者がどれほど主張・立証したかは定かではないが、本判決を見る限りでは、原告は、「事業用物件の場合には一般的に共用部分の利用頻度が居住用物件よ

239

りも高い」と具体的な主張・立証をしていないようであるから、C₁およびC₂号室利用者の共用部分の利用頻度は通常の居住用物件利用者のそれと大きく異なるものではないと認定して、本件倍額規定には合理性がないとした本判決の判断は自然なものといえよう。

　本判決では、事業用物件の管理費額を通常の倍額とする本件倍額規定は区分所有法30条3項に反し無効と判断されたが、これにより一般論として、事業用物件の管理費額を通常の倍額とする規約が無効となるわけではなく、まさしく事業用物件利用者の共用部分の利用頻度等によっては、事業用物件の管理費額を通常の倍額とする規約も有効だと判断される余地はある。しかし、通常の管理費額との乖離が大きいほど、その合理性判断の基礎となる事業用物件利用者の共用部分の利用頻度等について、より緻密な主張・立証を求められると考えられる。なお、事業用物件の管理費額を通常よりも増額する規約の有効性については、事業用物件の管理費額につき平均額の1.5倍を超える部分については無効であると判断したローレルハイツ高宮事件（福岡地判平成14・10・29判例集未登載。本書第3版59判例）や法人組合員の管理費等の徴収額を個人組合員の1.72倍とした規約を無効であると判断した東京地判平成2・7・24判時1382号83頁も参考にされたい。

　本判決はあくまで事例判断であり、事業用物件の管理費額と通常の管理費額との間にどの程度の差を設けることが許されるかについて一般的な基準を提示するものではないが、少なくとも、事業用物件だからといって安易に管理費額を通常よりも増額する旨定めた規約は、区分所有法30条3項により無効となりうることを確認した意味では、参考になる裁判例であるといえる。

（小森瑛博）

56 特定承継人の責任

> マンションが転々譲渡された場合の中間取得者は、
> 特定承継人としての責任を負うか

▶サンマンション新大阪事件〔大阪地判平成11・11・24判例集未登載〕

事案の概要 　管理組合は、平成7年3月5日臨時総会で、共用部分の修理工事を組合員の個人負担分を6500万円以内と定めて行うことを決議した。工事請負契約が6180万円で締結されたので、各組合員の負担額は50万2819円となり、支払期日は平成7年4月28日と定められた。

本件マンションの506号室は上記決議当時、Aが所有していたが、平成9年11月19日競売によりBがこれを取得した。Bは平成10年8月3日、506号室の区分所有権をCに売却した。その後、管理組合は、区分所有権の中間取得者であるBに対して、負担金の支払いを求め提訴したのが本件である。

判決要旨 　請求認容。

Bは、区分所有法（以下、「法」という）8条にいう特定承継人とは区分所有権を現に有する特定承継人に限られると主張するが、法8条につき上記主張のように縮小解釈すべき根拠はいまだ見出し難い。

すなわち、管理組合法人が各区分所有者の拠出に係る財産をもって支出した共用部分の修繕費は、1棟の建物全体の資産価値を維持しあるいはその下落を防止する性質を有する支出であって、管理組合法人に対して修繕義務を履行すべき責任を負担しながらその責任を履行しない区分所有者に対しても、その有する区分所有権の価値を維持するために寄与しているものである。したがって、区分所有権を現に有しない中間取得者といえども、その所有に係る期間、管理組合法人による修繕費の支出による利益を享受しているといえるし、また、換価処分の際には貨幣価値として上記利益が自らに還元されているとみることも可能である。さらにいうならば、修繕費の支払いをしな

いうちに当該区分所有権を修繕費投下によって補正された価値をもって処分し得た区分所有者についてみると、その所有期間の長短にかかわらず特定承継人としての責めを何ら負わないという前提をとるとすると、不当な利益を得ることにもなり、その結果、共用部分等の適正な維持管理のために要した債権につき強固な保護を図ろうとした法8条の趣旨は没却されることにもなりかねない。

なお、法7条によれば、上記債権については債務者の区分所有権および建物に備え付けられた動産の上に先取特権が付されているが、そのことと、上記債権につき責任を負うべき者の人的範囲に関する問題とは性質を異にするものであると考えるのが相当であるから、上記先取特権の制度の存在をもって上記人的範囲を画するのは妥当ではないというべきである。

解 説　1　法7条1項、8条による特定承継人の責任強化

法7条および8条は、昭和58年改正により、旧法6条1項が法7条1項の規定内容に、旧法15条が法8条の規定内容に（執筆者注・旧法15条は削除、法8条新設）、それぞれ改正された。

旧法6条1項は、被担保債権の範囲について「共用部分又は建物の敷地につき他の区分所有者に対して有する債権」と規定していたが、法7条では規約・集会に基づく区分所有者相互間の債権、管理組合法人の区分所有者に対する債権にまで拡大された。法8条は、法7条1項の定めを受けて、上記の各債権について、特定承継人は支払義務を負うものとし、その責任が拡充・強化された。

このように特定承継人の責任が拡充・強化された改正の趣旨および理論的根拠は、区分所有法における団体的管理のためにかかる管理費等の債権については広く履行確保を図る必要性があること、そして他の区分所有者が出捐した管理費等は、「既にその目的のために費消されていれば建物等の全体の価値に（すなわち債務の履行をしない区分所有者の有する区分所有権の価値にも）化体しているのであるし、未だ費消されずにいればそれは団体的に……帰属する財産を構成している」（新法解説）ので、特定承継人に対する請求は妥当

視されるというものである。

　債務者である区分所有者の債務と特定承継人の債務との関係は、実質、債務の重畳的引受をしたものとして不真正連帯債務となる。この点、特定承継人は、その善意・悪意を問わず責任を負い、管理費等の滞納につき不測の損害を受ける可能性があるが、そのことは元来の債権者である前区分所有者と特定承継人との契約上の問題として処理されるべき問題である。

　なお、特定承継人が支払義務を負う債権の範囲については、本書**64**判例を、特定承継人間の法的関係については本書**66**判例も参照されたい。

2　中間の特定承継人の責任

　本事案で問題となったのは、中間取得者Bが、区分所有権をCに譲渡した後も、Aの滞納分も含め「特定承継人」としての責任を負うか否かである。言い換えれば、法8条の「特定承継人」とは、現に区分所有権を有する特定承継人に限られるか否かである。

　この点、従来の学説・裁判例では否定的な考えが多く、大阪地判昭和62・6・23判時1258号102頁も否定し、現在の区分所有者のみが責任を負うという結論を採用していた（その他、中間取得者の責任を否定する見解には、新田敏「批判」判時1273号189頁、鎌野邦樹「批判」ジュリ934号126頁がある）。

3　近時の裁判例の傾向

　しかし、近時の裁判例は、現在の区分所有者のみでなく中間取得者についても特定承継人の責任を認めるものが多くなっており、肯定説が主流となっている。

　その理由は、「東京地判平成20・11・27が大変分かりやすく判示しているので、それを要約すると次の通りです。『法8条は、特定承継人に対する債権行使の手段を法7条の先取特権の実行に限定しておらず、特定承継人の一般財産に対する責任追及も可能であることからすると、法8条の責任主体をマンションの現区分所有者に限定する必然性はないし、ひとたび債務者と重畳的に債務負担すべき地位についた以上は区分所有権喪失後もその地位に留まらせる

第9章　財務をめぐる紛争

ことが債務の履行確保を図ろうとした法8条の趣旨に適う。また、実際上も中間者たる特定承継人は前区分所有者が支払を怠った費用を他の区分所有者や管理組合が肩代わりすることによって維持管理された共用部分を使用できる利益を享受する一方で、その間8条の責任も懈怠したまま区分所有権を第三者に移転したのだから区分所有権喪失後も法8条の責任を負わせることが衡平である』」（篠原みち子「区分所有法・管理規約を読みこなすための基礎知識（第3回）」セ通信2014年4月号8頁）というものである。

　以上のとおり、法8条の趣旨や実際の利益享受等の衡平の観点から、「特定承継」には、中間取得者も含まれるのが妥当である。

　その他、中間取得者につき特定承継人の責任を認めた裁判例として、福岡地判平成13・10・3判例集未登載、大阪地判平成21・3・12判タ1326号275頁、東京高判平成21・3・25判例集未登載、大阪地判平成21・7・24判タ1328号120頁等がある。

（安元隆治・松本知佳）

57 売れ残りマンションの分譲業者の管理費支払義務

> 分譲業者は売れ残った専有部分の管理費を支払う義務があるか

▶パレ・エテルネル事件〔東京地判平成２・10・26判時1393号102頁・判タ764号184頁〕

事案の概要　昭和57年３月、分譲業者Ａが、東京都新宿区にマンション「パレ・エテルネル」を建築、分譲した。Ａは、未分譲区分所有者でもある。分譲に際し、Ｂら区分所有者との間で、本件管理規約が合意され、Ａに管理業務が委託された。ところが、Ａは、区分所有者として管理費等支払義務があるにもかかわらず、分譲開始時から昭和59年８月まで未売却住戸の管理費を支払わない、管理業務を懈怠する等、管理者としてＢらとの信頼関係を破壊する事情があった。そこで、Ｂらが、Ａに対し、管理者として職務を行うに適しない事情があるとして、区分所有法25条２項に基づく管理者解任の訴えを起こした。

本件は、同項の管理者として「職務を行うに適しない事情」の１つの事情として、区分所有者としての地位を兼ねる分譲業者に管理費等の支払義務があるかどうかが争われたものである。

この点につき、Ａは、管理規約上、「管理費等の支払義務は、専有部分の引渡しの時から発生すると定められているから、……当初から専有部分を占有しているＡには、その支払義務はない。分譲マンションでは、分譲業者には、完全に売却されるまではその未分譲部分について管理費等を徴収しない旨の商慣習がある」などと主張した。

判決要旨　請求認容し、その理由中で次のとおり判断した。

区分所有者は、区分所有建物の譲渡により区分所有権が発生し、区分所有権の登記等により区分所有建物であることが客観的に認識さ

第9章　財務をめぐる紛争

れる状態になったときから、法令、規約、区分所有者の団体の集会で定める
ところに従い、共用部分の管理費等を支払う義務を負う。分譲業者であって
も、未分譲の区分所有権を有する以上当然である。分譲業者に管理費等の支
払義務が免除される旨の商慣習は存しない。Ａは、本件管理規約の成立から
未分譲の区分所有権を管理し、かつ、それを占有しているのであるから、本
規約を根拠に管理費等の支払義務を否定することはできない。（Ｂら主張の諸
事実を認定したうえで）以上要するに、Ａには管理者として業務を行うに適し
ない事情があると解せられる。したがって、Ｂらの解任請求には理由がある。

解　説　分譲業者の未売却住戸についての管理費支払義務について
は、分譲業者であっても、未分譲の区分所有権を有する以上、
区分所有法19条の解釈上、管理費の支払義務は発生すると解され、理由づ
けも結論も妥当な判決である。同旨の肯定判例として、大阪地判昭和57・
10・22判時1068号85頁がある。問題は、分譲業者の作成に係る原始管理規
約に分譲業者の管理費等支払義務を免除する旨が規定されていた場合である。

① 　大阪地判昭和62・12・25判例集未登載〔マンハイム武庫之荘事件〕

本件マンションの管理規約には、初年度会計年度に限り、専用使用料を
管理費に充当してもなお不足する場合にのみ分譲業者は未売却部分につ
いての管理費等を負担する旨の定めがあった。分譲時の売買契約書およ
び買主に交付された重要事項説明書にも、同趣旨の記載があった。分譲
業者は、本件管理規約に基づき、専用使用料を管理費に充当した。そこ
で、管理組合は、分譲業者に対し、本来積立金として管理組合に留保さ
れるべき専用使用料を管理費に充当させたものであるから上記措置は不
法行為を構成するとして、未売却住戸の未納管理費の支払いと充当額相
当金を損害金として支払いを求めた。

分譲業者は、売買契約書、重要事項説明書、または管理規約の定めに
より、分譲業者が管理費等支払義務を負担しないことが約定されており、
その合意した内容を否認し、それと矛盾する主張は許されないなどと主
張した。これに対し、管理組合は本件管理規約は、区分所有法19条の
趣旨に反し無効である、本件管理規約設定手続において十分な説明を受

けていなかったから無効であると反論した。

　裁判所は、「本件管理規約は有効である。本件管理規約のように、別段の定めをすることは区分所有法19条の趣旨に反しない。管理規約が説明不足で無効なことを認めるに足りる証拠はない。同規定により、分譲業者は、未売却住戸については、管理費支払義務はない。また、専用使用料は本件マンションの管理費として使用充当されたものであるから、充当金相当の損害金が発生するいわれもない」として管理組合の請求を棄却した。

② 　熊本地判平成３・２・18判例集未登載　　Ａ会社は、建設会社にマンションの建築を依頼し、昭和61年12月に同マンションが完成し、同日引渡しを受けた。昭和62年６月、マンション管理規約が成立し、区分所有者全員が管理費等を負担する旨定められた。本件管理規約は、Ａ会社が原案を作成したもので、Ａ会社以外の区分所有者は、成立前から本件管理規約の記載のとおり、Ａ会社が委託した訴外管理会社に管理費を支払っていた。

　本件マンションの管理組合のＢ理事長（管理者）は、「Ａ会社を含む区分所有者は、本件管理規約の成立の際、規約の効力が本件マンションの区分所有関係発生の時点に遡及する旨の合意をした、したがって、Ａ会社も、区分所有関係発生から本件管理規約成立までの管理費等を負担すべきである」と主張した。これに対し、Ａ会社は、本件管理規約成立前においては、訴外管理会社との間で、本件建物の入居者である区分所有者からの徴収分で不足した分をＡ会社が負担するといういわゆる赤字補填方式によって、本件マンションの管理を行う旨の委託契約が締結され、Ａ会社は赤字分の負担をしてきた。このことは、入居時に説明して区分所有者の了解を得た、仮に了解が得られていなかったとしても、右赤字補填方式について区分所有者らは事後承認をしていた」と反論した。

　裁判所は、「本件管理規約は昭和62年６月19日に成立し、成立の日から規約の効力は発生したものとみるのが合理的である（遡及しない）。区分所有法19条は、現実にかかった管理費用について持分に応じた負担

第9章　財務をめぐる紛争

をしなければならないことを定めたものというべきであり、本件管理規約成立前の管理費および修繕積立金の負担について、A会社以外の区分所有者が支払ったと同じ負担をすべきであるということとは直ちに結びつかない、A会社は上記赤字分の負担をしてきたのであって、他の区分所有者との間でその負担に関し著しい差異を生じているとは認めがたい」として、Bの請求を棄却した。

③　福岡高判平成13・7・19判例集未登載〔ホワイトキャッスル折尾東事件〕　区分所有権（101号、スポーツクラブ）を有する建設・分譲業者が、管理規約上の管理費は住戸の一部共用部分に係る管理費である、本件管理規約等の解釈にあたっては、マンション建築の経緯、チラシ、図面集、重要事項証明書、規約案等を総合的に判断しなければならず、「住戸」とは、住居として専有部分を所有する場合のことであるから管理費の支払義務がないとして争った事案につき、原審は「管理規約案は、101号室について、管理費を負担しないものとして制定されており、管理組合は、右趣旨のものとして本件管理規約を議決しているというべきである」などとして管理組合の請求を棄却した。

控訴審は、「本件の争点は本件管理規約の解釈に帰着することになるが、同規約は、管理組合の設立総会における議決によって成立したものであるから、右解釈に当たっては、議決に際しての管理組合構成員の意思が最も重要な要素となることはいうまでもない。本件管理規約の文言に本件重要事項説明書等の内容を加味しつつ、議決に加わった設立総会参加者の意思を合理的に判断することが要請されるべきというべきである」とし、分譲業者も、本件マンションの区分所有者である以上、管理費の支払義務を負担するのが合理的というべきであるとして、原判決を変更し、管理組合から分譲業者への管理費の支払請求を認容した。

管理規約の解釈について結論が分かれているが、③の判示のごとく、規約成立に際しての管理組合構成員の意思が最重要であり、関係資料を基に、区分所有法19条の趣旨を背景に合理的に判断すべきと考える。売れ残りマンションにおける原始管理規約等において、分譲業者の管理費等を免除する、

248

あるいは赤字補塡方式による旨の合意が成立しているのかは疑問であり、殊に期間を限定しないものについては区分所有法30条3項に違反し無効である可能性もある。

（塩田裕美子）

第9章　財務をめぐる紛争

🔢 管理費等請求訴訟における弁護士費用

> 滞納管理費等の請求訴訟を提起する場合、弁護士費
> 用もあわせて請求できるか

▶高輪中台マンション事件〔東京地判平成4・3・16判時 1453号142頁〕

事案の概要　　Aは管理組合の管理者であり、Bは集会決議によって決定された営繕維持積立金、給水管工事の負担金の一部を支払わない区分所有者である。AはBに対し不払金を求めて訴えを提起し、弁護士費用の支払いも請求した。本判決はその控訴審判決である。

Aが管理者となっているマンション管理組合は、各区分所有者から区分所有建物の面積割合による営繕維持積立金および給水管工事の負担金を徴収することを集会決議で決定した。

Bは、上記金額の決定が区分所有建物の面積割合によってなされることは不合理であると考え、その支払いをせず、独自の見解に基づき決めた金額を支払った。その金額は集会決議によって決定された金額より少なく、Bはその余の支払いをしなかった。

Aは、Bに対し話合いによる解決に応じるよう説得したが、Bは1年半の長期にわたりこれを無視し続けたばかりか、管理組合相手の訴訟提起を挑発するような言動を取り続けた。

そこで管理組合は、管理者Aを原告とし、不払金請求の訴えを提起することにし、弁護士を訴訟代理人に選任した。AはBの上記行為のため弁護士に依頼して本訴を提起せざるを得なくなったものであるから、その点でBに不法行為があるとしてあわせて弁護士費用も請求した。

第1審判決はAの主張を認め、Bの管理組合に対する不払金の支払いに加えて弁護士費用の支払いを命じた。

250

58 管理費等請求訴訟における弁護士費用

判決要旨　請求一部認容。
判決は、区分所有建物の占有面積割合による積立金、負担金の決定を不合理と考え、独自の見解に基づいて、集会決議により適法に定められた積立金、負担金についてその一部しか支払わず、かつＡが話合いに応じるよう説得しても、これを１年半にわたり無視し続け、かえって管理組合に対して訴訟提起を挑発するような言動をし、Ａをして弁護士に依頼して本件訴訟を提起せざるを得なくさせたＢの行為は、管理組合とＡに対する不法行為を構成するものであり、それと相当因果関係のある弁護士費用は３万円が相当であるとした。

解　説　本件は、区分所有者が管理費等の支払いをしないため、弁護士を代理人として支払請求の訴訟を起こした場合、その弁護士費用をＢ、すなわち管理費等の支払いをしない区分所有者に負担させられるか、どのような論理構成で負担させるかという問題である。

　上記管理費等支払請求訴訟の弁護士費用の負担は、管理費等の支払いをしない区分所有者の債務不履行に起因するものであるが、金銭債務の不履行に基づく損害賠償として弁護士費用その他の取立費用を請求することはできないとするのが最高裁判例であるから（最判昭和48・10・11判時723号44頁）、管理費等の支払いをしない区分所有者に債務の履行請求に加えて本件弁護士費用を請求することはできない。

　ところで、管理費等の支払いに関する事項は、区分所有法18条１項本文の共用部分の管理に関する事項にあたるから、未払管理費等の支払請求訴訟を提起するために要する弁護士費用の支出、負担もまた共用部分の管理に関する事項にあたるといえる。したがって、集会の決議によって弁護士費用の支出のみならず、その負担者を決めることも不可能ではない。

　しかし、集会決議で決定できる事項にはおのずから限界があり、特定の区分所有者に対し、意に反し一方的に義務なき負担を課すことはできない。したがって、管理費等の支払いを怠っている区分所有者を相手とする滞納管理費等支払請求訴訟を提起するにあたり、それに要する弁護士費用を当該区分所有者に負担させる旨集会で決議しても、その効力は当該区分所有者に及ば

251

ない。上記最高裁判例が示すように債務不履行に基づく履行請求の範囲に弁護士費用は含まれないことに加えて、現行法体系においては訴訟の相手方の弁護士費用はたとえ敗訴となっても支払う義務はないこともその理由の１つとなっている。

しかし、区分所有者がとった態度が単なる債務不履行にとどまらず不当抗争に及ぶときは、その態度は不法行為を構成することになる。この場合、管理組合は解決のために法律専門家である弁護士に事件を委ねざるを得なくなるのであり、そのために要した弁護士費用は不法行為と相当因果関係のある損害として区分所有者に負担させることが可能となる。本判決は、区分所有者の不法行為の成立を認め、それに基づく損害賠償としての弁護士費用の負担を区分所有者に認めたものである。

管理組合の財務の充実は、管理組合の運営および共用部分の管理の根幹にかかわる極めて重要な問題である。したがって、これを脅かすような区分所有者の管理費等の不払いに対しては債権の消滅時効の期間が５年と短いこともあって厳正な態度で臨む必要があり、迅速、的確な対応をしなければならない。そして、その最終的な手段としての管理費等支払請求の訴訟を提起しなければならない事態も少なからず生じてくる。このような場合、弁護士費用の支出を余儀なくされるが、本判決はこれを、管理費等の支払いをしない区分所有者に負担させるためには、同人に不法行為がなければならないとし、それ以外の場合には管理組合の負担となるとするものである。

この考え方は管理組合の財務充実の点で問題があるが、管理規約に管理費等の支払いをしていない区分所有者に弁護士費用を負担させる旨規定しておけばこの費用負担は規約に基づく債務であるから問題なく当該区分所有者に請求できる。規約にこの旨を規定していない管理組合としては規約の整備、改正をする必要がある（なお、標準管理規約60条２項およびコメントを参照）。

（松坂徹也）

59 区分所有法59条による競売と剰余主義

> 区分所有法59条競売に基づく差押えに優先する担保
> 権者がいる場合、剰余主義が適用されるか

▶サンピア鎌ヶ谷・執行抗告事件〔東京高決平成16・5・20
判タ1210号170頁〕

事案の概要 　区分所有者が過去7年間にもわたって管理費未納を続
け、催告も無視し続けたため、マンション管理組合が、同
滞納管理費等の支払いを求めて提訴した。結果、勝訴判決を得たものの支
払いはなされなかった。そこで、平成14年に区分所有法59条1項に基づく
競売請求をし、被告側欠席のまま認容判決が確定した（千葉地裁松戸支判平成
15・2・5判例集未登載）。

　管理組合は上記判決を債務名義として、民事執行法195条に基づき、未納
者の区分所有建物に対する競売を申し立て、平成15年に開始決定を得た。
しかし、最低売却価額が418万円、手続費用および差押債権者である管理組
合に優先する債権額約2700万円を弁済しても剰余が生ずる見込みがないと
して、原審は民事執行法63条2項により、競売手続を取り消す無剰余取消
決定をした（千葉地裁松戸支決平成15・8・20判例集未登載）。

　これに対し、管理組合は、区分所有法59条に基づく競売には、民事執行
法63条の剰余主義の規定は適用されないと主張し、原決定の取消しを求め、
東京高等裁判所に抗告した。

決定要旨 　原決定取消し。剰余主義の適用を否定した。
（剰余主義（民事執行法63条））

　区分所有法59条の規定の趣旨によると、「同条に基づく競売は、当該区分
所有者の区分所有権を売却することによって当該区分所有者から区分所有権
を剥奪することを目的とし、競売の申立人に対する配当を全く予定していな
いものであるから、同条に基づく競売においては、そもそも、配当を受ける

253

べき差押債権者が存在せず、競売の申立人に配当されるべき余剰を生ずるか
どうかを問題とする余地はない」として、共益費用や優先債権を弁済して剰
余を生ずる見込みがない場合であっても、競売の実行を認める。

売却代金によって手続費用すら賄うことすらできない場合には、その不足
分は、競売の申立人が負担すべきとする。

（消除主義（民事執行法59条））

上記のとおり、剰余を生ずる見込みがない場合であっても区分所有法59
条の競売手続を実施することができるのであるから、競売手続の円滑な実施
およびその後の売却不動産（建物の区分所有権）をめぐる権利関係の簡明化な
いし安定化、ひいては買受人の地位の安定化の観点から、民事執行法59条
1項（いわゆる消除主義）が適用され、当該建物の区分所有権の上に存する担
保権が売却によって消滅する。

解 説　1　剰余主義の不適用

本件は、区分所有法59条に基づく競売申立てにも民事執行法63条の剰余
主義が適用されるか否かが問題となった。

そもそも、民事執行法における剰余主義の趣旨は、「差押債権者に配当さ
れるべき余剰がなく、差押債権者が競売によって配当を受けることができな
いにもかかわらず、無益な競売がされ、あるいは差押債権者の債権に優先す
る債権の債権者がその意に反した時期に、その投資の不十分な回収を強要さ
れるというような不当な結果を避け、ひいては執行裁判所をして無意味な競
売手続から解放」（本決定引用）させるものである。

一方で、区分所有法59条の競売は、区分所有者の共同の利益（同法6条1項）
に違反する行為があった場合に、他の方法によって共同生活の維持を図るこ
とが困難であるときは、他の区分所有者において当該区分所有者の区分所有
権を剥奪することができるものとし、そのための具体的手段として認められ
たもの、すなわち、債権回収を図るための競売手続ではなく換価のための競
売（形式的競売）と位置づけられる。そして、手続は民事執行法195条により
「担保権の実行としての競売の例による」と規定されるが、同法188条により

63条がそのまま適用されると、区分所有法59条1項の競売規定は実効性の
ないものとなる。なぜなら、区分所有権には差押えに優先する抵当権が設定
され、優先権者に弁済をすると剰余の生じる見込みがないのが一般的である
からである。

これまでも形式的競売の場合は、競売の目的ないし根拠も多種多様である
から、担保権の実行としての競売の規定がどの範囲で適用されるかは画一的
に決することができないとされてきた。

この点、立法担当者は「民事執行法195条の規定による競売は、配当手続
を予定していませんので、競売の目的である区分所有権等の価額を上まわる
負担がついていても、同法63条の制限を受けることなく競売をすることが
できる」と解している（新マンション320頁）。本決定においても、区分所有法
59条1項が競売を認めた趣旨が、換価により当該区分所有者の強制的退去
を求める点にあることから、民事執行法63条の剰余主義の適用がないこと
を明らかにした。

2 消除主義の適用

剰余主義との関係で、区分所有法59条競売にも、不動産に存する抵当権・
先取特権などのすべての負担を売却により消滅させる消除主義（民事執行法
59条）が適用されるかが問題となる。

この点、形式的競売につき、学説上は消除主義をとるか、差押債権者に優
先する権利は売却によっても消滅せず買受人に引き継がれるとする引受主義
をとるか、議論が分かれている。一方、実務においては形式的競売全般につ
いて消除主義で運用されている。共有物分割のための競売に関し、最高裁判
所は民事執行法59条が準用されることを前提として同法63条が準用される
との判断を示した（最決平成24・2・7集民240号1頁・判時2163号3頁）。限
定承認の場合の相続財産換価のための競売に関しても、消除主義を前提とし
て（直接の判断はされていない）剰余主義を認めている（東京高決平成5・12・
24判タ868号285頁）。

形式的競売にも種々の目的、形態がある以上、競売が認められた趣旨に応

第9章　財務をめぐる紛争

じて、担保権の実行としての競売に関する規定のうちどのような規定がどのような限度で準用されるかは、個別に判断するしかない（香川保一監修『注釈民事執行法(8)』310頁〔園尾隆司〕）。

そして、区分所有法59条競売に引受主義がとられた場合には、複雑な権利関係が残り、買受希望者が現れず、同法59条の競売も実効性のないものとなることは明らかである。この点で、本決定は同法59条競売について消除主義が適用されることを明確に示した。

3　優先権者の不利益と区分所有法59条競売の必要性との利益衡量

剰余主義が適用されないにもかかわらず消除主義が適用されることによる不利益を抵当権者に負わせることが妥当かという疑問は残る。すなわち、抵当権等を設定している担保権者が、適当と認める時期に担保権の実行をして債権回収を図る機会が奪われることになる。これについて本決定は、区分所有権を目的とする担保権は、区分所有法59条による競売請求を受ける「内在的制約を受けた権利」として、不当な結果ではないとしている。

一方で、区分所有法59条競売については、区分所有権を剥奪するための厳格な要件を定め、この要件を満たすものとして競売請求を認容した確定判決が存在する以上、同条に基づく競売を実施する高度の必要性が存する。また、共有物分割請求の当事者と異なり、優先債権者の同意を得るなどの方策をとることが困難であるともいえる。

以上より、本決定は区分所有法59条競売によって区分所有権を奪うことで、長期管理費滞納という事態を解消させる理論上の道筋をつけたという点での意義は大きい。

（渡辺晶子）

⑥ 管理費との相殺

> 管理費等を未払いにしている区分所有者は、自己が
> 管理組合に対して有する債権と管理費等の未払債務
> を相殺することができるか

▶赤坂アーバンライフ事件〔東京高判平成9・10・15判時 1643号150頁〕

事案の概要　Aは、昭和61年、本件マンションの1階部分（以下、「本件専有部分」という）を購入し、区分所有者となった。本件専有部分の南側および東側には相当広い庭園があり（庭園自体は本件マンションの敷地部分である）、庭園の東側境界には壁が設置され、南側境界は旧カンボジア大使館の敷地と接していた。

本件マンションのB管理組合の管理規約には、「1階専有部分に直接南面および東面して造園された庭園の一部は、その専有部分の区分所有者が無償で専用することができる。但し、庭園以外の目的に使用し、第三者に転貸し、占有させ、または構築物を設置してはならない。この場合、樹木の維持管理は、その区分所有者が行う」と定められており、Aはこの庭園について専用使用権を有していた。

Aが平成5年5月分から一般管理費、積立金、駐車場維持費、給湯費、給水費（以下、「管理費等」という）を滞納したため、B管理組合は、管理費等の支払いを求めて提訴した。1審はB管理組合が全面勝訴（東京地判平成8・2・1判例集未登載）し、Aが控訴したのが本件である。

Aは、B管理組合の請求に対する抗弁として、①庭園との境界壁の修理工事費の償還請求権、②境界壁に隣接する竹壁の工事費償還請求権、③共用部分の樹木剪定費の償還請求権、④駐輪場に面する庭の樹木剪定費用の償還請求権、⑤カンボジア大使館敷地内の樹木剪定費の償還請求権をそれぞれ自働債権とし、B管理組合の管理費等請求債権を受働債権として、対当額での相

第9章　財務をめぐる紛争

殺を主張した。

判決要旨　Aの相殺の抗弁を排斥し、B管理組合の請求を認容した。

まず、①②については、Aが庭園の専用使用権者としてA自身の利益のためになされたものであるとし、③は、B管理組合の管理規約上、樹木の維持管理は庭園の専用使用権を有する者が負担すべきものであるとして、④については、Aが主張するような費用を支出したことを認めるに足りる証拠がないとし、それぞれAの償還請求権自体を否定した。

他方、⑤については、庭園南側に接する旧カンボジア大使館の敷地は、昭和61年頃以降、手入れがなされておらず、樹木が本件マンション敷地にはみ出し、通風障害、害虫被害等の支障を及ぼし放置し得ない状況にあり、B管理組合側で対処せざるを得ない事態にあった。そして、B管理組合の管理規約は、「敷地及び共用部分の管理については管理組合がその責任と負担においてこれを行うものとする」と定めているところ、庭園の樹木の維持管理については、専用使用権者が自らの費用で行うことを要するが、敷地外の樹木が庭園を含む敷地等に被害を及ぼす場合に予防や除去をすることまで専用使用権者の義務とするものではないとして、上記被害に対応する手段を講じることは、敷地および共用部分の管理に該当し、B管理組合において行う義務があるとした。

そして、昭和61年以降、Aが行った越境部分の剪定作業のうち、真に必要であった限りにおいてB管理組合がする義務があるものをAが代わってしたということができるから、B管理組合はAに対し、Aが支払った費用のうち必要があったと認定することができる分について、償還する義務があるとした。

そのうえで、相殺については次のように判断した。

「マンションの管理費等は、マンションの区分所有者の全員が建物及びその敷地等の維持管理という共通の必要に供するため自らを構成員とする管理組合に拠出すべき資金であり、右拠出義務は管理組合の構成員であることに由来し、その内容は管理組合がその規約に定めるところによるものである。また、マンションの維持管理は区分所有者の全員が管理費等を拠出すること

を前提として規約に基づき集団的、計画的、継続的に行われるものである
から、区分所有者の一人でも現実にこれを拠出しないときには建物の維持管
理に支障を生じかねないことになり、当該区分所有者自身を含む区分所有者
全員が不利益を被ることになるのであるし、更には管理組合自体の運営も困
難になりかねない事態が生じ得る。このような管理費等拠出義務の集団的、
団体的な性質とその現実の履行の必要性に照らすと、マンションの区分所有
者が管理組合に対して有する金銭債権を自働債権とし管理費等支払義務を受
働債権として相殺し管理費等の現実の拠出を拒絶することは、自らが区分所
有者として管理組合の構成員の地位にあることと相容れないというべきであ
り、このような相殺は、明示の合意又は法律の規定をまつまでもなく、その
性質上許されないと解するのが相当である」。

解説　　相殺とは、互いに同種の債権を有しているときに、互いの
債権を対当額で消滅させること（民法505条本文）であるとこ
ろ、①当事者の意思表示によって禁止された場合（同条2項）、②法律によっ
て禁止されている場合（同法509条ないし511条など）、③債務の性質が相殺を
許さない場合（同法505条1項ただし書）には相殺をすることができない。

　③は、相殺をなすことが債務を成立せしめた本旨に反する場合、あるいは
各債権について別々に現実に履行しなければその債権を成立させた目的が達
せられない場合を意味し、作為債務および不作為債務（注釈民法⑿396頁）、
自働債権に抗弁権が付着している場合などが例としてあげられる。

　本件判決は、管理費等支払義務について、集団的、団体的な性質と現実の
履行の必要性に照らし、これを受働債権として相殺することは、その性質上
許されないと判示した。

　管理費等支払義務の性質については、管理費等の著しい滞納が区分所有法
6条1項の共同の利益に反する行為に該当するかどうかの議論において、「建
物等の管理に関するもっとも基本的な義務」（高柳輝雄『改正区分所有法の解説』
162頁、基本法コンメ22頁〔大西泰博〕）、「管理費等は、その（共同使用施設）維
持管理のために必要となるものであり、その負担は、区分所有者の最低限の
義務である」（東京地判平成19・11・14判タ1288号286頁）などとされており、

259

マンション等共同住宅の維持管理に不可欠の義務であることは争いのないところである。

しかし、管理組合が管理費を滞納している区分所有者に対して、何らかの金銭債務を負っている場合に、現実に管理費の支払いを履行させ、他方で管理組合が債務の履行を行わなければ、管理費支払債権を成立させた目的が達成できないとまでいえるかは明らかではない。

実際、本判決については、学説上も、一律に相殺禁止とするのは行きすぎであるといった批判がなされており、以後、同様の判断を行う裁判例は見当たらない。たとえば、東京地判平成26・11・25判例集未登載では、本件と同様に、管理費等滞納者が、共用部分に係る工事を行ったとして当該工事代金分と管理費等との相殺の主張を行ったところ、裁判所は、事務管理が成立するか否か、また、事務管理が成立する場合に償還が認められる金額について詳細に検討し、滞納者の請求額134万0645円のうち、5万4900円については管理組合に対して償還請求ができるとしたうえで、相殺の主張については理由を付することなく、当然に認めている。

管理費等滞納者が相殺を主張する自働債権の内容等によっては、なお管理費等との相殺が許されない場合もありうるかもしれないが、本判決と同種事案においては、本判決のように相殺の主張そのものを封じるのではなく、区分所有者が相殺を主張している自働債権について詳細に検討することで足りるのではないかと考えられる。

なお、東京高判平成29・3・15判時2384号3頁では、管理費等の滞納が「他の区分所有者や管理組合との関係において信義則に違反する行為となる」と判示されており、滞納の経緯等によっては、相殺の主張が信義則に反し排斥される場合がありうることが示唆されている。しかし、信義則の適用についてはより慎重になされるべきであり、相殺の主張そのものが信義則に反するようなケースは、例外的な場合に限られるものと考えられる。

（浅井　亮・稲岡良太）

61　管理費長期滞納等による59条競売が否定された事例

> 区分所有法59条1項の「他の方法によつてはその障害を除去して共用部分の利用の確保その他の区分所有者の共同生活の維持を図ることが困難であるとき」とはどのような場合か

▶シテリオ渋谷・松濤事件〔東京地判平成20・6・20判例集未登載〕

事案の概要　本件マンションの区分所有者Aは、平成14年頃から約33カ月間管理費等を滞納していたところ、この滞納は管理会社からの連絡によってAの母が完済したが、その後、Aは翌月からさらに40カ月以上にわたって管理費等を滞納した。

この滞納に関し、管理会社の担当者が請求書の発送および電話による支払督促、B管理組合が督促状の送付等を行ったが、Aからの支払いはなかった。そのため、B管理組合は上記滞納管理費等（の一部）を請求する少額訴訟を提起し、A欠席のまま、その請求を認容する判決を得た。

B管理組合は、この判決を受けてA所有の自動車2台（マセラティ、ポルシェ）の強制競売手続を申し立てた。しかし、執行期日に、Aが、「昼までに請求書を持ってくれば今日中に支払う」と述べたため、執行官らは執行を中止した。そして、管理会社の担当者がAの指示に従い、正午までに請求書を郵便受けに投函したが、結局、滞納分の支払いはなされなかった。その後、B管理組合はAに対して上記自動車強制競売の費用の支払いを求める少額訴訟を提起したが、裁判所から執行補助費用部分についての取下勧告を受け、その部分を減縮して判決を得たため、上記執行補助費用は回収不能となった。

その他、管理規約上、区分所有者は本件マンションの管理受託者が保守および防火機器等点検のためにその専有部分等に立ち入ることを拒否できない

第 9 章　財務をめぐる紛争

と規定されているにもかかわらず、Aは、これらの定期点検等に全く協力せ
ず、点検が実施されていない状況であった。また、Aは、管理規約の定めに
反して転居先や緊急連絡先の届出を行っていなかった。

　そこで、B管理組合は区分所有法（以下、「法」という）59条に基づく競売請
求訴訟を提起した。

判決要旨　　　　B管理組合の請求を棄却した（Aは欠席）。

　「法59条に基づく競売手続は、法57条に基づく停止等の請
求や法58条に基づく使用禁止請求等と異なり、違反区分所有者を区分所有
関係から終局的に排除することを目的とするものであり、その者に与える不
利益が大きいことからすれば、管理費等の未払について、『他の方法によっ
ては障害を除去して共同生活の維持を図ることが困難であること』との要件
を満たすのは、法 7 条 1 項前段の先取特権の実行等の他の民事上の法的方法
では効を奏さず、かつ将来も支払の可能性がないか又は著しく低い場合に限
定される」。「本件管理組合が本件管理費等を回収するために先取特権の実行
手続を取った場合には、被告の専有部分について他に優先する担保権等が
あって剰余価値がないというような事情もうかがわれないから、同手続に
よって本件滞納の解消に至るものと認められ、法 7 条 1 項前段の先取特権の
実行等の方法では効を奏さない場合には当たらない」。「法59条に基づく強制
競売が被告を区分所有関係から終局的に排除する手続であり、他の方法に
よってはこれを除去することが難しい場合である必要があるところ、本件に
おいては法 7 条 1 項前段の先取特権の実行手続によって未払管理費等の滞納
自体は解消され得る状況にあるにもかかわらず、原則として行うべき同手続
を一度も実行していないのであるから、管理費等徴収の手間や費用の問題に
ついても同手続を実行していない現時点において、他の方法によってはこれ
を除去することが難しい場合に該当するとまではいい難い」。なお、「被告が
本件マンションに居住していない場合でも、被告にとって本件居室が必要で
ないとは認められないうえ、同競売が当該区分所有者の区分所有関係からの
終局的排除を目的とすることに変わりはなく、このことは同競売を認める要
件を緩和する根拠にはならない」。

262

「管理費等の滞納以外によって生じた区分所有者の共同生活上の障害を理由として法59条に基づく競売が認められる場合も、法57条に基づく停止等の請求や法58条に基づく使用禁止請求等によってはその障害を除去できないか又は著しく困難である場合に限定され、具体的には区分所有権や人身への回復し難い危険が具体的に迫っていたり、措置請求等をしても相手方が従わないことが明らかであるなど措置請求等に実効性がない場合がこれに当たる」。「本件滞納以外の被告の本件管理規約違反行為は、いずれも、それによって上記のような差し迫った安全上の危険が生じさせるものとまでは認められず、本件滞納以外の被告の本件管理規約違反行為によって生じた安全上の障害が、他の方法によってはこれを除去して共同生活の維持を図ることが困難である程度に至っているものとは認められない」。

解　説　本件は、Aによる長期の管理費等の滞納行為や居室内の防火機器等の定期点検の不協力、転居先等の不届出等の管理規約違反行為が、「建物の保存に有害な行為その他建物の管理又は使用に関し区分所有者の共同の利益に反する行為」（法6条1項）に該当しうることを認めつつ、本件の事情は「他の方法によってはその障害を除去して共用部分の利用の確保その他の区分所有者の共同生活の維持を図ることが困難であるとき」の要件を満たさないとして、（Aが裁判に欠席しすべての事実を認めているとみなされたにもかかわらず）管理組合側の請求を棄却した事例である。

法59条は、①区分所有者により法6条1項に規定する行為がなされ、またはなされるおそれがあり、②それによる他の区分所有者の共同生活上の障害が著しく、③他の方法によってはその障害を除去して区分所有者の共同生活の維持を図ることが困難であるとの要件を満たした場合に、強制競売手続によって、当該区分所有者を区分所有関係から終局的に排除することを認めた規定である。

本条は、昭和58年の改正により新設された規定であり、「義務違反者の行為による共同生活関係の破壊を防止するための最後の防波堤として」、「伝家の宝刀として」創設された（新法解説85頁）。この「最後の防波堤」との観点から、「（法58条等の）使用禁止の手段はいわば区分所有関係からの一時的排除であ

るのに対し、競売の手段は終局的排除であるため、この終局的排除の手段に訴えるためには、まず一時的排除の手段により目的を達することができないかどうかを考えるべきである、との趣旨で」③の要件が設けられた。そして、この趣旨から、管理費等の滞納が③の要件を満たすためには、「(法7条)の先取特権の実行又はその他の財産に対する強制執行によってもその債権の満足を受けることができない場合であることを要する」と考えられていた(以上、新法解説360頁以下)。

本裁判例も、法59条に基づく競売請求が、法57条・58条とは異なり区分所有者に対する終局的不利益処分となることを根拠に、上記趣旨に忠実に③の要件を厳格に解している。そして、管理費等の滞納に関し、まずは法7条の先取特権の実行等他の民事上の法的方法を行うことが必要であるとし、これらが効を奏さない場合に初めて③の要件に該当しうると判示した。また、その他の管理規約違反行為に関し、③の要件を満たすのは、区分所有権や人身への回復しがたい危険が具体的に迫っていたり、措置請求等に実効性がない場合に限られると判示した。そのうえで、本件ではいずれも③の要件を満たさないとして管理組合の請求を棄却した。

このような管理費等の滞納に関し、本裁判例と同趣旨の裁判例として、東京地判平成18・6・27判時1961号65頁＝東京高判平成18・11・1判例集未登載〔船堀パーク・ホームズ事件〕がある。同事件では、本裁判例と同様に上記③の要件を厳格に解釈し、被告に対する預金債権以外の債権執行の余地がないかが明らかでないこと、被告が分割弁済による和解を希望したにもかかわらず原告が和解を拒否したこと(以上、地裁判決)、本件区分所有権の時価の主張・立証がなく、また担保権の設定時から現時点までの間に債権額が相当に減少している可能性があるにもかかわらずその主張・立証もないため、管理組合が本件区分所有権等の強制競売等を申し立てた場合に必ずしも無剰余取消しになるとは認められないこと、仮に時価が担保権者の債権額を下回っているとしても民事執行法63条2項の手続を踏むことで競売手続を実行できるが、管理組合がこの手続を踏めないと認めうる証拠はないこと(以上、高裁判決)等を理由に、上記③の要件を満たしているとはいえないとして、

地方裁判所・高等裁判所とも管理組合の請求を棄却している。

　本条が、「最後の防波堤として」新設されたという立法経緯からすれば、上記③の要件が厳格となるのはやむを得ないといえる。特に、管理費等の滞納の回収については、原則である法7条による先取特権の行使を検討する必要がある。

　本裁判例は、被告であるＡが裁判に欠席したにもかかわらず③の要件が厳格に解され、管理組合側が敗訴したものであって、管理組合としては、管理費等の滞納に基づく59条競売の請求に関し、より慎重な対応が求められる。

　なお、近年公表されている59条競売に関する裁判例では、概ね、強制競売を実施したが取り消された、または、仮に強制競売を実施したとしても無剰余取消しとなる可能性が高い等の事実が認定されており、③の要件を検討するにあたって法7条による先取特権の行使（強制競売）の可能性を検討すべきことが実務にも定着してきているといえる。

（油布　　剛）

第9章　財務をめぐる紛争

62　不在区分所有者に協力金の負担を課す規約変更の効力

> 不在区分所有者協力金を定める規約変更に不在区分所有者の承諾を要するか

▶中津川リバーサイドコーポ事件〔最判平成22・1・26集民233号9頁・判時2069号15頁・判タ1317号137頁〕

事案の概要　中津川リバーサイドコーポは、昭和40年代建築の4棟の区分所有建物からなる総戸数868戸の団地マンションである。同コーポでは、管理組合の役員の資格を、区分所有者またはその一定の親族で、かつマンションに居住している者に限定していた。空室や賃貸物件が増え、平成16年頃には多数の不在組合員が生じ、居住組合員の中には管理組合の運営の負担が偏っていること等に不満をもつ者が現れた。そこで、管理組合は、平成16年3月の総会で、不在組合員に月額5000円の協力金の納入義務を課す規約変更を行った。一部支払いに応じない者に対し、管理組合は順次、協力金の支払いを求める訴訟を提起していった。一部の訴訟で裁判所から示された和解案に基づき、管理組合は、平成19年3月の総会で、住民活動協力金（協力金から名称変更）の額を遡及的に月額2500円とする規約変更を行った（役員に報酬や必要経費を支給する旨の規約変更も行われた）。その後も支払いを拒否し続けた不在組合員に対する訴訟において、不在組合員に対してのみ協力金の納入義務を定めた規約変更が、区分所有法31条1項後段の「一部の区分所有者の権利に特別の影響を及ぼすべきとき」に該当し、当該区分所有者の承諾を要するか否かが争われた。

判決要旨　区分所有法66条が準用する同法31条1項後段の「一部の区分所有者の権利に特別の影響を及ぼすべきとき」とは、規約の変更等の必要性および合理性とこれによって一部の団地建物所有者が受ける不利益とを比較衡量し、当該団地建物所有関係の実態に照らして、その不

266

利益が一部の団地建物所有者の受忍すべき限度を超えると認められる場合をいう（最判平成10・10・30民集52巻7号1604頁・判時1663号56頁・判タ991号288頁（シャルマンコーポ博多事件。本書**28**判例））。

　本件マンションは、規模が大きく、その保守管理や良好な住環境の維持には、管理組合等の活動やそれに対する組合員の協力が必要不可欠であるにもかかわらず、本件マンションでは、不在組合員が増加し、不在組合員は、選挙規程上役員になることができず、役員になる義務を免れているだけでなく、実際にも管理組合の活動について日常的な労務の提供をするなどの貢献をしない一方で、居住組合員だけが役員就任等の貢献をして、組合員全員のためにマンションの保守管理や良好な住環境の維持に努め、不在組合員は、その利益のみを享受している状況にあった。

　このような状況の下で、管理組合が、その業務を分担することが一般的に困難な不在組合員に対し、本件規約変更により一定の金銭的負担を求め、不在組合員と居住組合員との間の上記の不公平を是正しようとしたことには、その必要性と合理性が認められないものではない。

　そして、本件規約変更により不在組合員が受ける不利益は、月額2500円の支払義務の負担であるところ、組合費を合わせた不在組合員の金銭的負担は、居住組合員が負担する組合費月額1万7500円の約15％増しの月額2万円にすぎない。

　上記のような本件規約変更の必要性および合理性と不在組合員が受ける不利益の程度を比較衡量し、加えて不在組合員のうち現在、住民活動協力金の趣旨に反対してその支払いを拒んでいるのは、約180戸のうち12戸を所有する5名にすぎないことも考慮すれば、本件規約変更は、住民活動協力金の額を含め、不在組合員において受忍すべき限度を超えるとまではいうことができず、「……特別の影響を及ぼすべきとき」に該当しない。

解　説　昭和58年の区分所有法改正前は、規約の設定、変更または廃止（以下、「規約の変更等」という）は、原則として区分所有者全員の書面による合意によるものとされていた。昭和58年の改正法は、区分所有関係の団体性を強化し、多数決主義、集会中心主義を採用し、規約の

変更等を集会の特別多数決で決せられることとし、区分所有者の団体（管理組合）が集会における多数決で区分所有者間の自主的な規律を定めること（団体自治）を認めた。その一方で、区分所有者の多数者の意思によって少数者の権利が害されることがないよう、規約の変更等が「一部の区分所有者の権利に特別の影響を及ぼすべきときは、その承諾を得なければならない」ものとした（区分所有法31条1項後段）。

　この「特別の影響を及ぼすべきとき」とは、規約の変更等の必要性および合理性とこれによって一部の区分所有者が受ける不利益とを比較衡量し、当該区分所有関係の実態に照らして、その不利益が一部の区分所有者の受忍すべき限度を超えると認められる場合をいうと解釈されている（前掲・最判平成10・10・30）。

　本件では、不在区分所有者にのみ特別の金銭的負担を課す規約変更が「特別の影響を及ぼすべきとき」に該当するか否かが争いになった。

　マンションの管理組合の運営は、役員になる区分所有者の多大な努力によって支えられており、多くの場合その負担は輪番制等によって区分所有者が分かち合っているが、投資目的等により専有部分を所有している者は、通常遠方に居住し、役員は居住区分所有者に限るとする規約等の定め、あるいは実際に非居住者が日常の管理組合活動を行うことは困難であるという理由により、その負担を免れている。そのような不公平を是正するために、あるいは役員報酬の財源の一部とするために、不在区分所有者に特別の金銭的負担を課す規約を導入する管理組合は少なくなく、その効力が争われる事例が発生している。

　福岡地判平成11・9・30判例集未登載（役員手当の財源として管理料名目で団地内居住者には月額1000円、非居住者には月額3000円の負担を課した集会決議の効力が争われた事案）は、外部者が役員となることは現実にあり得ないこと、役員であると否とを問わず内部者には団地の管理をするうえで一般的な負担が課されていることに鑑みれば、管理料の金額に差異を設けることは合理的であり、外部者は内部者の3倍の負担であるが、金額的には月額2000円の差にすぎないので不合理ではない等として、公序良俗違反の主張を斥けた。

福岡地判平成20・12・11判例集未登載および控訴審・福岡高判平成21・7・16判例集未登載も、非居住区分所有者に特別管理費を課す規約変更について、居住区分所有者のみが管理組合の役員としてその運営に携わり、マンションの住環境を良好に保つという負担を負う一方、非居住区分所有者は、このような居住区分所有者の貢献を前提として専有部分を使用収益している面があり、両者の不公平感を解消するために、特別管理費を徴収することには合理的理由がある等として、「特別の影響」を与えるものではないとした。

本件では、原審（大阪高判平成20・1・24判例集未登載）が、不在組合員であるがために避けられない印刷代、通信費等の出費相当額を不在組合員に加算して負担させる程度を超えて不在組合員に負担させるべき合理的根拠は認められないとして、「特別の影響を及ぼすべきとき」に該当し、承諾を欠く規約変更を無効としたのに対し、最高裁判所は、判決要旨のとおり、区分所有者間の不公平を是正しようとした本件規約変更の必要性・合理性と、同協力金の金銭的負担（不在区分所有者の不利益）がそれほど大きいものではないことの比較衡量のうえで、反対者がごく少数であることも考慮して、不在区分所有者が受忍すべき限度を超えないと判断した。

区分所有者の団体自治を尊重した妥当な判断であるが、必要性・合理性、金額の妥当性、合意形成の経緯が、その有効性に大きくかかわってくると解される。本判決後、総戸数23戸の小規模マンションで、同様の規約改正が本判決の趣旨に沿わないことにより無効か否かが争われた事案で、東京地判平成25・10・29判例集未登載は無効ではないと判断している。

（中村広明）

第9章　財務をめぐる紛争

⑥３　確定判決と特定承継人

> 確定判決のある管理費等の債務がある区分所有権を
> 承継した区分所有者は短期消滅時効を主張できるか

▶Ｋグランドコーポ事件〔大阪高判平成20・4・18判例集未登載〕

事案の概要　　　実際の事案、争点は複雑であるので、本主題に関する部分に絞って紹介する。

　ＡはＫグランドコーポの区分所有者であったが、平成9年11月16日に長女Ｂに区分所有権を譲渡し、Ｂは平成15年12月18日にＡの長男Ｃに区分所有権を譲渡した。Ａ、Ｂは、平成5年8月分から管理費および修繕積立金を滞納しており、Ｋグランドコーポの管理組合は、平成12年2月21日までの管理費および修繕積立金の滞納債務について裁判を提起し確定判決を得ていた（控訴棄却により平成13年5月31日確定）。ところが、その後もＢ、Ｃは滞納を続けたため、管理組合は平成17年にＢ、Ｃに対して支払請求の裁判を提起し、Ｃに対しては区分所有法8条により前記確定判決がある平成5年8月分から平成12年2月21日までの管理費および修繕積立金債務を請求した。これに対しＣは民法169条の短期消滅時効（5年）を援用し、管理組合は、民法174条の2により消滅時効期間が判決確定から10年間に延長されているとしてこれを争った。

　第1審判決（京都地判平成18・12・25判例集未登載）は、この点について「Ｃは、前訴判決の（民訴法115条1項3号の）特定承継人には当たらないというべきであり、また、Ｃが（区分所有）法8条により本件物件の特定承継人として負う上記債務と区分所有者が負う債務との関係は、不真正連帯の関係にあるから、民法434条は適用されず、参加人（Ａ）及びＢに対する前訴の提起はＣの債務に対する消滅時効を中断しない」と判示して、管理組合の主張を斥けた。管理組合控訴。

270

63 確定判決と特定承継人

判決要旨 　控訴審判決はCの主張を排斥し、「区分所有法8条により、管理費等の支払義務は、区分所有者の特定承継人に承継されるところ、Cは、……Bから区分所有権を取得したことにより、これに伴う管理費等の支払義務もCに承継される」とし、「ここで取り上げられているのは、附従性の問題ではなく、民訴法115条1項3号の定める口頭弁論終結後の特定承継人に対する確定判決の効力の問題である」として、「Cは、民訴法115条1項3号の定める口頭弁論終結後の特定承継人に当たるから、前訴の確定判決の効力の及ぶところ、前訴判決の確定によるその法律要件的効力としての消滅時効期間延長の効果も、前訴の確定判決の効力として、Cに及ぶといわなければならない」と判示した。Cは上告受理申立てをしたが却下された。

解 説 　**1　本判決の意義**

　本件事案には、区分所有法、民法および民事訴訟法上の問題を含んだ以下の2つの争点が交錯している。①判決確定後の区分所有建物の特定承継人が、民事訴訟法115条1項3号に規定する口頭弁論終結後の特定承継人に該当するか、②確定判決によって消滅時効期間が10年に延長された場合（民法174条の2）に、区分所有法8条により、その後の区分所有者の特定承継人に対しても、時効期間が10年に延長された債権として行使することができるか、である。

　第1審判決は、この事案は②の問題であるとし、しかも、区分所有法8条により特定承継人の負う債務と前区分所有者の債務との関係は不真正連帯の関係にあるから民法434条は適用されないとして管理組合の主張を認めなかったが、控訴審判決は、①の問題であるとし、Cにも前訴の確定判決の既判力が及び、その効力として消滅時効期間延長の効果も及ぶとした。

2　民事訴訟法115条1項3号の適用

　控訴審判決のように本件事案に民事訴訟法115条が適用できると考えるとすれば、既判力はCにも及ぶことになり、その効力として消滅時効期間延長

271

第9章　財務をめぐる紛争

の効果も及ぶものと考えられる。しかし、本件の事案に同条の適用があると
断定する控訴審の判断には問題がある。

　民事訴訟法115条は、確定判決の既判力の及ぶ人的範囲を定めるものである。同条1項3号の「口頭弁論終結後の特定承継人」とは、「既判力の基準時である事実審の口頭弁論終結後に紛争の対象であった法的利益を訴訟当事者から承継した者をいう」(兼子一ほか『条解民事訴訟法』654頁)とされているが、具体的な事例では判例、学説において意見が分かれる。たとえば、本事例に類するもので確定給付判決のある債務の引受けについていえば、免責的債務引受けについては口頭弁論終結後の特定承継人に該当すると解するのが通説であるが、重畳的債務引受けについては争いがある。長崎地判昭和31・12・3判時113号24頁は、重畳的債務引受けの引受人の債務は新債務を設定するものであるとして口頭弁論終結後の特定承継人にあたらないとする。したがって、区分所有法8条に基づく特定承継人の責任の性質をどのように考えるかによって結論が異なってくると考えるのが妥当である。

　なお、既判力を認めることは、区分所有権の特定承継人において、前所有者が主張しなかった弁済や消滅時効の抗弁等の主張をする機会を奪うことになり、管理組合、前区分所有者、特定承継区分所有者の利益衡量の面からも本件事案を民事訴訟法115条で処理しようとすることが妥当かどうかを検討する必要がある。

3　区分所有法8条の法的性格と民事訴訟法115条

　区分所有法8条に基づく特定承継人の責任の性質について、通説的見解では、前区分所有者との債務の重畳的引受けであると解されている。区分所有法8条の記載は「前条第1項に規定する債権は、債務者たる区分所有者の特定承継人に対しても行うことができる」と規定されており、債務を承継するとは規定されていない。法務省立法担当者は、「本条による特定承継人の責任は、その条文の表現上は……譲渡人の債務を引き継ぐのではなくて、譲渡人と同一の支払義務を法定責任として負うにすぎないもののようにみえるが、実質は、譲渡人の債務と同一債務を負担するもの(すなわち債務の重畳的

272

引受を法定したもの）と解すべきであろう」と述べている（新法解説135頁）。また、前所有者の債務と特定承継人の債務との関係は、不真正連帯債務の関係であると解されている。したがって、通説的見解では、区分所有法8条の法的性質から民事訴訟法115条の適用は困難であることになる。

4　民法174条の2と区分所有法8条

　それでは、民法174条の2と区分所有法8条との組合せから、特定承継人の債務の消滅時効期間も10年に延長されると解する余地がないであろうか。民法174条の2は、確定判決により時効消滅期間が10年に延長されるとの特則を定めたものであるが、この効果が生じる範囲については確定判決の効力が及ぶ者に限定されるとする限定説（通説）と非限定説とがあるが（注釈民法(5)370頁〔平井宜雄〕）、限定説においても主債務について確定判決があれば保証債務の消滅時効期間は延長されるとする。この限定説に立つ限り特定承継人への拡大適用は難しい。

　区分所有法8条は、区分所有建物の管理組合の運営において、その重要な原資である管理費・修繕積立金の回収に資するための担保的効果を有するとの考え方に立ち、特定承継人が前所有者と同一の債務を負うという点に力点をおけば、特定承継人が負う債務の消滅時効期間も当然に民法174条の2により変容した10年であると考えることができるが、「債務の同一」というのは「内容」の同一であって「消滅時効期間」であるとはいえない。このように、民法174条の2と区分所有法8条の組合せからも直ちに区分所有権の特定承継人に10年の消滅時効を主張することも理論的に問題が残る。

　この事案に対する解決については、2つの判決が残されたものの今後さらに理論的解明が必要である。

（折田泰宏）

第9章　財務をめぐる紛争

64　滞納水道料金・電気料金と特定承継人の責任

前区分所有者が滞納した水道料金および電気料金を当該専有部分を特定承継した新区分所有者が支払わなければならないか

▶A南新町事件〔大阪高判平成20・4・16判時2018号19頁・判タ1267号289頁〕

事案の概要　本件は、マンション管理組合であるAが、Aの管理に係るマンション（以下、「本件マンション」という）の区分所有権等を特定承継したBに対し、区分所有法（以下、「法」という）8条、7条1項に基づき、前区分所有者が滞納した水道料金および電気料金等を求めた事案である。

本件マンションの管理規約62条1項本文には、組合員は同規約22条1項の管理費等および専有部分において使用した公共料金の支払いに関し、支払期日までに所定の方法にて支払わなければならないという趣旨の規定がある。

1審（大阪簡判平成18・11・17判例集未登載）は、滞納水道料金および電気料金は、区分所有者の特定承継人に対して請求することはできないとしたのに対し、控訴審（大阪地判平成19・9・26判例集未登載）は、これを肯定したため、Bが上告した。

判決要旨　Bの上告を棄却した。

法は、区分所有者、管理者または管理組合法人は、規約に基づき他の区分所有者に対して有する債権について、債務者たる区分所有者の特定承継人に対しても行うことができる旨定めているが（法8条、7条1項）、ここにいう債権の範囲は、いわゆる相対的規約事項と解されるものの、法3条1項前段が「区分所有者は、全員で、建物並びにその敷地及び附属施設の管理を行うための団体を構成し、この法律の定めるところにより、集会

274

を開き、規約を定め、及び管理者を置くことができる」と定め、かつ法30条
1項が「建物又はその敷地若しくは附属施設の管理又は使用に関する区分所
有者相互間の事項は、この法律に定めるもののほか、規約で定めることがで
きる」と規律している趣旨・目的に照らすと、建物またはその敷地もしくは
附属施設の管理または使用に関する区分所有者相互間の事項は、規約で定め
ることができるものの、それ以外の事項を規約で定めるについては団体の法
理による制約を受け、どのような事項についても自由に定めることが許され
るものではないと解される。そして、各専有部分の水道料金や電気料金は、
専ら専有部分において消費した水道や電気の料金であり、共用部分の管理と
は直接関係がなく、区分所有者全体に影響を及ぼすものともいえない事柄で
あるから、特段の事情のない限り、規約で定めうる債権の範囲に含まれない
と解すべきである。

　しかるところ、前記事実関係によれば、①本件マンションは、各専有部分は、
すべてその用途が事務所または店舗とされているところ、②本件マンション
では、被上告人（Ａ）が、市水道局から水道水を一括して供給を受け、親メー
ターで計測された水道使用量を基に算出された全戸分の使用料金を一括して
立替払いしたうえ、各専有部分に設置した子メーターにより計測された使用
量を基にして算出した各専有部分の使用料金を各区分所有者に請求すること
としているが、これは本件水道局取扱いの下では、本件マンションの各専有
部分について各戸計量・各戸収納制度を実施することができないことに原因
し、③被上告人が、関西電力から電力を一括して供給を受け、親メーターで
計測された電気使用量を基に算出された全戸分の使用料金を一括して立替払
いしたうえ、各専有部分の面積および同部分に設置した子メーターにより計
測された使用量を基にして算出した各専有部分の使用料金を各区分所有者に
請求しているが、これは本件マンションの動力の想定負荷が低圧供給の上限
を超えており、また、本件マンションには純住宅が2軒以上なく電気室供給
もできないため、関西電力と本件マンションの各専有部分との間で、電気供
給につき戸別契約（低圧契約）を締結することができないことに原因すると
いうのであるから、本件マンションにおける水道料金等に係る立替払いとそ

275

れから生じた債権の請求は、各専有部分に設置された設備を維持、使用するためのライフラインの確保のため必要不可欠の行為であり、当該措置は建物の管理または使用に関する事項として区分所有者全体に影響を及ぼすということができる。

そうであれば、被上告人の本件マンションの各区分所有者に対する各専有部分に係る水道料金等の支払請求権については、前記特段の事情があるというべきであって、規約事項とすることに妨げはなく、本件規約62条1項に基づく債権であると解することが相当である。

解説　1　争点

水道料金・電気料金（以下、「水道料金等」という）は、専ら区分所有者が専有部分で消費したものであって、管理者、管理組合が管理するものではないのが原則である。しかし、水道料金等が戸別に徴収されず、管理組合で一括して立替払いをなし、これを管理組合が各区分所有者に請求する方式がとられる場合がある。本件ではこのような一括立替払いの方式がとられる場合に、①専有部分の水道料金等を規約事項とすることができるか、②特定承継人に請求することができるかが争点となった。

2　専有部分の水道料金等を規約事項とすることができるか（争点①）

法30条1項は、規約事項について、「建物又はその敷地若しくは附属施設の管理又は使用に関する区分所有者相互間の事項」に限定している。

『新マンション』では、規約事項について、「『建物』は、一棟のマンション全体を指しています。したがって、共用部分のみならず、専有部分も含まれます。もっとも、専有部分は、本来それぞれの所有者がその意思に従って管理及び使用すべきものですから、専有部分に関して規約で定めることができるのは、その管理又は使用に関するすべての事項にわたるのではなく、区分所有者相互間において専有部分の管理又は使用を調整するために必要な事項に限られるものというべきです」と解説されている。

276

先例として、東京地判平成5・11・29判時1499号81頁は、水道料金等の算定方法の集会決議について、「専ら専有部分で使用する電気料とか水道料は、本来、区分所有者各自がそれぞれの責任で負担すべき性質のものであるから、その料金の算定を集会の決議で多数決の方法により決めることはできないと解するのが相当である」として否定している。

本判決は、各専有部分の水道料金等は、原則として規約で定めうる債権の範囲に含まれないことを確認したうえで、一括立替払いの方式を変更することができない本件の事実関係から「特段の事情」を認め、規約事項とすることを認めたものである。

一括立替払いの方式をとる管理組合のほとんどは、区分所有者が関与できない分譲前に、分譲会社により一括立替払いの方式をとることを決定されている。そして、分譲後に水道料金について各戸計量・各戸収納制度を実施しようとすると、大阪市水道局の取扱いでは区分所有者、入居者全員の希望が要求される。そのため、分譲会社から一括立替払いの方式で分譲を受けると、分譲時から区分所有者の大多数が各戸計量・各戸収納制度を希望していたとしても、1人でも反対者がいると実施できないこととなる。このような実情も踏まえて「特段の事情」は判断されるべきではなかろうか。

類似の事案として、名古屋高判平成25・2・22判時2188号62頁は、滞納水道料金等を特定承継人に承継させる規約について、特段の事情が認められない限り規約で定めることはできないと本判決と同様の解釈を示し、特段の事情の存否を審理させるため原判決を破棄して原審に差し戻している。

3　特定承継人に請求することができるか（争点②）

法8条は、法7条1項に規定する「規約若しくは集会の決議」に基づく債権は特定承継人に対して請求することができると定めている。

1審は、同項の「規約若しくは集会の決議」は無制限のものでなく、同項前段の例示に従い、マンションの共用部分の使用、管理および保全に要する費用である管理費、修繕積立金またはこれに準ずる費用負担に関する債権に限られるとし、特定承継人に請求することを否定した。

第9章　財務をめぐる紛争

　本判決は、その理論構成は明らかではないが、特定承継人に請求できることを認めたものである。

　法8条は昭和58年法15条の規定を拡充・強化するために新設されたものであり、法8条の債権の範囲を定める法7条1項は昭和58年法6条1項よりも被担保債権の範囲を拡張し、共用部分とされない建物の附属施設につき他の区分所有者に対して有する債権、規約もしくは集会の決議に基づき他の区分所有者に対して有する債権をも担保することとしたものである。本判決は、かかる改正の趣旨を踏まえて解釈したものと思われる。

（山本　寛）

❻❺　自治会費

> 管理組合が業務委託した自治会に支払ってきた業務委託費は自治会費か否か

▶パークシティ溝の口事件〔東京高判平成19・9・20判例集未登載〕

事案の概要　このマンションは、A～L棟（12棟、1103戸）、商業施設、駐車場棟がある大規模マンションであり、A～L棟に居住する住民によって自治会が構成されている。

　管理組合は昭和57年に、自治会は昭和62年に設立された。管理組合は、自治会設立当初から、自治会に対して、自治活動費として年額264万7200円を支出してきた。そして平成17年7月に管理組合と自治会との間で業務委託契約が締結されてからは、業務委託費として上記金額が自治会に支払われてきた。

　本件は、自治会の運営に疑義を唱え、自治会を脱退した、2名の組合員によって起こされたものである。両名は、管理組合から業務委託費として自治会に支払われている金は、管理組合が管理費名目でマンションの区分所有者から徴収した金員の一部であるから、自治会から脱退した区分所有者から徴収する管理費は自治会費相当分を減額するべきであり、自治会は脱退した区分所有者の自治会費相当額を返還すべきであると主張し、管理組合に対しては、全体管理費1500円から自治会費相当額の200円を差し引いた月額1300円を超えて支払義務のないことの確認を、自治会に対しては、自治会加入契約に基づく精算義務として脱会後の3カ月の自治会費相当額の600円の返還を求めたものである。

　これに対して管理組合、自治会側は、①前述した自治会と管理組合の特殊性から自治会からの脱退自体認められないとの立場をとり、②また、そもそも区分所有者から自治会費を徴収したことはなく、区分所有者から徴収して

279

第9章　財務をめぐる紛争

いるのはあくまで管理組合の業務に要する費用としての管理費であり、③その使途として建物の管理等に必要な費用の中にコミュニティの形成費用が含まれている、④そのコミュニティ形成業務を自治会に委ねていることから、管理費の一部が自治会に活動経費として支出されるのであり、自治会活動経費を管理費名目で強制的に徴収しているのではないと反論した。

　原判決は、組合員2名が自治会を脱会したことは認めたものの、管理組合が総会で承認を得たうえで自治会と締結した業務委託契約（以下、「本件業務委託契約」という）は有効であり、管理組合はその委託料として管理費を支出しているのであるから、自治会費を管理費に含めて強制的に徴収されているとの組合員らの主張は採用できないとして、その請求を棄却したため、組合員らがこれを不服として控訴した。

判決要旨　控訴審も1審と同様に、

　①　管理組合が自治会に毎年支払ってきた264万7200円は自治会費か業務委託費か

　②　本件業務委託契約は区分所有法に反するか

　③　自治会を脱会したと認められるか

について争われ、争点③については、1審同様脱会したことを認めたうえ、争点①について、管理組合、自治会の役員、組合員の認識、議事録その他の記録にも自治会活動費が業務委託費であることをうかがわせる記載はないこと、一般の自治会同様の1戸あたり月額200円で計算された定額支出であること、業務委託費は業務委託の成果も査定しない渡し切りのものであること、本件業務委託契約が結ばれたのは、自治会費を強制的に居住者から徴収するのは問題という意見が出て、その批判を回避するために、自治会にコミュニティ形成業務を委託しその対価として業務委託費を支払うという構成が採用され、同契約が結ばれたという経緯が認められること等から、管理組合が全体管理費として区分所有者から徴収していた月額1500円の中に200円相当の自治会費分が含まれていると判断した。管理組合から自治会に支払われた264万7200円は自治会費であると認定し、脱会以降に管理組合に支払った管理費のうち自治会費相当分についての返還を認め、自治会に対する管理費に

280

ついては自治会費相当分を差し引いた金額の支払義務しかないことを認定した。

解説 控訴審判決の結論に賛成する。

マンションによっては管理規約の中で、自治会費（町内会費）についても「管理費等」の中に含めて、区分所有者から徴収できるようにしているケースがままみられる。しかし、管理組合の業務は「建物並びにその敷地および附属施設の管理または使用に関する区分所有者相互間の事項」に限られているのに対し、町内会は、当のマンションの建物敷地に限らずそれを含んだ周辺地域の居住者で構成される関係上、「町内会費」は共有財産の管理に関することとはいえ、区分所有法3条の目的外の事項であるから、規約で定めても拘束力はなく、町内会費相当分の徴収は認められないとされているところである（参考、東京簡判平成19・8・7判例集未登載）。

それゆえに、本件でも管理組合の全体監事が自治会費を本件マンション居住者から強制的に徴収することには問題があると指摘していた。本件では管理組合設立当初から、区分所有者から自治会費名目で徴収したことは一切なかったが、管理組合が区分所有者から強制的に徴収する管理費の中から1戸あたり月200円で計算した会費を自治会に自治会活動費として支給していたことから、月200円の自治会費相当分を強制的に徴収されているとの区分所有者の批判が出ていたものと思われる（その後、後記のとおり管理組合で自治会の自治会費徴収方法に関して検討し、業務委託の方法が採用されることになったのである）。

ところが本件では、前述したように、①1つのマンションの居住者のみで1つの自治会を形成しており、管理組合が管理する建物、敷地等の対象範囲と自治会の自治会活動が行われる地域の範囲が一致するため、自治会の活動がそのまま管理組合の管理業務として評価されうるという特殊性が認められた。②しかも国土交通省作成の平成16年改正前「標準管理規約」では、従来「自治会費、町内会費等は地域コミュニティの維持・育成のため居住者が任意に負担するものであり、マンションという共有財産を維持・管理していくための費用である管理費等とは別のものである」（同規約24条関係のコメント）と

第9章　財務をめぐる紛争

して自治会活動とは一線を画していたものが、平成16年改正分では、管理組合の業務として、「地域コミュニティにも配慮した居住者間のコミュニティ形成に要する費用」に充当することができると改められ（標準管理規約27条10号、32条15号（以下、「コミュニティ条項」という））、管理組合の業務の範囲を広く解釈する方向に転じた。それだけ自治会の活動に管理組合の管理費を支出することが認められるようになってきたのである。

　これらの事情を踏まえ、管理組合は、規約にも管理組合の業務としてコミュニティ形成業務を加え、その業務の一部を自治会に委託する形をとり、自治会活動費ではなく業務委託費を支払うようにすることによって、前述した自治会費を強制的に徴収しているのではないかという疑義の解消を図ることにしたものである。

　そこで管理組合は自治会との間で本件業務委託契約を結び、

　①　本件マンション内の防犯、防災に関する業務

　②　敷地内における風紀、秩序、安全の維持

　③　地域コミュニティにも配慮した居住者間のコミュニティ形成

などの「コミュニティ形成」に関する業務を委託した。

　この点については、控訴審でも、前述した標準管理規約の改正を踏まえ、「本件のように管理組合が管理する建物、敷地等の対象範囲と自治会の活動が行われる地域の範囲が一致しているという点で特殊性がある管理組合と自治会の関係があれば、管理組合が自治会にコミュニティ形成業務を委託し、委託した業務に見合う業務委託費を支払うことは区分所有法にも反しない」として、管理組合が自治会にコミュニティ形成業務を委託することは区分所有法に反しないと認めた。

　しかし、他方で「コミュニティ形成業務を委託しようとするのであれば、強制加入の団体である管理組合と任意加入の団体である自治会という団体の性格の相違を踏まえて、改めて適切な業務委託関係の創設を検討するのが相当である」とも指摘された。

　確かに業務を委託したというのであれば、業務内容やそれに要する費用について関心をもつべきであったといえようし、自治会に交付する業務委託費

282

がコミュニティ形成業務を委託する対価というのであれば、委託した業務の具体的な内容に応じた金額を支払い、業務の成果を査定するという原則の下に運営がなされていくことが求められるということになろう。

　自治会設立前の決算をみても、自治活動費としての実際の支出は数十万円から最大でも約170万円であったというのであるから、毎年267万円余の定額支出を業務委託の対価とみることができなかったとしてもやむを得ない。

　今回の事例で管理組合が自治会費を代行して徴収して、業務委託費名目で自治会に交付していたものと判断した控訴審の結論は妥当なものといえよう。

　なお、補足すると、前述のコミュニティ条項については、平成28年3月14日の「標準管理規約」の改正の際、定義があいまいで拡大解釈を招くとして削除された。管理組合と町内会、自治会等とを混同することにより、自治会費を管理費として一体で徴収し、自治会費を支払っている事例がみられたことや、自治会的な活動への管理費の支出をめぐる意見対立、トラブル等が生じている実態があったことが理由とされている。

　ただ他方、「管理組合による従来の活動の中でいわゆるコミュニティ活動と称して行われていたもののうち、例えば、マンションやその周辺における美化や清掃、景観形成、防災・防犯活動、生活ルールの調整等で、その経費に見合ったマンションの資産価値の向上がもたらされる活動は、それが区分所有法第3条に定める管理組合の目的である『建物並びにその敷地及び附属施設の管理』の範囲内で行われる限りにおいて可能である」（標準管理規約27条関係コメント②、32条関係コメント⑧）といわれているので、管理組合としては、今後この基準に照らしながら活動していくことが望ましいということになろう。

（村山博俊）

第9章　財務をめぐる紛争

66　競売と特定承継人の負担部分

> 管理費の滞納がある区分所有建物を競売により買い
> 受けた者は管理組合に支払った滞納管理費を前主に
> 求償することができるか

▶求償金請求事件〔東京高判平成17・3・30判時1915号32頁〕

事案の概要　　Aは、平成16年1月、東京地方裁判所の競売手続に参加
して、新宿にある本件マンションを1054万円で落札したが、
前主であるBの平成6年頃からの管理費等の滞納分が219万5500円あった（な
お、本件競売事件の現況調査報告書には、調査当時の滞納分が207万9000円であ
ること、評価書にはこの滞納分に見合うものとして21％＝211万6000円の減額をして
最低売却価額を795万円としたとの記載がある）。

　Aは、本件マンションの管理組合から請求を受けて、平成16年5月21日
に前記滞納分全額を支払ったので、直ちにBに対して、支払った滞納分と5
月22日からの遅延損害金を請求する訴訟を提起し、訴状は同年6月17日に
Bへ送達された。

　原審は、平成16年10月にAの請求を全面的に認める判決を出したが、B
がこれに不服として控訴した。

判決要旨　　まず、区分所有法8条が、特定承継人に対して前主の滞納
管理費等の滞納分の支払義務を負わせていることについて、
「これは、集合建物を円滑に維持管理するため、他の区分所有者又は管理者
が当該区分所有者に対して有する債権の効力を強化する趣旨から、本来の債
務者たる当該区分所有者に加えて、特定承継人に対して重畳的な債務引受人
としての義務を法定したもの」としたうえで、特定承継人の債務と前主の債
務との関係は「不真正連帯債務の関係にあるものと解される」とした。

　そして、特定承継人と前主との相互の負担関係については、真正連帯債務
についての民法442条は適用されないが、「区分所有法8条の趣旨に照らせば、

284

……特定承継人の責任は当該区分所有者に比して二次的、補完的なものに過ぎないから、当該区分所有者がこれを全部負担すべきものであり、特定承継人には負担部分はないものと解するのが相当である」として、AはBに対して、「本件管理費等の滞納分につき、弁済に係る全額を……求償することができる」とした。

なお、Bが、本件競売記録の物件明細書等には管理費等の滞納分が明示されており、最低売却価額には滞納分に見合う控除もされていることから、滞納分はAが負担すべきであるとする主張については、「物件明細書等の競売事件記録の記載は、競売物件の概要等を入札希望者に知らせて、買受人に不測の損害を被らせないように配慮したものに過ぎないから、上記記載を根拠として本件管理費等の滞納分については当然買受人たるAに支払義務があるものとすることはできない」と判示して斥けた。

なお、控訴審では、原判決を一部変更しているが、これは遅延損害金の始期を、代位弁済の翌日ではなく、訴状の送達日の翌日としたものである。

解　説　1　区分所有法8条の趣旨、特定承継人の責任の根拠

区分所有法8条は、同法7条1項で先取特権が行使できる債権、本件でいえば滞納管理費や修繕積立金については、売買や競売などによって当該マンションの専有部分の区分所有権を取得した特定承継人に対しても支払請求できると認めている。

この特定承継人の責任については、昭和58年改正前区分所有法15条の規定を拡充強化したもので、「（管理経費）の債務の支払いを確保するという趣旨」であり、「区分所有者団体の構成員の地位がその財産上の持分も含め区分所有権の移転に伴って移転することの反映である」、「そこで、いわば債務の重畳的引受けが生じる」（新マンション61頁）と説明されており、また、「区分所有建物が存在する限り、区分所有者が交替しても、専有部分の所有者間においては、共用部分等の管理または使用に関する継続的な区分所有関係ともいうべきものがあり、本法では、区分所有関係に由来する義務の履行者を区分所有権の帰属によって決めているといってよい」（コンメ66頁）と解説され

ている。

　本判決も、特定承継人と前主との債務の関係は「重畳的な債務引受」であるとし、その根拠として、「集合建物を円滑に維持管理するため、……管理者が当該区分所有者に対して有する債権の効力を強化する趣旨から」と述べているのは、上記の見解を基本としていると思われる。

2　特定承継人と前主の債務の関係

　この両者の債務の関係が「不真正連帯債務の関係」であることに大方の異論はなく、本判決も同様に判断している。そして、相互の負担関係については、特定承継人の責任は滞納した前主に比べて、「二次的、補完的なものに過ぎない」から、前主が全部負担すべきであり、特定承継人には「負担部分はない」と解するのが相当と述べている。したがって、代位弁済をした特定承継人は、前主に対してそれを求償できることになる。

　これは、いわば金銭借入債務の主債務者と保証人との関係と類似しており、滞納した前主が借主である主債務者であり、特定承継人がその保証人であり、主債務者が最終的に全部の負担責任があるから、代位弁済をした保証人が主債務者に対して求償請求をすることは当然に認められる（ほぼ同趣旨のものとして、鎌野邦樹「区分所有建物の管理費滞納についての特定承継人の責任」ジュリ934号126頁）。

　ところで、従前には、相互の負担割合について、「その両者の内部的な負担関係は、譲渡人と譲受人の当事者間の契約によって定まる（究極的にどちらが負担するものとしても差し支えない）。ただ、当事者間の約束は、管理組合の請求権とは関係ない」（新マンション61頁）などと、両者の契約上で処理すべき問題と説明されていた。

　しかし、売買契約ではなく、本件のような裁判所の競売の場合には、上記のように当事者間の契約や約束がないので、最終的な負担者が誰かにつき議論の余地が残るおそれがある。実際にも、本件では、前主であるBは、競売でAが取得したこと、Bの滞納分があることを知っていたこと、滞納分に見合って最低売却価額を減額していること、したがって通常より安い価格で取

得していること等から、滞納分はＡが負担すべきだと主張している。

確かに、マンションの競売手続においては、競落人が区分所有法8条により前主の滞納管理費等を負担せざるを得ないことから、最低売却価額を決定する際に管理費等の滞納分に相当する金額を減額するなどの取扱いがなされているので、その点にだけ着目すれば、競落人が滞納分の負担を引き受けてもよいのではないかと考えられなくもない（当事者間の売買では、買主のリスクを配慮して滞納分を差し引いて売買価格を決めるか、売買前に売主に滞納を解消させるかのどちらかであり、買主が通常の価格以上の負担を引き受けることはない）。

本判決は、「物件明細書等の競売事件記録の記載は、競売物件の概要等を入札希望者に知らせて、買受人に不測の損害を被らせないように配慮したものに過ぎない」としてＢの主張を排斥したが、最低売却価額の決定につき滞納分が減額されていることには触れていない。本件の競売では、滞納分を考えて減額した最低売却価額は795万円だったが、実際にＡが落札したのは1054万円であったので、最低売却価額について触れる必要がないと判断したのかもしれないが、判決文からはそれ以上は不明である（なお、競売は必ずしも合理的な計算可能性を保証しないし、法的な安定性に欠けるから、競売での滞納分の取扱い次第で負担＝責任を決める方法はとるべきではなかろうという指摘もある。片桐善衛「判批」判時1940号181頁）。

3　区分所有法59条1項に基づく競売の裁判例

本件とは異なるが、759万円余の管理費等を滞納した区分所有者に対して、一度は、滞納管理費等請求訴訟の確定判決による通常の競売申立てをしたが、抵当債務があるため無剰余取消しとなり、その後に区分所有法59条1項の競売が認められ、第三者が落札したので、管理組合が落札者に対して滞納管理費等を請求した事案の裁判例がある（東京地判平成29・9・22（判例秘書））。この競売では、先の滞納管理費額を考慮して、評価額が1万円という極端な廉価であった。落札者は、どうも滞納管理費は5年分なので759万円余もないと軽信して357万円余で落札したところ、管理組合から請求を受けて争っ

287

第9章　財務をめぐる紛争

たが、敗訴した。

　本件の評価書のように、滞納管理費を考慮して評価するのが通常であり、この事案のように極端に低額になることもありうる。それだけに着目して落札すると、区分所有法8条により滞納管理費を負担するうえ、それを前主に求償することができるとは限らないので、必ずしも安価な取得になるわけではない。

（石口俊一）

67 滞納管理費と先取特権に基づく物上代位

> 債務名義取得後に発生する滞納管理費について、競売による所有権移転後は先取特権が消滅するか

▶エシャロン四条柳馬場事件〔東京高決平成22・6・25判タ1336号281頁〕

事案の概要 本件マンション区分所有者Aは、平成17年11月から管理費等を滞納しており、本件マンションの管理組合は、平成20年3月に管理費等請求訴訟を提起し、同年4月にA欠席のまま請求認容判決が言い渡された。

平成20年10月、管理組合は、A所有の区分所有建物について競売の申立てを行い、平成21年9月24日に強制競売によってBがこれを競落し、9月25日に所有権移転登記がなされた。

管理組合は、平成17年11月から平成20年3月までの管理費等滞納分について上記強制競売手続により回収することができたが、訴え提起後からBに所有権が移転するまでの滞納管理費等31万円余について未回収のままであった。

そのため、管理組合は、区分所有法8条に基づき、Bに対して、平成21年11月に内容証明郵便にて未回収の滞納管理費等およびこれに対する遅延損害金（年18%）などを請求した。

これに対し、Bは、遅延損害金が高額であること、物件明細書に滞納管理費等についての記載がなかったことなどを理由として管理費等債務の不存在確認を求める調停を申し立てた。

この調停の中で、強制競売手続において剰余金が発生しており、これがAに返還されずに供託されていることが明らかとなり、調停委員は、管理組合に対し、区分所有法7条による先取特権による物上代位を行使してAの当該供託金還付請求権を差し押さえるよう求めた。

第 9 章　財務をめぐる紛争

　そこで、管理組合は、先取特権に基づく物上代位の行使として、Aの供託金還付請求権の差押えを申し立てた。

　この申立てに対し、東京地方裁判所は、平成22年5月13日、本件建物が不動産強制競売により売却されたことにより管理組合のAに対する本件建物についての先取特権は消滅した（民事執行法59条1項）というべきであり、担保権の存在を証する文書（同法193条1項）の提出がないものといわざるを得ない、として申立てを却下した。

　管理組合は、この決定の取消しを求めて東京高等裁判所に執行抗告を申し立てた。

決定要旨　先取特権は、その目的物が売却されて代金に変じた場合には、この代金に効力を及ぼすものであり、これは、同売却が裁判所による競売手続によるものであっても異なるものではないから、区分所有者Aに対して区分所有法7条1項に規定する管理費等の請求権を有する管理組合は、同建物が強制競売により売却された場合であっても、同請求権を被担保債権とする先取特権に基づいて、同建物の売却代金（配当手続実施後の剰余金を含む）から優先弁済を受けることができるものと解するべきである。

　したがって、本件建物が強制競売により売却されたからといって、前記の剰余金に対する物上代位の要件が失われたものということはできない、として原決定を取り消し、管理組合が区分所有法7条1項に規定する債権を有するか否かについて審理させるため、本件を原裁判所に差し戻した。

　差戻し後の東京地方裁判所は、差押えの決定をし、管理組合が債権回収した後、管理組合とBとで本件に関して相互に債権債務がないことを確認する調停が成立した。

解　説　区分所有法7条1項は、区分所有関係から生じる区分所有者間の債権について、これを担保するため区分所有権および建物に備え付けた動産の上に先取特権を認める。

　マンション管理組合は、区分所有者が管理費等を滞納した場合、この条文を根拠に区分所有権等を差し押さえることができる。

290

さらに、先取特権は、その目的物の売却、賃貸、滅失または損傷によって債務者が受けるべき金銭その他の物に対しても、行使することができる（民法304条1項本文。いわゆる物上代位）。このような物上代位が認められるのは、先取特権などの担保物権の優先弁済的効力が、目的物の物質を支配するものではなく、その交換価値を支配するものであることから、目的物に代わる価値の上に、それが同一性を認められる限りにおいて、その効力が及ぶとしたことによる（我妻榮ほか『我妻・有泉コンメンタール民法〔第6版〕』522頁）。

物上代位が認められることにより、管理費等を滞納する区分所有者が、区分所有建物を売却した場合などには、当該売却代金に対しても先取特権の効力が及ぶこととなるのである。

このように、区分所有関係から生じる区分所有者間の債権について先取特権が認められることは、管理費等の滞納がある場合に判決による債務名義がなくとも強制執行手続を開始できる点でメリットがある。もっとも、区分所有建物には抵当権が設定されていることが多く、区分所有法上の先取特権の優先権の順位および効力については共益費用の先取特権とみなされ（区分所有法7条2項）、登記がなされた抵当権に劣後するために、先取特権が実効性をもつ場合は限られており、また区分所有者が売却することを管理組合が事前に知ることは事実上不可能であるから物上代位を行使できる場面も限られる。

本件は、管理費等を滞納しながらも区分所有建物に抵当権が設定されていなかったこと、Ａが競売手続の際にも何らの意思表示もしなかったために剰余金が供託されたことなどから、先取特権に基づく物上代位が有効に利用できた珍しいケースであったといえる。

しかし、東京地決平成22・5・13判例集未登載は、民事執行法59条1項が不動産の上に存する先取特権は売却により消滅すると定めていることを理由に、競売によって不動産が売却された場合には先取特権は消滅するため、物上代位は認められないとした。同条項は、競売による売却を機会に不動産上の権利を消滅させ、買受人に可能な限り負担のない不動産を取得させるべきとする消除主義を採用したものであり、これを根拠として先取特権も消滅

第9章　財務をめぐる紛争

したとするのである。

　それでは、強制競売による場合には、消除主義によって先取特権による物上代位についてもすべて認められなくなるのであろうか。一見すると消除主義と物上代位は相容れない関係になるとも思われるが、そもそも物上代位という制度自体は、目的物の売却、消滅を前提とした制度であることからすれば、競売手続における売却においても物上代位を認めるのが素直な解釈といえよう。

　また、消除主義が目的物の買受人の保護を目的とするものであるところ、物上代位は買受人ではなく、前所有者が手にする目的物の代価あるいは代替物について効力を及ぼすものであり、これを認めたとしても消除主義の趣旨に反するものではないといえる。

　このように考えれば、先取特権を否定した東京地裁決定よりも本件抗告審の決定が妥当であるということができる。

　いずれにしても、二度にわたって強制競売手続を経なければならないことは管理組合にとって負担である。訴訟提起の段階から将来給付請求を行っておくなどして債務名義取得後に発生する滞納管理費等の発生を防ぐことが実務上は重要であると思われる。

（浅井　亮）

68　競売請求権を被保全権利とする仮処分

> 区分所有法59条1項の競売請求権を被保全権利とする処分禁止の仮処分を求めることができるか

▶サンライフ松が谷事件〔最決平成28・3・18民集70巻3号937頁〕

事案の概要　　マンション管理組合の管理者A（債権者・抗告人）は、区分所有者B（債務者・相手方）が管理費等の滞納（約10年）を続け、区分所有者の共同の利益に著しく反する行為をしていると主張して、区分所有法（以下、「法」という）59条1項に基づく区分所有権の競売請求権を被保全権利とする係争物に関する仮処分としてBの所有に係る専有部分（以下、「本件不動産」という）の処分禁止の仮処分命令を申し立てたものである。

　Aの申立てを認める仮処分決定が平成26年11月11日にされ、その執行として処分禁止の登記がされた。

　これに対し、Bからの保全異議の申立てに基づき、原々審は仮処分決定を取り消してAの申立てを却下する決定をした（東京地決平成27・2・12民集70巻3号946頁参照）。そして、Aの保全抗告を原審が棄却した（東京高決平成27・4・17民集70巻3号951頁参照）。そのため、Aが許可抗告を申し立てた。

決定要旨　　本件抗告を棄却するとして、本件仮処分を否定した。

　「建物の区分所有等に関する法律59条1項に規定する競売を請求する権利を被保全権利として、民事保全法53条又は55条に規定する方法により仮処分の執行を行う処分禁止の仮処分を申し立てることはできないものと解するのが相当である。その理由は、次のとおりである。

　民事保全法53条は同条1項に規定する登記請求権を保全するための処分禁止の仮処分の執行方法について、同法55条は建物の収去及びその敷地の明渡しの請求権を保全するためのその建物の処分禁止の仮処分の執行方法についてそれぞれ規定しているところ、建物の区分所有等に関する法律59条

293

第9章　財務をめぐる紛争

1項の規定に基づき区分所有権及び敷地利用権の競売を請求する権利は、民事保全法53条又は55条に規定する上記の各請求権であるとはいえない」。

「上記の競売を請求する権利は、特定の区分所有者が、区分所有者の共同の利益に反する行為をし、又はその行為をするおそれがあることを原因として、区分所有者の共同生活の維持を図るため、他の区分所有者等において、当該行為に係る区分所有者の区分所有権等を競売により強制的に処分させ、もって当該区分所有者を区分所有関係から排除しようとする趣旨のものである。このことからしても、当該区分所有者が任意にその区分所有権等を処分することは、上記趣旨に反するものとはいえず、これを禁止することは相当でない」。

| 解　説 | 1　問題の所在（実質的争点） |

本件では、管理組合の管理者Aは、本件不動産について法59条による形式競売をすることによって、Bを区分所有関係から排除し、第三者を区分所有者とし、将来の管理費等を確保することを目的としていたといえる。

確かに、本件不動産が第三者へ譲渡された場合には、区分所有者が変わるのでAの目的が達成されるように思える。しかし、たとえば、提訴後にBが競売請求を妨げることを目的として意を通じた無資力の第三者Cに任意に譲渡し、その後、Aが当該第三者Cを相手として提訴した矢先に当該第三者Cが再度Bに譲渡をするという濫用的な区分所有権の譲渡がありうる。

このように競売請求を妨げるという執行妨害目的の濫用的な区分所有権の譲渡を阻止するために、法59条1項の競売請求権を被保全権利とした仮処分を認めることができないかという点が実質的な争点である。

2　係争物に関する仮処分の一般的必要性

一般には、訴訟提起後に係争物の譲渡などにより相手（被告）とすべき者が変わる場合、口頭弁論終結前であれば訴訟承継の申立て（民事訴訟法50条）をして承継人を相手に訴訟を追行し、口頭弁論終結後であれば承継執行文（民事執行法23条1項3号・27条2項参照）を取得して承継人を相手に強制執行を

294

することになる。

　しかし、訴訟係属中に被告とすべき者が変わっているのにそれに気づかずに判決まで至った場合には、再度承継人を相手に提訴をする必要がある。また、口頭弁論終結後の承継人に対する法59条1項に基づく競売請求は認められていない（最決平成23・10・11集民238号1頁・判時2136号36頁・判タ1361号128頁）。

　そこで、実務上は、当事者の恒定を図り、訴訟提起時の被告を相手として判決を取得して強制執行をすることを目的として、訴訟提起前に係争物に関する仮処分（民事保全法23条1項）の申立てをすることを検討することになるが、本件は法59条1項に基づく競売請求権を被保全権利として係争物に関する仮処分が認められるかという問題である。

3　学　説

　肯定説は、当事者を恒定する必要性を重視するものであり、前述のように執行妨害目的で形式的に区分所有権を処分された場合には義務違反者を共同生活から排除するという競売請求の目的が実質的に達成できないこと、前記・最決平成23・10・11によれば、口頭弁論終結後に区分所有権が譲渡された場合には譲受人に対して当該訴訟の判決に基づき競売申立てができないとされていることから、事前に処分禁止の仮処分を受ける必要があることなどを理由とするものである。

　これに対して、否定説は、法59条1項に基づく競売請求権の性質等を重視する見解であり、この競売請求権は民事保全法53条1項の処分禁止の登記の方法により保全執行を行う処分禁止の仮処分の被保全権利となるべき「登記請求権」にあたらないこと（本件原々決定、原決定）、当該請求権は形成権であるので本訴での認容判決の確定を待って初めて生ずる権利であることなどを理由とするものである。

4　本決定の考え方（検討）

　確かに、法59条1項に基づく競売請求の場合には当該区分所有者やその

計算において行動する者は買受けの申出ができないとされていること（同条
4項）、任意譲渡の場合、前述のような濫用的な区分所有権の譲渡がなされ
る可能性があることなどから、同法の趣旨を競売手続を利用してその区分所
有権を剥奪することまで認めているものと解すれば、当事者恒定を認めるた
めに競売請求権を被保全権利として係争物に関する仮処分を認める余地があ
るようにも思える。

　しかし、本決定の理由および否定説のとおり、法59条1項の競売請求権が、
文理上、民事保全法53条または55条に規定する被保全権利にあたらないこ
とは明らかである。また、この競売請求権は当該区分所有者を区分所有関係
から排除することを趣旨とすることから、当該区分所有者が任意にその区分
所有権等を処分することは趣旨に反するものとはいえず、その処分を禁止す
ることは相当とはいえない。加えて、仮に競売請求権を被保全権利として認
めると民事保全法53条のみならず不動産登記法111条などのすべての規定の
類推適用を要することとなり、解釈論として適当でない。

　したがって、保全の必要性や当事者恒定の必要性はあるものの、法制度の
枠組み等から肯定説を解釈論として認めることは困難であるとして、本決定
は否定説を採用せざるを得ないと判断したものであるといえる。

5　実務的な対応

　本決定を前提とした場合、前述の濫用的な区分所有権の譲渡の阻止は現在
の法制度の中では困難であることになるため、実務的には、具体的事例に応
じてその特殊性を踏まえた解決を模索するほかないと思われる。

　【参考文献】
　長谷部由起子「建物区分所有法59条1項の競売請求権を被保全権利とす
　　る民事保全法上の処分禁止の仮処分の許否」平成28年度重要判例解説
　　（ジュリ臨時増刊1505号）148頁以下、菊池絵里「判解」法曹時報70巻12号
　　185頁以下

（碇　啓太）

⑥ 違約金としての弁護士費用

> 管理組合が管理規約に基づき区分所有者に違約金として弁護士費用を請求できるか

▶管理費等請求控訴、同附帯控訴事件〔東京高判平成26・4・16判時2226号26頁・判タ1417号107頁〕

事案の概要　　原告Aは、マンション（以下、「本件建物」という）の区分所有者全員をもって本件建物等の管理を行うために構成された団体である。

被告Bは、本件建物の居室の区分所有者である。

原告Aは、被告Bに対し、本件建物の管理規約に基づき、未払管理費（修繕積立金を含む）、確定遅延損害金、弁護士費用、遅延損害金の支払いを請求した。

なお、本件建物の管理規約36条3項には、弁護士費用について、「区分所有者が管理組合に支払うべき費用を所定の支払期日までに支払わないときは、管理組合は当該区分所有者に対し、違約金としての弁護士費用を加算して請求することができる」旨の定め（以下、「本件弁護士費用請求条項」という）があった。本件弁護士費用請求条項は、国土交通省の作成にかかる標準管理規約に依拠するものであった。

弁護士費用について、原告Aは被告Bに対し、東京弁護士会の旧報酬基準に準拠した報酬基準に基づき、102万9565円の請求をした。

原審（東京地判平成25・10・25判時2226号29頁・判タ1417号111頁）は、未払管理費等については請求を認容したが、弁護士費用については、管理規約に基づく実費相当額ではなく裁判所が相当と認める額（50万円）に限定して、これを認容し、その余を棄却した。

そこで、被告Bが、これを不服として控訴をし、原告Aが附帯控訴をした。控訴審において、本件弁護士費用請求条項の「違約金としての弁護士費用」

297

第9章　財務をめぐる紛争

の解釈が争点となった。

判決要旨　本判決は、違約金としての弁護士費用を違約罰（制裁金）と解したうえで、弁護士費用を管理組合が弁護士に支払義務を負う一切の費用とし、実費相当額の102万円余を認め、控訴を棄却し、附帯控訴部分につき全額認容した。理由は以下のとおりである。

　国土交通省の作成に係る標準管理規約は、管理費等の徴収について、組合員が期日までに納付すべき金額を納付しない場合に、管理組合が、未払金額について、「違約金としての弁護士費用」を加算して、その組合員に請求することができると定めているところ、本件弁護士費用請求条項もこれに依拠するものである。

　そして、違約金とは、一般に契約を締結する場合において、契約に違反したときに、債務者が一定の金員を債権者に支払う旨を約束し、それにより支払われるものである。

　債務不履行に基づく損害賠償請求をする際の弁護士費用については、その性質上、相手方に請求できないと解されるから、管理組合が区分所有者に対し、滞納管理費等を訴訟上請求し、それが認められた場合であっても、管理組合にとって、所要の弁護士費用や手続費用が持ち出しになってしまう事態が生じうる。

　しかしそれは、区分所有者が当然に負担すべき管理費等の支払義務を怠っているのに対し、管理組合は、その当然の義務の履行を求めているにすぎないことを考えると、衡平の観点からは問題である。そこで、本件弁護士費用請求条項により、本件のような場合について、弁護士費用を違約金として請求することができるように定めているのである。

　このような定めは合理的なものであり、違約金の性格は違約罰（制裁金）と解するのが相当である。したがって、違約金としての弁護士費用は、上記の趣旨からして、管理組合が弁護士に支払義務を負う一切の費用と解されるとし、違約金としての弁護士費用につき、原判決を変更し、附帯控訴部分を全額認容した。

69 違約金としての弁護士費用

| 解　説 | 本件は、①本件弁護士費用請求条項の合理性および②違約金としての弁護士費用の性格が争点となった事案である。 |

　本判決は、①本件弁護士費用請求条項の合理性について、債務不履行請求の性質、当事者間の衡平の観点から合理的であると判断している。すなわち、債務不履行に基づく損害賠償請求では、一般的に相手方に弁護士費用を請求することはできない。もっとも、区分所有者が当然に負担すべき管理費等の支払義務を怠っており、管理組合が当該区分所有者に対して債務不履行請求をするに際し、管理組合が弁護士費用や手続費用を負担するとなると公平の観点から問題である。そのため、当該区分所有者に対し弁護士費用を請求することができる旨の本件弁護士費用請求条項は合理的であると判断している。

　②違約金としての弁護士費用の性格について、原審は、違約金としての弁護士費用の性格を論じることはなく、弁護士費用が確定金額ではないことから、実費相当額ではなく、当該事案につき請求等に要する裁判所の認定する相当額であり、本件訴訟で請求されている管理費等、被告Bの対応、その他本件における諸般の事情を総合考慮して50万円とした。控訴審において、被告Bも、本件弁護士費用請求条項は抽象的表現であり、「管理組合が負担した一切の弁護士費用」と規定されていないから、裁判所が相当と認定した金額を支払う義務を負うことを規定したものというべきと原審判決に沿う主張をした。

　この点、違約金の性格については、債務不履行に基づく損害賠償とは別途に請求できる違約罰（制裁金）と解するもの、損害賠償額の予定（民法420条）と解するもの等があるが、具体的な違約金の性格はそれぞれの契約内容から判断される。損害賠償額の予定と解する場合には、違約金のほかに賠償金を請求できないこととなるが、滞納管理費等を請求する際に違約金しか請求できないと解することは明らかに不合理である。

　「違約金としての」という文言は、あらかじめ管理規約で内容を明らかにしておくことにより、弁護士に依頼した際に、その費用を確実に相手方に請求できるようにするためと解すべきである。とすると、違約金の性格としては違約罰（制裁金）と解すべきである。

第9章　財務をめぐる紛争

　また、上記文言の趣旨からすると、管理組合が弁護士に支払義務を負う一切の費用を相手方に請求できると解すべきである。

　本判決においても、違約金の性格は違約罰（制裁金）と解したうえで、弁護士費用は管理組合が弁護士に支払義務を負う一切の費用であると判示した。

　また、被告Bは、違反者に過度な負担を強いることになり不合理である旨主張したが、本判決は、そのような事態は、自らの不払い等に起因するものであり、自ら回避することができるものであるから、格別不合理なものではないと判断している。

　もっとも、違約罰（制裁金）としての性格を有するとしても、過大請求が制約されるべきことは一般法理からして当然のことである。本判決においても、東京弁護士会の旧報酬基準に準拠した報酬基準に基づいて算出したものであり、平成25年1月30日時点の未払管理費等およびこれに対する遅延損害金の合計473万6937円を経済的利益として、着手金32万6846円、報酬金65万3693円（合計98万0539円）を算出し、これに消費税を加算したものであって（102万9565円）、102万円余という金額が不合理ではないとの判断をしているところである。

　違約金としての弁護士費用の問題について、先行裁判例としては、本判決と同じく、弁護士費用は実費相当額としたものとして、東京地判平成18・5・17（判例秘書）があり、原審判決と同じく、弁護士費用は裁判所の認定する相当額としたものとして、東京地判平成19・7・31（判例秘書）がある。

　本判決は、このような状況の下に、違約金としての弁護士費用の性格を明確にし、管理組合が弁護士に支払義務を負う一切の弁護士費用（金額の合理性は必要）と判断したものであり、管理規約の当該条項の解釈として規範的意義を有するものである。

　本判決により違約金としての弁護士費用の性格について、司法上の判断が確定されたということはできないが、一般的に、管理組合は標準管理規約に依拠した定めがなされていることに鑑みると、本判決は実務的に影響を与えるものであるといえる。

　もっとも、管理組合としては、無用な紛争を回避するために、弁護士費用

の範囲については明確に定めておくことが望ましいといえる。

　本判決においても、「その趣旨を一義的に明確にするためには、管理規約の文言も『違約金としての弁護士費用』を『管理組合が負担することとなる一切の弁護士費用（違約金）』と定めるのが望ましいと言えよう」と判示している。

　管理組合としては、管理規約の制定・改正にあたっては、違約金としての弁護士費用の定めに関する文言には、その趣旨を明確にするよう注意すべきである。

（柴田裕之）

第9章　財務をめぐる紛争

70　インターネット利用料金を一律徴収する管理規約の有効性

管理規約に基づき、インターネット利用料金を一律請求できるか

▶インターネット利用料金一律請求事件〔広島地判平成24・11・14判時2178号46頁〕

事案の概要　本件は、区分所有建物（以下、「本件マンション」という）の管理組合であるＡが、区分所有者のインターネット利用料金の支払義務を定めた管理規約に基づき、インターネット利用料金（月額2835円）を含め管理費等を区分所有者Ｂに請求したところ、Ｂがインターネットを使用していないため、インターネット利用料金の支払義務を負わないとして、争った事案である。原判決（呉簡判平成24・7・5判例集未登載）は、Ｂは、インターネットを利用しているか否かにかかわらず、インターネットの利用料金の支払義務を負うとして、Ａの請求を全部認容した。これに対して、Ｂが控訴し、広島地方裁判所にて本訴が審理されることとなった。なお、Ａも、控訴審における弁護士費用の負担などを求めて付帯控訴している。控訴審判決では、次のような事実が認定された。

本件マンションには、インターネットサービスの提供を受けるために、インターネット専用回線やネットワーク等の設備が備えられていた。

Ａは、管理会社との間でインターネット接続回線の選定および提供業務のほか、LAN配線機器の保守点検等につき業務委託契約を締結し、月額29万4840円の委託料を支払って、同社の提供するインターネットサービス（以下、「本件インターネットサービス」という）の提供を受けていた。

本件インターネットサービスにより、本件マンションの各戸の区分所有者は、個別にインターネット回線契約やプロバイダ契約を締結することなく、また複雑な設定をすることなく、インターネットの利用が可能であった。

後述の管理規約所定のインターネット利用料金として、本件マンションの各戸から徴収される金額の合計額は、上記委託料金とほぼ同額の29万6400円であった。

また、本件マンションの管理規約には次のような定めがある。

○管理規約26条１項

「区分所有者は、敷地及び共用部分等の管理に要する経費の支払に充てるため、次の費用（以下「管理費等」という。）を管理組合に納入しなければならない。

　　一号　管理費、使用料

　　二号　インターネット利用料金、サーパスSOS24利用料金

　　三号　修繕積立金、修繕積立基金（以下「修繕積立金等」という。）」

○管理規約附則10条４号（１号ないし３号および５号以下は省略）

「区分所有者は次の各号に定める事項を容認する。

　　四号　本物件は、インターネット対応の設備（インターネット専用回線、ネットワーク。但し、ビデオ入力可能なテレビは別途必要）を採用しており、利用の有無にかかわらず利用料金月額二八三五円（消費税込み、専用回線、ネットワーク保守・管理費用等）が必要となり、その利用料金は管理費等に含まれること。なお、利用料金は将来変更される場合があること」

判決要旨　「本件インターネットサービスに係る物理的なLAN配線機器等のインターネット設備そのものは、本件マンションの区分所有者の共用部分であるということができるから、その保守、管理に要する費用は、本件マンションの資産価値の維持ないし保全に資するものであるということができ、したがって、その費用は各区分所有者が一律に負担すべきものである」。

「本件マンションの各戸に対してインターネットサービスを提供するために締結されたインターネット接続回線契約やプロバイダ契約に基づき発生する費用……についても、本件マンションの資産価値の維持ないし増大に資するものといえ、その観点からは、各区分所有者が、本件インターネットサー

第9章　財務をめぐる紛争

ビスの利用の有無にかかわらず、その費用支出による利益を受けているといえる」。「本件インターネットサービスの利用の有無を考慮して戸別に利用料金を定めることになれば……実際の利用の有無を確認するために新たな人的、物的コストが発生してしまうことを避けられないという問題があり、さらには、その確認に要するコストを誰にどのように負担させるべきかという問題や、いわゆるただ乗りをする区分所有者への対処という派生的な問題が新たに発生するおそれがある」。「上記のとおり、インターネット設備そのものの保守、管理に要する費用は、各区分所有者が一律に負担すべきものであるから、利用の有無で負担額を決めるためには、インターネット接続業者との契約内容に関わらず、インターネット設備の保守、管理費用と、接続そのものに要する費用を分けて各戸が負担すべき費用を算出しなければならないという問題も生じてくる」。「そうすると、このようなコストや種々の問題の発生（その処理のために発生する費用は、各区分所有者の負担となる。）を回避するという意味では、本件インターネットサービスの利用の有無を問わず、インターネット利用料金を一律に徴収する旨を定めることには一定の合理性があるといえる」。「加えて、本件管理規約26条1項2号の『インターネット利用料金』は、月額2835円であって、これには、インターネット接続回線契約に要する費用だけではなく、本件マンションのインターネット設備の保守、管理に要する費用も含まれていることからすれば、本件インターネットサービスを利用していない区分所有者にとってみても、不相当に高額であるとはいえない」。

　「これらの事情を総合すれば、本件インターネットサービスの利用の有無を考慮することなく一律にインターネット利用料金の支払を負担すべき旨規定している本件管理規約26条1項2号及び附則10条4号は、建物の区分所有等に関する法律30条3項の趣旨に照らしてみても、区分所有者間の利害の衡平が図られていない故に無効であるとまではいえない」。

解　説

　本件は、インターネット利用料を管理費として一律徴収する管理規約が、インターネットを利用する区分所有者とそうでない区分所有者との間の衡平性に欠けるとして、その有効性が争われた事

304

案である。

本件判決は、管理規約に定められたインターネット利用料につき、①インターネット設備の保守・管理に要する費用と②インターネット接続サービス等に要する費用とに分けたうえで、①については、共用部分の保守管理に要する費用であるから一律に負担すべきものとした。これは、同費用について衡平性を肯定する評価である。

他方、②インターネット接続サービス等に要する費用は、共用部分の保守・管理の費用そのものではなく、区分所有者らがインターネットを利用するための契約の対価であり、②の費用は、①の費用と同じ論理では、各区分所有者が一律に負担すべきものとはいえない。そのため、衡平性の有無を判断するには、さらに別の事情を検討する必要がある（なお、本判決の位置づけでは、②の費用は、区分所有建物の設備の保守・管理に要する費用とはいえない。そこで、本判決は、「建物又はその敷地若しくは附属施設の管理又は使用に関する区分所有者相互間の事項」に係る規約に関する法30条3項に直接反するか否かを検討するのではなく、その趣旨に反して衡平性を欠くといえないか否かを検討しているものと考えられる）。

この点に関し、本判決は、インターネットサービスの全戸一律提供がマンションの資産価値の維持ないし増大に資すると評価したうえで、インターネット利用料金の一律徴収に事務処理上の不都合等を回避できるという合理性があること、徴収されるインターネット利用料金が不相当に高額とはいえないこと等をあげ、上記管理規約の規定は、区分所有者間の利害の衡平が図られていないゆえに無効であるとまではいえないとした。

この判決の判断のように、①インターネット設備の保守・管理に要する費用だけでなく、②インターネット接続サービス等の費用を含めてインターネット利用料金を一律徴収する旨の管理規約は、多くの場合有効と判断されよう。しかし、本判決の判断過程からも明らかなように、①の費用だけでなく、②の費用を含めてインターネット利用料金を一律徴収する旨の管理規約は手放しに有効とされるものではない点にはなお注意を要する。管理規約に定めるインターネット利用料金が不相当に高額である場合はもちろん、徴収

第9章　財務をめぐる紛争

される利用料金の全部ないし大部分が①その設備の保守・管理の費用ではなく、②インターネット接続サービス等の費用として徴収される場合等には、当該一律徴収を定める管理規約が無効とされる余地が残されている。

（河合洋行）

第 10 章

大規模修繕と修繕積立金
をめぐる紛争

第10章　大規模修繕と修繕積立金をめぐる紛争

⑦　修繕積立金を各区分所有者へ分配する総会決議

> 管理組合は、修繕積立金の一部を取り崩し、各区分所有者に対してその居住年数に応じて返金する旨の決議をすることができるか

▶エメラルドマンション修繕積立金配分事件〔福岡地裁小倉支判平成28・1・18判時2300号71頁〕

事案の概要　本件マンションは、築32年（決議当時）総戸数30戸、5階建ての居住用マンションである。全区分所有者で構成する法人格なき社団であるB管理組合に対して、組合員の1人であるAが、B管理組合が総会でなした「修繕積立金の一部を取り崩し、各区分所有者に居住年数に応じて分配する」旨の決議の不存在無効確認を求めたものである。

　被告B管理組合は、平成22年9月28日に総会（以下、「22年総会」という）を開催して「居住年数に応じて修繕費取り崩しの一部を特例として返金する」旨の決議をし、同決議に基づいて修繕積立金約4200万円（決議当時）のうち1913万円を取り崩して各区分所有者に返金した。

　それまで大規模修繕が行われていない当該マンションにおいて、修繕積立金確保は必須であるのに、これを修繕以外の目的で取り崩すことは全区分所有者の利益を害するとして、原告Aが22年総会決議の無効確認等を求める訴えを提起したところ、決議を無効とする判決がなされた（第1次訴訟）。

　もっとも、この判決は、「有効な規約変更手続を経ていない」という手続的瑕疵を無効理由とするものであったため、B管理組合は、平成26年7月16日に臨時総会（以下、「26年総会」という）を開催し、修繕積立金取崩しに関する規約に「総会の特別決議による場合」にも取崩しが可能である旨の文言を追加する決議および22年総会の決議に基づく配分案を追認する旨の決議を行った。

308

そこで、平成26年12月2日、原告Aは、再び被告B管理組合に対し、26年総会でなされた「22年総会の決議及び同決議に基づき実施された返金の追認決議」無効の確認を求めたのである（第2次訴訟）。

判決要旨 第2次訴訟において、裁判所は、「平成26年決議は、その内容が区分所有者間の利害の衡平を著しく害するものであって、公序良俗に違反するものであるから、無効であるというべき」として、原告の請求を認容した。

その理由は、以下のとおりである。

（修繕積立金負担の法的性質）

被告の定めた管理規約（以下、「本件規約」という）によれば、「修繕積立金は、敷地及び共用部分等の管理に要する経費であるところ、区分所有者は、共用部分につき、専有部分と分離して処分することができない共有持分を有し、かつ、共有者として共用部分を使用することができるがゆえに、その管理に要する種々の経費の負担に任じられることになるものと理解され、修繕積立金もその負担の一環であるといえる」。

つまり、修繕積立金の負担は、単なる居住者（占有者）に対する負担ではなく、「飽くまで各区分所有者に対する負担」で、「区分所有権及びこれを有する各区分所有者の共用部分等に対する共有持分に根ざすものであり、本質的に区分所有権と分離して考えることができない性質のものである」。

（修繕積立金の帰属関係と共有財産の分配方法）

「本件規約には、特別の管理に要する経費に充当する場合以外であっても修繕積立金を総会の特別決議により取り崩すことができる旨の定めがある」こと、および修繕積立金は「未だ費消されずにいればそれは団体的に帰属する財産を構成しているところ」、修繕積立金が上記のような法的性質をもつと考えれば、「本件規約の定めに基づき修繕積立金を取り崩して区分所有者に配分すること自体が可能であるとしても、各区分所有者への返金に伴う配分方法は、規約に別段の定めがある場合を除いて、専有部分の床面積の割合（共用部分等に対する共有持分）に応じて行うことが区分所有者間の利害の衡平に資するものであり、これに反する配分方法は、特段の事情のない限り、

区分所有間の利害の衡平を著しく害するものであって、公序良俗に違反するものというべき」であり、総会の特別決議によってもこれを有効とすることはできない。

（修繕積立金配分割合決定の際に占有期間を基準とすることの可否）

区分所有法や本件規約は、「区分所有者と占有者とを明確に区別した上で」、修繕積立金の負担者を区分所有者としているのであるから、「取り崩し修繕積立金の配分割合を決定する基準として、占有期間である居住期間によることは、区分所有者間に不合理な差異を設けるものであって、許されない」。この点、22年総会および26年総会における決議は、「居住した年数の査定いかんによって区分所有間に専有部分の床面積の割合と異にする差異を設けるものであり」、「修繕積立金の負担者が区分所有者であるとの本質的部分に反するもの」というほかない。

（承継取得の本質論）

一定期間を切り取ったうえでその期間内に居住した年数で決定するという「居住査定期間を基準として取り崩し修繕積立金を配分・返金することは、区分所有権が譲渡等されている場合にその承継取得に伴う地位の移転という性質を考慮しない結果となるものであって承継取得の本質を見誤るものであり、この点からも著しく不合理なものといわざるを得ない」。

（遡及的追認の可否）

平成22年決議およびこれに基づく返金も無効である。「平成26年決議は、平成22年決議等を追認するものであるが、無効な行為は、追認によっても、その効力を生ぜず、当事者がその行為の無効であることを知って追認したときは、新たな行為をしたものとみなされるにすぎない（民法119条参照）」のであるから、「平成26年決議において平成22年決議等を追認したところで、その効力は生」じない。なお、「平成26年決議は、平成22年決議等を改めて追認したものにすぎず、その効力を平成22年決議等の当時に遡って有効とする旨を決議したものではない」。

（結論）

「取り崩し修繕積立金を居住査定期間に応じて配分・返金することは、区

分所有者間の利害の衡平を著しく害する不合理な結果をもたらすこととなるから、このような結果をもたらす平成26年決議は、公序良俗に違反し、無効である」。

解説　1　本判決の判断と射程範囲

本判決は、①被告Ｂ管理組合管理規約の存在（第１次訴訟後、修繕積立金取崩しを総会の特別決議による場合にも可能であるとする規定が付加された）から、総会の特別決議により修繕積立金の取崩しができるとしたうえで、②取り崩した修繕積立金の配分につき区分所有者間の衡平を著しく害するような方法をとる決議は、民法90条に違反して無効であるとした。

そして、区分所有者間の衡平が著しく害されるか否かを区分所有権の支配割合との乖離の程度に求める。すなわち、各区分所有者の有する修繕積立金に対する共有持分の割合は、区分所有権と分離できないという共有持分の性質から区分所有権の支配割合（専有部分の床面積の割合）と同じと考えるべきで、特段の規定がない限り配分する際には区分所有権の支配割合を基礎とすべきであるのに、これから全く離れた方法によって配分することは区分所有者間の衡平を著しく害するとしたのである。

とすれば、修繕積立金に対する共有持分の支配割合等について特段の規定がある場合や、区分所有権の本質との乖離の程度が著しいとまではいえない配分方法がとられたときには有効になる場合があるということになるから、本判決は、公序良俗に反するといえるほど区分所有権の本質との乖離の程度が著しい方法がとられた結果、区分所有者間の衡平を著しく害したという特殊な場合のみをその射程としているという見方もできる。

2　残される課題——取崩しの制限

本判決は、修繕積立金の取崩し自体は規約変更により有効であるとの前提に立つ。

しかし、規約変更によりさえすれば「修繕積立金」という名目で積み立ててきた金員を「修繕」から乖離する目的であっても使用することができると

第10章　大規模修繕と修繕積立金をめぐる紛争

するならば、標準管理規約において修繕積立金の使途先を限定した趣旨を損ない、修繕積立金の強制的負担を担保できないのではないかとの疑問が生ずる。団体自治の自由原則も、使途が明確に決められているはずの財産については使途による縛りや、多数決による団体自治を制限する何らかの手当てが必要と思われる。

【参考文献】

花房博文「判批」マンション学57号58頁

（原田美紀）

72　修繕積立金と専有部分

> 専有部分の改修工事費用として修繕積立金を支出する目的でなされた規約変更等の決議は有効か

▶修繕積立金取崩し事件〔東京高判平成29・3・15判例集未登載〕

事案の概要　**1　事案の要旨**

　本件は、築約45年（昭和42年竣工）・175戸のマンション（以下、「本件マンション」という）の組合員であるＡおよびＢが、管理組合に対し、①一定の場合に修繕積立金を取り崩して専有部分の設備をも含む修繕費用として支出可能とする旨の管理規約（以下、「本件規約」という）条項を新設する決議、②専有部分の設備を含む共用部分の修繕工事（以下、「本件工事」という）を工事業者に請け負わせる契約を締結する旨の決議、および、③本件工事の工事代金の支払いにあてるため、金融機関から一定額を借り入れ、（①に基づき）分割弁済金に修繕積立金をあてる旨の決議等（以下、まとめて「本件各決議」という）が、区分所有法（以下、「法」という）、および修繕積立金の性質に違反するなどと主張して、いずれも無効であることの確認を求めたが、これが１審（横浜地判平成28・9・30判例集未登載）で棄却されたので、不服であるとして控訴した事案である。

　なお、判示によれば、本件工事は、本件マンションで漏水が複数件生じたために管理組合が調査を実施したところ、共用部分であるか専有部分であるかの区別なく、給排水管やガス管等配管類すべてが劣化していることが判明し、そのすべてを更新する必要が生じていたために行われたものであり、その工事内容は、①共用部分たて管に加え、専有部分にかかる横引き管をも含んでマンション全体の給排水管・ガス管のすべてを取り替える工事、および、②①の配管類と接続している専有部分の設備の更新工事、すなわち、浴室設備のユニットバスへの取替え工事や、トイレ設備の新規設備への取替え工事

313

第10章　大規模修繕と修繕積立金をめぐる紛争

等であり、共用部分の管理と関連し、一体として行う必要があるものであった。

【参考　新設された本件規約条項】

「専有部分である設備のうち、共用部分と構造上一体となった部分及び共用部分の管理上影響を及ぼす部分の管理を共用部分の管理と一体して行う必要があるときは、管理組合がこれを行うことができる。」（本件規約20条4項）

「修繕積立金は、次の各号に掲げる特別の管理に要する経費に充当する場合に限って取り崩すことができる。

　　4号　第20条4項の修繕」（本件規約26条2項）。

2　AおよびBが主張した無効事由の要旨

本件の法的争点は多岐にわたるが、「本件各決議が修繕積立金の性質に反するか」という争点に絞って論ずる。AおよびBが主張した無効事由の要旨は次のとおり。

①　そもそも修繕積立金は、共用部分の管理・修繕のために使用される費用であるから、それ以外には使用できないはずである。

②　修繕積立金は区分所有者全員の総有財産であるから、分割には全員同意が必要であるはずであるのにそれを欠いている。

③　共用部分を専有部分に変更する場合は、区分所有者全員が関与した登記手続が必要となるので、全員の同意が必要であるから、共用部分にあてられるべき修繕積立金を専有部分にあてる場合にも全員の同意が必要であるのに、それを欠いている。

④　管理組合は権利能力なき社団であり、その財産は総有であるから取崩しには全員同意が必要であるが、それを欠いている。

判決要旨　　控訴棄却（無効事由はいずれも認められない）。

　　　　　　なお、最決平成28・9・14判例集未登載により、本判決に対する上告が棄却され、かつ、上告受理申立てが受理されなかったので、本判決が確定した。

棄却理由は、以下のとおりである。

① 本件各決議は、共用部分の管理・修繕と無関係に修繕積立金を使用することを認めるものではないし、そもそも、修繕積立金の使途を共用部分のみに限定する法の定めはない。
② 共用部分および専有部分の一体的修繕に修繕積立金をあてるものであって、修繕積立金の払戻しではないから分割にあたらない。
③ 専有部分の修繕に修繕積立金をあてることは、共用部分の専有部分への変更という所有関係の変更とは同視できない。
④ 法人格のない管理組合の場合、修繕積立金の取崩しにつき当然に全員の同意が必要であるとは考えることはできない。

解 説　**1　本判決の意義**

事例判断ともいえるが、修繕積立金を、共用部分と一体的に行う専有部分の設備の工事にもあてる内容の規約変更等を無効としなかった判断は、マンションの管理実務に影響を及ぼしうるので重要な判断である。

2　修繕積立金

本判決が指摘するように、そもそも、法には、「管理費」や「修繕積立金」という用語法や定義規定はない。とはいえ、実務上一般に、それらの概念は広く定着している。すなわち、一般的なマンションは、法19条の趣旨（持分に応じた共用部分の負担）を背景に、共用部分の管理・修繕を目的として、法30条に基づき管理規約に規定を設け、同規約に基づき専有面積割合に応じて管理費・修繕積立金の徴収を図っているところである。

この点、それぞれの性質をみれば、管理費は、通常のマンション管理に要する経費として扱われ、他方、修繕積立金は、その名のとおり、一定期間ごとに行われる大規模修繕工事といった共用部分の修繕等に備えて積み立てておくものとされ、支出使途は規約により限定されている例が多い（標準管理規約28条等参照）。

315

第10章　大規模修繕と修繕積立金をめぐる紛争

3　コメント

本件では、こうした性質をもつ修繕積立金を、専ら共用部分の工事費用にあてるのではなく、専有部分の修繕をも含む工事のためにあてること等の有効性が争われた。

判決では、法が修繕積立金の支出使途を共用部分に限定していないことや、共用部分と専有部分の設備とを一体的に行う必要性・合理性があったこと等を指摘して、全員の同意は不要であり本件各決議は有効であるとした。

もっとも、本件は、純粋な修繕積立金の取崩し（分割）の事例ではないから、本件の射程はそれには及ばないと考えられるし、また、最高裁判所が上告受理申立てを受理しなかったので、修繕積立金の支出に関して一般的なルールが判例法理によって定立されたわけではないことに注意する必要がある。

なお、標準管理規約21条関係コメント欄⑧には、「配管の取替え等に要する費用のうち専有部分に係るものについては、各区分所有者が実費に応じて負担すべきものである」とされ、専有部分の管理等については各区分所有者の個人負担で行うべきであるという指摘がなされている。

最後に、本件のような争いを回避するためには、修繕積立金の負担とその還元結果とが均衡するように心がけ、不公平感を生じさせないようにすることが肝要である。①技術・会計上、共用部分と専有部分の修繕を分けて行える場合は、上記コメントのように前者のみに修繕積立金を支出して後者は自己負担とする、②どうしても共用部分と専有部分の一体的な工事が必要な場合は、その必要性・合理性をよく検討し説明するとともに、その不均衡解消措置を十分に検討すること等が望ましい。

（吉田大輝）

73 総会決議や規約に基づく電気供給契約の解約義務

> 総会決議や管理規約を根拠として区分所有者に専有
> 部分の電気供給契約の解約を義務づけることができ
> るか

▶損害賠償等請求事件〔最判平成31・3・5（裁判所ウェブサイト）〕

事案の概要　A（原告・被控訴人・被上告人）は、5棟からなる団地型分譲マンション（本件マンション）に居住する団地建物所有者である。本件マンションでは、平成23年頃から専有部分への高圧受電の一括導入を検討してきた。平成24年11月には専門の委員会を設置するなど本格的に導入をめざすこととなり、複数回の説明会や意見交換が履行されてきた。Aは上記委員会の委員であり、本件マンションへの高圧受電導入の実現に向け奔走してきた者である。

平成26年開催の団地総会において、高圧受電の導入が議決権総数および区分所有者数の各4分の3以上の賛成をもって可決された（本件総会決議）。

高圧受電を実現するには、全区分所有者が既存の電気供給契約を解除したのち、団地管理組合が北海道電力との間で高圧受電供給契約を締結し、電力を各戸に供給することになる。このため、電気供給規則が特別決議により可決され（本件電気供給規則）、同規則において高圧受電の方法以外による電気供給を受けてはならないことが定められた。

しかし、本件マンションの総戸数544戸のうち、Bら（被告・控訴人・上告人）2名が既存の電気供給契約の解除を拒否し、高圧受電の導入の実現が阻まれた。

そこで、Bらの行為により、安価に電力供給を受ける利益が侵害されたことを理由に、導入予定日から訴訟提起時までの電力価格の差額の賠償を求め

317

第10章　大規模修繕と修繕積立金をめぐる紛争

（不法行為）、本訴が提起された。

判決要旨　（1審判決（札幌地判平成29・5・24判例集未登載））
　　　　　　本件総会決議によって、電気供給設備の所有権が電力会社から団地管理組合に移転する。団地管理組合は、電力会社から電力の供給を受けて、各住戸に電力を供給することになる。かかる共用部分の変更が本件総会決議で決した以上、同決議に反対した団地建物所有者であっても、この決議に従うことは、共同利用関係にある区分所有建物において当然の理である。組合員に対し団地総会の決議事項を遵守するよう定める管理規約6条1項は、この理を確認するものである。したがって、Bらは、本件総会決議を実現するため、個別契約を解約する義務を負い、かかる義務の不遵守によって生じた損害の賠償責任を負うことになる（全部認容）。

（控訴審判決（札幌高判平成29・11・9判例集未登載））
　理由を含め、1審判決を維持した。
　Bらは、「本件総会決議は、高圧受電導入を決議したものであるとしても、同決議には反対者に個別契約の解約を強制する趣旨は含まれない」と主張し、上告審ではこの点が問われることになった。これについて控訴審は、本件総会決議や本件電気供給規則の決議では、団地建物所有者が個別契約を解約することが前提とされているのだから、Bらはかかる義務を負い、協力を拒んだ場合には不法行為責任が認められたとしても不合理であるとはいえないと判示した。

（上告審（最高裁平成30年（受）第234号））
　控訴審は、本件総会決議や本件電気供給規則は、区分所有法17条1項または18条1項の決議として効力を有すると判示しているところ、これらは団地共用部分の変更に関する規定であり、専有部分の使用に関する拘束力を裏づける規定ではなく、解約を義務づける根拠とすることはできない。
　また、本件電気供給規則において団地建物所有者に個別契約の解約申入れを義務づけているとしても、これは区分所有法66条において準用する同法30条1項の「団地建物所有者相互間の事項」を定めたものではなく、これを根拠とすることはできない。専有部分で使用する電力供給契約を解約するか

318

否かは、それのみでは直ちに他の専有部分の使用や共用部分の管理に影響を及ぼすものではなく、本件マンションにおける高圧受電への変更は電気料金の削減をめざすものにすぎないところ、この変更がされないからといって専有部分の使用や管理に支障を来すことはないからである。

よって、本件総会決議や本件電気供給規則によってＢらに個別契約の解約を義務づける法の根拠はなく、不法行為を構成することはない。

以上により、最高裁判所は、１審および控訴審を破棄し、原告の請求は棄却された。

解　説　１審および控訴審では、団地総会決議がなされた以上、団地建物所有者たる組合員は、これに従うことが共同利用関係にある区分所有建物において当然の理である（１審）として、組合員に対し団地総会の決議事項を遵守するよう定める管理規約６条１項をあげ、合理的理由なく同決議の実現を阻んだＢらに対する不法行為の成立を肯定した。１審判決および控訴審判決は、電気供給契約の解約を義務づける区分所有法上の根拠を明示しているわけではなく、決議の存在やＢらに特段の合理的理由がなかったことから、請求を認容したようである。

１審判決は、本件総会決議により、電力会社が所有していた電気設備の所有権が団地管理組合に移転して共用部分となることを理由に、こうした共用部分の変更が本件総会決議で決した以上、反対者であっても、変更の帰結に従うことは当然であると述べている。１審判決のこの部分により、最高裁判所は、両判決が請求認容の基礎に区分所有法17条１項や18条１項を据えていると読み取った。そのうえで、最高裁判所は、これらは団地共用部分に関する規定であり、専有部分への拘束力を裏づける規定ではないと判示して両判決の前提の誤りを指摘している。

さらに、専有部分への拘束力を及ぼしうる法的根拠としてＡが上告審で示した区分所有法30条１項（団地型でこれを準用する同法66条）の適否について、最高裁判所は、専有部分で使用する電気供給契約の解約の要否は、電気料金の削減をめざすにとどまる限り、直ちに他の専有部分の使用や共用部分の管理に影響を及ぼすものではないとの理由により、同条にいう「団地建物所有

第10章　大規模修繕と修繕積立金をめぐる紛争

者相互間の事項」ではないと判示した。

　最高裁判所は、電気供給契約の解約義務という専有部分の使用に直接的にかかわる事項について、総会決議、規約、細則に依拠するのではなく、区分所有法に立ち返って、その根拠を問い、電気料金の削減という局面では、法において個別契約の解約を義務づける根拠は存しないことを明示した。共同体の利益といえども、利便性の向上にとどまる局面では、個々の専有部分の使用や管理に介入することには慎重でなければならないとの判断が示されたものと思われる。今後、こうした局面で個々の組合員の協力が求められる事案では、管理組合は、組合員に対する事前の根回しや説明により、あらかじめ執行の足固めをしておくなど、周到な準備が必要となろう。このため、本件のように規模の大きなマンションにおいて、同種事案を実現しようとすれば、非常に険しい道のりを覚悟しなければならないと思われる。

　ただし、区分所有法30条1項の要件を満たすような場合にまで、組合員の自由ないし独善が認められるわけではない点に注意を要する。たとえば、マンションの電気設備の老朽化が進み、早期の対応が求められる中で高圧受電の導入を決議したところ、さしたる理由なくこの決議への協力を拒んだためマンションに対する電気供給が脅かされている、などという事案では、区分所有法30条1項の要件を満たすことが考えられ、組合員への解約を義務づけることが認められる余地があると思われる。

　なお、本件は、組合員間の損害賠償請求訴訟であった。本件で請求が認容されれば、類似事案において、多数の組合員が原告となり、少数派の組合員に対し、多額の損害賠償を請求するなどの道が開けた可能性がある。こうした可能性を有する以上、最高裁判所は法の要件を厳密に吟味、検証する必要を認めたとも思われる。

　マンションにおける共同の利益と個人の自由との相克は、半ば永続的な問題であろうが、本件は、区分所有法の要件に淡々と事実をあてはめたうえで、生活の利便性を向上させるにとどまる局面では、専有部分に対する個人の自由を尊重した事例判決といえよう。このため、専有部分に関する事項であっても、他の専有部分や共用部分の管理に影響を及ぼすなどの事情が認められ

320

る場合には、結論は異なりうる。マンションの老朽化が進むにつれ、組合員の協力を要する大規模修繕が予定されるなどの事例は多数存在すると思われる。管理組合としては、多数決に甘んじることなく組合員への丁寧な説明に努めることが、組合員としては、その説明に真摯に耳を傾けることが、相互に求められよう。

（石川和弘）

第11章

管理委託契約・管理者をめぐる紛争

第11章　管理委託契約・管理者をめぐる紛争

⎣74⎦　管理会社の倒産

> 倒産した管理会社が管理費等の預金口座を管理会社
> 名義で管理していた場合、管理組合は自らの資産で
> あると主張できるか

▶榮高倒産事件〔東京高判平成11・8・31判時1684号39頁〕

事案の概要　マンションの区分所有者らが、分譲会社の子会社である管理会社にマンションの管理を委託していたところ、管理会社は、区分所有者が負担した管理費等を「㈱榮高○○マンション口」または「○○マンション口管理組合管理代行㈱榮高」等の名義で銀行に定期預金にして通帳証書・印鑑ともに保管していた。その後、管理会社は資金繰りが悪化したため、この定期預金をそれぞれ預入先である（当時の）東京三菱銀行、三和銀行、さくら銀行から受けた融資金の担保に供した。ところが、管理会社は平成4年11月に破産宣告を受けた。そこで、都銀3行は融資金と定期預金の相殺を主張したことから、管理会社の破産管財人が定期預金は破産した管理会社に帰属するとして都銀3行を相手として訴訟を提起した。一方、関係する6つのマンション管理組合（うち法人が4つ）は、この定期預金は管理会社ではなく、管理組合に帰属するものだとして、訴訟に独立当事者参加をした。

　3つの事件はそれぞれ東京地方裁判所に係属し、いずれも銀行側の勝訴となって控訴され、本件は最初に出された控訴審判決（三和銀行関係）である。

　本件（三和銀行関係）の直接の原審判決は判例集未登載なので、さくら銀行関係の東京地判平成8・5・10判時1596号70頁によって、定期預金は管理組合ではなく管理会社に帰属し、銀行の相殺は有効とした原審の判断を紹介する。なお、東京三菱銀行関係は東京地判平成10・1・23判例集未登載である。

　「管理会社名義で本件各定期預金契約を締結し、右預金証書と共に銀行届出印鑑を管理していた」、「管理会社は本件各定期預金を同会社の貸借対照表

324

74　管理会社の倒産

の流動資産の部に計上するなどして、自社の資産として……取り扱ってきた」、「管理委託契約及び管理規約上、管理会社から各管理組合又は区分所有者らへの管理委託費の払戻しは認められておらず、……管理委託費については、管理会社が一貫して出納業務を行っており、区分所有者ら又は管理組合は……何らの処分権限を有しないこと」、これら本件での事情を考慮すれば、預金原資の拠出者が区分所有者であること、マンションの会計報告の決算書の収入の部に本件定期預金および利息が計上されていたこと等の事実があっても、「管理委託費の管理方法いかんは管理会社にゆだねられたものであり」、本件定期預金は、管理組合ではなく、管理会社に帰属する。

管理組合、銀行が控訴。

判決要旨　本判決は、以下の理由で、上記第1審判決を覆し、管理組合の主張を全面的に認め、本件定期預金の預金者は管理組合であり、預金は管理組合に帰属するとした（本判決は確定）。

① 預金者の認定については、自らの出捐によって、自己の預金とする意思で、銀行に対して、自らまたは使者・代理人を通じて預金契約をした者が、特段の事情がない限り、預金者である。

② 本件定期預金の原資である管理費等は、管理会社が管理規約および管理委託契約に基づいて区分所有者から徴収し、保管しているもので、管理会社の資産ではなく、大部分はマンションの保守管理、修繕等の費用にあてられるべき金銭である。

③ 区分所有者から徴収した管理の費用は、管理を行うべき管理組合に帰属するべきものである。管理組合法人ではない管理組合は、権利能力なき社団または組合の性質を有するから、本件定期預金は、総有的または合有的に区分所有者全員に帰属する。したがって、本件定期預金の出捐者はマンションの区分所有者全員である。

④ 管理会社は、本件定期預金を自己の預金、資産であるとは考えておらず、管理会社は、マンションの区分所有者ないし管理組合に属するものとして取り扱っていた。

⑤ 本件定期預金は、管理会社が、その裁量で定期預金に振り替えていた

325

第11章　管理委託契約・管理者をめぐる紛争

ものであるが、区分所有者は、管理会社が定期預金とすることを是認し、了承していたものであるから、区分所有者は本件定期預金の預入れをする意思を有する。

⑥　本件定期預金の預入行為者は管理会社であるが、本件では、管理会社が管理費等を横領し自己の預金とする意思で本件定期預金をしたことを認める根拠はなく、管理会社は、管理委託契約に基づく受託者であると同時に、区分所有法第4節に定める管理者であり、区分所有者を代理する立場にあることおよび前記のように区分所有者に預入れの意思があると認められることをあわせ考えると、管理会社は区分所有者の使者として本件定期預金をしたものとみるのが相当である。

⑦　預金者の認定については、前記①の基準により判断するのが相当であり、預金の名義がどのようになっているか、銀行が預金者についてどのような認識を有していたかは、預金者認定の判断を左右するものではない。

民法478条の適用ないし類推適用により本件相殺および本件弁済が有効である旨の主張がある場合には、預金の名義等も問題になると考えられるが、本件では主張されていない。

⑧　以上のとおり、本件定期預金の預金者は、マンションの区分所有者の団体である管理組合であり、区分所有者全員に総有的または合有的に帰属する。

解　説　　本判決は、マンションの管理業者がマンションの区分所有者らから、管理費等の管理の委託を受け、自己の名義で銀行に定期預金した場合、本件事実関係の下においては、定期預金の預金者は管理組合であるとした。

預金の現実の出捐者と預入行為者もしくは預金名義人が異なる場合、いずれが預金者であるかについては、判例・学説上、①客観説（自らの出捐によって、自己の預金とする意思で、銀行に対して自らまたは使者・代理人を通じて預金契約をした者が、特段の事情がない限り、預金者であるとする説）、②主観説（預入れの時に預金行為者が特に他人の預金である旨を表示しないか、または、銀行

326

が実質上の出捐者を知らない限り、預金行為者が預金者であるという説)、③折衷
説(客観説を原則としつつも、預金行為者が自己が預金者であると明示または黙
示に表示したときは、預金行為者を預金者とする説)があるが、判例上は「客観
説」で確定したとされている(最判昭和48・3・27民集27巻2号376頁、最判昭
和57・3・30金法992号38頁)。

　本判決は、前記判決要旨①から明らかなように、預金者の認定については
最高裁判決を前提に客観説によっている(ただし、本判決は、本件の具体的な
事実関係、特に本件管理会社である榮高の預金管理の実態に照らして、本件定期
預金の出捐者は管理組合ないし区分所有者であると認定すべきであると判示して
おり、預金原資の拠出者が区分所有者であることから直ちに出捐者は管理組合な
いし区分所有者であると認定したものではない点に注意)。

　なお、本件のような紛争を踏まえて、平成12年にマンション管理適正化
法が制定され(平成13年8月1日から施行)、初めて管理業者に対する法規制
が及ぶようになった。その中で、「マンション管理業者は、管理組合から委
託を受けて管理する修繕積立金その他国土交通省令で定める財産について
は、整然と管理する方法として国土交通省令で定める方法により、自己の固
有財産及び他の管理組合の財産と分別して管理しなければならない」(財産の
分別管理義務。同法76条、同法施行規則87条)と定められた(なお、管理会社が
管理組合から受託した管理費・修繕積立金等の返還債務について指定法人が保証
業務を行う同法95条3項等も参照)。同法制定により、今後、同法の規定が遵
守される限り、本件のような紛争は未然に防止できる。その意味で、本判決
は同法制定の契機になった歴史的事件として意味を有する。

(大庭康裕)

第11章　管理委託契約・管理者をめぐる紛争

75　理事長と管理者

規約上理事長を区分所有法上の管理者とする旨の規定がなかった場合でも、理事長の選任をもって管理者としての選任とみなすことができるか

▶セブンスターマンション原宿事件②〔東京地判平成2・5・31判タ748号159頁〕

事案の概要　本件マンションの居住者は、Aの専有部分の使用目的制限に違反した使用形態に不満を抱いたが、実質的な管理組合がなかったことから、管理組合として正式に抗議をすることができなかった。旧規約上本件マンションの管理者はB社であったが、同社は管理者としての報告義務等を果たさず、また区分所有法（以下、「法」という）34条に義務づけられた区分所有者集会も一度も招集したことがなかった。

このような状況下で、区分所有者から管理組合を組織して管理組合を通じて本件マンションを管理しようという機運が高まった。そこで、現に本件マンションに居住する区分所有者全員が集まって管理組合設立準備の会合を開き、管理組合を設立することおよび理事長にCを選任することを申し合わせた。かかる経過は、管理組合設立総会への出席を呼びかける「管理組合設立委員会一同」名の「管理組合設立総会のお知らせ」と題する書面にも記載し、各区分所有者に送付した。

昭和61年10月26日に開催された設立総会には、区分所有者29名のうち18名が出席し、9名が委任状を提出し、2名が欠席した。そして管理組合を設立する旨決議し、理事長にC、副理事長にDを選出し、ほか8名の理事を選出した。当日集会を開催したことや議決したこと、その内容について、集会に欠席した2名から異議が出されたことはない。その後、専有部分の規約の条項を明確化するため、Cによって招集された集会で専有部分は住宅以外の用途に供してはならない旨の新規約が定められた。

328

75　理事長と管理者

　以上の経過からＡは、新規約を設定した区分所有者集会は区分所有法が定める集会ではないとして、管理組合、ＣおよびＤに対して、本件専有部分には使用目的の制限がないことの確認等の請求をなした。

判決要旨　設立総会は、本件マンションの管理を行うため管理組合を組織し、管理組合の業務を運営する者として理事長を選任するためのものであったということができる。そのこと自体は、区分所有者の利益に沿うものであり、かつ、上記集会後欠席者２名から何の異議も出されていないことからして、この２名の者もこのような集会が開催されることを承諾していたものと推認することができる。そうであれば、上記の集会は開催について区分所有者全員の同意があったものというべきであるから、同集会は法36条の規定により適法に開催されたものというべきである。

　ところで、区分所有建物の管理についての区分所有法の趣旨は、区分所有建物の管理は、区分所有者全員を構成員とする団体である管理組合が主体となって行うものであり、その管理組合の管理業務の執行者として管理者を置くものとしていると解される（法３条）。すなわち管理者は、管理の主体である管理組合の業務執行者であり、対外的には管理組合を代表する者として位置づけられているものと解される。したがって、区分所有者集会において従来なかった任意の組織である管理組合が設立され、その業務を執行する理事長が選任された場合には、特段の事情のない限り、理事長を管理者とする旨の議決があったものと解するのが相当である。

　そして、そのような議決に至った経緯から考えて、管理組合の設立および理事長の選任がＢ社を管理者として排斥する趣旨であることは明らかであるから、上記決議は同会社を管理者から解任する趣旨を含むものであったというべきである。

解　説　1　理事長は「管理者」か

　法25条以下は「管理者」に関する詳細な規定を設け、管理者の権利・義務について定めている。これに対し管理組合に関しては、区分所有法上「区分所有者は全員で建物並びにその敷地及び附属施設の管理を行うための団体を

329

第11章　管理委託契約・管理者をめぐる紛争

構成する」（法3条）とするのみで、管理組合に関して規定していない。また、法47条以下は「管理組合法人」の規定をおくものの理事長については規定がない。管理組合方式を定める国土交通省の標準管理規約には、「理事長は、区分所有法に定める管理者とする」との規定がおかれ、両者の一致が図られているものの、ドイツ法、フランス法等の比較法上からしても、管理組合およびその理事長と管理者とは本来別個の法制度である。

このように、管理組合およびその理事長と管理者とは本来別個の制度であるので、本件のように理事長の選任をもって管理者を選任したことにはならないとも考えられるが、本件では従前の管理者が区分所有法上の報告義務も果たさず、区分所有者集会も一度も招集されていない状況下で、区分所有者全員がマンションの管理に立ち上がったことを重視して理事長を「管理者」であると判断したと評価できる。

2　管理者の解任

法25条は、1項にて管理者の選任・解任は集会の決議によるとし、2項で管理者の裁判による解任方法を定めている。その目的は、少数者保護と団体的自治の回復にあると考えられる。そして、管理者の解任請求が裁判所で判断される場合は、まずは管理組合の団体自治の中で解決を検討し（大阪地判昭和61・7・18判時1222号90頁）、総会決議が機能していない等、総会決議による対応ができない場合には、管理者としての善管注意義務等の違反の程度、その者が管理者であるのと同時に他の地位（たとえば分譲会社としての地位）を有している等の事情と、それに基づく行為が管理組合の運営に与える影響、区分所有者らとの信頼関係等を総合考慮（東京地判平成2・10・26判時1393号102頁・判タ764号184頁（本書**57**判例））し、解任請求の当否を決しているようである。

本件では旧管理者は、管理者としての報告義務等を果たさず、また法34条に義務づけられた区分所有者集会も一度も招集したことがなかった等の事情や、旧管理者の管理に不満をもって区分所有者らが管理組合を設立し、その執行者としての新理事長（新管理者）を選任した事情等を総合考慮し、も

330

はや区分所有者らと旧管理者との信頼関係は失われてその回復が困難と判断され、旧管理者の解任を認めたものと考えられる。

東京地判平成5・12・3判タ872号225頁〔メゾン平河事件〕は、マンションの分譲の際に、分譲業者と買主が管理委託契約を締結することは、実務上広く行われているが、この契約をもって区分所有法上の管理者を選任したことになるか否かについて判断した判決である。メゾン平河事件では、民法上の管理受託者と、区分所有法上の管理者を厳密に区別したうえで、管理委託契約の内容を検討し、従来から管理業務をしていた者を区分所有法上の管理者に選任する旨の合意はなかったと判断し、そもそも管理者はいなかったとして、その者を解任するまでもなく、新しく選任された管理者の管理者たる地位を確認したものである。もっとも本判決は、管理者の選任についても法45条2項（58年法45条1項）の書面決議が適用されることを否定するものではないと考える。

セブンスターマンション原宿事件では、従前の管理者の選任手続が一応適法であったため、旧管理者を解任する判断に踏み込んだが、メゾン平河事件では、そもそも従来から管理業務をしていた者が区分所有法上の管理者として適法に選任されていなかったため、その者の解任について判断するまでもなく、新しく選任された管理者が区分所有法上の管理者に選任されたとした。

管理者の解任請求が、1人の区分所有者でも訴訟提起できるのに対し、解任請求が認められるためには、前述のように厳しい要件をクリアしなければならない。その意味で、管理者の解任請求の判断に踏み込まなかった本判決も妥当な結論を導くうえで評価できると考える。

（小鉢由美）

第11章 管理委託契約・管理者をめぐる紛争

76 管理会社の管理組合に対する責務

管理会社を非難する理事長の言動はどこまで許容されるか

▶合人社事件〔広島高判平成15・2・19判例集未登載〕

事案の概要　事案のマンションでは、分譲前に分譲業者とNTTとが近隣テレビ電波障害対策のためにNTT電柱にテレビ同軸線添架契約を締結していた。その後、管理会社は管理組合名義で、管理組合が契約上の分譲業者の権利義務を引き継ぐ旨の覚書をNTTとの間で締結し、年間約10万円を管理組合が負担していた。平成8年1月頃から5月頃にかけて新築入居が行われ、入居者らは、周辺居住者の電波障害防止施設をマンション共用部分を利用して設置すること等についての承認書、管理規約、管理委託契約書等を承認する旨の文書に署名押印した。管理規約には電波障害対策施設の維持管理取替費に管理費を充当する旨の記載があった。

平成8年3月23日、管理組合設立総会にてテレビにゴーストが出ていることが報告された。同年4月8日、第1回理事会において、廊下の手すりの剥がれについてM建設に善処申入れを行うことを決議した。理事長は合人社との間の管理委託契約書に署名押印した。契約書別表には、エレベーター設備および機械式駐車装置の点検・整備は定額委託料に含まない旨が定められており、これら業務についてはE社が受託していた。同月30日、理事長は、E社を受託者とする機械式駐車装置点検契約書およびエレベーターの点検契約書（受託者は委託業務について第三者に再委託することが認められている）に署名押印した。S社は、E社に対し、モップ、マットをリース料で納入し、E社はこれを管理組合に再リースしていた。E社は、エレベーター点検をG社に、機械式駐車装置の点検をDにそれぞれ再委託していた。同年6月20日、第2回理事会が開催され、テレビのゴースト発生が続いていることが報告されて、合人社がM建設と交渉し次回報告することを決定した。平成9年2月

13日、第3回理事会が開催され、テレビ映りが改善されていないとの意見があり、対応を合人社に依頼した。同年3月5日、第4回理事会において、合人社はテレビ映りの問題については分譲業者に改善の要求をしていると報告した。手すり上部塗装の剥がれへの対応は遅れ、組合員らは不満をもった。3月26日、第5回理事会において、合人社が決算報告書・予算案等を配布した。損益計算書部分には管理費収入から支出を差し引くと赤字であること、修繕積立金勘定には第1期剰余金の赤字を差し引くことを記載し、合人社は赤字報告をしたが、補填処理について説明はしなかった。

　平成9年4月20日、第1回通常総会を開催し、決算報告書・予算案等が承認され、第2期理事会役員が選出された。同月26日、第2期第1回理事会において、機械式駐車装置に故障が頻発していることが問題となり、早急にDに原因究明させるよう合人社に依頼した。同年5月初め頃、理事会役員らは電柱使用料が支払われていることに気づいた。同月8日、第2回理事会において、電柱添架契約の名義が分譲業者であることが問題視され、電柱添架料の負担が検討課題とされた。同年6月11日、第3回理事会に、EおよびDの社員が出席して、機械式駐車装置故障事例についてその要因と今後の対応を説明し、総点検、総整備を行うことを決定した。同年7月19日、M建設は、テレビ映りの悪い原因が潜在電波が強いためであり、ブースター、プラグ、ケーブル取替えを提案し、その結果テレビ映りの問題はようやく改善した。同月23日、消防署立入検査がなされ、防火管理者選任・消防計画の作成未届出が指摘されたが、合人社は手続の必要性について十分な指摘や説明をしなかった。同年9月ないし10月頃、理事会の役員らは、エレベーター点検契約が合人社とではなくE社との間で締結されていることに気づいた。同年10月14日、理事長は、機械式駐車装置の保守契約を解除する旨の合人社あて通知書を交付し、受託者はEに変更した。同年11月30日、第2期臨時総会において委託契約更新承認が議題とされ、電柱添架料を管理組合が負担する根拠等について、合人社からの回答を得た後に、理事会に諮って決めることを決議した。同年12月19日、合人社は、①重要事項説明書、管理に係る承認書および管理規約の各記載を示して組合員が確認・理解していると

333

第11章　管理委託契約・管理者をめぐる紛争

考えていること、②近隣住戸所有者に対して分譲業者が口頭で施設無償使用を説明しており、口頭の協定も有効なので管理組合の負担に移行させた事務処理に誤りはないこと、③管理組合員に説明すべきであったとは反省していると回答した。理事会はさらに、①E社でなく、他社のメンテナンスを導入できるか、②リース料がS社の納品書記載の金額に比べて約4割高額となっている理由について再度回答を要請した。平成10年1月24日、合人社は、①エレベーターの点検契約はメーカー系列により法定点検が行われ、5億円の賠償責任保険等も備えているので安心でき、料金も組合単独よりも廉価である、②モップ・マットの賃借料は、理事長の決済を受けている、価格も定価以下、総会で承認されている、と回答した。同月28日、理事会は回答書を1枚の文書にまとめて組合員に示し、合人社の管理業務についてのアンケートを実施した。

　平成10年3月8日、第2回通常総会において、第3期役員として理事長であるAほか役員が選出された。同月25日、第3期第1回理事会において、電柱使用料の現在請求を受けて支払っていない分は分譲業者に請求書を渡し、NTTや中国電力には今後分譲業者に請求するよう申し入れることを決定した。同年4月19日、臨時総会において、近隣電波障害に関して管理規約の該当条項削除およびエレベーター保守点検契約を本件委託契約の委託業務に加えることを決定した。同年5月中旬、Aは、合人社に対し、ベランダ手すり上部塗装を申し入れたが、業者は修理をしないと言っていると返答するのみだった。理事会がM建設と直接交渉した結果工事が実現し、同年8月1日に工事は完成した。同年6月1日、合人社は委託契約書に覚書を付したうえAに交付した。覚書にはエレベーター設備について定額委託料に含む旨変更すること、定額委託料を月額41万0400円から45万5400円とすることが記載されていた。しかし、エレベーター点検契約書も添付されていなかった。同月14日、第3回理事会において、契約書を検討した結果、契約書ひな形を理事会で作成し、これを合人社に検討させることとした。同年7月1日、副理事長は委託契約を一部変更する契約書案を作成し、これにAが手書きで訂正したものを管理員に交付したが何の反応もなかった。同月5日、第4回

334

理事会において、NTTからの請求書対応のため弁護士に依頼するための総会開催を決定した。同年8月1日、第2回臨時総会において、NTTおよび中国電力との対応について弁護士依頼を決議した。Aは内容を変更した委託契約書を合人社に送ったが、現在まで返事がないため、さらに回答を求める旨報告した。同月13日、Aは合人社に対し、内容証明郵便により1週間以内に回答するよう求めた。同月20日、合人社は、簡易書留によりAに葉書を送付し、委託契約書の草稿のようなものを預かったが、説明を受けていなかったので追って何らかの申入れ等があると思っていたこと、現在の契約内容に問題がないと考えているので、よく話し合って契約の更新をしたいと回答した。同年9月4日、Aは合人社に対し、内容証明郵便により再度その見直しを求め、5日以内に回答がない場合は契約を解除する旨を通知した。同月7日、合人社は、7月1日に管理委託契約の見直しを求められてはいないこと、契約書草稿を渡されたからといって見直しの申入れとは考えがたいこと、必要があれば見直しにやぶさかでないと回答した。

　平成10年10月19日、第6回理事会において、合人社との契約内容を変更できないのであれば契約解除すべきであるとして、11月7日に臨時総会開催を決定した。同月25日、Aは臨時総会開催通知を配布し、問題の議案書を掲示板に張り出した。議案書1号議案には、電波障害問題について合人社が行ったことを明瞭化しなければ解決できないとして、合人社が理事会作成契約書ひな形の内容をすべて認める回答をしない場合には本件委託契約を解除すること、合人社が認めた場合にもその後交渉が決裂した場合には本件委託契約を解除することを理事会に一任することの承認を求めるとしていた。合人社は、Aの配布・掲示した議案書が合人社の名誉を毀損する不法行為にあたるとして1000万円の損害賠償と謝罪文の掲示を求めて訴訟提起した。

判決要旨　　　「管理委託先の会社の選定の問題は、本件マンションの管理にとって重要なことであるから、Aが理事長として行った本件議案書の配布や掲示は、公共の利害にかかる事実にかかり、専ら公益を図ることを目的とするものと認められる。しかも、電波障害対策施設の使用料の問題は、一般の組合員も多大な関心を寄せていたものである。したがっ

第11章　管理委託契約・管理者をめぐる紛争

て、その表現が事実を摘示するものであれば、摘示された事実がその重要な部分について真実であることの証明があれば違法性がなく、それが真実であることの証明がないときでも、これを真実と信じるについて相当の理由があれば故意・過失が否定される」。

　本件議案の内容は、「過去の合人社の委託事務処理状況やその評価も議題に関連することとなるから、本件議案書の配布・掲示当時には既に解決をみていた事項を掲げたとしても、その記載を直ちに虚偽であるということはできない。また、管理業者の選定という性質上、事務処理が適法なものであってもこれに不満を持つことはあり得るから、否定的評価をされた合人社の委託事務処理状況に契約違反等の違法な点がない場合でも、それだけで虚偽事実の記載あるいは名誉・信用を毀損する表現であるということはできず、違法行為もしくは契約違反に該当するような虚偽の事実を摘示した場合や記載された否定的評価（意見・論評）が公的な利害にかかわる事項と無関係な人身攻撃に類する不公平なものである場合でなければ、その否定的評価を示す用語が激越・辛辣なものであっても、名誉毀損の責任を追及されるものではない」。

　さらに、「合人社が管理組合から委託を受けた本件マンションの管理会社であることを考慮すれば、管理組合からの意見や批判については相当程度これを甘受すべき立場にあるというべきであり、本件議案書がそもそも管理組合総会での議事に資料として用いるため組合員に配布されたものであることを併せ考えれば、少なくとも合人社に関する事項が議題となっている本件においては、その内容に合人社の名誉や信用をある程度毀損するであろう記載があるとしても、全くの第三者に対する場合と同様に不法行為が成立すると解するべきではない」。

　「『今まで何度も合人社に「これをやってくれ」と要求しても何一つやってくれないばかりでなく』という表現は、……事実である」、「『電波障害についても勝手に……署名押印』という表現は、……事実に反するものとはいえない」、「否定的評価を示して管理会社選定の一要素に掲げたこと自体が合人社の名誉や信用を毀損することになるとはいえない」、「『不明経理』という表現

は、……（『不正経理』とまでは記載されていない。）と表現したとしても不当な
ものとはいえない」、「『訳の分からない金の流れ』は、表現自体が事実の摘示
に該当するものではなく、同箇所及び前後の文脈について普通の注意と読み
方を基準として判断しても、合人社の金銭関係についての委託事務処理に対
して不満がある旨の主張以上のものと読むことはできない」。

　「『納品書よりも４割高い領収書の存在』は真実であり、その摘示する事実
が、Ｓ社からＥ社への納品書記載の金額と、管理組合がＥ社に支払った金額
との差を意味することは明らかである。『修繕積立金を勝手に使用した問題』
は、修繕積立金を赤字補填に用いたことをさすが、少なくとも平成９年３月
26日開催の理事会に月次決算報告書等を提出し、第１期理事会がそれに基
づき決算書類等を作成するに当たり、合人社は上記の処理について何ら説明
していないばかりか、もともと修繕積立金を管理費の赤字補填に当てること
ができるのは管理組合自身であり、事務受託者である合人社がその判断で自
由になしうる事柄でもないのであるから、上記表現は真実である」。

　「『エレベーターメンテナンス問題でおかしな契約』という表現は……この
契約関係について合人社が管理組合や組合員に十分な説明をしていなかった
ため、後々に契約関係の明瞭化という問題が生じた経過があることは認定の
とおりであるから、これを『おかしな』と表現することが不当とはいえない」。

　「『合人社の管理委託には誠意のかけらも見られず、かつ管理委託会社とし
ての能力に欠けている』という表現は……激越かつ辛辣ではあるが、それ自
体として、本件委託契約と無関係に合人社に対する人身攻撃的な表現に及ぶ
など論評の域を逸脱したものではない。総じて、合人社の受託事務の処理方
法や処理状況に関する説明は、理事会で尋ねられると答えるというだけで、
組合員らに対して十分になされていたとはいえない。マンション管理組合の
役員は、住民がボランティアで事実上当番制で担当しているのが通例であり、
その任務を行うにふさわしい知識経験を有する人物とは限らない」、「組合員
は僅か54名に過ぎず、個々の組合員に書面を配布するのに何ほどの手間を
要する訳でもない」、「管理受託者としては、管理費の徴収についての複雑な
仕組みや、修繕積立金の管理方法等につき、それを選択した理由を含めて、

第11章　管理委託契約・管理者をめぐる紛争

個々の組合員に直接、判りやすく説明するべきものであったというべきで、こうした重要な点についてすら、理事会から求められたから理事会に対しては説明したというだけで、事足れりとする応答からしても、合人社は、マンション管理の受託を業とする者としての適格性を批判されても仕方がない」、「『ふざけた内容』……から『過言ではないでしょう』までの表現は……表現自体は激越で品位に欠ける点すらあるとしても、そもそもＡからの申入れや抗議に対する合人社からの回答は、申入れをはぐらかし、揶揄するかの如き口吻のものであって、委託契約の相手方からの批判に真摯に答えようとするものであったとはいい難いから、それ自体として、本件委託契約と無関係に合人社に対する人身攻撃的な表現に及ぶなど論評の域を逸脱したものということはできない」。

解　説　管理組合と管理会社間の管理委託契約をめぐる紛争は多発しつつある。しかし本件は、管理委託契約の解除そのものは争点ではなく、管理組合理事長の管理会社を批判、非難する言動が管理会社の名誉毀損にあたるとしてなされた、あまり先例のない特異な損害賠償請求訴訟である。このようなある意味で大人げのない訴訟は、今後頻発するとも思えないが、管理組合と管理会社の一般的な関係についてなされた裁判所の判断は、今後の同種紛争について貴重な先例的価値がある。またここまで紛争がこじれたのも、個々の管理委託業務の日常的処理に起因しているから、実務上の参考になると思われる。

（山上知裕）

77　エレベーター保守契約の中途解約

> 管理組合が契約期間の途中で、管理会社との契約を
> 解除した場合に損害賠償責任を負うか

▶五反野管理組合事件〔東京地判平成15・5・21判時1840号26頁〕

事案の概要　　五反野住宅は昭和52年に竣工した12階建てのマンションで、4機のエレベーターが設置されている。全187戸のうち大半を高齢者が占めている。管理組合は当初から、エレベーター会社とエレベーターの保守管理作業を内容とする保守契約を締結していた。契約期間は5年であり、期間満了90日前に書面で解約通知をしない場合は自動継続とされていた。ところが、平成10年10月頃から2年以上にわたって断続的にエレベーターが故障して停止し、住民がエレベーター内に閉じこめられるなどの状況が発生した。これについて、エレベーター会社は迅速な対応ができず、修理をしても故障が繰り返された。その後、エレベーターの改修工事の実施が決定されたが、エレベーター会社は新規エレベーター設置見積りを提出したり、技術的な説明をしないなど誠実な対応をしなかった。そのため、五反野管理組合は契約期間内であったが、保守契約を解除した。

本件は、契約を解除されたエレベーター会社が、契約解除に伴う債務不履行による損害賠償請求として、契約期間内に得られるべきであった保守点検料（経費を除外）の支払いを求めた事案である。

判決要旨　　棄却（確定）。

保守契約は、期間の定めのある有償の準委任契約であるとして、民法の委任契約に関する規定を準用（民法656条）し、民法651条2項本文が規定する「当事者の一方が相手方に不利な時期」について、最判昭和43・9・3集民92号169頁を引用して「その委任の内容である事務処理自体に関して受任者が不利益を被るべき時期をいい、したがって、事務処理とは別の報酬の喪失の場合は含まれない」と判断した。そして、本件において、

第11章　管理委託契約・管理者をめぐる紛争

エレベーター会社が主張する不利益とは、「事務処理とは別の報酬の喪失に他ならず」、報酬はエレベーター会社が「保守管理サービスを行うことによって発生するものであること」、保守契約解除によってエレベーター会社において従業員の配置を見直したり従業員を解雇したなどの事情が認められないこと、90日の猶予をもって解約を行っていることから「不利な時期」には該当しないと認定した。そして、その他の争点を判断するまでもないとして請求を棄却した。

解　説　委任契約は、民法651条1項で「委任は、各当事者がいつでもその解除をすることができる」と規定され、相互解除の自由が認められている。ただ、解除の自由は同条2項で「相手方に不利な時期に委任の解除をしたときは、その当事者の一方は、相手方の損害を賠償しなければならない。ただし、やむを得ない事由があったときは、この限りでない」と制限されている。

　本条については、①委任契約が双方の利益のためになされている場合の解除の可否、②解除ができるとすればどのような場合にできるか、③受任者に「不利な時期」の意味（受任者の利益の意味）の問題がある。

　①については、当事者双方の利益のためになされた委任は、受任者の利益を考慮して、解除できないとする大審院判例が存在（大判大正9・4・24民録26輯562頁）し、通説も同調していた。しかし、委任契約が当事者間の信頼関係を基礎とするものであるから、どのような事情があっても一方的に解除できない（債務不履行による解除は別）というのではあまりに拘束的にすぎる。そこで、昭和43年、最高裁判所は「委任が当事者双方の対人的信頼関係を基礎とする契約であることに徴すれば、右のような場合において、受任者が著しく不誠実な行動に出た等やむをえない事由があるときは、委任者は民法651条1項に則り委任契約を解除することができる」と判示した（最判昭和43・9・20判タ227号147頁以下）。

　上記判例は、「やむをえない事由」の存在が前提となっており、「やむをえない事由」がない場合には解除できないという解釈も可能であった（上記②の問題）。これに関し、最高裁判所は、さらに「やむをえない事由がない場合

であっても、委任者が委任契約の解除権自体を放棄したものとは解されない事情があるときは、該委任契約が受任者の利益のためにもなされていることを理由として、委任者の意思に反して事務処理を継続させることは、委任者の利益を阻害し委任契約の本旨に反することになるから、委任者は、民法651条に則り委任契約を解除することができ、ただ、受任者がこれによって不利益を受けるときは、委任者から損害の賠償を受けることによって、その不利益を填補されれば足りるものと解するのが相当」と判示した（最判昭和56・1・19民集35巻1号1頁・判タ472号92頁以下）。

上記判例によって、委任契約（類似も含む）を一方的に解除できる範囲が拡大した。

そこで、次に一方的解除が認められるとしても、受任者の「不利な時期」に契約が解除されたかどうかが、すなわち損害賠償請求が認められるか否かの問題として、「不利な時期」の意味（上記③）が問題となる。本判例は、この点を判断したものである。

民法651条2項の「不利な時期」については、本判例が引用している最判昭和43・9・3が存在しており、「委任の内容である事務処理自体に関して受任者が不利益を被るべき時期と解すべ」きであり、「事務処理とは別の報酬の喪失の場合は含まない」と判断されている。また、その後も最高裁判所は「委任契約において委任事務処理に対する報酬を支払う旨の特約があるだけでは、受任者の利益をも目的とするものとはいえないことは、当裁判所の判例」であると同最判を引用して、税理士顧問契約で継続的定期的に顧問料が支払われていたとしても受任者（税理士）の利益に該当しないと判示している（最判昭和58・9・20判時1100号55頁以下）。

本判例においても、エレベーター会社が主張した不利益は「事務処理とは別の報酬の喪失」であるとし、その他不利益な事情もうかがわれないことから「不利な時期」の解約ではないとした。さらに、本判例は、報酬分の損害賠償請求を認めることは、委任者が解約後は利益（本判例でいえばエレベーターの保守点検業務）を受けられないにもかかわらず、対価相当分を負担させることは、解約を無意味にするものであり、民法651条が解約を認めた趣旨を

第11章　管理委託契約・管理者をめぐる紛争

没却すると理由を付加したうえで、損害賠償請求を退けた。

　上記のとおり、民法651条をめぐる問題についての最高裁判所の態度はほぼ定着しており、本判例も特別な判断をしたわけではない。平成29年改正民法651条も、当事者は委任契約をいつでも解除できるとしたうえで、損害賠償請求できる場合を明記し、「相手方に不利な時期に委任を解除したとき」および「委任者が受任者の利益（専ら報酬を得ることによるものを除く。）をも目的とする委任を解除したとき」をあげた。これにより、当事者が委任契約をいつでも解除できること、報酬分の損害賠償請求はできないことを明確にしたといえる。

　マンション管理をめぐって、管理組合と管理会社とが対立する場面は多々みられる。管理会社の行為が契約違反（債務不履行）とまではいえない場合でも、不適切な対応があり、不満が生じた場合に管理組合から管理委託契約を一方的に解除することが可能であると明確に判断し、契約期間の定めがあったり、報酬の定めがあるだけでは、管理会社は「不利な時期」であることを主張して、損害賠償請求することはできないと判断されたこと、平成29年改正民法でも上記趣旨が明確にされたことで、今後は管理会社の適切な業務遂行を推進するとともに、管理組合の主導的な管理会社選定が容易になっていくものと考えられる。

（小倉知子）

🔢 管理組合理事長を解任する方法

> 理事の互選によって選任された理事長について、理事長を解任するときはどのような方式が必要か

▶福岡久留米マンション事件〔最判平成29・12・18民集71巻10号2546頁・判時2371号40頁・判タ1448号56頁〕

事案の概要　　本件マンションは福岡県久留米市に所在する。建物の竣工は平成24年8月で、管理組合Aは平成25年1月の創立総会において発足し、理事9名が選任された。同年3月の理事会で初代理事長Bが互選により選任された。この頃から理事会内では、管理を委任する先の管理会社の選定問題で、理事長Bとその他の理事との間で意見の対立があった。

平成25年8月の通常総会で5名の理事が追加選任され、同年10月に理事長を改選するための理事会（理事数14名）を開催しようとしたところ、Bはその理事会を突然理由もなく欠席した。そこで出席した理事だけで理事会が開かれ、この理事会は、Bの理事長職を解任し（Bは普通の理事になった）、さらに理事の中からCを第2代の理事長に選任した。

Bは、この理事長解任について無効を主張した。Bは、Cが平成26年7月に招集した臨時総会における決議も無効であると主張した。Bは平成26年10月、管理組合Aを被告として福岡地方裁判所久留米支部へ総会決議無効確認請求の訴えを提起した。

1審は、理事長職の解任は総会が決めるべきだとして、理事会が互選でBの理事長職の解任を決めたことを無効であるとした。Aの控訴に対する2審の判断も、1審と同様であった。そのためAが上告受理の申立てをした。

判決要旨　　理事を組合員のうちから総会で選任し、理事の互選により理事長を選任する旨の定めがある規約を有するマンション管理組合においては、理事の互選により選任された理事長につき、同規約に基

第11章　管理委託契約・管理者をめぐる紛争

づいて、理事の過半数の一致により理事長の職を解くことができる、と解するのが相当である。

解　説　マンション管理の実務においては、複数の理事を置くマンションでは、理事長職の理事互選方式が一般的である。国土交通省が標準的モデルとして提示した標準管理規約（平成23年7月27日版）では、「理事長、副理事長及び会計担当理事は、理事の互選により選任する」（35条3項）と定めていた。今日では全国のマンションの約9割がこの標準管理規約と同様の規約を有しているといわれている。本件マンションの管理規約40条3項の「理事長、副理事長、会計担当理事および書記担当理事は、理事の互選により選任する」との規定は、上記の標準管理規約35条3項と同一趣旨である。そして、この規定は、区分所有法49条5項が、理事が数人あるときは、「規約の定めに基づき理事の互選によつて管理組合法人を代表すべき理事を定めることを妨げない」とするのと同一の趣旨である。

　付言すれば、国土交通省は平成28年3月14日、この標準管理規約の改正をしている。そのため現在では、同条同項は、「理事長、副理事長及び会計担当理事は、理事のうちから、理事会で選任する」となっている。

　理事が数人いてその中から代表者を定めようとするときは、その理事の互選によって簡易に理事長職にあたる者を選任しまたは解任できるようにすることは、組合員数がさほど多くなく、理事長に特別の権限がほとんど与えられていないという実情に、最もよく適合する。

　そのような事情の下で、「互選により選任」との規定は当初の選任のみならず解任も含むとするのが、学説の理解であり実務の慣行でもある。この点について区分所有法49条5項の解釈としてコンメ289頁は、「解任決議については、理事会における理事の決議によって理事長に選任されたのであるから、理事からの信頼を失ったこと等による代表理事の職の解任についても、同様に理事会の決議によるべきである」としていた。

　以上のような通説に反して、互選による解任はできないとしたのが、原審福岡高裁判決であった。その判決は、理事長、副理事長、会計担当理事および書記担当理事は、理事の互選により選任するとの役員互選の規定は、理事

344

長という役職の選任は理事会の決議で行うとの意味であり、いったん選任された役員を理事会決議で解任することは予定されていないものと解され、したがって、1審原告の役職を理事長から単なる理事に変更することを内容とする理事会決議は無効であり、これと一体としてされた新理事長の選任の決議も無効である、とした。

この原審判決を全国の実務の慣行にあわせて是正したのが、本件の最高裁判決である。

この訴訟の経緯および最高裁判決から次のような教訓が得られる。

① マンション理事会は、互選で多数決によって理事長を選任することができるし、また同じく理事会の多数決で解任することができる。このような実務の理解が正当であることが、最高裁判決で確認された。

② 理事会で理事長を解任する場合、その人が欠席していてもかまわないが、その理事会の開催および議題については、その人が事前に通知を受けていたことが必要であるので、その通知の事実を記録として残しておかねばならない。

③ 理事長を互選で選任する時期は、総会で新理事が選任されたときに間をおかず、すぐに新理事会を開いて、新理事長を互選で選ぶというやり方が適当である。できれば新理事が選任された総会の直後に新理事長を選ぶべきである。そうすると、前理事長を解任するという問題は起こりようがなくなる。

（中島繁樹）

第11章　管理委託契約・管理者をめぐる紛争

79　個別に締結された管理委託契約の解除

管理委託契約が各区分所有者と管理会社との間で個別に締結されている場合における当該契約の解除の方法

▶少数派区分所有者による管理委託契約解除事件〔東京高判平成23・7・19判例集未登載〕

事案の概要　　B会社は、Aマンションの敷地である土地に借地権を有する者らによって昭和46年に設立された会社であり、昭和47年に、建築主としてマンションの建築確認を得て、その後着工し、昭和56年にAマンションを完成させた。

そして、B会社は、自ら一部の専有部分を区分所有し、他の専有部分を分譲したが、分譲の都度、区分所有者となる買主との間で、敷地について土地賃貸借契約を締結するとともに、区分所有者がB会社に管理費等を支払い、B会社がマンション共用部分全体の管理を行う旨の管理委託契約を締結し、その後、区分所有権の移転の都度、B会社は新区分所有者との間で同様の契約を締結した。

このような経過を経て、Aマンションでは、B会社およびB会社が事実上実権を有する者が、延べ床面積の50％を超える専有部分を有し、B会社がマンション共用部分全体の管理を継続して行ってきた。

このような状況の下、平成16年～17年頃、一部の区分所有者Cら（区分所有者数で全体の約3分の1、区分所有法14条に定める割合（延べ床面積割合）で全体の約4分の1）が、B会社に対し、管理委託契約の解除を通知して、B会社に対する管理費等の支払いを停止した。

そのため、B会社が当該区分所有者Cらに対し、管理費等の支払いを求める訴訟を提起したところ、Cらが前記管理委託契約の解除を主張したために、当該解除の有効性が争点となったものである。

346

判決要旨

（①ごく少数の者による解除は解除権の濫用であり無効）

　大多数の区分所有者が、当該管理を容認している限り、区分所有者のうちの1人またはごく少数の者が管理委託契約解除の意思表示をしても、解除権の濫用であり、管理委託契約に基づく建物の管理は存続する。

（②過半数に相当する者による解除であれば有効）

　区分所有者数および区分所有法14条に定める割合（原則として専有部分床面積割合）の過半数に相当する区分所有者が管理に異を唱えて管理委託契約解除の意思表示をした場合、管理委託契約の解除は有効である。

（③過半数に達しなくても相当数の者による解除であり、やむを得ない事由がある場合には、解除は有効）

　上記②以外の場合であっても、区分所有者のうちの相当数の者が管理に異を唱えて管理委託契約解除の意思表示をした場合において、管理会社に不正な行為その他その職務を行うに適しない事情があるなど、やむを得ない事由があったときは、管理委託契約の解除は有効である。

（④本件は上記③にあたり、解除は有効）

　Cらの解除の意思表示は区分所有者のうちの「相当数の者」によるものであり、B会社における自己の利益を図る行動や不明朗な会計処理は、管理委託契約を解除するにつき、やむを得ない事由があったというのが相当であり、上記③に該当し、解除は有効である。

解　説

　Aマンションは、地権者（本件では借地権者）である建築主が、マンションを建築して一部の専有部分を保有し、その後、自らマンション共用部分全体の管理業務を行うものとして、他の専有部分を分譲したものである。マンションの管理の適正化の推進に関する法律の施行される前、特に昭和50年代頃に建設されたマンションにおいては、このように、分譲主やその関連会社等が、当該マンションの共用部分全体の管理業務を受託する旨の管理委託契約を、区分所有者となる買主全員との間で個別に締結し、その後、管理業務を継続して行っている例が少なからず見受けられる。

　このような場合において、区分所有者側から管理委託契約を解除したい場合、どのような方法によって契約を解除することができるか。

第11章　管理委託契約・管理者をめぐる紛争

　本件判決は、このような場合の解除の方法について、１つの考え方を示したものである。

　管理委託契約は、管理組合が当事者となって契約を締結している場合は、いうまでもなく、当該管理組合がその契約を解除することができる。

　これに対して、Ａマンションのように、管理委託契約が、各区分所有者を当事者として管理会社との間で個別に締結されている場合には、契約の解除もまた、個々の区分所有者が行うものと考えられることになる。しかし、その場合、管理会社はマンション共用部分全体の管理という同内容の管理委託契約を、区分所有者全員と個別に締結していることから、区分所有者全員が個別に契約を解除する旨の意思表示をしなければ、当該管理委託契約の解除はできないのではないかということが問題となる。

　今回の判決は、まず、判決要旨①として、１人またはごく少数の区分所有者による解除は、権利の濫用であるとして、解除を有効なものとは認めなかった。この結論は、原審（横浜地判平成22・３・30判例集未登載）においても、法的構成は異なり例外を認める余地はあるもののほぼ同様の判断をしており、実務上も、自然な結論であろう。

　そして、判決要旨②の考えによれば、本件判決が直接述べるところではないものの、管理委託契約が各区分所有者と管理会社との間で個別に締結されていたとしても、その後、当該マンションの区分所有者が、管理者を選任しまたは実質的な管理組合を設立して代表者（理事長）を選任すれば、以後は、各区分所有者が個別に契約解除の意思表示をしなくても、当該管理者ないし代表者（理事長）により、本来個別に締結されていた管理委託契約を一体的なものとして解除することができるという結論になるものであろう。この結論も、管理組合の団体的性格から考えれば、当然といってよいものと思われる。

　なお、判決要旨②自体は、管理者の選任や実質的な管理組合の設立に至らない場合でも、区分所有者数および区分所有法14条に定める割合（同前）の過半数に相当する区分所有者による解除の意思表示があれば、解除の効力が生じうるとするものであり、さらに柔軟に解除を認めるものである。

　そして、本判決で最も注目すべきところは、解除の意思表示を行った区分

348

所有者が、区分所有者数および区分所有法14条に定める割合（同前）の過半数に相当する数に達していない場合であっても、一定の場合には、解除は有効であるとした判決要旨③の判示である。

実務上、Ａマンションのように、管理会社（およびその関係者）が延べ床面積の50％を超える専有部分を有し、当該管理会社が各区分所有者と個別に管理委託契約を締結している場合において、当該管理会社の不正な行為等により、当該管理会社（およびその関係者）以外の区分所有者（以下、「少数派区分所有者」という）が著しい不利益を受けていると思われる例が、時折、見かけられる。

そのような場合、少数派区分所有者は、区分所有法14条の割合の過半数に達しないため、管理者の選任や、実質的な管理組合の設立などをしたうえで、契約解除の決議をしたくても、そのような決議をすることはできず、また、判決要旨②の要件を満たしていないため、これに従った解除を行うこともできない。

判決要旨③については、結論に至る法的理由づけがやや不明瞭であり（判決は区分所有法25条２項を参照条文として掲げている）、また、「相当数」というものの示す数が不明瞭であるという難点はある。しかし、管理会社の不正な行為等により被る不利益から免れることができない前述のような少数派区分所有者が管理委託契約を解除する方法として、高等裁判所が認めたという意味で、その意義は大きいというべきであろう。同種事件について、これに続くより明瞭な裁判例が続くことが期待されるところである。

なお、上記判決要旨には記載していないが、本判決は、Ｃらの解除の意思表示により管理委託契約が解除された後にＢ会社が行っていた管理業務について、民法の事務管理の規定を根拠として、Ｂ会社に、実質上、一定の管理業務の対価の請求を認めたことも参考として触れておく。

（髙橋健一郎）

第11章　管理委託契約・管理者をめぐる紛争

80　管理者解任請求訴訟で勝訴した場合の弁護士報酬等の費用の分担

管理者解任請求訴訟で勝訴した場合の弁護士報酬等の費用を他の区分所有者に請求できるか

▶藤和高田馬場コープⅡ事件〔東京高判平成29・4・19判タ1451号93頁〕

事案の概要　　区分所有法25条2項は、職務不適任を理由とする管理者解任請求権を区分所有者に認めている。本件は、区分所有者の1人が同項に基づいて管理者解任請求訴訟を提起して勝訴した場合における弁護士報酬等の費用について、他の区分所有者に対し、事務管理に基づく有益費の償還請求として、その分担を求めた事案である。

管理者解任請求訴訟を提起し、有益費償還請求を行った者をA（1審原告、控訴人）、有益費償還請求の分担を求められた者をBら（1審被告、被控訴人）、解任された管理者をC（1審被告、被控訴人）とする。

本件管理組合においては、当初、Aは理事長を務めていたが、任期途中の総会決議で解任となり、Cが後任として選任された。Aは、Cの解任訴訟を提起し、第1審では解任は認められなかったが、控訴審でCの解任が認められ、上告審でも結論が維持された。その後、Aが本件有益費償還請求の訴訟を提起し、訴状等が届いたため、これによってようやく多くの組合員が解任訴訟提起の事実とその結果について明確に認識することとなった。Cは、解任判決の確定により理事長からいったん退いたが、その後も多くの組合員の支持を受けて理事への再選を重ねた。

1審（東京地判平成28・10・13判タ1439号192頁）は、権利能力なき社団の成立要件を充たす管理組合については管理組合を本人とする事務管理は成立しうるとしたが、管理組合の財産をもって有益費償還債務を完済することができないときに限り個々の区分所有者が共有持分の持分割合に応じて補充的に

350

弁済責任を負うとし、管理組合が有益費償還債務を完済することができないと認めるに足りる証拠はないとして、個々の区分所有者に対する弁護士報酬等の費用の分担を認めなかった。

判決要旨　控訴棄却。

個々の区分所有者に対する分担を認めなかったという結論においては原審と同じであるが、その理由が異なる。

本判決は、管理組合を本人とする事務管理は成立しないとし、本件解任訴訟の提起が、Ｂらの意思に反しないものであるときは、Ｂらを本人として事務管理が成立する可能性があるとしたが、Ｂらは、本件解任訴訟提起の時点で意見を聴かれた場合には訴訟提起に反対したであろうことを推認できるとして、被控訴人らの意思に反することが明らかであり、本件解任訴訟提起に関する事務管理に基づく有益費償還請求権を有しないとした。

管理組合を本人とする事務管理は成立しない理由として、本判決は、区分所有法25条2項の管理者解任請求は、各区分所有者固有の権利であって、管理組合の権利ではないことをあげた。

そして、株主代表訴訟において勝訴株主の費用等の請求権が認められている（会社法852条1項）のは確認的規定ではなく創設的規定であるとしたうえで、この株主代表訴訟と、反対株主への費用償還請求権を認める規定がない会社法854条に基づく株主による役員解任の訴えを対比し、区分所有法25条2項による管理者解任請求は、会社法の規定の中では、後者に近いとし、解任に反対する区分所有者に対する勝訴株主（原文ママ）への費用償還を命じることは無理があるとした。

解　説　従来、区分所有法25条2項の管理者解任請求訴訟において、勝訴した場合は、その訴訟費用（弁護士への報酬を含む）の分担を他の区分所有者に求めることができると解されてきたが、原審および本判決は、分析的に検討し、必ずしも他の区分所有者にその分担を求めることはできないとしたものであり注目に値する。

区分所有建物の紛争においては、管理組合の団体としての実態を重視するか、各区分所有者個人を重視するかによって解釈を異にする場面がある。原

第11章　管理委託契約・管理者をめぐる紛争

審は管理組合を重視し、本判決は区分所有者個人を重視したとみられるが、本件は事務管理に基づく請求であるから、基本的には事務管理の成否の認定問題である。

　事務管理は、義務なくして本人の事務を管理するものであり、その本人が誰かということがまず問題となる。原審は、解任により直接的に利益を受けるのは管理組合であることから、管理組合の事務であるとした。これに対し本判決は、管理組合に管理者解任請求権があるわけではないから管理組合の事務ではないと判断したとみられる。

　そして、事務管理においては、本人の意思・利益に反することが明らかでないことが必要である。

　区分所有法は、管理者の解任の方法として、集会の決議による方法と解任請求訴訟を規定している（同法25条）。株主代表訴訟や株主による役員解任の訴えと異なるのは、解任請求訴訟は、事前に集会に諮ることなく単独で提起できる点である。株主代表訴訟や株主による役員解任の訴えにおいては、事前に会社等の意思の確認という過程を経ており、これで実現ができないことから訴訟提起に至るもので（会社法847条、854条）、会社等の意思に反することが明らかであるといえる。これに対して、区分所有法においては、事前に集会に諮ることは必要とされていない。とはいえ、現実には、管理者を解任する場合には、訴訟によるよりも集会の決議によるほうが簡便であり、それにもかかわらず訴訟を選択するのは、集会で否決されたか、本件のように集会では否決される可能性が高いためであると考えられるので、原審が制度的に管理組合の意思が問題とされていないということのみで、管理組合の意思は検討していないとすれば、疑問が残る。そうすると、本人をいずれに解するとしても管理組合（区分所有者の団体）への費用償還請求を認める条文がない以上は、管理組合への請求は困難であると考えられる。

　各区分所有者に対し請求できるかについては、集会において管理者の解任を否決した区分所有者との間では事務管理は成立しないが、そうでない区分所有者との間では事務管理が成立する余地があり、集会における議決がなされていない場合は、当該区分所有者の意思に明らかに反していないかを個別

352

に検討することになると思われる。

　もっとも、本件のように、解任訴訟で勝訴し解任されたとしても、その後、管理者として選任されることは可能であり、解任に賛成でも訴訟をしてまで解任したいと思わない者について費用償還請求ができるかは不明である。したがって、やはり後の費用償還請求をあてにするのはリスクがあり、事前に解任賛成者間で協議を行い、合意形成を行っておくのが安全といえよう。

（桐原明子）

第12章

不良入居者をめぐる紛争

第12章　不良入居者をめぐる紛争

81　共同生活違反者

> ニューサンスが問題となる事案において競売請求が
> 認められるのはどういう場合か

▶共同生活違反者に対する競売請求事件〔東京地判平成17・9・13判時1937号112頁・判タ1213号163頁〕

事案の概要　甲マンションの区分所有者である親のAが、子であるBに対し、専有部分を使用貸借し、Bは単身で本件専有部分に居住していた。

　Bは、平成13年頃から4年間にわたって、本件専有部分内で大声で怒鳴ったり、本件専有部分内において聞くに堪えない甲マンション居住者の名誉を毀損するような悪口を叫んだり、本件専有部分内においてボール等を床、壁、梁等に叩きつけるような行為を行い、異常な騒音、振動を立て、相当広範囲の居住者が被害を受ける状況に至っていた。そのほかにも、Bは、甲マンションの管理組合が毎年実施している排水管清掃や消防設備点検などの各種設備の清掃および点検を、甲マンションの居住者の中でただ1人正当な理由もなく拒絶し、本件専有部分内に点検業者を立ち入らせないため、本件専有部分についてのみ、未実施の状態が続いていた。

　甲マンションの管理組合の理事長であるCは、Bとの間で話合いを試みたが、Bは興奮しながら一方的な主張を行うのみで話合いを行うことは不可能であった。そのため、Cは、区分所有者であるAに対し、Bの行動によって他の居住者が迷惑を受けていること、Bとの話合いが不可能であることを報告して意見を聴取しようとしたが、Aからは何らの返信がなかったばかりか、BがC宅へ怒鳴り込み、身の危険を感じたCが警察を呼ぶという事態に発展した。その後も、Cを含めて甲マンションの役員は、警察や保健所に相談に行く傍らで、区分所有者であるAとの話合いを模索したが、Aは、Bに話をしたら会う必要がないと言われたから会わないなどと言って話合いを拒絶し

356

た。

　そのため、管理組合が総会決議に基づき、Ａらに対し、Ｂの行為が区分所有者の共同の利益に反するとして、区分所有法60条１項に基づくＡとＢの使用貸借の解除および本件専有部分の引渡請求、同法59条に基づくＡの本件区分所有権および敷地権の競売請求をしたのが本件である。

　本件における争点は、①Ｂが本件マンションの区分所有者の共同の利益に反する行為をしていて、その行為による区分所有者の共同生活上の障害が著しく、本件専有部分の引渡しを求めるほかにはその障害を除去して区分所有者の共同生活の維持を図ることが困難といえるのか、および②Ａも本件マンションの区分所有者の共同利益に反する行為をしていて、それによる区分所有者の共同生活上の障害が著しく、Ａの区分所有権および敷地利用権の競売をするほかにはその障害を除去して共同生活の維持を図ることが困難といえるのか、の２点である。

判決要旨

（争点①）

　本件で、裁判所は、Ｂが本件専有部分内で発生させている騒音等について、その測定結果が、甲マンションが属する第１種低層住居専用地域、準住居地域について東京都環境確保条例が定める深夜の騒音基準値たる40ないし45dBを超えていることを認め、本件専有部分を除く全21戸中18戸の居住者が、Ｂが昼夜に発生させている振動を伴う騒音や叫び声によって約４年間もの長期にわたって被害を受けており、隣室の居住者においては、睡眠障害と診断され、睡眠薬を処方されるに至っており、刑法上の犯罪を構成する可能性すらあるものとして、甲マンションの区分所有者の共同の利益に反する行為であるとした。さらに、Ｂが補修点検作業を拒絶している点については、設備は全体の共用部分に属しており、補修点検作業が専有部分だけでなくマンション全体の事故発生などの悪影響を防止する意義もあるところ、本件専有部分のみ補修点検作業が未実施であることによって、甲マンションの区分所有者の共同の利益が害されているといえるものとした。

　そして、Ａが訴訟まで話合いに応じておらず、Ｂは訴訟中も前記行為を続行しており、ＡおよびＢが自主的に事態を改善することは全く期待できない

第12章　不良入居者をめぐる紛争

ことも考慮し、共同生活上の障害が著しく、引渡し以外の方法によってはその障害を除去して共用部分の利用の確保その他区分所有者の共同生活の維持を図ることが困難な場合にあたると判断し、Ｂに対する本件専有部分の引渡しと、その前提となるＡＢ間の使用貸借契約の解除を認めた。

（争点②）

　次に裁判所は、現実に迷惑行為をしているＢに対する引渡請求が認容されれば、Ｂの迷惑行為はひとまず除去されることになるとしたうえで、さらに競売請求まで認める必要があるかどうかを検討した。

　この点、裁判所は、Ｂだけでなく、区分所有者のＡも居住者と交渉を拒絶しており、Ａが何ら検証もないままにＢの弁解を採用して、それを取り次ぐほかない状況にあることや、ＡがＢの要請に従って本件専有部分の管理費および修繕積立金を滞納させ、引渡しと引換えに3000万円程度の支払いを受けるのが相当であるといったＢの主張に完全に同調し、裁判所の引渡しを命ずる判決にも直ちに従わないことを表明している事実を認め、Ａには自主的に本件問題を解決しようとする意思および能力が欠如していること、Ｂに経済力や生活力が乏しいこと、ＡがＢを引き取って同居する意思もないことなどから、引渡請求のみを認容してもＡが再度Ｂを居住させる事態が容易に予想され、Ａが本件専有部分等を所有し続けることが必然的にマンションの区分所有者の共同の利益に反するとして、本件専有部分と敷地権の競売請求も理由があると判断した。

解　説　　共同の利益に反する行為の類型としては、

① 　建物の不当毀損行為（例：隣接する2部屋を所有する者がその間の壁を取り去る）

② 　建物の不当使用行為（例：危険物の持込み）

③ 　プライバシーの侵害ないしニューサンス（例：騒音、悪臭）

④ 　建物の不当外観変更行為（例：外壁改造、看板設置）

があるといわれているところ（対処法398頁参照）、本件は、区分所有者の共同の利益に関して、主としてニューサンスなどが問題とされた事案である。

　本件で特徴的なのは、競売請求まで認める必要性を判断するうえで、区分

所有者であるＡと使用貸借人であるＢの一体性や、Ｂの経済力などから、いったん引渡請求を行ったとしても同様に共同の利益に反する事態が生ずることが容易に予想されると判断している点である。区分所有者と賃借人等との間には必ずしも特殊な人間関係があるケースばかりではないため、引渡請求後も同様の事態が生ずると予想されるかについては、両者の関係や問題に対する解決の姿勢などといった事情を、事案ごとに個別具体的に検討するほかないものと思われる。また、本件は本人訴訟であったため、被告らの主張・立証が尽くされていない可能性があり、この点についても注意が必要である。しかし、いずれにしろ競売請求まで認めた事例としての存在意義は大きいと思われる。

　本件と同種の裁判例としては、東京地判平成８・５・13判時1595号77頁がある。この事例は、管理組合が、賃借人の脅迫等による共同の利益に反する行為について、区分所有者と賃借人との間の賃貸借契約を解除すること、並びに賃借人に対し、専有部分を明け渡すことを求めた事案であるが、競売請求までは行っていない。これは、区分所有者自体に賃借人に同調する姿勢などが見受けられなかったため、引渡請求が認められれば、問題解決を図ることができる事案であったものと思われる。

（吉原　洋）

第12章　不良入居者をめぐる紛争

82　宗教団体の教団施設に対する賃貸借契約解除と退去請求

オウム真理教の教団施設として使用されている専有部分に対して、どのような対策をとることができるか

▶山科ハイツ事件〔大阪高判平成10・12・17判時1678号89頁〕

事案の概要　本件専有部分の区分所有者であるAから本件専有部分を賃借使用するB（賃借人）、C、D、E（以下、あわせて「Bら」という）が、本件専有部分をオウム真理教の教団施設として使用し、本件マンション住民に不安や恐怖感を与えるなどして、区分所有者の共同利益に背反する行為をしているとして、管理組合の理事長が管理組合集会の決議に基づき、A、B間の賃貸借契約の解除およびBらの本件専有部分からの退去明渡しを求めた。

　本件で争点となったのは、実体的要件（占有者が建物の保存に有害な行為その他建物の管理または使用に関し区分所有者の共同の利益に反する行為をし、その行為による区分所有者の共同生活上の障害が著しく、他の方法によってはその障害を除去して共用部分の利用の確保その他の区分所有者の共同生活の維持を図ることが困難といえるか）の有無である。具体的には、①Bらはオウム真理教教団の構成員といえるか、②Bらは、本件専有部分を個人の住居として使用しているのか、それとも教団施設として使用しているのか、③オウム真理教教団の現在の危険性、④Bらが、建物の管理または使用に関し区分所有者の共同利益に背反する行為をしたといえるか。その行為による区分所有者の共同生活上の障害が著しく、他の方法によっては、その障害を除去して共同生活の利用の確保その他の区分所有者の共同生活の維持を図ることが困難であるといえるか等が争点となった。

　第1審判決（京都地判平成10・2・13判時1661号115頁）は、本件専有部分を

360

占有しているＢ、Ｅについて請求認容し、Ｃ、Ｄについては、本件専有部分からすでに退去し占有していないことを理由に棄却した。すなわち、上記①～③の争点についてはいずれも肯定し、④の争点についても、「Ｂらが、本件専有部分を、個人的な住居として共同使用し、その中で信仰生活を送っているにとどまる限りは、その属する教団が危険な存在であるというだけで、直ちにＢら個人が危険な存在であるということはできないから、その居住行為自体が共同利益背反行為にあたるということはできない。けれども、……本件専有部分はＢらの個人的な住居という域を越え、教団の施設として使用されているものというほかない。そして、現在においても、教団は、（教祖）及び（地下鉄サリン）事件当時の危険な教義を信奉して組織を維持しており、なおその危険性は無視できるほどには減じていないものと認められる。そうであれば、本件専有部分をそのような教団の集団居住施設として用いることについては、他の区分所有者に対して、予想もしえないような危害が加えられるかもしれないという著しい不安感を与えるものであることは否定すべくもない。しかも、前記各事件がこれまでに例を見ないほど凶悪な事件であり、個人的なあるいは突発的な異常行動ではなく、教団の最高幹部ら複数によって、組織的に計画され、繰返されたものであることからすると、その不安感は、客観的な根拠に基づくものであり、受忍限度を越えるものであるといわざるをえない」、「共同利益背反行為による区分所有者の共同生活上の障害は著しく、……占有移転禁止の仮処分をも守らない状況の下では、他の方法によってはその障害を除去して区分所有者の共同生活の維持を図ることが困難であるとき（区分所有法60条1項）に当たるものといわなければならない」とした。これに対して、Ｂ、Ｅが控訴した。

判決要旨 控訴棄却。

「本件専有部分は本件マンションの住居部分のうちの1室であり、その居住者、占有者は、他の各室の居住者と同様に、区分所有法あるいは本件マンションの管理組合規約にしたがって、平穏で良好な居住環境を維持すべき義務を負うものであり、本件専有部分における占有が他の居住者の平穏を受忍限度を超えて侵害する場合には、その侵害は区分所有法の定

第12章　不良入居者をめぐる紛争

める共同利益背反行為として排除されうるものとなることは、いうまでもない。本件マンションのような多数の居住者がいる共同住宅においては、居住者相互の利害を調整して居住者の円満な共同生活を維持しなければならないものであり、そのため区分所有法は個々の居住者の占有権原に特別の制約を加えることを認めている」のであり、「その占有権原が本件専有部分におけるように賃借権であっても区分所有権の場合と何ら変わることはない」。

解　説　区分所有法60条の規定する「区分所有者の共同の利益に反する行為」とは、単に財産管理的観点からの共同の利益だけではなく、いわゆる共同生活的観点からの共同の利益も当然に含まれる（基本法コンメ、新マンション）。

　本件では、本件専有部分がオウム真理教の教団施設として利用されている事実を認定したうえ、Ｂらが現在も教祖を信奉していること等から、本件マンション居住者の平穏な生活を受忍限度を超えて侵害するものであり、この侵害状況を除去するためにはＢらを退去させるほかないと判断したものである。

　区分所有法60条の引渡請求については、暴力団ないし暴力団員を対象として認めるものが多いが、本判決は暴力団等以外の者に対しても適用を認めた点で意義のある判例である。もっとも、一方で同条の効果の強力なことに鑑みれば、あまりに緩やかに適用することについては弊害も大きいであろう。

　本判決はこのような点も考慮して詳細な事実認定を行ったうえ、引渡しを認めたものと思われる。また、本件は、暴力等の具体的な損害は生じていない状況でもオウム真理教の教団施設として使用すること自体が他の区分所有者の平穏な家庭生活を破壊する行為であると認定したものであるが、これは、オウム真理教という団体の特殊性を考慮したものである点には注意を要するであろう（舘幸嗣「判批」マンション学9号136頁〜142頁）。

（甲斐田靖）

83　占有者である暴力団組長に対する明渡請求

> 管理組合は、どのような方法で暴力団組長に対して明渡しを求めることができるか

▶横浜山手ハイム事件〔最判昭和62・7・17判時1243号28頁・判タ644号97頁〕

事案の概要　横浜・山手のマンションである山手ハイム（以下、「本件マンション」という）の区分所有者の1人Aが、昭和58年3月17日に暴力団組長Bに対し山手ハイムの専有部分（以下、「本件専有部分」という）について使用目的を「住居」、契約人数を「3名」とする約定で賃貸した（以下、「本件賃貸借契約」という）。

Bは、暴力団山口組系の組長で、組の構成員は70名であり、また山口組の組織全体でも若頭補佐、舎弟頭補佐の要職を占めていた。

かかるBが本件専有部分に居住していることにより、その身辺を警護し身の回りの世話をするために組関係者が交代でBとともに寝泊りしているところ、組関係者らの傍若無人な振る舞い（ごみ出しのルールを守らない、マンションの駐車場に無断駐車する、山口組と一和会の抗争が表面化して以来組関係者がマンションに出入りする住民のボディチェックをする等）によって本件マンション住民の生活に重大な障害を与えるとともに、暴力団同士の抗争の巻き添えによる危険が生じているとして、本件マンション管理組合の管理者Cが区分所有法（以下、「法」という）60条によりA、B間の本件賃貸借契約の解除と、Bに対し本件専有部分の明渡しを求める訴訟を提起した。

これに対しA、Bは、上記訴訟に先立ち訴訟提起の可否を議題として招集された臨時総会について、①本件管理組合は、上記決議に先立ち、被告Aに対して上記決議につき弁明の機会を与えていない、②本件賃貸借契約の解除を求める旨の決議がなされていない、③弁明の機会を付与するに際しては当該弁明者に事前に特定の違反行為を明示して告知すべきであるにもかかわら

363

第12章　不良入居者をめぐる紛争

ず違反行為の内容が明示されていない、として訴えの却下を求めるとともに、本案の答弁として④マンション住民には現在は迷惑をかけておらず、また即時立ち退きを必要とするほど差し迫った危険はない、として請求の棄却を求めた。

　第1審判決（横浜地判昭和61・1・29判時1178号53頁）は、①管理組合がBをマンションの専有部分から排除するためにはBに弁明の機会を与えなければならないが、Aに対して弁明の機会を与える必要はない、②管理組合における決議としては賃貸借契約を解除する旨の文言が明示されていなくても訴えをもってBの占有を剥奪し、区分所有建物から排除する請求をすることが明らかであれば足りる、③管理組合は集会の招集通知に先立ち、Bに違反行為を具体的に列挙し今後規約を遵守する旨の誓約書の提出を求めたこと等を考慮して弁明の機会の提供としては十分であると認定したうえで、④本案についてもC主張の事実をほぼ認めCの請求を認容した。

　かかる判決に対しA、Bは控訴した。

　控訴審判決（東京高判昭和61・11・17判時1213号31頁）は、①弁明の機会を与える対象については1審と同様にBのみで足りるとしたうえで、②臨時総会決議の内容については解除請求そのものについて記載がなくても、事前に配布された議案の内容により当該決議内容にはBに対して専有部分の引渡しを求めること、およびその前提として賃貸借契約の解除の請求が含まれていると認め、③の弁明の機会付与については、Bに対してなされた通告書の内容でCがBに対して当該専有部分の明渡しを求める理由は明らかであり、Bに対して弁明の機会を与えるための告知内容としては十分であると判示するとともに、④の住民の共同生活上の障害となるような違反行為の存在についても認めたうえで、マンションの1室に暴力団幹部が居住し出入りすることによるマンション居住者の日常生活に与える障害は居住者にとっては耐えがたいものであるとして、法60条1項で定める、他の方法によっては障害の除去が困難である場合にあたると判示し、1審判決を支持して控訴を棄却した。

　これに対してA、Bが上告した。

364

83　占有者である暴力団組長に対する明渡請求

判決要旨　「区分所有者の全員又は管理組合法人が建物の区分所有等に関する法律60条1項に基づき、占有者が占有する専有部分の使用又は収益を目的とする契約の解除及びその専有部分の引渡しを請求する訴えを提起する前提として、集会の決議をするには、同条2項によって準用される同法58条3項によりあらかじめ当該占有者に対して弁明する機会を与えれば足り、当該占有者に対し右契約に基づき右専有部分の使用、収益をさせている区分所有者に対して弁明する機会を与えることを要しないというべきである。これと同旨の原審の判断は、正当として是認することができる」。

「区分所有建物である原判示の本件建物のうちの本件専有部分の賃借人であるBは、本件建物の使用に関し同法6条3項によって準用される同条1項所定の区分所有者の共同の利益に反する行為をしたものであり、かつ将来もこれをするおそれがあって、右行為による区分所有者の共同生活上の障害が著しく、他の方法によってはその障害を除去して共用部分の利用の確保その他の区分所有者と共同生活の維持を図ることが困難であるときに該当するとした原審の判断は、正当として是認することができる」として、上告を棄却した。

解　説　本件は、昭和58年法律第51号による改正後の法（昭和59年1月1日施行）60条1項に基づき、区分所有者の共同の利益に反する行為をした占有者（賃借人等）に対する契約（賃貸借等）の解除およびその専有部分の引渡請求が初めて認容されたケースである。

1審から上告審までを通じ手続的要件について3点（前記①ないし③）と実体的要件について1点（前記④）が争点となった。

上告審は、これらの争点のうち争点①④について特に判示したものである。

判例は、①法60条2項によって必要とされる弁明の機会の付与は占有者のみならず区分所有者に対しても必要か、という論点につき、弁明の機会の付与は占有者に対して付与すれば足り、区分所有者に付与する必要はない、とした。

法60条、58条3項の趣旨は、占有者が集会の決議如何によっては占有の

365

第12章　不良入居者をめぐる紛争

剥奪という重大な不利益を被る可能性があることから義務違反行為とされる行為自体の存否、義務違反行為の程度、当該行為を行うに至った事情等について十分な弁明の機会を保障しようという点にある。

かかる趣旨から純理論的に考えれば、区分所有者も当該専有部分についての賃貸借契約を解除されれば賃料収入が得られなくなるという不利益を受けるのだから、区分所有者にもかかる弁明の機会を付与すべきであるとも考えうる。しかし、本件においては1審から上告審を通じて一貫して弁明の機会については占有者に対して付与すれば足りるとしており、判例の解説等においてもかかる判例の立場を支持するものがほとんどである。

これは、本件の事案において区分所有者への弁明の機会の付与を欠いたとして明渡しを認めないことが極めて不当な結論を導くことから、かかる不当な結論を回避するためになされた理論構成と考える。

また本判決は、本件において原審認定の事実関係を前提に、④義務違反行為による区分所有者の共同生活上の障害が著しく、他の方法によってはその障害を除去して共用部分の利用の確保その他の区分所有者と共同生活の維持を図ることが困難であると認定した。

法60条は、まさに本件のようなケースに備えて立法されたものであることから当該認定は極めて妥当であり、1審から上告審まで判断が変わることがなかったのも至極当然のことと思われる。

【参考文献】

玉田弘毅＝米倉喜一郎編『マンションの裁判例〔第2版〕』

（島　晃一）

第13章

生活をめぐる紛争

第13章　生活をめぐる紛争

84　ロックミュージシャンの歌声

階下のロックミュージシャンの歌声に対し、差止め、損害賠償が認められるか

▶騒音差止め、損害賠償請求事件〔東京地判平成26・3・25判時2250号36頁〕

事案の概要　本件原告のA・B夫婦は、Aが購入した本件マンションの8△△号室に平成14年4月末から居住していたが、平成24年12月に退去した。被告Cは、その父母である被告D・Eが共有する7××号室に平成14年4月頃から居住していた。本件マンションは、東京都中央区にある13階建てマンションで、8△△号室の階下に7××号室がある。

Cは、ロックミュージシャンとして活動しており、自宅において、考案したメロディを集音マイクに向けて歌い、録音したものを再生して出来栄えを確認し、満足しなければ再度考案したメロディを歌って録音し、満足すれば編集をするという方法で、作曲を行っていた。

A・B夫婦は、Cが、ほとんど毎日、深夜を含めて長時間ロック調の歌を歌い、受忍限度を超える騒音を発生させていると主張して、AにおいてCに対し、区分所有権に基づいて一定の音量を超える騒音の差止めを請求するとともに、A・BにおいてC・D・Eに対し、不法行為による損害賠償を求めたものである。

なお、本件マンションは、都市計画法8条1項1号所定の商業地域に属し、上下階の界床遮音性能は、一般社団法人日本建築学会の建築物の遮音性能基準によれば、トップクラスの水準である。

本件の争点は、①Cの歌声は受忍限度を超える違法なものか、②Aの所有権に基づく騒音差止請求は認められるか、③D・EにCによる違法な使用状態を除去すべき義務の違反が認められるか、④A・Bの損害の有無およびその額である。

368

（争点①）

　裁判所は、Ａ・Ｂが委託した専門会社によるＣの歌声の測定結果および受訴裁判所による検証結果などから、７××号室でＣが歌った時に、８△△号室の洋室、リビングダイニング等に「伝播する騒音レベルは、最大41dB程度であった」と認定し、東京都の「都民の健康と安全を確保する環境に関する条例」（以下、「環境条例」という）の規制基準に照らし、深夜（午後11時〜翌日午前６時まで）以外の時間帯においては受忍限度内であるが、深夜の時間帯においては、「入眠が妨げられるなどの生活上の支障を生じさせるものであ」り、「Ｃは……７××号室に入居して以降、年に数回程度、深夜に歌を歌い、８△△号室に受忍限度を超える騒音を伝播させた」として、「その限りで不法行為責任を負う」とした。

（争点②）

　裁判所は、Ｃによる騒音レベルの程度およびＡ・Ｂが転居後に賃貸した賃借人から騒音被害についての苦情が出されていないことから、「今後、……Ａの所有権が侵害される具体的なおそれを認めることはできない」として、差止請求を棄却した。

（争点③）

　裁判所は、区分所有法６条１項および３項から、「区分所有者は、占有者の使用状況について相当の注意を払い、もし、占有者が他の居住者に迷惑をかけるような状況を認識し、又は認識し得たのであれば、その迷惑行為の禁止、あるいは改善を求めるなどの是正措置を講じるべきであ」るが、本件については、Ｄ・Ｅにおいて、「Ｃが発生させる騒音が受忍限度を超えるものであることを認識し、又は認識し得たとの事実を認めるに足りる証拠はない」として、Ｄ・Ｅに対する損害賠償請求を棄却した。

（争点④）

　Ａ・Ｂは、慰謝料のほか、Ａにおいては、８△△号室を売却できなかったことによる売却利益の喪失分または転居先の家賃等について、Ｂにおいては、Ｃの騒音により精神科や心療内科に通院し、妊娠しても支障がないとして処方された薬を服用していたところ、障害児が生まれる可能性があると聞き、

第13章　生活をめぐる紛争

妊娠中絶を余儀なくされたとして治療費等についてそれぞれ損害賠償を求めたが、裁判所は、これらの損害とＣによる騒音との因果関係を否定し、結局、Ａについては、慰謝料10万円と弁護士費用相当額２万円のみを、Ｂについては、慰謝料20万円と弁護士費用相当額４万円のみを認めた。

解　説　　1　受忍限度を超える違法なものか（争点①）

(1)　騒音による生活妨害と受忍限度

そもそも、マンションやアパートなどの集合住宅では、ある程度近隣住民から発せられる生活音は通常生じるものであり、わずかでも騒音を出したらそれが違法であるというのでは、集合住宅での生活が成り立たない。

そこで、こうした騒音による生活妨害については、被害が一般社会生活上受忍すべき程度を超えるかどうかによって決せられ、その際には、侵害行為の態様、侵害の程度、被侵害利益の性質と内容、地域環境、侵害行為の開始とその後の継続の経過および状況、その間にとられた被害の防止に関する措置の有無およびその内容、効果等の諸般の事情が総合的に考慮される（最判平成６・３・24判時1501号96頁・判タ862号260頁）。本判決も、同判例に依拠して判断したといえる。

(2)　本件の特殊性

(A)　環境条例を参考にしたこと

環境条例は、現在および将来の都民の健康で安全かつ快適な生活を営むうえで必要な環境を確保することを目的としており（同条例１条）、同条例136条は、何人も規制基準を超える騒音を発生させてはならないと定めている。

本件でＡ・Ｂは、環境条例136条の示す商業地域における規制基準（午前６時〜８時：55dB、午前８時〜午後８時：60dB、午後８時〜11時：55dB、午後11時〜午前６時：50dB）が、音源の存する敷地と隣地との境界線における音量について定めたものであることから、本件のようにマンションの居室間に伝播する音については、マンションの防音機能を考慮して、上記基準値からそれぞれ10dB減じた値を受忍限度の判断基準とすべきと主張した。

本判決は、環境条例の上記特徴を踏まえ、受忍限度の判断において、同条

370

例136条の示す規制基準を１つの参考数値として考慮することとした。

受忍限度の判断要素の１つである「侵害行為の態様およびその程度」を評価するにあたっては、騒音の測定結果と規制基準との比較は有効な手がかりとなる。裁判例においても、受忍限度の判断の中で、規制基準を上回る騒音の存在が重視されたと考えられる事例は少なくない（東京地判平成17・12・14判タ1249号179頁（本書**88**判例）、東京地判平成21・10・29判時2057号114頁等）。

　⒝　その他の特殊性

本判決は、Ａ・Ｂの居室に伝播する騒音レベルは、最大41dB程度であったと認定し、環境条例の商業地域における規制基準を超えるものではないとしつつも、次の特殊性を考慮して、最大41dBに及ぶ深夜における歌声についてのみ、受忍限度を超え、その限りで不法行為責任を負うと判断した。

① 深夜における騒音　　一般に、騒音の規制基準は、住居地域に比べ商業地域のほうが緩やかな規制が設けられており、環境条例も同様であるところ、本判決は、「深夜における騒音については、……商業地域内にあることはあまり重視すべきではない」とした。

② 歌声であること　　本判決は、「Ｃの歌声は」、話し声や足音、洗濯機の音など通常一般の生活行動に伴って発生する、いわゆる「生活音とは明らかに異質な音であり、……入眠を妨げられるなどの生活上の支障を生じさせる」とした。

③ マンションの居室間における音であること　　本判決は、「建物の防音効果を考慮」して、環境条例の示す規制基準に比し、「建物内においてはより厳格な数値が求められている」とした。

　⑶　その他

本判決は、受忍限度に関する他の判断要素として、本件マンションが商業地域にあることや、遮音性能がトップクラスであること、本件騒音によりＢに幻聴が出現したこと、Ａ・Ｂが苦情を申し出てからＣがヘッドホンで音を聞くようにしたことなど、諸般の事情を認定している。

もっとも、これらの事情が、受忍限度の判断においてどの程度重視されているかは、本判決からは読み取ることができない。

2　占有者が違法使用している場合の区分所有者の責任（争点③）

　本件のように、区分所有者であるD・Eが、その専有部分をCに使用させ
ていたところ、占有者Cが受忍限度を超える騒音を発生させていた場合にお
いて、区分所有者D・Eも責任を負うか。

　区分所有法6条1項は、区分所有者に対し、建物の使用に関し、区分所有
者の共同の利益に反する行為を禁止しているところ、同項は、同条3項にお
いて、区分所有者以外の専有部分の占有者に準用されているため、区分所有
者と区分所有者以外の占有者は、それぞれが区分所有者の共同の利益に反す
る行為をしてはならない。

　本判決は、このことを確認したうえで、「専ら占有者が専有部分を使用し
ている場合も、区分所有者の上記義務が消滅するものではな」いとし、区分
所有者が、占有者の迷惑行為を認識し得た場合は、その是正措置を講じるべ
きであり、「区分所有者がその是正措置を執りさえすれば、その違法な使用
状態が除去されるのに、あえて、区分所有者がその状況に対し何らの措置を
取らず、放置し、そのために、他人に損害が発生した場合は、占有者の違法
な使用状況を放置したという不作為自体が不法行為を構成する場合がある」
とした。

3　その他（A・B間における慰謝料の差）

　本判決は、慰謝料額として、Aに10万円、Bに20万円を認めている。
　本件騒音によって、Bは精神科等へ通院し、また、妊娠中絶をしている。
　本判決は、Bに生じたこれらの症状等について、損害の有無を判断するに
おいては、「通常であるとは言い難く、……相当因果関係があるとはいえない」
としたものの、慰謝料額の算定においては考慮し、Aに「精神的苦痛に対す
る慰謝料額」として10万円、Bに「肉体的・精神的苦痛に対する慰謝料額」
として20万円を認めたものと考えられる。

（廣重純理）

85 フローリング騒音

> フローリング騒音は、どの程度にまで達すれば不法
> 行為となるのか

▶井の頭公園マンション事件〔東京地裁八王子支判平成8・7・30判時1600号118頁〕

事案の概要　本件は、鉄筋コンクリート造3階建てのマンションの1階に住むAらが、真上の部屋に住むBに対し、Bが絨毯張りの床をフローリング床に張り替えたため、2階の生活音のすべてが断続的に階下のAの室内に響くようになったとして、慰謝料の支払いと、差止請求としての従前の絨毯張りの床への復旧工事を求めたものである。

Aらの上記請求に対し、Bは、Aらに対し受忍限度を超える騒音被害・生活妨害等をもたらしていないと主張した。

判決要旨　本件フローリング騒音が、①不法行為を構成するか否か、②差止請求が認められるほどの違法性を有するか否かについて、以下のとおり、Aらの請求のうち慰謝料請求は認めたが、差止請求は否定した。

（不法行為を構成するか否か）

マンションにおける騒音被害・生活妨害が不法行為を構成するか否かについて、「加害行為の有用性、妨害予防の簡便性、被害の程度及びその存続期間、その他の双方の主観的及び客観的な諸般の事情に鑑み、平均人の通常の感覚ないし感受性を基準として判断して、一定の限度までの騒音被害・生活妨害は、このような集合住宅における社会生活上止むを得ないものとして受忍すべきである一方、右の受忍限度を超える騒音被害・生活妨害は、不法行為を構成する」とした。

そのうえで、Bが本件フローリング騒音が生じうることを認識しながら事前の対策をせずに管理組合規約に違反する形でフローリングに変更したこ

第13章　生活をめぐる紛争

と、当該騒音は防音措置（遮音材）の施されている床板材を使用すれば相当
程度防音・遮音が可能であること、本件フローリングに変更する以前と比較
して4倍以上も防音・遮音が悪化したこと、本件フローリング騒音が早朝
または深夜にわたることもたびたびあったことなどを認定したうえで、本件
フローリング騒音は社会生活上の受忍限度を超える違法なものであると判断
し、Aらに対する慰謝料各75万円を認めた。

（差止請求が認められるほどの違法性を有するか否か）

　騒音被害・生活妨害を原因とする差止請求が認められるか否かについて、
「侵害行為を差止める（妨害排除・予防する）ことによって生ずる加害者側の
不利益と差止めを認めないことによって生ずる被害者側の不利益とを、被侵
害利益の性質・程度と侵害行為の態様・性質・程度との相関関係から比較衡
量して判断される」とした。

　そのうえで、本件フローリングに対する差止めないし差止めによる原状回
復についてはBに対し相応の費用と損害をもたらすことは明らかであるなど
として、本件フローリング騒音は差止請求を是認するほどの違法性があると
いうことは困難であると判断し、Aらの差止請求を否定した。

解　説　1　本件の意義

　マンションの住民同士の生活騒音に関する裁判例のうち公刊物に登載され
ている裁判例は少ないが、いずれの裁判例も生活騒音が不法行為を構成する
か否かについては受忍限度を超えるか否かで判断している。

　本件は、従前の裁判例と同様の判断基準をとったうえで、初めてマンショ
ンの住民同士の生活騒音による慰謝料請求を認めた事案としての意義がある。

　以下では、マンションの住民同士の生活騒音による慰謝料請求を認容した
裁判例と棄却した裁判例を紹介したうえで、フローリング騒音に係る紛争の
解決手段について検討する。

2　慰謝料請求を認めた事案

　東京地判平成19・10・3判時1987号27頁・判タ1263号297頁は、マンショ

ンの住人である原告が、階上の住人である被告に対し、被告の子供（3歳から4歳）が廊下を走ったりする音が受忍限度を超えていると主張して、慰謝料を請求した事案である。

この裁判例は、階上の床の性能が一般社団法人日本建築学会の建築物の遮音性基準によるとやや劣る水準にあったこと、生活騒音が50dB〜65dB程度であり、午後7時以降や深夜にも及ぶことがあったこと、原告の改善要求に対して被告が床にマットを敷いたものの、「これ以上は静かにすることはできない、文句があるなら建物に言ってくれ」と言って突っぱねるなど極めて不誠実な対応をとったことなどから、生活騒音が受忍限度を超える違法なものであったと判断し、慰謝料30万円を認めた。

3 慰謝料請求を否定した事案

(1) 東京地判平成3・11・12判時1421号87頁・判タ788号231頁〔湯島ハイタウン事件〕

本件は、マンションの住人である原告が、階上の住人である被告に対し、フローリング床における足音、掃除機の音などの生活音、子供が椅子から飛び降りたりする音などが受忍限度を超えていると主張して、慰謝料などを請求した事案である。

この裁判例は、裁判所の検証の結果として騒音が「それほど大きくはなく……少し気になる程度」であったこと、子供による騒音は通常は短時間で終わるものであり、日常生活を営むにおいて不可避的に発生すること、原告自身も子供を育てていることなどから、被告の家族による音は受忍限度の範囲内であると判断し、原告の慰謝料請求を否定した。

(2) 東京地判平成6・5・9判時1527号116頁

本件は、マンションの住人である原告が、階上の住人である被告に対し、フローリング床における足音、椅子の移動音などが受忍限度を超えていると主張して、慰謝料などを請求した事案である。

この裁判例は、騒音の発生源が最小限度の構成の家族による起居、清掃、炊事等の通常の生活音に限られていたこと、騒音の発生時間が比較的短時間

第13章　生活をめぐる紛争

であったこと、被告が原告の苦情を受けて絨毯やフェルトを敷いたり子供の遊具を制限するなど必要な配慮をしたことなどから、被告の家族による音は受忍限度の範囲内であると判断し、原告の慰謝料請求を否定した。

4　まとめ

　以上の裁判例によれば、フローリング騒音が不法行為となるか否か、すなわち当該騒音が受忍限度を超えるか否かを判断するにあたっては、騒音を発生させている住人が騒音の防止・軽減に向けてどのような対応をしたかという事実が、当該騒音の態様（発生源、音量、時間帯、頻度）に加えて重要な判断要素とされていることがわかる。

　このような裁判例の傾向は、騒音に対する受け止め方が各人の感受性に左右されるものであり、騒音を発生させている住人が誠実に騒音を防止・軽減する努力さえすれば、騒音被害を受けている住人の被害意識も軽減されうることを反映した結果であると思われる。

　このように、フローリング騒音に係る紛争の解決にあたっては、当然ではあるが、各住民が相互に他の住民の生活環境に配慮し、騒音をできる限り防止・軽減する努力をすることが重要であるし、この努力こそが紛争の根本的な解決につながる唯一の手段であるといえる。

　したがって、フローリング騒音に係る紛争の解決にあたっては、訴訟という手段ではなく、まずは簡易裁判所における調停やADR（裁判外紛争解決手続）による解決可能性の有無を検討すべきである。

（中村匠吾）

86 水漏れ事故

> 床スラブと階下天井裏との間に設置された階上の者専用の排水枝管の漏水事故について、階上の者は階下の者に対して損害賠償責任を負わなければならないか

▶門前仲町東豊エステート事件〔最判平成12・3・21判時1715号20頁・判タ1038号179頁〕

事案の概要 門前仲町東豊エステート607号室の天井裏を通っている排水管からの漏水が原因で、607号室の天井から水漏れ事故が発生した。本件排水管は、主に707号室の排水を排水本管に流すものであり、707号室の床下の床コンクリートと607号室の天井裏の空間に設置されている。

本件は、707号室の区分所有者であるＡは、607号室の区分所有者であるＢらおよび管理組合に対して、本件排水管が共用部分であることの確認を求めるとともに、Ｂらに対しては水漏れによる損害賠償義務のないことの確認を求め、管理組合に対しては排水管の修理費用の立替払いをしたとしてその求償金の支払いを求めた事案である。

第1審（東京地判平成8・11・26判タ954号151頁）は、本件排水管が設置されている空間の独立性や本件排水管の機能などを検討し、本件排水管は建物全体への附属物であり、「専有部分に属する建物の附属物」に該当せず、共用部分にあたるとして請求を認容した。管理組合が控訴。

控訴審（東京高判平成9・5・15判時1616号70頁）も原審を支持した。控訴審判決は、まず「本件排水管が専有部分に属するか否かを検討する」には、「本件排水管が設置された場所（空間）、本件排水管の機能、本件排水管に対する点検、清掃、修理等の管理の方法、及び建物全体の排水との関連などを、総合的に考慮する必要がある」と判示した。そして、「天井裏の空間は、607号

第13章　生活をめぐる紛争

室の専有部分に属する」こと、本件排水管は「707号室の排水の全部と708号室の排水の一部を排水本管に流すという機能を有する」こと、「本件排水管は607号室の天井裏にあるため」、「点検、清掃、修理等を行うためには、607号室に入らなければならず、そのためには、607号室の所有者又は占有者の承諾を得なければならない」こと、「各戸の排水は、枝管を通って本管に流れ込む」ため排水管全体が「統一された形態や材質を有するものでないと」「管理上困難な問題が生じる」こと、マンションのような「建物の場合には、……枝管の安全性を維持することに複数の区分所有者が共通の利害を持つことがある」ため、「枝管についても全体的な観点から管理する必要性が大きい」ことなどの事情から、「本件排水管は、特定の区分所有者の専用に供されている」が、「その所在する場所からみて当該区分所有者の支配管理下にはなく」、「建物全体の排水との関連からみると、排水本管との一体的な管理が必要であるから、これを当該専有部分の区分所有者の専有に属する物として、これをその者の責任で維持管理をさせるのは相当ではない」と判断した。そして、「排水管の枝管であって現に特定の区分所有者の専用に供されているものでも、それがその者の専有部分内にないものは、共用部分として、建物全体の排水施設の維持管理、機能の保全という観点から、法の定める規制に従わせることが相当」として、本件排水管は共用部分と認めた。管理組合が上告。

判決要旨　　上告棄却（全員一致）。

本件排水管が、707号室の床下にあるいわゆる軀体部分である「コンクリートスラブと607号室の天井板との間の空間に配された部分」であること、本件排水管には「707号室及び708号室以外の部屋からの汚水は流れ込んでいない」こと、「707号室及び708号室から本件排水管の点検、修理を行うことは不可能であり、607号室からその天井板の裏に入ってこれを実施するほか方法はない」という事実関係を基にして、「本件排水管は、その構造及び設置場所に照らし、建物の区分所有等に関する法律2条4項にいう専有部分に属しない建物の附属物に当たり、かつ、区分所有者全員の共用部分に当たると解するのが相当」と判断した。

378

86 水漏れ事故

解説　水漏れは、マンションで多発するトラブルの1つである。排水管からの水漏れは、ベランダの排水口詰まりによるものと、油脂や毛髪などの生活異物による詰まり、施工不良、劣化などによる排水管からのものとがある。本件は後者の排水管からの水漏れ事故に関するものである。

「建物の附属物」である排水管等の配管・配線設備が専有部分に属するかどうかに関しては、①本管共用部分・枝管専有部分説、②本管共用部分・枝管専有部分の修正説（専有部分の専用に供されていても、専有部分内部に存在しない枝管については共用部分とする）、③排水管共用部分説の3説が存在していた。

専有部分と共用部分の区別については、最判昭和56・6・18判時1009号63頁・判タ446号74頁など以降、一定の準則が定立されてきたが、「建物の附属物」に関する最高裁判例はなく、排水管が共用部分か専有部分かが争われた事案としては、東京地判平成3・11・29判時1431号138頁〔桜川グレースマンション事件〕がある程度である（フレキシブル配管については東京地判平成5・1・28判時1470号91頁）。同判決では、各区分所有者の建物の床下に配置され、当該区分所有者の建物から出る排水を本管に流す枝管について、「共用部分

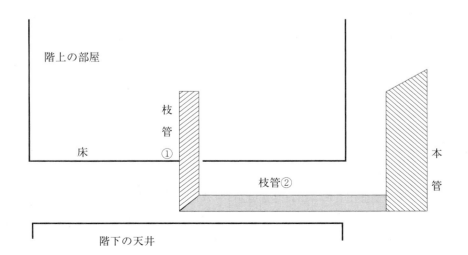

379

第13章　生活をめぐる紛争

と見られる床下と階下の天井との間に敷設されており、特に区分所有者の好みで維持管理を行う対象となる性質のものではなく、雑排水を機械的にスムーズに流すことにのみ意味があるに過ぎ」ないことから、「本件マンション全体への附属物」というべきであり、「(区分所有)法2条4項から除外される専有部分に属する建物の附属物とはいえず、法2条4項の専有部分に属しない附属物に該当する」と判断されている。

　本判決は、階上の部屋と階下の天井の間に敷設された排水管（枝管）部分が共用部分となるかどうかは、本管枝管のいずれであるかによって区別されるのではなく、管の設置場所や構造によっては共用部分になりうることを示し、上記3説のいずれをも採用しなかった。なお、行政上や実務上、本管については共用部分（管理組合に管理責任を肯定）、枝管の中でも専有部分内部のものは専有部分（管理組合の責任を否定）とされている（鎌野邦樹「給排水管の帰属と管理」マンション学7号17頁）。

　建物の附属物である排水管が専有部分となるか共用部分となるかについて、本判決は、建物と附属物（排水管）との物理的・空間的な位置・形状・様態によって単純に機械的に定められるという考え方ではなく、「建物の附属物のうち専有部分に属するもの以外」が共用部分であるとし、建物自体が共用部分であるか否かとは別個の問題としてとらえる考え方をとり、排水管は区分所有建物全体の雑排水を集め、公共下水管に流すという「機能の共同性」を有しており、各区分所有者の好みで維持管理を行う対象ではないという「共同の維持管理の便宜」を有するものであることから、これらの事情を共用部分か否かの判断要素として取り入れて共用部分と認定しており、妥当なものといえる。このような判断方法は、今後「建物の附属物」についての共用部分であるかどうかの区別についての指針となると思われる。

　なお、ベランダの排水口詰まりによる水漏れ事故については、排水口の塵芥を完全に除去していれば浸水事故発生を回避することができた可能性があるとして居室使用者および占有者に「占有者」として工作物責任（民法717条）を認め、さらに排水口はサンルームの構築により塵芥の完全な除去が容易でない状況となっていたことが事故による損害を増大させたとして所有者にも

380

一部連帯責任を認めた東京地判平成 4・3・19判タ809号182頁がある。また、屋上排水ドレーン（共用部分）詰まりによる水漏れ事故について、屋上排水ドレーン（共用部分）が詰まるのを防ぐ措置（掃除以外に、排水口に大きめの椀型の網の蓋を被せる、通気口を高くするなど）をとることが著しく困難であるとは考えがたいことから、管理組合は屋上排水ドレーンのごみ詰まりによる漏水事故の予見・回避が可能であったとし、管理組合に管理規約に基づく責任を認め、他方でバルコニーの排水口の目詰まりによる漏水事故については、雨水の排水というバルコニーの通常の使用過程で生じた事故であり、雨水が台風の直撃によるもので、飛来した木の葉が目詰まりを起こしたとしてもバルコニーの通常の使用と異なることはないとして管理組合の責任を否定した原審（福岡地判平成11・8・23判例集未登載）の結論を支持した福岡高判平成12・12・27判タ1085号257頁（本書**37**判例）がある。

（小倉知子）

第13章　生活をめぐる紛争

87　居酒屋のダクト設置・深夜営業

> マンション１階店舗部分で営業をしている居酒屋に
> 対し、「共同の利益」に反するとして、換気ダクト等
> の撤去および深夜営業の禁止を求めることができる
> か

▶藤和シティホームズ尼崎駅前マンション事件〔神戸地裁尼
崎支判平成13・6・19判時1781号131頁〕

事案の概要　　JR尼崎駅近辺に位置する分譲マンション（住戸143戸、管
理室１戸、店舗１戸）において、１階店舗部分の区分所有者
が、店舗をAに賃貸し、Aはダクトおよび集塵機（以下、「ダクト等」という）
を店舗の厨房外壁南側に設置し、店舗客席部分の南側壁部分には排気ファン
をもつ換気用ダクト２機を設置し、年中無休、毎日深夜１時頃まで居酒屋と
して営業をしていた。ダクト等の所有者はAである。

本件マンションの住戸は、全室が南側に窓とベランダが設置された構造で
あり、１階の居酒屋から排出される油煙や煙により窓やベランダ手すりが油
で汚れ、洗濯物も干せず、暑くても窓を開けられない状況にあること、深夜
でも居酒屋の酔客や従業員の声、自動車ドアの開閉音等の騒音により生活の
平穏が害されていること等が問題とされた。

なお、本件マンションの管理規約上、占有者であるAにも規約が適用され
る。同規約によると、店舗用ダクトの設置場所については、「エントランスホー
ル・メールコーナー等上１階屋根」と定められていること、店舗部分の営業
については、「振動、騒音、臭気及び煙を発生させる等他の居住者に迷惑を
及ぼす行為」をしてはならないと定められている。

そこで、本件マンション管理組合は、店舗部分の区分所有者およびAに対
し、ダクトの設置および深夜の営業が管理規約に違反し、区分所有者の共同
の利益（区分所有法６条１項）に違反していることを理由として、区分所有法

382

57条に基づき、ダクト等の撤去、日曜・祝祭日および深夜の営業禁止等を求めた。

判決要旨 　Aに対するダクト等の撤去および深夜（11時以降）の営業の禁止は認められたが、日曜・祝祭日の営業禁止は認められなかった。また、Aと区分所有者に対して弁護士費用として100万円の支払いを命じた。

（ダクトの設置が共同の利益に反するか）

　Aらは、ダクト等には空気清浄機と脱臭フィルターが設置されており、ダクトから排出される臭気は受忍限度の範囲内であると争った。

　判決では、区分所有法6条が定める「共同の利益に反する」場合とは、他人の財産や健康にとって有害、迷惑、不快となるような生活妨害（ニューサンス。騒音、臭気、振動など）を含むと解され、本件居酒屋の営業による異臭は、本件マンション全域に及んでいること、臭気のため窓を開けることができないこと、ベランダに洗濯物を干せないなど、迷惑、不快感を感じている住民が多数いること等を理由に、本件ダクト等の設置は区分所有者の共同の利益に反していると認めた。

（居酒屋の深夜営業は共同の利益に反するか）

　Aらは、本件マンションが駅前にありタクシー乗り場が近いこと、付近にはパチンコ店や24時間営業の店舗があること、付近の幹線道路の交通量が多いこと等を理由として住民の安眠妨害があったとしてもAの居酒屋に起因するものとはいえず、仮にそうであっても受忍限度内であると争った。

　判決では、JR線も歓楽街も本件マンションの北側にあること、タクシー乗り場も本件マンションからは幅員12mの道路で隔てられている等の客観的立地条件を認定したうえ、住民の多数が深夜1時までの営業が生活環境の侵害であると考えていること、管理規約および使用細則において、「他の居住者の迷惑となる騒音・振動を発生させる行為をしない」と規定し、騒音に関して一定の基準を設け、「他の区分所有者または占有者から苦情が出ないよう十分気をつける」と特に厳しい基準で対処していることから、居酒屋の深夜1時までの営業は、共同の利益に反するものと認めた。

第13章　生活をめぐる紛争

解　説　1　義務違反者に対する措置

　区分所有法57条は、区分所有者あるいは占有者に対して、区分所有者の共同の利益に反する行為をした場合またはその行為をするおそれがある場合には、その行為を停止し、その行為の結果を除去し、またはその行為を予防するために必要な措置をとることを認めている。したがって、その行為が共同の利益に反するか否かについては、権利の制約を受ける区分所有者あるいは占有者の利益も慎重に衡量する必要がある。

　本件の場合は、マンション内の住居部分と店舗部分の割合、立地（商業地域か否か）、ダクト設置の経緯・状況、営業の実態、住民の被害の実態・程度等の諸事情を勘案する必要がある。

2　ダクト等の撤去

　この点、判決は、規約が店舗のダクト等の設置場所について定めており、その規約自体が不合理なものではないにもかかわらず、本件ダクト等が規約に反して設置されていることを重くみている。本件ダクト等を撤去することが、即居酒屋の廃業につながるものではないという点で営業の利益も考慮している。

　同じくマンションの1階で営業をしている飲食店経営者に対し、騒音・悪臭に基づくダクトおよびエアコン室外機の撤去を求めた事案で、撤去すると事実上それらの物品を使用できなくなるに等しいという点を重視し、管理規約に反するだけではなく、相当の違法性があり、早急にその結果を除去する必要がある場合に限るとして、撤去の請求を認めなかったものがある（東京地判平成21・12・28判例集未登載）。

3　深夜営業

　本件では、マンションの立地については判断をしているが、他の近隣店舗の営業時間は、あまり参考にしてはいないようである。むしろ、住民等の安眠妨害となっているのは、他の騒音と区別されるAの居酒屋によるものと認

384

定をしたうえで、深夜営業を禁止されるＡの不利益は、本件マンションを営業場所として選んだことによる内在的制約としている。確かに、居酒屋の営業自体が禁止されるわけではないという点、原告が求めた日曜・祝祭日の営業の禁止は、ことさらに平日の営業と区別すべき理由はないとして認めなかった点から、住居の平穏と営業の利益の衡量がなされているといえる。

前掲・東京地判平成21・12・28においても、11時以降の営業を禁止している。同事案では、マンションの立地が夜間は静穏な住居専用地域にあり、近隣の飲食店の営業時間も参考にして、上記の制約は相当と判断している。

深夜営業を禁止するとしても、何時以降が禁止の対象となるかについては、営業の業種や住環境、住民の特徴等によっても左右されるが、これら判例は参考事例となるであろう。

4　その他

事案の概要では触れなかったが、Ａは店舗シャッターの外側である店舗用アプローチ部分（専用使用権を有する部分）に造作・看板等を設置し、シャッターを開閉できないようにしている。この点についても、判決は、防火・防犯上の安全性を低下させるものであることを認め、「容易に移動できるもの以外は置くことができない」と定めた管理規約にも反するとして、撤去を認めている。

なお、管理規約に反する行為が、そのまま共同の利益違反行為にあたるものではない。その行為の必要性の程度や、区分所有者の被る不利益の態様、程度等の諸事情も考慮しなければならない。

（渡辺晶子）

第13章　生活をめぐる紛争

88　賃貸人たる区分所有者の義務

賃貸人たる区分所有者は、賃借人の違法な使用状態
に対してどこまで責任を負うか

▶アコード新宿ビル事件〔東京地判平成17・12・14判タ1249号179頁〕

事案の概要　　Aは、ビルの1階の部屋を区分所有者より賃借して飲食店を営業していたところ、Bは、その直下である地下1階の部屋を区分所有者CD（共有）より賃借し、ライブハウスの営業を始めた。ライブハウスの発生する騒音、振動、低周波のため、Aの店の営業が困難になったとして、AはBCDに対して再三にわたり改善方を要求し、Bは何回か工事をしたが改善されず、CDは責任がないと主張したため、約1年後に店を閉鎖した。

AはBに対して、賃借人も区分所有者の共同利益に反する行為をしてはならないところ（区分所有法6条3項）、騒音などは受忍限度を超えているとして、CDに対して、区分所有者としては賃借人に対し共同利益に反する行為をさせないようにする義務があるとして、いずれも不法行為により、営業利益の減少額188万0355円、開店の際に設置した店舗改修工事費等250万4546円、明渡しのための原状回復費10万5000円、慰謝料300万円の損害賠償を求めて訴えを提起したものである。

判決要旨　　本件店舗に生ずる騒音等は受忍限度を超えていると認定したうえで、被告Bは、騒音等の程度が受忍限度を超えていることおよびその原因が本件店舗の床構造にあることを認識しており、したがって、同被告が行った工事では十分な防音、防振効果が出ないことを認識し、あるいは認識し得たにもかかわらず、ライブ演奏をさせたことにより、受忍限度を超えた騒音等を伝播させたとして不法行為を認めた。

被告CDは区分所有者であり賃貸人であるが、当該専有部分を専ら賃借人

386

が使用していても区分所有法６条１項の義務は消滅しないとして、賃借人が他の居住者に迷惑をかけるような状況があれば、管理規約・使用規則および賃貸借契約に違反しないよう注意し、それでも是正措置がとられないようであれば契約を解除することもでき、それによって違法な使用状態を解消することができた蓋然性が高いところ、ＣＤとしては、その状況を放置せず、現状を把握し、それを改善・除去する措置をとるなどの是正措置を講じるべきであるのに、Ｂに対し単に防音工事をするように伝達し、Ｂが何らかの工事を行っていることでそれ以上の対策を講じる義務がない、として、ＣＤは、Ｂが行う工事でどの程度騒音等を低減させていたのか、営業方法に問題がないかなどの現状が改善されない理由につき、さしたる検討をすることなく、また、Ｂに対して適切な改善措置をとらせることもせず、結果として、前記義務に違反しＢの違法な使用状態を放置し、受忍限度を超えた騒音等をＡの店舗に伝播させたことにつき過失があり不法行為責任がある、としたが、損害については慰謝料として100万円の支払いのみを命じたものである。

解　説　本事案は、賃借人の迷惑行為につき賃貸人にも不法行為責任があることを認めたものであるが、マンションにおける特殊性を検討することとする。

1　区分所有者が専有部分を直接使用していなくとも区分所有法６条１項の規定を受けるか

　本判決は、不法行為の実行行為者たる賃借人だけではなく、賃貸人たる区分所有者の義務として、同じ建物の他の居住者や他の店舗賃借人に対する賃借人の違法な状態を是正する措置義務を認めたものである。本件のＡとＢはいずれも区分所有者からの賃借人であり、ＣＤは区分所有者でありＢに対する賃貸人である。Ａは、ＣＤに対する請求の根拠として区分所有法６条１項を主張していた。同条項は「区分所有者は、建物の保存に有害な行為その他建物の管理又は使用に関し区分所有者の共同の利益に反する行為をしてはならない」と規定しており、同条３項では「第１項の規定は、区分所有者以外の専有部分の占有者に準用する」とされている。したがって、ＣＤより借り

第13章　生活をめぐる紛争

受けていたＢが占有者として、同法６条１項の区分所有者の共同の利益に反する行為をしてはならない義務を負っていることは法文上、明らかである。

　しかし、ＣＤは賃貸人ではあるものの、現に専用使用部分を使用していないため、はたして共同の利益に反する行為をした、といえるのか、という点につき、判決は「専ら賃借人が専有部分を使用している場合も、賃貸人の前記義務が消滅するものではなく、賃貸人は、その義務を履行すべく、賃借人の選定から十分な注意を払うべきであり、また、賃貸後は賃借人の使用状況について相当の注意を払い、もし、賃借人が他の居住者に迷惑をかけるような状況を発見したのであれば、直ちに是正措置を講じるべきである」として、賃貸人たる区分所有者にも区分所有法６条１項の義務があることを明言した。

2　賃貸人たる区分所有者は、どの程度の是正措置をとればよいのか

　ＣＤは、Ｂに対して防音等の必要性を述べ工事の助言を行っており、Ｂはその結果、複数回にわたり防音工事などを行ったのであり、共同の利益に反する行為をさせないようにする義務は履行した、と主張した点につき、判決は、Ｂの行った工事によってどの程度騒音等が低減されたのか、営業方法に問題がないのか等の検討もせず、Ｂに適切な改善措置をとらせなかったことを過失としている。

　他方、判決は、管理組合アコード新宿使用規則および本件地下店舗賃貸借契約書の内容から、「賃貸人は、賃借人が他の居住者に迷惑をかけるような態様で専有部分を使用している場合には、その迷惑行為の禁止、あるいは改善を求めることができると解され、さらには、本件地下店舗賃貸借契約を解除することによって、迷惑な状況を除去しうる立場にあるといえる。したがって、賃貸人が是正措置を採りさえすれば、その違法な状態が除去されるのに、あえて、賃貸人がその状況に対し何らの措置を取らず、放置し、そのために、他人に損害が発生した場合も、賃借人の違法な使用状況を放置したという不作為自体が不法行為を構成する場合があるというべきである」としている。つまり、賃貸人の義務として賃貸借契約解除まで要求しているかのような判

388

示となっている。賃貸人としては、どこまで行えば過失がない、といえるのかという問題である。賃借人の行為について苦情を受けた場合、賃貸人として現状を把握するため現場に行ったり賃借人に事情を聞いたりしたうえで、迷惑行為があると判断した場合には、賃借人に対し口頭ないし書面で注意と改善策を提示することとなろう。それでも迷惑行為の状態が改善されない場合には、賃貸人としては再度、注意などを繰り返すこととなるが、それでも改善されない場合、どのような措置をすべきであろうか。本判決に即すれば、ＣＤの再三の改善要求に対してＢが改善する措置を講じない場合、ＣＤとすれば賃貸借契約の解除をする義務まであるというべきであろうか。その場合、解除通知まででよいと解すべきか、Ｂを被告として店舗明渡しの訴訟提起義務、強制執行義務までの義務を課すべきであろうか。訴訟を提起してもＢが争う可能性が大きいが、そうなれば直ちには違法状態は解消されないこととなり、また、判決の結果次第では三者間は一層複雑になる可能性もあることなどを考慮すると、賃貸人の義務の程度については意見が分かれるところであろう。

　本判決は、区分所有法６条１項は賃貸人兼区分所有者ＣＤにも適用されるところ、同法が要請する具体的内容として管理組合使用規則と賃貸借契約書の規定に従い行動すべきであること、を示したと解釈することができる。

　区分所有法６条は、集合住宅の特殊性により区分所有権に一定の制限を加えたものといわれており、さらに同条項に違反した場合、同法57条ないし60条に行為の停止、一時的使用禁止、競売請求、引渡請求の強い規定が存在すること、賃貸人と賃借人も独自に同法６条の適用を受けることからすれば、区分所有者たる賃貸人は、賃借人の行為により結果的に違法状態が存在する以上、それ自体が区分所有者として「共同の利益に反した行為」をしていると解することも可能であり、区分所有者がその部屋を他に貸していることによりその義務が軽減することはないというべきであろう。他の区分所有者ないし占有者よりすれば、当該部屋より生ずる違法状態が問題であり、当該部屋が賃貸物件なのかどうかは関係がないからである。すなわち、区分所有者は賃借人の違法状態を回避すべき極めて強い義務が課せられていると解

第13章　生活をめぐる紛争

することができよう。

3　賃借人は損害賠償請求権利者となりうるか

　本件においてＣＤは、区分所有法６条を損害賠償の根拠規定となしうるのは共同利益の主体である区分所有者だけであり、賃借人であるＡはなし得ない、と主張した点については、本判決は直接言及せず、賃貸人たる区分所有者ＣＤにも同法６条１項の義務を認定して、その反射的効果としてＡに損害賠償請求権を認めているが、ＣＤにも同条項の義務があるということとその違反行為を誰が請求しうるのかということは別のことと解される。しかし、不法行為による損害賠償請求であれば損害を被った被害者が請求権者であり、それは区分所有者だけではなく賃借人も含まれることこととなろう。同条３項は、賃借人にも義務を課しているので、そのバランスからしても請求権者となりうることに異論はなかろう。

　なお、本判決は、騒音、振動の受忍限度を判定するに際して、東京都「都民の健康と安全を確保する環境に関する条例」では直接の適用条件を満たさない場合であるが、同条例の規制基準を採用していることも参考となるものである。

（清水隆人）

89 子供の騒音

> 階上の子供の騒音に対し差止め、損害賠償を求めることができるか

▶子供の騒音事件〔東京地判平成24・3・15判時2155号71頁〕

事案の概要　　本件は、東京都品川区のマンション（以下、「本件マンション」という）に居室を所有し居住するAが、その階上の居室を所有し居住するCに対し、Cの子（幼稚園児）が居室内を歩行して騒音を発生させているとして、Aの所有権ないし人格権に基づく妨害排除請求として、Cの居室から発生する騒音の差止めを求めるとともに、AとAの妻Bが、Cに対し不法行為（民法709条）に基づく損害賠償請求を求めたものである。AとBは1階の104号室に、Cとその子を含む家族は2階の204号室に居住していた。

　Aの主張では、Cの子は毎晩深夜まで、204号室内を走り回り、104号室内で、45dB(A)から66dB(A)の音量に達する歩行音を発生させており、受忍限度を超えている。Bはストレスのため体調不良となり、メンタルクリニックに通院し治療費および薬代を支払った。A、Bそれぞれ30万円の慰謝料、Bの治療費や薬代のほか、Cの子の歩行音の測定を業者に依頼し、調査費用として64万0500円を支払ったため、同額も損害として請求していた。

　上階の居室から下階の居室への音の伝搬、伝搬する歩行音の周波数特性について、裁判所は以下の事実を一般的知見としている。

　重量衝撃音と軽量衝撃音があり、重量衝撃音は、子供の体重に近い重量物を高さ1m程度から落下させたときの床衝撃で発生する音で、軽量衝撃音は、椅子の引きずり音やスプーン等の比較的軽量固形物が落下したときの衝撃音をいう。また、固体伝搬音と、空気伝搬音とがあり、固体伝搬音とは上階の床振動によって音が下階に放射されるものや、壁や柱の振動が伝搬して音を放射するもので、空気伝搬音とは、上階の床・下階の天井を通過してくる音

391

第13章　生活をめぐる紛争

や、窓から伝わってくる音のことをいう。歩行音は、重量衝撃音に類し、周波数は概ね500Hz以下の低周波音となるのに対し、一般の音は空気伝搬音である場合、500Hz以上の成分が含まれる。

　また、Aが測定した、104号室に到達する騒音の周波数特性は、125Hzの周波数の成分が一番大きかった。本件マンションの床の状況および設置された防音緩衝材の仕様に照らすと、固体伝搬音としての重量衝撃音を遮断するのには必ずしも十分でない。

　裁判所は、これらの事実に基づき、104号室で測定された騒音は、人の歩行、飛び跳ねによる床衝撃で発生したものであり、Cの子が飛び跳ねて生じたものと認定したうえで、受忍限度や損害について判断した。

判決要旨　裁判所は、104号室に40dB(A)を超えて騒音を到達させてはならないとのAの請求に対し、午後9時から翌日午前7時までは40dB(A)、午前7時から午後9時までは53dB(A)を超えて騒音を到達させてはならないとし、差止請求の一部を認めた。

　A、Bそれぞれ30万円の慰謝料を請求していたが、満額の各30万円が認められている。慰謝料のほか、Bの治療費・薬代2万4890円、騒音測定費用64万0500円もすべて認容されている。

　受忍限度を判断するうえでの騒音の程度の評価については、①本件マンションの床・天井が有する遮音性能では、125Hzの周波数の成分の床衝撃音レベルは58dB以下にまで遮断でき、通常の人の走り回り、飛び跳ねなどは、聞こえるが意識することはあまりないという程度にまで遮断できるはずであるが、本件ではその想定している程度の衝撃を超えるものであること、②足音、走り回りや飛び降り、飛び跳ねなどを衝撃源とする生活音は、生活実感として、48dB(A)を超えるとやや大きく聞こえ、うるささが気になり始める程度に達し、53dB(A)を超えると、かなり大きく聞こえ相当にうるさい程度に達し、40dB(A)であれば、小さく聞こえるもののあまりうるさくない程度にとどまるなどとして、本件マンションの床衝撃音遮断性能が想定している以上の騒音が生じていることや、生活実感という基準でうるさく聞こえる程度を認定している。

そして、Ｃの子が204号室において、飛び跳ね、走り回るなどして104号室で重量衝撃音を発生させた時間帯、頻度、その騒音レベルの値（dB(A)）を認定し、「静粛が求められあるいは就寝が予想される時間帯である午後９時から翌日午前７時までの時間帯でもdB(A)の値が40を超え、午前７時から同日午後９時までの同値が53を超え、生活実感としてかなり大きく聞こえ相当にうるさい程度に達することが、相当の頻度であるというのであるから、Ｃの子が平成20年当時幼稚園に通う年齢であったこと、その他本件記録から窺われる事情を考慮しても、Ｃの子が前記認定した程度の頻度・程度の騒音を階下の居室に到達させたことは、204号室の所有者であるＣが、階下の104号室の居住者であるＡらに対して、同居者であるＣの子が前記程度の音量及び頻度で騒音を104号室に到達させないよう配慮すべき義務があるのにこれを怠り、Ａらの受忍限度を超えるものとして不法行為を構成するものというべきであり、かつこれを超える騒音を発生させることは、人格権ないし104号室の所有権に基づく妨害排除請求としての差止の対象となるというべきである」と判示した。

　Ａは、時間的制限なく40dB(A)を超える騒音の差止めを求めたのに対し、裁判所は、静寂が求められるまたは就寝が予想される時間帯である夜間は40dB(A)を超えたこと、夜間以外については53dB(A)を超えたこと、生活実感としてかなり大きく聞こえ相当にうるさい程度に達することが、相当の頻度であったこと、Ｃの子が幼稚園児であったことを考慮しても、騒音を到達させないよう配慮すべき義務を怠ったとして受忍限度を超えていると判断したうえで、差止めの範囲についても、夜間と夜間以外を区別し、夜間は40dB(A)、夜間以外は53dB(A)を超えた限度で差止めを認めている。

解　説　居住用マンションにおける子供の騒音問題は、一見些細なようで当事者にとっては深刻なため、潜在的な生活紛争としては相当数に上ると推測される。これまでも裁判例はあったが、本件のように差止請求が認められた例は多くない。同じマンションの１階でスナックを経営する者に対し、同マンションの住人らが、カラオケ装置使用禁止仮処分を求め、認容されたものがある（横浜地決昭和56・２・18判タ435号84頁）。

第13章　生活をめぐる紛争

　一般に、騒音の違法性判断においては、一般通常人ならば社会共同生活を営むうえで、当然受忍すべき限度を超えた侵害を被ったときに、当該侵害は違法であるとする受忍限度論が用いられている。騒音被害が受忍限度を超えているかの具体的な判断は、侵害行為の態様、侵害の程度、被侵害利益の性質と内容、侵害行為が生じた所在地の地域環境、侵害行為の開始とその後の継続の経過および状況、その間にとられた被害の防止に関する措置の有無およびその内容、効果等の諸般の事情を総合的に考察して決する（最判平成6・3・24判時1501号96頁・判タ862号260頁）。ほかに、侵害行為の有用性、妨害予防の簡便性、加害者の害意等の主観的な態様、当事者間の交渉経過、先住性、法令ないし行政の基準の違反の有無、被害者の素質・職業等の特殊の要因等をあげるものもある。

　本判決では、Aが本件マンションの管理人に対し、204号室からの歩行音を訴え、管理人が騒音を生じさせないよう注意を促す書面を配布したこと（配布後に騒音が測定されていること）、本件マンションが準工業地域にありバス通りに面していること、AおよびBは、Cらより先に、本件マンションに居住していたことなどが認定されているが、受忍限度の判断において、それらの事実は引用されていない。また、Cは、104号室に到達した騒音が、Cの子を原因とするものではないとして騒音の原因そのものを争っているためか、受忍限度を超えているかの評価について詳細な反論がなされたことは判決文からはうかがわれない。本判決の受忍限度の判断においては、床衝撃音のレベル、生活実感としての音の感じ方、騒音の頻度、本件マンションの比較的高い遮音性能（LL−45）であれば相当程度まで遮断できることなどを根拠に、比較的簡潔な事実のみを評価の根拠として受忍限度を超えるものと認定している。

　本判決とは異なる判断手法としては、騒音を発した者の住まい方が工夫や誠実さを欠き、その対応が極めて不誠実であった点を重視した結果、受忍限度を超えていると結論づけ、不誠実さを重視して違法性を認めているものもある（東京地判平成19・10・3判時1987号27頁・判タ1263号297頁）。同裁判例では、被告は、騒音が特に夜間や深夜に及ばないよう長男を躾けるなど住まい方を

394

工夫し、誠意のある対応を行うのが当然であり、原告が被告にそのような対応を期待するのも切実であったが、被告の対応は、床にマットを敷いた以外は明らかでなく、その効果も不明であり、原告に対しては、これ以上静かにすることもできない、文句があるなら建物に言ってくれと乱暴な口調で突っぱねたり、原告の申入れを取り合おうとしなかったりと極めて不誠実な対応であったことなどを認定したうえで、判断要素の中でも「特に被告の住まい方や対応の不誠実さを考慮すると本件音は、一般社会生活上受忍すべき程度を超えるものであったというべき」と述べて、被告の不誠実さを重視して違法性を認定した。

　感情的な対立を孕むことが生活紛争において不可避であるとの立場に立てば、騒音を発生させた者の不誠実な態度を重視することは、騒音の受忍限度の指標としては客観性を欠いているともいえる。一方、本判決のように、主にマンションの性能と騒音の程度によって判断すると、受忍限度の指標としては明確となる。もっとも、受忍限度を超えているか否かについて、前記最高裁判例は、侵害行為の継続の経過および状況や、とられた被害の防止措置を含む「諸般の事情を総合的に考察する」との判断枠組みを採用しており、事案ごとの多面的な検討が必要であろう。

（渡邊典子）

第 14 章

当事者適格をめぐる紛争

第14章　当事者適格をめぐる紛争

90　店舗部会長の訴訟追行

> 店舗等部会長が管理組合の代表権を有するとしてなした前理事長兼店舗部会長に対する損害賠償請求について、当事者適格が認められるか

▶上本町 a マンション事件〔大阪地判平成20・11・28判時2036号93頁・判タ1297号296頁〕

事案の概要　本件マンション（以下、「Aタウン」ともいう）は店舗棟と住宅棟によって構成され、店舗棟は地下２階から地上15階までの合計197戸（駐車場２戸、店舗145戸、事務所50戸）で住宅棟は４階から15階まで住居287戸で構成されている。

　本件マンションには、区分所有者全員を組合員として構成される管理組合があるが、その中に店舗・事務所・駐車場の区分所有者全員で構成される店舗等部会と、住宅の区分所有者全員で構成される住宅部会とがおかれている。

　管理組合は、「共通業務」といわれる、①全体共用部分、住宅・事務所共用部分および敷地の管理・運営に関すること、②共通会計に係る会計経理に関することなどを担当し、店舗等部会は、①店舗共用部分、事務所共用部分、駐車場共用部分、店舗・事務所共用部分および店舗等部会が管理する全体共用部分の管理運営に関すること、②店舗等部会会計に係る会計経理に関すること、③専有部分に係る費用の徴収に関することなどを行うことになっている。

　ところで本件マンションでは、Ｂ社が管理組合の管理業務を独占的に請け負ってきていた。ところが、Ｂ社への業務委託費が高額にすぎること、全体共用部分をＢ社が第三者に賃貸して賃料を受け取っていることなどが問題となった。

　そこで、前理事長がＢ社等に対して裁判等の法的手続をとることとし、弁護士費用等として7333万円余を店舗等部会会計から支出したうえ、損害賠

398

償請求を行ったが、集会等の承認決議が欠けていることなどを理由に却下され、弁護士費用等を回収できなくなった。

そこで管理組合は、この前理事長を相手に、回収できなくなった弁護士費用分の損害を被ったとして賠償請求の訴訟を起こした。また、この前理事長を含む区分所有者2名は、店舗等部会に対する管理費および修繕積立金が滞納となっている区分所有区画を買い受けていたのであわせて、この滞納管理費等の支払いも請求した。

訴状の原告の表示は「Aタウン管理組合」「代表者店舗等部会部会長甲野太郎」と記載され、管理組合の店舗等部会の部会長が、管理組合を代表して提訴する形がとられた。管理組合の当事者適格の有無や、店舗等部会部会長の代表権の有無が争われた。

管理組合は、それがいずれも前記店舗等部会業務に係るものであることを前提としたうえで、それを店舗等部会の承認を得て、部会長が管理組合の代表者として訴えを提起することは問題なしと主張した。これに対して前理事長側は、本件各請求が店舗等部会の業務にあたるという以上、本件訴訟物との関係上、当事者適格を有するのは店舗等部会か同部会管理者個人しかあり得ないと反論した。

判決要旨　（争点）

　　実質的な争点としては、以下の3点であった。

① 　原告の当事者適格（原告適格）が認められるか。

② 　店舗等部会部会長に原告（本件管理組合）の代表権が認められるか。理事長による追認は有効か。

③ 　補正を命じることなく、訴えを却下できるか。

（判旨）

裁判所は、当事者に民事訴訟法上の基本概念の理解に誤解があることを指摘して次のように判断した。

① 　「当事者適格」とは、訴訟物たる権利または法律関係について当事者として訴訟を追行し、本案判決を求めることができる資格をいい、本件のような損害賠償請求、管理費請求という給付訴訟においては「原則と

第14章　当事者適格をめぐる紛争

して自己に給付請求権があると主張する者に当事者適格がある」。したがって、本件では、店舗等部会の業務に属するものでも、管理組合がこれを行うことができる、すなわち自己に給付請求権があると主張している以上、管理組合の当事者適格を否定することはできないと判断した。

②　次に「代表権」については、法人等が当事者となる場合に、当該団体自体はその性質上自ら実際に訴訟行為を行うことができないことを考慮して、「法人等の代表機関がその法人等の名で、自己の意思に基づいて訴訟行為を行うことによって、その効果を法人等に帰属させる権限をいう」と整理した。

③　そのうえで、管理組合が当事者として訴訟を行う場合には、代表権を有するのは理事長であるから、理事長が代表者となるべきであって「店舗等部会部会長」には代表権は認められないとした。

④　そして、理事長が店舗等部会部会長の立場で行った訴訟行為を、管理組合が追認する旨の意思表示がなされていることについては、追認するために必要な総会決議がなされておらず、追認も有効とは認められないから、代表権を欠く訴訟として不適法却下とされた。

| 解　説 | 本件はそもそも店舗等部会の業務に関するものであったのであるから、店舗等部会の集会で決議して、①店舗等部会が |

当事者となり、店舗等部会長が店舗等部会の代表者として訴訟行為を行う、②あるいは管理者たる同部会部会長が任意的訴訟担当として自ら当事者として訴訟を起こす方法のいずれかを選択して提訴するべきであったと考えられる。それをあえて管理組合として提訴したため、そもそも損害賠償の対象とした前理事長による訴訟と同様、混乱が生じたものと思われる。

管理組合は、規約上管理組合の中に店舗等部会、住宅部会をおくという体裁になっていることから、両部会はいずれも管理組合の内部組織にすぎず、店舗等部会に管理組合と別の法的主体性が認められないとの判断があったのではないかと思われる。

しかしこの点は、理事長は管理組合を代表する、部会長は部会を代表するという規定が規約に存在すること、管理組合と店舗等部会はそれぞれ別個の

400

業務を担当していること、それぞれ意思決定機関をもっていること、会計も別個独立していることが規約上認められることなどからすれば、それぞれに独立した権利能力なき社団とみるべきであったと考えられる。また、裁判所から「本件各請求が店舗等部会業務であるとすると（管理組合を）当事者とすることが間違っていること」等の指摘がなされていたというのであるから、管理組合から店舗等部会に当事者を変更するべきであったと考えられる（これは任意的当事者変更といわれる。なお、この変更に際しては訴えの取下げの場合と同様相手方の同意を要するとされているが、本件のような場合には同意拒絶が濫用的と評価される余地があるとのコメントもある（上田竹志「判批」法学セミナー 659号126頁））。

　ちなみに管理組合は、裁判の途中でも当事者の表示を「Ａタウン管理組合」から「Ａタウン管理組合管理者店舗等部会部会長〇〇〇〇」と訂正する書面を提出したが、被告から不同意にされている。

　また、管理組合の理事長の追認を得たとして裁判を維持しようとしたが、前述したように管理組合の総会開催が事実上不可能で、追認自体も否定された。しかし、理事長の追認が認められたとしても、それは管理組合としての訴訟活動として認められるだけのことで、そもそも店舗等部会の業務に属する本件損害賠償請求等について管理組合にはその請求権限が認められないのであるから、請求棄却の判断がなされることになったはずである。

（村山博俊）

第14章　当事者適格をめぐる紛争

91　保存行為と原状回復請求

共用部分を無断で改造した区分所有者に対し他の区分所有者が原状回復を求めることに制約はあるか

▶東武ハイライン事件〔高知地判平成21・8・6、高松高判平成22・5・28判例集未登載〕

事案の概要　本件マンションは、鉄骨鉄筋コンクリート造地上11階建ての32戸で昭和56年に竣工した。D社は802号室の区分所有者、Eは803号室の区分所有者でD社の代表者である。平成17年、①Dは802号室の玄関ドア部分を毀損してルーバー窓を取り付け、残部を壁で覆い、②DEは隣接する802号室、803号室の間の隔壁の一部を取り払い、両室をつなぐ開口部を設置し、③Dは802号室の外廊下に面したサッシ窓、窓下壁を毀損して引き戸をつけて新玄関を設置する工作をした。2階と9階の区分所有者であるABCは、管理組合に対し、このような工作の原状回復工事を求めるよう要求し、管理費等の不払いを行った。管理組合の復旧勧告により、平成18年、DEは③の新玄関を閉鎖して壁にし、②の開口部をベニヤ様のもので塞いだだけで管理組合もそれ以上の措置をとらなかったため、平成20年にABCが提訴した。

本件は、区分所有者である原告ABCが、区分所有者である被告DEが共用部分を無断改造したとして、DEが行った改造行為は共用部分の毀損にあたり、ABCの共用部分に対する所有権（共有持分権）を侵害するものであり、かつ、原状回復を求めることは共用部分の保存行為（区分所有法18条1項ただし書）に該当するから各共有者が個別に権利行使できるとして、DEに対し、所有権に基づく妨害排除請求権に基づいて、工作部分の原状回復を求めている事案である。

第1審の高知地方裁判所はABCの請求を棄却したが、控訴審の高松高等裁判所は原判決を取り消し、ABCの請求を認容した。

402

91 保存行為と原状回復請求

判決要旨 （高知地判平成21・8・6）

「本件共用部分は、多数の区分所有者による利用が予定されている通路等とは異なり、建物の構造に照らして性質上当然に共用部分として扱われるものであって、共用部分といえども、そもそも多数の区分所有者による利用が予定されていない。加えて、被告らが区分所有権を有する専有部分に接着しており、原告らが区分所有権を有する専有部分とは、その利用状態等機能的側面に照らして何らの関連性もない。そうすると、原告らがその専有部分を使用するに当たって本件共用部分の使用を伴うことは予定されておらず……およそ、被告ら以外の者が使用することは予定されていない……。そうであれば、……原告らが本件共用部分を支配して利用することはそもそも予定されていないから、本件工作によって、本件共用部分に変更が加えられたとしても、原告らの利用状態には何ら変化をきたさず、本来あるべき支配状態に抵触するとはいえない」。「よって、本件工作により原告らの本件共用部分に対する所有権が妨害されているとはいえない」。

（高松高判平成22・5・28）

「いわゆるマンションのような共同住宅においては、その建物の資産価値等は、通常、共用部分を含む総体として総合的に評価されるものであり、区分所有者の専有部分のみについての評価ではないのであるから、共用部分の一部について、他の区分所有者による現実的な利用が想定されていないとしても、当該部分が共用部分に当たる以上は、その共用部分を専用的に使用するかにみえる区分所有者といえども、その共用部分に物理的、経済的な変更を加えることは、上記のようなマンションの特質に反し、マンションの建物としての資産価値等を侵害する違法な行為であって、区分所有法あるいは管理規約に基づく総会の承認があるか、総会の承認を得られないほどの特段の事情が認められない限り、許容することができないものであり、共用部分に対して持分を有している他の区分所有者の所有権を妨害する違法行為であるというべきである」。

解　説　第1審判決は、所有権に基づく妨害排除請求権における妨害とは「物権のあるべき支配状態に抵触する継続的な侵害状

403

態を指す」としたうえ、マンションの共用部分の用途や共有状態はさまざまであり、その箇所によっては妨害とはいえない場合があるという見解に立って、ＡＢＣの請求を棄却した。しかし、８階の区分所有者が隣室との隔壁や廊下に面する外壁を破壊して改造しても２階と９階の区分所有者には関連性がなく原状回復請求をできないとする判断にはマンションの特質から疑問が提起され、控訴審の判断が待たれていた（折田泰宏「判批」マンション学36号108頁）。

　区分所有者は、専有部分を所有し共用部分を共有している。本件のような無断改造工事は、個々の区分所有者の共用部分に対する所有権（共有持分権）を侵害する行為であると同時に、区分所有法６条１項にいう共同の利益に反する行為でもある。

　そこで本件では、①本件改造部分は共有持分権の対象となる共用部分であるか、②改造部分に対する原状回復請求は保存行為か、③保存行為は区分所有法57条２項の集会の決議によらなければならないか、が争点となった。

　第１審は、①について、隔壁の「骨格をなす中央部分は、建物全体の維持に必要不可欠な部分」で、本件ドアや窓は外壁と同様「建物の基本的構造部分」であるからその性質上当然に共用部分と扱われる法定共用部分である。あるいは、管理規約が「管理共用部分と定めている」からいずれにしても共用部分である（区分所有法４条２項）とした。②について、本件無断改造行為に対する原状回復請求は、「既に変更された状態を元に戻すことを求めるものであって、従前存在していた状態を維持するための行為である」から「保存行為に該当する」とし、③について、「区分所有法57条２項は、区分所有関係上の特別の義務として規定された区分所有法６条１項の義務に対応して設けられた規定であって、同項を前提としない区分所有者の権利行使には、何ら影響を及ぼさないものと解され……区分所有者が所有権等の固有の権利に基づいて訴訟を提起する場合には、区分所有法57条２項の定める集会の決議は要しない」と判断した。これらは控訴審も当然の前提としており、多くの判例や通説的見解に従った妥当な解釈である。

　そうであるのに、妨害行為性を否定して原状回復請求を棄却した第１審の

判断は唐突の感を否めない。すなわち、第1審は、マンションの共用部分の用途や共有状態はさまざまであり、その箇所によっては妨害とはいえない場合があるという見解に立つ。その実質的根拠は、原状回復を請求する区分所有者がその専有部分を使用するについて、改造された共用部分に対する支配利用関係が関連性をもつか否かという点に求められている。

　この見解は、区分所有者間に保存行為に対する利害の強弱を認める東京地判平成6・2・14判時1515号91頁・判タ856号219頁〔ニュー新橋ビル事件②〕（本書**92**判例）の立場に類似していると思われる。また共用部分の場所によって共有あるいは総有と支配状態が異なる場合があるという立場に基づいているとの指摘もある（折田・前掲判批111頁）。

　しかし、どちらの立場に立っていると考えるにせよ、共用部分の場所によってある専有部分にとってはその共用部分に対する支配利用関係が異なるとか、場所によって共有か総有か支配状態が異なるという判断基準に法的安定性があるとはいえないし、何よりも第1審のような見解をとることによって一体どのような利害が調整されることになるのか、理解に苦しむといわざるを得ない。結局は、区分所有者個々の原状回復請求を制約することにつながり、共用部分の無断変更に対する原状回復（保存行為）を個々の区分所有者に広く認める判例の大勢に反することになる。本件では管理組合の消極性に乗じて無断改造工事をしたＤＥのやり得が放置されることになるからである。

　そもそも第1審は、前述のように、隔壁の「骨格をなす中央部分は、建物全体の維持に必要不可欠な部分」で、本件ドアや窓は外壁と同様「建物の基本的構造部分」であるとした。しかも、隔壁の撤去は「共用部分の毀損」にあたり、本件ドアや窓の閉鎖部分への工作は「共用部分に対する工作」だと判示している。そうである以上、「建物全体の維持に必要不可欠な部分」の毀損や「建物の基本的構造部分」に対する工作が妨害行為ではないとはいえないであろう。なぜなら、それらの部分は他の区分所有者の共有持分権にとって存立の基盤だからである。

　その意味で、「マンションのような共同住宅においては、その建物の資産

第14章　当事者適格をめぐる紛争

価値等は、通常、共用部分を含む総体として総合的に評価されるものであり、区分所有者の専有部分のみについての評価ではない」のであるから専有部分と共用部分の統一体としてマンションを理解する控訴審の判断が社会常識に照らし妥当なことは明らかである。

（笹森　学）

92 義務違反者に対する措置請求と管理者①

🄬 **義務違反者に対する措置請求と管理者①**

> 管理者たる理事長は、区分所有法57条の定める決議
> を経ずに耐力壁に開けられた開口部の修復を求める
> 訴訟提起ができるか

▶ニュー新橋ビル事件②〔東京地判平成6・2・14判時1515
号91頁・判タ856号219頁〕

事案の概要　　本件ビルの詳細は判決からは明らかでないが、下層階を
　　　　　　営業店舗、上層階を住戸部分とする区分所有建物であり、
管理組合規約では管理組合の理事長が本件ビルの管理者となり、管理者とし
ての職務に関する訴訟の原告または被告となる旨定められている。

　本件は、理事長が本件ビルの管理者として、サウナ店舗の給湯管配管工事
のため共用部分である本件ビルの耐力壁に縦0.5m、横1mの開口部を設け
た区分所有者とその賃借人に対し、破損した内壁の修復と損害賠償を求めて
提訴した事案である。

　理事長の原告適格が争点となり、理事長が58年法26条と管理規約に基づ
いて壁の修復という保存行為を請求するものであるから原告適格を有すると
主張したのに対し、区分所有者および賃借人は、本件配管工事は37年法下
でされたので37年法により処理されるべきであり、58年法57条のような規
定のない37年法による以上、原告適格を有しないと主張して争った。

判決要旨　　本件修復行為は本件ビルの共用部分の保存行為に該当する
　　　　　　としたうえで、以下のとおり、管理者である理事長には本件
修復請求についても損害賠償請求についても原告適格はないとして理事長の
訴えを却下した。

①　区分所有法（以下、「法」という）26条1項・4項に基づき管理者が原告
　　となって請求する保存行為は、通常予想される保存行為であり、区分所
　　有者相互間の利害の対立がほとんどなく、利害の程度も区分所有者相互

407

第14章　当事者適格をめぐる紛争

間にそれほど違いはないので、本来区分所有者が個別に行うこともできる保存請求の権限を区分所有者の団体からの包括的、または事前の授権に基づき管理者に行わせることもできるとしたものであり、いわゆる任意的訴訟担当を法が認めたものと解される。

②　法57条1項・4項に基づき管理者が原告となって請求する保存行為は、通常予想されない保存行為であり、そのような保存行為に関しては、法6条1項が、区分所有者が建物の保存に有害な行為その他建物の管理または使用に関し区分所有者の共同の利益に反する行為をしてはならないとしており、同項に規定する行為がされた場合には、他の区分所有者の全員は、区分所有者の共同の利益のためその行為の結果を除去することができる。

しかし、この場合、事柄が重大なので、区分所有者全員の意思を確認することが必要であり、他方、全員の意見の一致がなければ訴えを提起することができないというのは現実的でないから、多数決により全員の意思に代替できるとして、法57条2項は同条1項に基づき訴訟を提起するには集会の決議によらなければならないものと規定したものである。

そして、法57条2項により訴えを提起する場合、同条3項によって、さらに集会の決議を要件にして区分所有者全員のための管理者に対する任意的訴訟担当が認められたものである。

③　本件修復請求は、通常予想されない保存行為であり、本件を58年法事案と考えても管理者が同法26条と規約に基づき行うことは許されない。

58年法57条3項に基づく訴訟の提起と考えられないかについても、訴えの提起に際し同項の要件である集会の決議を経た形跡がない。しかも、本件工事は37年法下でなされており、経過措置で37年法が適用されるが、37年法5条1項の義務違反については37年法に格別の規定はなく、被害を受ける各区分所有者が個々に差止めを求めることができると解されていたのであるから、58年法57条3項または37年法を根拠として管理者が訴えを提起することもできない。

④　損害賠償請求は、本件壁の修復工事を請求するために必要な金銭の支

出についてのものであり、区分所有者全員について生じる性質のものということができるから、本件壁の修復工事請求と同性質ととらえるべきである。したがって、管理者である理事長はこの請求をする原告適格を有しない。

解 説 本判決は、法26条1項・4項に基づき管理者が原告となって請求する保存行為と法57条1項（占有者に対し4項）・3項に基づき管理者が原告となって請求する保存行為について、前者は通常予想される保存行為であり、区分所有者相互間の利害対立がほとんどなく、利害の程度も区分所有者相互間でそれほど違いのないものであり、本来区分所有者が個別にすることもできるものであるとし、後者は通常予想されない保存行為であり、利害の程度にも区分所有者相互間に違いがあるので、区分所有者全員でのみすることができるものであると区別したうえで、本件壁の修復工事請求は、後者にあたるとして、管理者が規約による包括的な事前の授権のみで訴訟提起することはできず、集会による個別の授権が必要であるとしたものであり、法6条1項、26条1項・4項、57条1項ないし3項の各規定の趣旨、各規定間の関係についての解釈を示したものである。

法57条は、昭和58年の改正により新設された規定であるが、同改正においては、管理者の権限一般に属する事項に関する訴訟については58年法26条1項・4項で規約による事前包括的な授権が認められたが、義務違反者に対する差止請求訴訟については、その重要性と判断の困難性に鑑み、58年法57条1項・3項で別に規定され、規約による事前包括的な授権では足りず、個別の集会による授権を要するものとされたのである。

本判決は、この点を踏まえ、また、背景事情として区分所有者間の抗争も考慮されていることがうかがわれるが、以下の問題点がある。

本判決では、①「通常予想される保存行為」、②「区分所有者相互間の利害の対立」、③「区分所有者相互間の利害の程度」といった基準が用いられているが、管理者が行う保存行為が法26条1項・4項に基づくものか、法57条1項・3項に基づくものかを区別する基準として十分に明確なものであるとは言い難いし、区分所有者や占有者による共用部分に対する重大かつ明白な破壊行

為についても個別の集会による授権がなければ管理者は差止請求を行えないことになりかねないのではないかとの不安がある。

保存行為を通常予想される保存行為と通常予想されない保存行為とに分類して、法26条1項・4項による場合と法57条1項・3項による場合とに峻別するという本判決の考え方が、区分所有法の解釈論として一般的なものであるかは疑問である。保存行為とは財産の現状を維持するのに必要な一切の行為をいい、共用部分の修繕や保存のための工事も保存行為として法26条1項により管理者がその権限を有するとの解釈が通説であると思われる。

法26条1項・4項は、共用部分等の保存に関する規定であり、管理者の請求の相手方は、区分所有者や占有者に限られない。他方、法57条1項・3項は、共同の利益に反する行為についての差止請求権に関する規定であり、共同の利益に反する行為としては、建物の不当毀損行為のほかに建物の不当使用行為やニューサンスも想定されている。そして、この場合の管理者の請求の相手方は、区分所有者や占有者（同条4項）である。このように、法26条1項・4項と法57条1項・3項とでは、立法趣旨や対象となる行為の範囲、請求の相手方が異なっており、両規定が完全に適用場面を異にし、相互に排斥し合う関係にあると解さねばならない理由は存しないはずである。

区分所有者や占有者が建物の不当毀損行為を行った場合には、当該毀損行為は、共同の利益に反する行為であるとともに、その修復請求は、法26条1項の保存行為であるから、管理者は法26条1項・4項、法57条1項・3項のいずれの規定に基づいても修復請求をなしうると解すべきではないか。

また、本判決は、区分所有建物の共用部分の保存行為については、個々の区分所有者は個別に行うことは許されず、区分所有者全員でのみ保存行為をすることができるとするのが相当であるとするが、管理組合が機能していない場合を想定した場合、疑問である。

（野上裕貴・岩岡優子）

93 義務違反者に対する措置請求と管理者②

> 区分所有法57条は、個々の区分所有者の敷地共有持
> 分に基づく物権的請求権の行使を制限するのか

▶住吉ハイツ事件〔福岡地判平成7・1・20判例集未登載〕

事案の概要　本件マンションは、昭和54年に完成した福岡市所在の鉄筋コンクリート造、陸屋根9階建て分譲マンションである。1階に2店舗があり、その余の1階部分は屋内駐車場として使用されている（当初19台分の駐車場区画が設定され、分譲された）。2階ないし8階に合計49の住居用の専有部分がある。

1階店舗の区分所有者Aは、分譲時に店舗に接する2台分の駐車区画の専用使用権を取得して同店舗でオートバイの修理、販売等の営業を始めたが、分譲後間もなくしてから店舗でのオートバイ販売修理の便宜上、上記2台分の駐車区画をはみ出して1階床部分約49㎡を占拠し、オートバイ、物置棚、自動車部品、修理工具等の物品を多数置き続けた。

多くのマンション住民は区分所有者Aの行為に不満をもっていたが、効果的な手段を講ずることができずにいた。

平成4年5月に管理組合理事会が区分所有者Aに対し物品の収去を求めたが、区分所有者Aが応じなかったため、区分所有者であるB、C、Dの3名が同年7月に物品の収去等を求めて提訴した。

本件では区分所有者Bら3名が原告適格を有するかが争点となった。双方の主張は、以下のとおりである。

① 区分所有者Aの主張　建物の区分所有者がその共有部分を権限なく使用している場合に、その区分所有者に対してその行為を停止し、その行為の結果を除去し、またはその行為を予防するため必要な措置をとることを請求できるのは、他の区分所有者の全員または管理組合法人が区分所有法（以下、「法」という）57条に基づいて行う場合に限られ、他の区

第14章　当事者適格をめぐる紛争

分所有者が個々の所有権に基づいて請求をすることはできないから区分所有者Bらは本訴の原告適格を有しない。

② 区分所有者Bらの主張　法57条は、一般の民法法理によって認められる敷地の共有持分権に基づく物権的請求権の行使を制限する趣旨ではないから、区分所有者Bらは、本訴の原告適格を有する。

判決要旨　本案前の抗弁につき以下のとおり判示して区分所有者Bらの原告適格を認め、区分所有者Aに対する物品の収去請求、本件占有部分に物品を存置してはならないとの不作為請求のいずれも認容した（確定）。

「建物の区分所有者は、その敷地を共有する場合には、その持分権に基づいて当該敷地全体につき返還、妨害排除及び妨害予防などの物権的請求権を有することはいうまでもない。他方、法57条は、共同の利益に反する行為の停止等を求めることのできる者を、原則として、義務違反行為を行っている区分所有者以外の区分所有者の全員又は管理組合法人に限っている。そこで、この規定が個々の区分所有者の敷地持分権に基づく敷地の返還、妨害排除及び妨害予防などの物権的請求権を制限する趣旨であるか否かが問題になる。しかし、法57条は、義務違反者に対する規制の強化措置の明文化という昭和58年法律第51号による法改正目的に沿って新設された規定であって、法6条に違反する者に対して執りうる措置を明定したところにその意義があるから、法6条が区分所有者の共同の利益を守るための団体的権利を定めたものであることを前提とした上で、その権利の行使方法を定めるにとどまるものと解するのが相当である。そして、個々の区分所有者の民法の規定に基づく物権的請求権の行使を制限する規定が法において何ら設けられていないことも明らかである。そうすると、これらを考え併せれば、法57条は、個々の区分所有者が敷地持分権に基づき敷地の返還、妨害排除及び妨害予防の物権的請求権を行使することを制限する趣旨ではないと解するのが相当である。したがって、原告らの本訴請求が本件マンションの敷地共有持分権による物権的請求権の行使であることは明らかであるから、原告らに本訴の原告適格が認められることはいうまでもなく、被告らの本案前の抗弁は失当であ

るといわなければならない」。

解説 　　法57条と個々の区分所有者の個別的な物権的請求権の関係につき、法57条は、個々の区分所有者の物権的請求権の行使を制限するものではないとの判断を示した裁判例である。

　37年法においては、個々の区分所有者が共用部分についての妨害排除請求や妨害予防請求をなしうるものと考えられており、37年法下では区分所有者は単独で他の区分所有者が行った共用部分の破壊行為につき修復請求できるとした裁判例もあった（東京高判昭和53・2・27金法875号31頁）。

　ところが、昭和58年の区分所有法改正により法57条が新設された後には法6条1項に定める義務違反者に対する請求につき、個々の区分所有者による権利行使が許されるかについては必ずしも解釈の一致をみていたわけではなく、本書**92**判例の東京地判平成6・2・14判時1515号91頁・判タ856号219頁〔ニュー新橋ビル事件②〕は、区分所有建物の保存行為については、その保存に利害の強い区分所有者と弱い区分所有者とに分かれる場合もあり、そのときに利害の弱い区分所有者に保存行為およびそのための訴訟行為をする権限を認めるのは、保存の内容が十分でなくなるおそれがあるので適当でないし、反対に利害の強い区分所有者だけにその保存行為およびそのための訴訟行為をする権限を認めるのは、利害が弱いとはいえ他の区分所有者の利益の保護が図れないので、これも適当でないとして、法57条に基づき区分所有者全員でのみ保存行為をすることができ、個々の区分所有者による保存行為は許されないとしており、これに賛成する見解も存するところである（新法解説336頁〜337頁）。

　しかし、個々の区分所有者ごとの利害の程度と十分な保存行為が期待しうるか否かの点とは単純に結びつくものであるとは考えられないし、義務違反者がいる場合には区分所有者間に義務違反行為をめぐっての対立が生じる場合が多いであろうが、個々の区分所有者による権利の濫用を恐れるあまり間口を狭めることは、本末転倒である。法57条に基づく区分所有者全員による保存行為しか許されないとしたのでは、緊急性を要する場合や管理組合が機能していない場合にも区分所有者は手をこまねいているしかなく、結論と

413

第14章　当事者適格をめぐる紛争

して妥当なものとは言い難い。

58年法により57条が新設されたのは、個々の区分所有者が差止請求権を有し、差止請求訴訟を提起できるというだけでは義務違反行為の防止の実効性をあげるのに不十分であるため、義務違反者の規制を強化する必要があったためなのであるから、個々の区分所有者の保存行為を認めつつさらに法57条の保存行為を定めたと考えるのが法57条の立法趣旨にも合致する。

本判決がいうように、法57条は、法6条が区分所有者の共同の利益を守るための団体的権利を定めたものであることを前提として、団体的な権利行使の方法を定めたものにとどまり、個々の区分所有者の物権的請求権の行使を制限する趣旨の規定ではないと解するのが相当であろう。

なお、本件で原告である区分所有者Bらは、土地の明渡しを求めず、物品の収去を求めているが、これは、「共有持分の価格が過半数を超える者でも、共有物を単独で占有する他の共有者に対し当然に、その明渡を請求することができるものではない」との最判昭和41・5・19民集20巻5号947頁・判時450号20頁を考慮したためのようである。

（畑中　潤・野上裕貴）

第15章

建替えをめぐる紛争

第15章　建替えをめぐる紛争

94　建替え決議と時価の算定

> 建替えに不参加の者が区分所有権および敷地利用権
> を売り渡すべきとき、その時価はどう算定するか

▶同潤会江戸川アパートメント事件〔東京高判平成16・7・14判時1875号52頁〕

事案の概要　本件マンションは昭和9年に建設されたもので、鉄筋コンクリート造6階建て（1号館）および同4階建て（2号館）の2棟の建物からなる住戸数258戸の集合住宅である。平成14年3月23日上記2棟の集会において、区分所有法62条に基づく建替え決議がなされた。その後、区分所有者でかつディベロッパーが、建替えに参加しなかった区分所有者に対して、それらの者が所有する区分所有建物について時価による売渡しを請求したが、売渡請求時における時価について争われた事案である。

判決要旨　原審の東京地判平成16・2・19判時1875号56頁も本判決もほぼ同旨である。すなわち、区分所有法63条4項にいう建物の「時価」は、①建替えが完成した場合における再建建物および敷地利用権の価格から建替えに要した経費を控除した額（以下、「①の額」という）、および②再建建物の敷地とすることを予定した敷地の更地価格から現存建物の取壊し費用を控除した額（以下、「②の額」という）について、それぞれ相当な算出方式により具体的な数値を算出し、その後さらに当該建替えにおける個別的事情も加味した総合判断を行ったうえで、最終的な「時価」の算定を行うのが相当であると判断した。

| 解　説 | 1　売渡請求権の制度趣旨 |

区分所有法は、区分所有者および議決権の各5分の4以上の多数の賛成があれば建替えができることにしている（同法62条1項）。この制度は少数の建替え反対者が存在することを前提とした制度である。

建替えに参加しない区分所有者の区分所有権と敷地利用権とを時価で売り渡すよう請求する権利を建替え参加者に与えて、区分所有権のすべてを建替え参加者側に集め、建替えを容易にする一方で、建替え不参加者は時価による売却代金を受け取ることによって経済的な補償を受けるシステムである。

2　時価の算定方法

建替え不参加者が受け取ることになる「時価」とは、売渡請求権行使当時における区分所有権および敷地利用権の客観的な取引価格であるが、それは建替えを相当とする状態での建物および敷地の価格ではなく、「建替え決議の存在を前提としての時価」、つまり建替えによって実現されるべき利益を考慮した価格とされている（コンメ434頁）。すなわち、そこには、余剰容積等の開発利益などが含まれることになるということである。ただ、これを具体的にどのように算出すべきかについては説が分かれている。

まず、法務省や判例の考え方（新マンション353頁以下）は、

①　建替えが完成した場合における再建建物および敷地利用権の価格から建替えに要する経費を控除して算定する方法（この場合、建替え元に要する経費としては、建築工事費、仮住居の費用、販売諸経費、管理費等が含まれると考えられている）

②　敷地の更地価格から現存の建物の取壊し費用を控除して算定する方法の2つの方式を提示し、これを基準にして時価を「評価すること」になると考えている。本判決も同様である。

その対極に位置するのが澤野説（澤野順彦「時価の算定」塩崎勤編『裁判実務大系⑲区分所有関係訴訟』504頁以下）である。

同説は、法務省の見解は結局敷地利用権の価格のみをもって、「時価」とするもので、「区分所有権」が考慮されていないので妥当でないと批判し、売渡請求権の「時価」は建替え不参加者の所有する区分所有権および敷地利用権の経済的価値に見合ったものであり、かつ、従前と同様の生活（居住、営業）状態が維持、継続できる程度のものでなければならないとして、

ⓐ　売渡請求により消滅する区分所有権および敷地利用権の対価

417

第15章　建替えをめぐる紛争

　　ⓑ　建替えにより、いわゆる開発利益（従前の建物は敷地について余剰容
　　　積がある場合、またその後の用途地域の変更により容積率がアップしたた
　　　め、従前の建物より容積の多い建物の建築が可能である場合）が発生する
　　　ことが明らかな場合には、その相当額の合計額

と考えるべきであるとする。

　その他、この両説の中間の説として、

　　③　法務省の提示した2つの方式のうち①の場合、建替え不参加者に対し
　　　て仮住居費やコーディネーター経費等の建替え固有経費を控除した価格
　　　で売渡請求を行うことになり、均衡を失するとして、②のほうが妥当で
　　　あるとするもの（若崎周『被災区分所有建物（マンション）の建替・復旧・再
　　　建の鑑定評価上の問題点』丹治初彦＝増成牧編『被災不動産の法と鑑定』176
　　　頁以下）

　　④　①、②を比較し、①の方式の場合「建造前に、このマンションは敷地
　　　を含めて、この位で売れるという価格をつけねばならず、売主の納得が
　　　得られるかが想定価格ゆえに問題であろう」として、②の方式によるべ
　　　きではないかとする説（丸山英氣『マンションの建替えと法』138頁以下。同
　　　説は時価の中に、従前の建物の価格を入れるべきか否かについては立場を留
　　　保している）

もある。

3　検　討

　本件でも建替え不参加者からは、澤野説に沿って、建替えに要する仮住居
の費用、販売諸経費、管理費など（以下、「諸経費」という）を考慮して時価を
算定するのは不当であるとか、前記2②のいう「敷地の更地価格」を「土地
の利用方法が全く限定されていない状態でのいわゆる白地の更地価格」とと
らえ、それから現存建物の取壊し費用を控除して算定するべきであるという
主張がなされた。

　これに対して判示は、そもそも区分所有者は、その敷地について「（現存建
物の取壊し費用を控除した）白地の更地価格」相当分の権利を有してはおらず、

418

それが建替え決議が成立したことにより元々有していた権利をはるかに超える権利を取得することになり、建替え参加者との間に大きな経済的不平等を生じ建替え決議の成立の可能性を著しく狭める結果になるから、区分所有法63条の趣旨に合致しないとして、建替え不参加者の主張を退けた。

結局、売渡請求の時価の問題は、「時価」の算定を通じて、建替え参加者と建替え不参加者との衡平をどのように具体的に図るかという観点で考えるべきものである以上、判決の結論は妥当であろう。

この説の対立に関しては、澤野説には、建替えは区分所有者の意思と無関係に処分を強制されるのであるから、応分の補償がなされるべきという考えが背景にあるのに対し、法務省の考え方には、区分所有権は建替えという最終段階にあっても団体意思によって拘束され、所有権の処分の時期についても個々の所有者の意思は制約を受けるとの考えが根底にあるのではないかとの指摘もなされている（鎌野邦樹「売り渡し請求」塩崎勤ほか編『不動産鑑定訴訟II』267頁以下）。

4　考慮される個別事情

なお、本件では、各建物の個別具体的な時価を算定するにあたり、本件各建物およびその区分所有者に関する個別事情を清算するという観点を付加して個別具体的に決定することができるとして、①売渡請求者が不参加者の所有建物の占有者に対して立退料を支払っている場合や、②余剰分配金（建替え決議があると、管理組合は、それまで区分所有者が拠出していた管理費や修繕積立金を、余剰金として区分所有者に返還することになる）の発生が見込まれる場合に、その支払済みの立退料や余剰分配金等を合理的範囲内で考慮するのが相当であるとしている。

5　まとめ

建替え決議が成立した場合の建替え不参加者に対する売渡請求の制度は、昭和58年の改正で導入されたが、このときの建替え決議には、老朽化などによる費用の過分性が要件とされていた。しかも、売渡請求権の時価が争わ

第15章　建替えをめぐる紛争

れた事例は主に阪神・淡路大震災の被災マンションに関するものであった
ため、建物自体は価値を認められないどころか、かえってマイナスと評価
されるケースであったと思われる。たとえば、神戸地判平成11・6・21判
時1705号112頁〔グランドパレス高羽事件〕では、裁判所は、前記2の②の
方式をもって算定するのを相当として、建物自体の対価は零として評価しな
かった（同事件の控訴審判決、大阪高判平成12・7・13判例集未登載も同様のよ
うである）。

　なお、大阪高判平成12・9・28判時1753号65頁〔新千里桜ヶ丘住宅事件〕
は老朽化の事例で「時価」算定の具体的な考え方は明らかではないが、建物
価格を一定程度認めている。

　これに対して、平成14年改正において、建替えに前記客観要件は不要と
され、建物としてもまだ十分価値が認められるものでも、敷地の有効利用の
みを目的として、建替え決議をすることが可能になった。したがって今後は、
建替え不参加者からは、売渡請求の時価算定にあたって以前より一層建物価
格を時価に入れるべきとする声が強くなることが予想される。

　いずれにしても「時価」は鑑定によることになるが、平成14年改正の際に
日本弁護士連合会が意見書を出したように、時価の概念が曖昧なため現場に
混乱をもたらす原因になっていることは事実であるから、時価の算定基準や
算定方法の明確化が求められているのではないかと思料する。

（村山博俊）

95 復旧決議と時価

> 建物の復旧に不賛成の者が建物および敷地の権利の買取りを求めるとき、その時価はどう算定するか

▶**芦屋川アーバンライフ事件**〔大阪高判平成14・6・21判時1812号101頁〕

事案の概要　本件は昭和47年に新築された兵庫県芦屋市にあるマンションであるが、平成7年1月に発生した阪神・淡路大震災によって被災し、本件マンションの2分の1を超える部分が滅失し、集会決議において、区分所有者法61条5項所定の復旧決議が行われた。これに対して決議に反対した区分所有者13戸が、決議に賛成した区分所有者(不動産会社であり本件マンションの販売会社)に対して買取請求をした事案である。

買取請求権が行使された場合の所有権の移転時期についても争われたが、最大の争点は、買取請求の時価であった。

買取請求をした不賛成者が、時価を、「請求時点において被災しなかったものとした場合の価格から復旧工事費等の被災による減価を控除して算定されるべき」(以下、「直接法」という)と主張したのに対して、買取請求を受けた業者は、「時価とは一部滅失の状態での価格であって、復旧後の想定価格から復旧工事費等の額を被災による減価控除して算定される額等である」(以下、「間接法」という)と主張した。

1審の大阪地判平成10・8・25判時1668号112頁は、間接法を排除したうえ、直接法を採用して具体的な時価を算定したが、買取請求を受けた業者がこれを不服として、買取価格の減額を求めて控訴し、買取請求者の側も附帯控訴をして、買取価格の増額を求めた。

判決要旨　控訴審は、区分所有法61条7項に基づく買取請求権は形成権であり、その意思表示により直ちに当事者間に売買が成立した効果が発生し、したがって買取請求により直ちに時価による売買代金

421

第15章　建替えをめぐる紛争

債務が発生するとして、「このような性質に鑑みると、時価の算定の基準時は、買取請求権が行使された時とするのが相当である」としたうえで、「買取請求がされる時には、大規模に損壊（一部滅失）した状態ではあるが、復旧工事を加えて存続すべき建物が現存するのであるから……、『時価』は、損壊した状態のままの、……評価基準時における建物及び敷地に関する権利の価格をいうと解するのが相当である」と判断し、評価方法としては基本的には原審同様直接法を採用して時価を算定した。

解　説　　1　算定にあたっての考え方

　火災、地震、爆発その他の事由によりマンションが全部滅失したときは、敷地の権利関係が残るだけであるが、一部滅失した場合には、滅失した部分を復旧するか、建物を建て替えるか、区分所有関係を解消するかの選択が考えられる。

　建物の価格の2分の1以下の部分が滅失した場合（小規模滅失という）、集会の普通決議で滅失した共用部分を復旧する旨を決定することができ、その場合には区分所有者全員がこの決議に拘束され費用の負担をしなければならない（区分所有法61条1項）。

　これに対して建物の2分の1を超える部分が滅失した場合（大規模滅失という）、復旧するためには区分所有者および議決権の各4分の3以上の多数で決議をすることを要する。もちろん、この決議がされると決議に反対した区分所有者もこれに拘束されることになるが、大規模滅失の復旧であるため、莫大な費用がかかることも予想され、この費用の負担に耐えられない者の犠牲が大きいことから、決議に賛成しなかった区分所有者は、決議に賛成した区分所有者に対して、建物および敷地に関する権利を時価で買い取るべく請求して、区分所有関係から離脱することができることにした（区分所有法61条7項）。

　この権利を買取請求権というが、要求できる買取金額は「時価」、すなわち買取請求権行使時における一部滅失の状態での価格である。ただ、この「時価」を具体的にどのように算定するべきか格別の規定もないために、前述の

422

とおり見解の対立があるのである。

　そして直接法と間接法では、想定している復旧後の建物の内容が異なることから、時価において考慮すべき費用（復旧工事費の範囲）の考え方も異なってくる。

　すなわち、「買取請求時において被災しなかったものとした場合の価格」から「復旧工事費」を控除して「時価」を算定する直接法の見解では、想定している復旧後の建物は被災前の建物と同程度のものであり、そこで控除されるべき費用は、被災による減価のみであり、したがってその場合の復旧工事費とは「被災前の状態に復旧し、かつ安全性を確保するのに必要最小限の工事に対応する費用」のみであるとする。

　これに対し、この復旧後の想定価格から復旧に要した費用を控除する方法で時価を算定する見解の間接法の場合は、中古マンション市場で商品とするにふさわしいものを想定しており、その控除費用は被災前の状態に復旧するための必要最低限の工事に対応する費用にとどまらず、機能向上のための費用も含まれるし、第三者への転売の際の登録免許税および登記手続費用、仲介手数料、未払い管理費および積立金、各住戸の清掃や不要物の処分費用も控除費用に含まれると考える。

2　判例の考え方

　本件控訴審判決は、直接法によって判断しているわけであるが、必ずしも理論的に間接法を否定しているわけではない。ただ、復旧工事費用が高額になっている分に見合うだけ、復旧工事後の価格が増加していなければ、買取請求者にとって、不利益を被ることになるので、その点の慎重な配慮が求められるとし、次のように説明している。

　「控訴人の主張する意味の間接法では、復旧後の建物は、被災前の建物と同じものであることが重視されず、良好な市場性を得る観点から、機能の向上を含み、諸仕様の点でも被災前よりも良いものにすることにもなるから、直接法と比較すると、復旧工事費用が高額になりやすい。公平の見地からは、その場合の復旧工事費用の増加分は、復旧工事後の建物の価値の増加分に見

第15章　建替えをめぐる紛争

合うものとして均衡性及び相当性がある場合に限り、全額を減額することができるというべきである。そして、このような均衡性等があることの立証は、実際上相当困難な場合が多いであろう」。

そのうえで、本件では、具体的に、共用玄関電気錠、集合インターホン設置工事、集会室リフォーム工事等の共用部分復旧工事は、機能向上、あるいは市場性増加を目的とするものと設定し、それが市場性回復のために必要な工事であること、あるいはそれによって、どの程度の価値の増加があるかを確認できないとして、控除すべき復旧工事費用とは認めなかった。

また、買取り後、第三者に売却するときに要すると見込まれる仲介料、登録免許税についても、元々転売物件として売り出すことを予定したものではなく、法律上の権利行使として買取請求されたものであり、転売物件として値付けするのは公平の見地からも必ずしも相当でないことを理由に否定された。

3　時価についての鑑定理論

なお、本件では1審も控訴審も時価について直接法を採用し、裁判所で採用した鑑定人の鑑定をベースに判断しているが、控訴審判決で認定した買取価格の総額は約1億2535万円と、1審の認定額約1億7610万円から全体で約3割が減らされているので、その理由について若干付言しておく。

それは1つには、本件マンションは被災により相当のダメージを受けた建物で、なおかつ復旧工事によっても建物全体の傾斜を残したままであることから、時価算定にあたり、1審では建物の市場価格から10％の減額にとどめたのに対して、控訴審では20％減額させたことである。

2点目としては、専有部分の復旧工事費用について、裁判所の採用した鑑定人は、機能性および市場性の増加を目的としない工事であって、復旧のため必要な工事の場合であっても、震災時の状況に比して、機能性の向上および市場性の向上の効果が出るのが通常であるから、工事費の全額を工事費用として控除するのではなく、一部だけを復旧工事費用として認めるべきとの考えから、鑑定で出した復旧工事費用の40％を機能性および市場性向上分

424

として復旧工事費用を減額させた。1審はこの見解を採用したものと思われるが、控訴審は、機能性および市場性の増加を目的としない工事であって復旧のため現実に必要であることを前提とする復旧工事費用の鑑定でありながら、それをさらに減額させることは買取請求を受けた業者に著しく不利益として、減額をしないことにしたことがあげられる。

　このように、算定基準が明確ではないために金額に相当食い違いが出てきている。今後時価についての鑑定理論の深化が望まれるところである。

（村山博俊）

第15章　建替えをめぐる紛争

🄰🄶 増築決議の効力

> 増築工事に関する決議後に、少数の反対者がいることを踏まえて、計画を変更して再度可決した増築決議の効力は有効か

▶鶴甲コーポ一号館事件〔大阪高判平成4・1・28判時1428号89頁・判タ784号243頁〕

事案の概要　　Aは、鉄筋5階建て、総戸数40戸のマンションの1戸について専有部分を有する区分所有者である。

　Bは本件マンションの40戸の区分所有者全員をもって構成される管理組合の理事長であり、区分所有法上の管理者である。

　本件マンションの管理組合は、本件マンションの各戸の専有面積が約55㎡と狭かったことから、平成元年1月の管理組合の総会で、概略下記内容にて増築計画が提案され、同増築計画は、Aともう1名の2名が反対、その他38名が賛成し、多数決で可決された。

①　工事費用を各区分所有者が負担する。

②　増築部分のうち共用部分以外はこれに接続する各専有部分の所有者の所有とする。

③　各戸の南側外部に接続した形で1室を増築する。

　しかし、その後も、Aが反対を続けたことから、他の39戸のみを増築する計画に変更され、最終的にAの専有部分の南側外部には増築建物の共用部分（上部は庇付き陸屋根、底部は階下の陸屋根、西隣の外壁、東南角の支柱）が建築されるにとどまることとなった（以下、「本件増築工事」という）。

　Aは、本件増築工事の際には既存の部屋を一部取り壊さざるを得ず、本件決議は反対者に反対者の専有部分の変更を強制するものだから無効であると主張するとともに、仮に、本件決議の内容が共用部分の変更を目的としていたとしても、それはAの専有部分に特別の影響を与えるものであり、Aの承

426

諾がないから無効であると主張して、本件決議の無効確認を求めた。

　これに対し、Ｂは、本件決議は、共用部分の変更を目的とする決議として有効であると主張するとともに、増築建物全体の共用部分工事の費用のうち、Ａの持分割合に相当する40分の１の費用の支払いを求めて反訴した。

　原判決（神戸地判平成３・５・９判タ784号247頁）は、

① 　増築に至る経緯からして本件決議はＡに対して増築を強制する趣旨のものではなく、本件決議は、共用部分の変更の決議としては有効である。

② 　本件マンションにおける増築の必要性やこれによるＡの採光、眺望面での不利益等を比較衡量しても、その不利益は区分所有者として受忍すべきものであり、本件増築工事がＡの専有部分に特別の影響を与えるとはいえない。

として、Ａの本訴請求を全部棄却し、他方Ｂの反訴請求を全部認容したため、これに対し、Ａが不服として控訴したのが本件である。

　争点は以下のとおりである。

① 　Ａの決議無効確認の訴えに確認の利益があるか

② 　本件決議の効力

③ 　共用部分の増築費用の費用負担

判決要旨　　争点①について、決議無効確認の訴えは、過去の行為が無効であることの確認を求めるものであり、現在の権利ないし法律関係の確認を求めるものではないから、株式会社の総会決議無効確認の訴えのように明文の規定によって認められている場合を除いては、当然に訴えの利益を有するものではなく、当該決議が無効であるか否かを確認することが、決議を基礎として発生する法律上の紛争を解決するための有効適切な手段であると認められる場合に限って、訴えの利益を有するとした。

　そして、本件では、ＢがＡに対し、反訴請求において増築工事費用の一部負担を請求し、Ａも別訴において本件増築部分の撤去を請求しているという事実関係から、前記の場合には該当しないとし、Ａの本訴は確認の利益がないとした。

　争点②について、区分所有者が自己の専有部分の増築をするには、共用部

第15章　建替えをめぐる紛争

分の変更を伴うのが通常で、区分所有法17条1項所定の要件を満たす総会決議のほか、共用部分の変更が特定の区分所有者の専有部分の使用に特別の影響を及ぼすときは、当該区分所有者の承諾が必要となる。

　区分所有者が自己の専有部分の増築を行うことは、区分所有権に基づく区分所有者の固有の権能であり、専有部分の増築を行うかどうかは区分所有者の自由な意思に委ねられる。1棟の区分所有建物のすべての専有部分の増築を共同の事業とするには、区分所有者全員の同意が必要であり、区分所有法17条1項の決議があっても、自己の専有部分の増築を望まない区分所有者は、当該決議によって専有部分の増築を行う義務を負うものではないとした。

　本件増築工事の実施にあたっては、Aの専有部分に接続する部分について設計を変更し、専有部分の工事は行わず、他の区分所有者の専有部分の増築に必要な範囲の屋根・柱等の共用部分の工事を行うにとどめているとし、本件決議は、最終的には区分所有者全員の賛成を得ることを前提として、増築の実施を決議したものであるが、実際に行われた本件増築工事は、増築に賛成した39名の専有部分の増築のみを目的とするものと認められ、本件決議も、区分所有法17条1項の要件を満たしており、賛成者が自己の専有部分の増築を行うのに必要な共用部分の変更に関するものとして、有効な決議とした。

　特別の影響の有無については、本件増築工事の結果、Aの専有部分のうち、共用部分の工事が行われた部分の北側に位置する8畳洋室の日照、採光、眺望等が影響を受けたことがうかがわれるが、居住環境を著しく悪化させたとまではいえず、増築した他の区分所有者の使用への影響と同程度であるので、特段の影響を及ぼすものではなく、本件増築工事にAの承諾は不要とした。

　争点③について、本件増築工事は、Aを除く39名が各自の専有部分の増築を目的として実施したもので、39名の共同事業というべきものであるから、専有部分の工事費用はもちろん、専有部分の増築のために必要となる共用部分の工事費用についても、工事の実施者である39名において負担すべきであるとし、本件決議がなされたからといって、増築に参加しなかったAに対してその負担を求めることはできないとした。

428

96 増築決議の効力

| 解　説 | 1　決議の無効確認の訴えと確認の利益 |

　確認の訴えは、権利ないし法律関係を既判力によって確定することを目的とするものであるが、確認訴訟によることが紛争処理に適している場合であることを要する。給付訴訟ができる場合には、通常は権利や給付請求権自体の確認訴訟は適切ではないとされている。

　本件においても、ＡとＢの双方が、本件決議が有効であることを基礎とした現在の権利ないし法律関係をめぐって、給付請求を行っていたことから、確認の訴えを否定しているが、相当である。

2　増築決議の効力

　マンションの増築は、建物の使用を継続しながら、さらに有効利用を図るために行うものであり、全専有部分を破壊する建替えとは異なることから、増築の要件を考えるにあたって、建替えに関する区分所有法62条以下の規定を用いることはできない。

　学説上、増築には、①区分所有者が共有する共用空間のあり方の決定という団体的な権利関係と、②各増築対象者による増築意思の決定という個人的な権利関係、があり、①については、専有部分に接続している支柱や外壁等の共用部分を取り壊す必要があるため、共用部分の変更に関する区分所有法17条の適用が問題となり、②については、各増築対象者の個々人の合意が必要となるものと解されている（丸山英氣編著『マンションの増築・建替え』参照）。

　本件判決も、区分所有法17条１項の決議が必要であるという前提の下で、本件増築工事の内容が反対者Ａの専有部分を対象外とするものに変更されたという経緯を踏まえ、当事者の合理的意思解釈を用いて、その決議が有効に存在するものと解したものと考えられる。前記学説の見解と実質的には同趣旨であると思料され、結論的には妥当であると考える（もっとも、現実の総会運営としては、当事者の合理的意思解釈に委ねることなく、議案の内容を明確にすべきと思われる）。

　特別の影響については、通説的な見解は、当該共用部分を変更する必要性

429

第15章　建替えをめぐる紛争

と当該区分所有者の受ける不利益とを比較衡量して、受忍限度を超える程度の不利益があるか否かを判断する。本判決も同様の見解に立っており、その特別の影響がないとした点も妥当であると思料される。

3　増築に要した共用部分の工事費用の請求

　各共有者は、その持分割合に応じて共用部分に関する負担を負うとされるが、それが一部共用部分の場合には、同部分を現実に共用する者のみが費用を負担すべきとしている（区分所有法19条）。

　本判決は、反対者Aに対する請求を棄却しており、本件増築工事によって増築された共用部分が一部共用部分か、それとも全体共用部分かは明示していないが、39名のために行った共同事業という判示内容や、全体共用部分であるときは管理費の負担の問題となり、工事費用の負担の問題ではないと指摘した点からすると、一部共用部分としてとらえているものと考えることができる。

（吉原　洋）

430

97 団地の一括建替えの合憲性

> 特別多数決で団地内の全建物を一括して建替えができると定めた区分所有法70条は憲法29条が保障する建替え不参加者の財産権を侵害するか

▶千里桃山台団地事件〔最判平成21・4・23判時2045号116頁・判タ1299号121頁〕

事案の概要　区分所有法70条によれば、団地内全建物一括建替えにおいては、各建物について、当該建物の区分所有者ではない他の建物の区分所有者の意思が反映されて当該建物の建替え決議がされることになり、建替えに参加しない少数者の権利が侵害され、さらにその保護のための措置もとられていないとして、同条が憲法29条に違反するとして争われたものである。

判決要旨　区分所有権の行使は、必然的に他の区分所有権の行使に影響を与えるものであるから、区分所有権の行使については、他の区分所有権の行使との調整が不可欠であり、他の区分所有者の意思を反映した行使の制限は、区分所有権自体に内在するものであって、これらは、区分所有権の性質というべきものである。区分所有権のこの性質に鑑みると、1棟建替えの場合に区分所有者および議決権の各5分の4以上の多数で建替え決議ができる旨定めた区分所有法62条1項は十分な合理性を有する。そして、同法70条1項は、団地内の各建物の区分所有者および議決権の各3分の2以上の賛成があれば、団地内区分所有者および議決権の各5分の4以上の多数の賛成で団地内全建物一括建替えの決議ができるものとしているが、区分所有権の上記性質に鑑みると、団地全体では同法62条1項の議決要件と同一の議決要件を定め、各建物単位では区分所有者の数および議決権数の過半数を相当超える議決要件を定めているのであり、同法70条1項の定めは、なお合理性を失うものではない。また、建替えに参加しない区分所

第15章　建替えをめぐる紛争

有者は、区分所有権等を時価で売り渡すこととされているのであり、相応の手当てがされている（同法70条4項・63条4項）。したがって、区分所有法70条は憲法29条に違反するものではない。

解　説　区分所有権は、1棟の建物の中の構造上区分された各専有部分を目的とする所有権である（区分所有法1条、2条1項・3項）。したがって、区分所有者は、その目的たる建物の専有部分について自由に使用、収益および処分をなしうることは、一般の所有権と変わるものではない（民法206条）。また、区分所有者は、共用部分および敷地について、原則として所有する専有部分の床面積の割合に応じた共有持分権と敷地利用権を有する（区分所有法2条4項・6項、4条、14条）。ところが、区分所有法62条1項や同法70条1項が定める多数決による建替え決議は、これに反対する少数の区分所有者の区分所有権を強制的に奪い、共用部分の共有持分や敷地利用権をも強制的に処分させてしまう結果をもたらす。これが憲法29条に違反しないかが問題となる。

マンションの建替えという問題は、各区分所有者に等しく利害が絡む問題である。老朽化などにより建替えの必要性が生じた場合であっても、建替えの必要性の程度についての考え方は各区分所有者によってさまざまであろうし、所有権の原則に立ち戻るならば、区分所有者全員が建て替えることに一致しない限り建替えは不可能となる。これは1棟建替えであっても、団地内全建物一括建替えであっても変わるものではない。

この全員一致による建替えしかなし得ないことの不便さゆえに、昭和58年の区分所有法改正により、多数決による1棟建替え決議制度が導入された。この58年法では、建替え決議の実質的要件として「老朽、損傷、一部の滅失その他の事由により、建物の価額その他の事情に照らし、建物がその効用を維持し、又は回復するのに過分の費用を要するに至ったとき」という要件が必要とされていた。しかし、この要件は一義的に明確でなく、建替え決議の際の判断基準として十分に機能していないとの理由により、平成14年の改正の際に削除され、純粋に多数決要件のみで建替え決議をなしうるものとされた。ただし、各区分所有者が適正に建替え決議を行うことの当否を判断し

432

うるために、建替え決議を会議の目的とする集会招集通知において、建替えに関する計画の詳細、すなわち①再建建物の設計の概要、②従前建物の取壊しと再建建物の建築に要する費用の概算額、③これら費用の分担に関する事項、④再建建物の区分所有権の帰属に関する事項の要旨、⑤建替えを必要とする理由、⑥建替えをしないとした場合における建物の効用の維持・回復・確保をするのに要する費用の額およびその内訳、⑦建物の修繕に関する計画が定められているときのその計画の内容、⑧建物につき修繕積立金として積み立てられている金額を明らかにしたうえで、集会に先立ってその計画に関する説明会を開催しなければならないとされた（同法62条2項・5項・6項）。平成14年改正前には決議をなしうる実体要件とされた費用の過分性要件が、決議の手続要件に変わったことになる。

　この現行法において、団地内全建物一括建替え決議の制度が追加制定されたが、集会招集通知において計画の詳細を明らかにしたうえで説明会を開催しなければならないことは同じである（現行法70条3項・4項）。

　判決は、区分所有法62条1項が定める1棟建替え決議の合憲性について、「区分所有建物について、老朽化等によって建替えの必要が生じたような場合に、大多数の区分所有者が建替えの意思を有していても一部の区分所有者が反対すれば建替えができないということになると、良好かつ安全な住環境の確保や敷地の有効活用の支障となるばかりか、一部の区分所有者の区分所有権の行使によって、大多数の区分所有者の区分所有権の合理的な行使が妨げられることになる」ことを実質的な理由とする。そのうえで、同法70条1項が定める団地内全建物一括建替え決議についても、「団地全体として計画的に良好かつ安全な住環境を確保し、その敷地全体の効率的かつ一体的な利用を図ろうとするものである」ことを実質的な理由として、「なお合理性を失うものではない」と、その合憲性を認めた。本判決の下級審では、この多数決による建替え決議の合憲性の根拠として、立法府の裁量、区分所有権の団体的制限の重視、団地の一括建替えによる団地活性化の肯定的評価、団地の自治の尊重等があげられているが、他方、この団地一括建替え決議の規定は法制審議会の審議を経ずして導入されたことから、棟ごとの特別多数決の基

準が３分の２と定められ、５分の４とされる１棟建替え決議の場合よりも緩和されていることの当否等について、より具体的な検討がなされてしかるべきではなかったかとの指摘がなされている。たとえば、４分の３要件の導入の当否なども検討されてしかるべきとの趣旨であろう。

判決は、団地内全建物一括建替えの場合、１棟建替えの場合と同じく、建替えに参加する区分所有者による売渡請求権の行使により、建替えに参加しない区分所有者の区分所有権は時価で売り渡されることになり（区分所有法63条、70条４項）、その経済的損失には相応の手当てがなされているとする。これについては、森林法違憲判決（最判昭和62・4・22民集41巻3号408頁）が共有物の現物分割の一態様として価格賠償を認め、さらに共有物を１名の単独所有または一部の共有者による共有とし、他の者については持分を全額価格賠償とする方法を認めた最判平成8・10・31民集50巻9号2563頁の延長として、「私的収用」を認めたに等しいとの指摘があるほか、ここでいう「時価」を「建替え後の建物およびその敷地利用権の価格と建替えに要する費用との差額」とする説が有力であることから、たとえば住宅ローンの債権者により抵当権が設定されている場合などは、売渡請求権によって発生する代金請求権に物上代位される結果、建替え不参加の区分所有者は住宅を失うだけの結果となり、実質的な補償とはいえない場合があるとの指摘がなされている。

なお、５分の４や３分の２の多数決要件をさらに厳格化して、区分所有者に対する団体的拘束を緩和する方向での規約上の特則（たとえば10分の9や4分の3とするなど）は許されると解されよう。

（小川達雄）

98 建替え決議の無効

建替え決議において敷地の特定はどこまで行うこと
が必要か

▶飯田橋Ａハイツ建替え事件〔東京高判平成19・9・12判タ 1268号186頁〕

事案の概要　　Ａハイツは昭和36年完成の建物で、敷地利用権は期間
60年の地上権であった。平成16年9月2日、総会で建替
え決議が行われた。この建替えは、隣地所有者と共同建替えを行う方向で準
備が進められていた。総会に先んじて、隣地所有者からＡハイツの区分所有
者の同意が得られれば共同建替えにつき検討の余地があるとの内諾が得られ
ていたため、建替え決議を行うこととなった。

　総会当日、区分所有法62条に基づき区分所有者および議決権の各5分の
4以上の賛成多数でマンション建替えの決議を行ったが、配布された議案に
は、図面が添付され、また隣地の施設の移設が前提となっている旨の記載が
あったものの、建替え土地の地番の特定や敷地利用権の処理、再建建物の敷
地の全体像や権利関係については記載されていなかった。

　後日、建替え決議賛成者であるＢが、区分所有者の1人であるＣに対して
建物買取請求を行ったところ、Ｃは、本件決議において、建替え敷地が不特
定であること、敷地の地上権の処理に関しての説明の欠如があること、買取
価格の提示の欠如などの瑕疵があり、建替え決議は違法無効であると主張し
た。これに対して、Ａハイツの管理組合法人は、建替え決議においては、敷
地の特定、敷地利用権の帰属等の明示は法律上要求されていないと主張し、
また本件建替えが隣地所有者といっしょに建て替えることによって建替え費
用がゼロとなる可能性があるなどの事情があったことから地番が明示されて
いないが、総会の議案においては議案添付の図面によって隣地所有者といっ
しょに建て替える等と説明しており、敷地は図面上明らかであり、隣地所有

435

第15章　建替えをめぐる紛争

者との協議が未確定な要素もある以上は、文書化して残すことも困難な事情
があり、それらをCは理解することが可能であったなどと主張し、Cの決議
無効の主張は権利の濫用であるなどと主張した。

判決要旨　BのCに対する買取請求を棄却し、CがAハイツ管理組合
法人に対し求めた総会決議の無効確認が認められた。

「建替え決議は、建物を取り壊し、『当該建物の敷地若しくはその一部の土
地又は当該建物の敷地の全部若しくは一部を含む土地』に新たに建物を建築
する旨の決議である（区分所有法62条1項）から、再建建物の敷地は決議事項
そのものであって、建替え決議に際して、敷地が特定されている必要がある。
控訴人らは、本件議案添付の図面等からすれば、再建建物の敷地は、十分に
明らかであると主張するが、同図面は、再建建物の1階平面図であって、方
位や道路等は記載されているものの、同図面からは、敷地の地番や正確な範
囲は判明しないから、同図面が添付されていることをもって、本件建替え決
議において、敷地が特定されているということはできない。

また、区分所有建物の建替えは、多額の費用負担を伴い、反対者にとって
は区分所有建物の売渡しが強制される場合がある（区分所有法63条4項）など、
極めて重大な効果を生じさせるものであり、区分所有法62条2項が、建替
え決議において、同項1号から4号までに掲げる建替え計画の概要を定めな
ければならないと規定する趣旨は、区分所有者が賛否の意思決定をするため
に、建替え計画の概要が開示される必要があること及び建替え決議が単なる
取壊しの手段として利用されることがないようにすることにあることからす
れば、同項に規定する建替え計画は、実現可能性があるものでなければなら
ず、かつ、区分所有者がこの点について判断できるだけの具体性がなければ
ならないというべきである。さらに、同項1号の『再建建物の設計の概要』
は、建築に要する費用の算定等の決定が可能な程度に設計の内容の特定が必
要なところ、敷地が特定されなければ、再建建物の建ぺい率、容積率、日影
規制、高度規制などの諸規制の適用関係が明らかではなく、再建建物の建築
面積、延床面積、地上階数等も具体的に定まらないことになるから、建替え
計画の実現可能性の検討も、建築に要する費用の算定も困難である。

436

以上によれば、本件議案は、再建建物の敷地の特定がされていない点において、区分所有法62条2項1号の要件を満たしていないものというべきである」。

　「本件マンションの敷地利用権は地上権であるから、同敷地上に再建建物を建築する場合には、建替えに際して、地上権を更新するのか否か、更新するとすれば、その際の更新料、承諾料、更新後の地代、又は更新せずに権利返還等により地上権を解消し、新たな敷地利用権等を取得するとすれば、その具体的な手法及び費用等を明らかにしない限り、建替え計画の実現可能性の検討も、建築に要する費用の算定も困難であり、本件議案は、これらの点について定めていない点において、区分所有法62条2項1号の要件を満たしていないというべきである」。

　権利濫用の主張については、区分所有者としての正当な権利行使であって、権利の濫用にはあたらないとして退けた。

解　説　区分所有法62条2項は、建替え決議において定めなければならない事項として、①再建建物の設計の概要、②建物の取壊しおよび再建建物の建築に要する費用の概算額、③前号に規定する費用の分担に関する事項、④再建建物の区分所有権の帰属に関する事項を定め、このうち③④については区分所有者の衡平を害しないように定めなければならない（同条3項）と規定している。また、現行法により建替えを議題とする集会の招集は2カ月前に行うこととされ（同条4項）、招集通知においては同条5項規定の建替え理由、建替えをしない場合の建物維持等に必要な費用などの所定事項をあわせて通知することとされ、また集会の日の1カ月前までに説明会を開催しなければならないとされている（同条6項）。区分所有法の平成14年改正によって建替えについて老朽化等の客観的要件が廃止され、すべて多数決原理によって決することとしたのであるから、区分所有者に対して必要な情報の提供を行うことは当然で、そのために通常の決議より詳細な要件が定められているのである。本事案においては、土地の特定が図面によって行われたのみであることのほか、従前地上権であったものがどうなるのか、あるいは隣地所有者との間でどのような権利関係となるのかについて

も明らかではなく、いくら建替えが建物に関する事項であるとはいえ、「設計の概要」としての特定に欠けるとして区分所有法62条2項の要件を満たしていないと裁判所において判断されたのはやむを得ないであろう。

　他方、敷地利用権については、その帰属についての決議での明示は要求されていないとの見解も有力で（新マンション344頁）、たとえば、東京地判平成24・9・25判時2201号42頁は、敷地利用権につき所有権および借地権が混在する団地での建替え決議について、「区分所有法は、建替え決議における決議事項として、現建物及び再建建物の敷地利用権の価格や内容について定めることを求めていないと解すべきである」としている。同判決では、現建物の敷地利用権（所有権または借地権）が、再建建物の敷地利用権・区分所有権にどのように反映されるかが不明確であると、現建物の敷地利用権が所有権である者と借地権である者とのそれぞれが、再建建物においてどのような扱いを受けるかが不明瞭となり、適切な議決権の行使ができない可能性が生じ、「再建建物の区分所有権の帰属に関する事項」（区分所有法62条2項4号）を決議対象とした趣旨に反する事態が生じかねないとしたうえで、当該事案では建替え決議より前に、現建物の敷地利用権としての所有権および借地権が、再建建物においてどのように取り扱われるかが、具体的な評価額を示して、その評価額の割合に応じた等価交換の手法で行われることが示されており、区分所有者において適切な議決権の行使が可能であったとして、区分所有法62条2項4号の趣旨に反する事態は生じていなかったとした。以上の判断を基に、裁判所は、マンション建替事業組合の認可取消しを求めた行政訴訟において原告の請求を棄却している（なお、この結論は東京高判平成25・3・14裁判所ウェブサイトにおいて維持されているが、判決理由は原審をそのまま引用している。また、同一団地における決議無効確認請求の民事訴訟の結論も同様である（東京地判平成26・5・16（ウェストロー）））。

　なお、このほか、建替え決議の手続が違法・無効とされた事案としては、複数の区分所有権を有する者が複数人として数えられて決議が行われ、「区分所有者の5分の4」の要件を満たしていないとして無効とされた神戸地判平成13・1・31判時1757号123頁などがある。　　　　　　　　　（中村　宏）

【判例索引】

（ゴシック体は本書で取り上げた判例）

- 大連判明治41・12・15民録14輯1276頁　　58

- 大判大正9・4・24民録26輯562頁　　340

- 長崎地判昭和31・12・3判時113号24頁　　272

- 最判昭和32・11・14民集11巻12号1943頁　　155

- 大阪高判昭和37・6・21判時309号15頁　　24

- 最判昭和41・5・19民集20巻5号947頁・判時450号20頁　　414

- 最判昭和43・8・2民集22巻8号1571頁　　58

- 最判昭和43・9・3集民92号169頁　　339，341

- 最判昭和43・9・20判タ227号147頁　　340

- 東京地判昭和45・9・24判時606号16頁　　94

- 最判昭和46・10・7民集25巻7号885頁　　70

- 東京高判昭和47・5・30判時667号10頁　　94

- 最判昭和48・3・27民集27巻2号376頁　　327

- 最判昭和48・10・11判時723号44頁　　251

- **最判昭和50・4・10判時779号62頁・判タ323号148頁**　　**94**，100

- 東京高決昭和51・11・11判時840号60頁　　12

- 最判昭和52・3・15判時852号60頁　　187

- 東京地判昭和53・2・1判時911号134頁　　204

- 東京高判昭和53・2・27金法875号31頁　　202，210，413

- 広島地判昭和54・3・23判タ392号163頁　　100

- 最判昭和56・1・19民集35巻1号1頁・判タ472号92頁　　341

- 横浜地決昭和56・2・18判タ435号84頁　　393

- **最判昭和56・6・18民集35巻4号798頁・判時1009号58頁・判タ446号76頁**　　44，58，80，83，90

- **最判昭和56・6・18判時1009号63頁・判タ446号74頁**　　81，83，90，379

判例索引

・最判昭和56・7・17民集35巻5号977頁・判時1018号72頁・判タ453号73頁　　86

・東京地判昭和56・8・3判時1034号112頁　　82

・最判昭和57・3・30金法992号38頁　　327

・大阪地判昭和57・10・22判時1068号85頁　　246

・東京地判昭和58・8・24判時1109号99頁　　228

・最判昭和58・9・20判時1100号55頁　　341

・**東京高判昭和59・11・29判時1139号44頁・判タ566号155頁**　　226

・東京地判昭和60・7・26判時1219号90頁　　91

・横浜地判昭和60・9・26判タ584号52頁　　97，100

・横浜地判昭和61・1・29判時1178号53頁　　364

・大阪地判昭和61・7・18判時1222号90頁　　330

・東京地判昭和61・9・25判時1240号88頁　　97

・東京高判昭和61・11・17判時1213号31頁　　364

・東京地判昭和62・4・10判時1266号49頁　　159

・最判昭和62・4・22民集41巻3号408頁　　434

・大阪地判昭和62・6・23判時1258号102頁　　243

・**最判昭和62・7・17判時1243号28頁・判タ644号97頁**　　363

・大阪高判昭和62・11・10判時1277号131頁　　110

・大阪地判昭和62・12・25判例集未登載　　246

・京都地判昭和63・6・16判タ683号148頁　　101

・東京地判昭和63・11・10判時1323号92頁　　91

・東京地判平成元・3・8判タ715号239頁　　91

・大阪地判平成元・7・5民集44巻8号1153頁　　161

・**横浜地判平成元・9・7判時1352号126頁・判タ729号174頁**　　**2**，25

・**東京地判平成元・10・19判時1355号102頁**　　44，86，91

・大阪高判平成元・12・27民集44巻8号1157頁・判時1344号142頁・判タ717号215頁　　161

・東京地判平成2・1・30判時1370号83頁　　86

判例索引

- 東京地判平成2・2・27判時1365号79頁・判タ743号180頁　64
- 東京地判平成2・5・31判タ748号159頁　328
- 大阪高判平成2・6・26判タ736号183頁　69
- 東京地判平成2・7・24判時1382号83頁　240
- 東京地判平成2・10・26判時1393号102頁・判タ764号184頁　245, 330
- 最判平成2・11・26民集44巻8号1137頁・判時1367号24頁・判タ744号89頁　161
- 熊本地判平成3・2・18判例集未登載　247
- 東京地判平成3・3・8判時1402号55頁・判タ765号207頁　111
- 神戸地判平成3・5・9判タ784号247頁　427
- 東京地判平成3・5・29判時1406号33頁　230
- 東京高判平成3・9・26判タ780号194頁　199
- 東京地判平成3・11・12判時1421号87頁・判タ788号231頁　375
- 東京地判平成3・11・19判時1420号82頁　97
- 東京地判平成3・11・29判時1431号138頁　379
- 東京地判平成3・12・26判時1418号103頁・判タ789号179頁　97, 98, 204
- 大阪高判平成4・1・28判時1428号89頁・判タ784号243頁　426
- 東京地判平成4・3・13判時1454号114頁　146
- 東京地判平成4・3・16判時1453号142頁　250
- 東京地判平成4・3・19判タ809号182頁　381
- 東京地判平成4・7・29判タ801号236頁　153
- 大阪地判平成4・9・16判例集未登載　103
- 東京地判平成4・9・22判時1468号111頁　97
- 神戸地判平成4・10・6判時1456号131頁　48
- 東京地判平成5・1・28判時1470号91頁　379
- 東京地裁八王子支判平成5・2・10判タ815号198頁　226
- 最判平成5・2・12民集47巻2号393頁・判時1459号111頁・判タ819号153頁　88

441

判例索引

- 東京地判平成 5・3・30判時1461号72頁　　226
- 最判平成 5・9・10判例集未登載　　235
- 東京地判平成 5・9・30判タ874号202頁　　86，91
- 東京地判平成 5・11・29判時1499号81頁　　277
- 東京地判平成 5・12・3 判タ872号225頁　　331
- 東京地判平成 5・12・16判タ849号210頁　　67
- 東京高決平成 5・12・24判タ868号285頁　　255
- 福岡地裁小倉支判平成 6・2・1 判時1521号107頁　　120
- **東京地判平成 6・2・14判時1515号91頁・判タ856号219頁　　405，407，413**
- 最判平成 6・3・24判時1501号96頁・判タ862号260頁　　370，394
- 東京地判平成 6・3・24判時1522号85頁　　226
- 東京地判平成 6・5・9 判時1527号116頁　　375
- 福岡地判平成 6・7・26民集52巻 7 号1629頁　　124
- 東京高判平成 6・8・4 判時1509号71頁　　193
- 横浜地判平成 6・9・9 判時1524号124頁・判タ859号199頁　　210
- 東京地判平成 6・11・24判例集未登載　　157
- **福岡地判平成 7・1・20判例集未登載　　411**
- **東京高判平成 7・2・28判時1529号73頁　　78**
- **東京地判平成 7・3・2 判時1553号98頁　　201**
- 東京地判平成 7・5・31判時1556号107頁・判タ910号170頁　　5，24
- **東京地判平成 7・6・7 判時1560号102頁・判タ911号132頁　　60**
- 最判平成 7・7・18民集49巻 7 号2684頁・判時1544号56頁・判タ890号78頁　　68
- 東京地判平成 7・8・29判時1560号107頁　　25
- 神戸地判平成 7・10・4 判時1569号89頁　　156
- 福岡高判平成 7・10・27判時1557号94頁・判タ909号182頁　　125
- **東京高判平成 7・12・18判タ929号199頁　　157**
- 東京地判平成 8・2・1 判例集未登載　　257

判例索引

- 東京高判平成8・2・20判タ909号176頁　129, 227
- 福岡高判平成8・4・25判時1582号44頁　121
- 東京地判平成8・5・10判時1596号70頁　324
- 東京地判平成8・5・13判時1595号77頁　359
- 札幌地判平成8・6・25判例集未登載　113
- **東京地裁八王子支判平成8・7・30判時1600号118頁**　373
- 最判平成8・10・31民集50巻9号2563頁　434
- 東京地判平成8・11・26判タ954号151頁　377
- 神戸地判平成9・3・26判タ947号273頁　82
- **最判平成9・3・27判時1610号72頁・判タ947号204頁**　198
- 東京高判平成9・5・15判時1616号70頁　377
- **東京地判平成9・7・7判時1605号71頁・判タ946号282頁**　22
- **東京高判平成9・10・15判時1643号150頁**　257
- 札幌高判平成9・12・25判例集未登載　113
- 東京地判平成10・1・23判例集未登載　324
- 最判平成10・2・13民集52巻1号65頁　59
- 京都地判平成10・2・13判時1661号115頁　360
- 大阪地判平成10・8・25判時1668号112頁　421
- **最判平成10・10・22民集52巻7号1555頁・判時1663号47頁・判タ991号296頁**　120
- **最判平成10・10・30民集52巻7号1604頁・判時1663号56頁・判タ991号288頁**　124, 130, 135, 136, 267, 268
- **最判平成10・11・20判時1663号102頁・判タ991号121頁**　128, 195, 197, 226, 227
- **大阪高判平成10・12・17判時1678号89頁**　360
- 東京地判平成10・12・21判タ1066号274頁　91
- 大阪高判平成10・12・28判例集未登載　82
- 神戸地判平成11・6・21判時1705号112頁　420
- 福岡地判平成11・8・23判例集未登載　381

443

判例索引

- 東京高判平成11・8・31判時1684号39頁　324
- 東京高判平成11・9・8判時1710号110頁・判タ1046号175頁　18
- 大阪高判平成11・9・17判タ1051号286頁　10
- 福岡地判平成11・9・30判例集未登載　268
- 大阪地判平成11・11・24判例集未登載　241
- 福岡地裁小倉支判平成12・2・29セ通信175号17頁　187
- 最判平成12・3・21判時1715号20頁・判タ1038号179頁　377
- 大阪高判平成12・7・13判例集未登載　420
- 最決平成12・9・26判例集未登載　11
- 大阪高判平成12・9・28判時1753号65頁　420
- 福岡高判平成12・12・27判タ1085号257頁　165, 381
- 東京高判平成13・1・30判時1810号61頁　132, 227
- 神戸地判平成13・1・31判時1757号123頁　438
- 東京高判平成13・6・7判タ1070号271頁　15
- 神戸地裁尼崎支判平成13・6・19判時1781号131頁　382
- 福岡高判平成13・7・19判例集未登載　248
- 福岡地判平成13・10・3判例集未登載　244
- 大阪高判平成14・6・21判時1812号101頁　421
- 福岡地判平成14・10・29判例集未登載　240
- 東京地判平成15・2・3判時1813号43頁　7
- 千葉地裁松戸支判平成15・2・5判例集未登載　253
- 福岡高判平成15・2・13判時1828号36頁　51
- 広島高判平成15・2・19判例集未登載　332
- 東京地判平成15・2・20判例集未登載　109
- 東京地判平成15・5・21判時1840号26頁　339
- 千葉地裁松戸支決平成15・8・20判例集未登載　253
- 東京高判平成15・12・4判時1860号66頁　194
- 東京高判平成15・12・18判例集未登載　7
- 東京地判平成16・2・19判時1875号56頁　416

・最判平成16・4・23民集58巻4号959頁・判時1861号38頁・判タ1152号
　147頁　　234

・東京高決平成16・5・20判タ1210号170頁　　253

・東京高判平成16・7・14判時1875号52頁　　416

・最判平成16・11・18民集58巻8号2225頁・判時1883号62頁・判タ1172号
　135頁　　6

・広島地判平成17・3・24判例集未登載　　107

・東京高判平成17・3・30判時1915号32頁　　284

・東京地判平成17・6・23判タ1205号207頁　　186

・東京地判平成17・7・22判例集未登載　　15

・東京地判平成17・9・13判時1937号112頁・判タ1213号163頁　　356

・東京地判平成17・12・5判時1914号107頁・判タ1219号266頁　　26

・福岡高判平成17・12・13判例集未登載　　30

・東京地判平成17・12・14判タ1249号179頁　　371，386

・福岡地判平成18・2・2判タ1224号255頁　　16

・福岡高判平成18・3・9判タ1223号205頁　　35

・最判平成18・3・30民集60巻3号948頁・判タ1209号87頁　　15

・東京地判平成18・3・30判時1949号55頁　　208

・東京地判平成18・5・17（判例秘書）　　300

・東京地判平成18・6・27判時1961号65頁　　264

・東京地判平成18・8・30判例集未登載　　15

・東京地判平成18・8・31判タ1256号342頁　　102

・東京高判平成18・11・1判例集未登載　　264

・大阪簡判平成18・11・17判例集未登載　　274

・東京地判平成18・12・8判時1963号83頁・判タ1248号245頁　　14

・京都地判平成18・12・25判例集未登載　　270

・大阪高判平成19・4・13判時1986号45頁・判タ1269号38頁　　9

・東京地判平成19・6・18判タ1256号113頁　　102

・熊本地判平成19・6・25（裁判所ウェブサイト）　　117

判例索引

・東京地判平成19・7・31（判例秘書）　300

・東京簡判平成19・8・7判例集未登載　281

・東京高判平成19・9・12判タ1268号186頁　435

・東京高判平成19・9・20判例集未登載　279

・大阪地判平成19・9・26判例集未登載　274

・東京地判平成19・10・3判時1987号27頁・判タ1263号297頁　374，394

・東京地判平成19・11・14判タ1288号286頁　259

・大阪高判平成20・1・24判例集未登載　269

・東京地判平成20・1・31判タ1276号241頁　15

・大阪高判平成20・4・16判時2018号19頁・判タ1267号289頁　274

・大阪高判平成20・4・18判例集未登載　270

・札幌地判平成20・5・30金判1300号28頁　115

・東京地判平成20・6・20判例集未登載　261

・大阪地判平成20・6・25判時2024号48頁　16

・東京地判平成20・11・27判例集未登載　243

・大阪地判平成20・11・28判時2036号93頁・判タ1297号296頁　398

・福岡地判平成20・12・11判例集未登載　269

・札幌高判平成21・2・27判タ1304号201頁　114

・大阪地判平成21・3・12判タ1326号275頁　244

・東京高判平成21・3・25判例集未登載　244

・最判平成21・4・23判時2045号116頁・判タ1299号121頁　431

・福岡地裁小倉支判平成21・4・27セ通信299号16頁　226

・東京地判平成21・6・26判例集未登載　5

・福岡高判平成21・7・16判例集未登載　269

・大阪地判平成21・7・24判タ1328号120頁　244

・東京高判平成21・8・6判タ1314号211頁　55

・高知地判平成21・8・6判例集未登載　402

・福岡高判平成21・9・14判タ1337号166頁　117

・福岡高判平成21・9・14判タ1332号121頁　117

446

- 東京地判平成21・9・15判タ1319号172頁　212
- 東京高判平成21・9・24判時2061号31頁・判タ1319号145頁　216
- 仙台高判平成21・10・9判例集未登載　138
- 東京地判平成21・10・29判時2057号114頁　371
- 東京地判平成21・12・28判例集未登載　384, 385
- 最判平成22・1・26集民233号9頁・判時2069号15頁・判タ1317号137頁　266
- 横浜地判平成22・3・30判例集未登載　348
- 東京地裁立川支判平成22・5・13判時2082号74頁　190
- 東京地決平成22・5・13判例集未登載　291
- 高松高判平成22・5・28判例集未登載　402
- 東京高決平成22・6・25判タ1336号281頁　289
- 京都地判平成22・10・5判時2103号98頁　13
- 東京高判平成23・7・19判例集未登載　346
- 最決平成23・10・11集民238号1頁・判時2136号36頁・判タ1361号128頁　295
- 東京高判平成23・11・24判タ1375号215頁　205
- 最判平成24・1・17集民239号621頁・判時2142号26頁・判タ1366号99頁　150
- 最決平成24・2・7集民240号1頁・判時2163号3頁　255
- 東京地判平成24・3・15判時2155号71頁　391
- 大阪地判平成24・3・27判時2159号88頁　21
- 呉簡判平成24・7・5判例集未登載　302
- 東京地判平成24・9・14（ウエストロー・ジャパン）　21
- 東京地判平成24・9・25判時2201号42頁　438
- 広島地判平成24・11・14判時2178号46頁　302
- 東京高判平成24・12・13民集69巻6号1722頁　182
- 名古屋高判平成25・2・22判時2188号62頁　277
- 東京高判平成25・3・14（裁判所ウェブサイト）　438

判例索引

・東京地判平成25・10・25判時2226号29頁・判タ1417号111頁　297

・東京地判平成25・10・29判例集未登載　269

・東京地判平成25・12・27（ウエストロー・ジャパン）　21

・**東京地判平成26・3・25判時2250号36頁　368**

・**東京高判平成26・4・16判時2226号26頁・判タ1417号107頁　297**

・東京地判平成26・5・16（ウエストロー・ジャパン）　438

・東京地判平成26・9・5判例集未登載　180

・東京地判平成26・10・28判時2245号42頁　86

・東京地判平成26・11・25判例集未登載　260

・福岡高裁宮崎支判平成26・12・5（判例秘書）　117

・東京地決平成27・2・12民集70巻3号946頁　293

・**東京地判平成27・3・30判時2274号57頁　177**

・東京高決平成27・4・17民集70巻3号951頁　293

・東京地判平成27・7・16判時2283号51頁　236

・**最判平成27・9・18民集69巻6号1711頁・判時2278号63頁・判タ1418号 92頁　181，232**

・東京地判平成27・9・18判例集未登載　204

・東京地判平成27・12・17判時2293号67頁　156

・**東京地判平成27・12・17判時2307号105頁　237**

・**福岡地裁小倉支判平成28・1・18判時2300号71頁　308**

・最決平成28・3・18民集70巻3号937頁　293

・最決平成28・9・14判例集未登載　314

・**東京地判平成28・9・15判時2347号93頁　123，133**

・**東京地判平成28・9・29判時2342号47頁　73**

・横浜地判平成28・9・30判例集未登載　313

・東京地判平成28・10・13判タ1439号192頁　350

・**大阪高判平成28・12・9判時2336号32頁・判タ1439号103頁　169， 175，176**

・**大阪地判平成29・1・13判例集未登載　221**

448

判例索引

- 東京高判平成29・3・15判時2384号3頁　260
- **東京高判平成29・3・15判例集未登載　313**
- **東京高判平成29・4・19判タ1451号93頁　350**
- 札幌地判平成29・5・24判例集未登載　318
- 東京地判平成29・9・22（判例秘書）　287
- **東京地判平成29・10・26判タ1450号196頁　173**
- 札幌高判平成29・11・9判例集未登載　318
- **最判平成29・12・18民集71巻10号2546頁・判時2371号40頁・判タ1448号 56頁　343**
- 東京地判平成30・8・9判例集未登載　223
- 東京地判平成30・9・5判例集未登載　223
- **最判平成31・3・5（裁判所ウェブサイト）　317**

【事件（マンション）名索引】

（50音順。ゴシック体は本書で取り上げた判例）

- **Ａ南新町事件**　274
- **Ｋグランドコーポ事件**　270
- **青葉丘マンション事件**　103
- **赤坂アーバンライフ事件**　257
- **アコード新宿ビル事件**　386
- **朝日九段マンション事件**　157
- **芦屋川アーバンライフ事件**　421
- **安東板東方マンション事件**　88
- **飯田橋Ａハイツ建替え事件**　435
- **井の頭公園マンション事件**　373
- **ヴィラ椿事件**　161
- **ウエストヒル町屋事件**　194
- **上本町ａマンション事件**　398
- **榮高倒産事件**　324
- **エシャロン四条柳馬場事件**　289
- **エメラルドマンション修繕積立金配分事件**　308
- **大分ペット事件**　30
- 岡本マンション事件　86
- **神奈川藤沢マンション事件**　150
- **京都二条城マンション事件**　10
- 国立マンション事件　15
- グランドパレス高羽事件　420
- **グリーンタウン光ヶ丘・サンヴァリエ日吉事件**　6
- **クリオ横浜壱番館事件**　18
- **合人社事件**　332
- **コープ戸山台事件**　111

事件（マンション）名索引

- コーポラス北野事件　68
- 小金井桜町コーポラス事件　64
- 五反野管理組合事件　339
- 桜川グレースマンション事件　379
- サンコート東御影マンション事件　48
- サンピア鎌ヶ谷・執行抗告事件　253
- サンマンション新大阪事件　241
- サンライズ仙台事件　138
- サンライフ松が谷事件　293
- シテリオ渋谷・松濤事件　261
- 石神井公園団地バルコニー温室事件　94
- シャトー三田事件　44
- シャルマンコーポ博多事件　124, 130, 135, 136, 142, 267
- シャンボール第二西公園事件　165
- 城郷コート事件　210
- 新千里桜ヶ丘住宅事件　420
- 隅田川花火事件　14
- 住吉ハイツ事件　411
- セブンスターマンション原宿事件　198, 328
- セントラル経堂事件　146
- 千里桃山台団地事件　431
- 草加西町マンション事件　234
- ダイアパレスステーションプラザお花茶屋事件　201
- 台東区シックハウス事件　26
- 高島平マンション事件　128
- 高島平マンション第１次訴訟事件　226
- 高輪中台マンション事件　250
- 中銀弥生町マンション事件　98
- 鶴甲コーポ一号館事件　426

451

事件（マンション）名索引

- 天神島スカイマンション事件　187
- 同潤会江戸川アパートメント事件　416
- 東武ハイライン事件　402
- 藤和シティホームズ尼崎駅前マンション事件　382
- 藤和高田馬場コープⅡ事件　350
- 中津川リバーサイドコーポ事件　266
- 西福岡マリナタウンイーストコート事件　51
- ニュー新橋ビル事件　230, 407, 413
- パークシティ溝の口事件　279
- 箱根仙石原マンション事件　216
- パレ・エテルネル事件　245
- 福岡久留米マンション事件　343
- 船堀パーク・ホームズ事件　264
- ホワイトキャッスル折尾東事件　248
- 真駒内緑地団地事件　113
- マンハイム武庫之荘事件　246
- 南千住スカイハイツ事件　153
- 宮町マンション事件　78
- ミリオンコーポラス高峰館事件　120, 127
- 武蔵小杉ダイヤモンド事件　22
- 無認可託児所「マム・クラブ」事件　208
- 目黒コーポラス事件　58, 83
- メゾン平河事件　331
- 門前仲町東豊エステート事件　377
- 山科ハイツ事件　360
- 湯島ハイタウン事件　375
- 横浜山手ハイム事件　363
- ライオンズマンション牛田中事件　107
- ライオンズマンション札幌定山渓事件　114

事件（マンション）名索引

・ロイヤルコート大手町事件　35
・ローレルハイツ高宮事件　240

453

●執筆者一覧●

(50 音順。令和元年 12 月 5 日現在)

〔氏名〕	〔事務所名〕	〔電話番号〕	〔FAX 番号〕
浅井　　亮	けやき法律事務所	075-211-4643	075-211-8552
安孫子健輔	ふじさき法律事務所	092-407-3292	092-407-3293
荒木　　勉	田村・荒木法律事務所	093-592-2493	093-592-5857
碇　　啓太	弁護士法人いかり法律事務所	092-707-1155	092-707-1154
石川　和弘	弁護士法人札幌・石川法律事務所	011-209-7150	011-209-7151
石口　俊一	石口俊一法律事務所	082-222-0072	082-222-1600
稲岡　良太	けやき法律事務所	075-211-4643	075-211-8552
岩岡　優子	野上裕貴法律事務所	093-562-8863	093-562-8867
大庭　康裕	大庭法律事務所	092-738-8868	092-738-8869
岡田　美紀		092-452-3600	
緒方　　剛	かなで法律事務所	093-522-0030	093-522-0031
小川　達雄	山科総合法律事務所	075-583-5055	075-583-5056
小倉　知子	ナリッジ共同法律事務所	093-531-3515	093-531-3553
折田　泰宏	けやき法律事務所	075-211-4643	075-211-8552
甲斐田　靖	不二法律事務所	092-712-2305	092-752-1844
河合　洋行	ひびき法律事務所	093-581-2022	093-581-8410
桐原　明子	港共同法律事務所	03-3591-8156	03-3591-8158
小鉢　由美	平和通り法律事務所	093-953-6237	093-953-6238
小森　瑛博	小倉東総合法律事務所	093-932-5575	093-932-5600
笹森　　学	北海道合同法律事務所	011-231-1888	011-281-4569
佐田　洋平	大名総合法律事務所	092-781-0025	092-781-0102
佐藤　　元	横浜マリン法律事務所	045-211-0644	045-211-0645
佐藤　哲也	紫川法律事務所	093-777-8858	093-777-6950
塩田裕美子	翼法律事務所	092-714-6330	092-714-6331
柴田　裕之	平和通り法律事務所	093-953-6237	093-953-6238
柴山　真人	柴山真人法律事務所	092-406-9436	092-406-9437
島　　晃一	島総合法律事務所	092-474-5245	092-474-5255
清水　隆人	清水隆人法律事務所	092-781-1185	092-781-0030

髙橋健一郎	髙橋健一郎法律事務所	045-650-4670	045-650-4671
田坂　幸		092-734-1553	092-722-1405
田中　佑一	時枝・渡邉法律事務所	093-512-5233	093-512-5277
時枝　和正	時枝・渡邉法律事務所	093-512-5233	093-512-5277
鳥居　玲子	近江法律事務所	092-714-3444	092-771-1502
中島　繁樹	中島法律事務所	092-721-4312	092-761-3976
中村　匠吾	中村匠吾法律事務所	092-737-2552	092-737-2560
中村　仁			
中村　広明	五岳法律事務所	075-212-1633	075-212-1643
中村　宏	中村宏法律事務所	045-341-4905	045-348-9025
野上　裕貴	野上裕貴法律事務所	093-562-8863	093-562-8867
畑中　潤	畑中潤法律事務所	093-562-3131	093-562-3132
花井　増實	万朶総合法律事務所	052-220-7061	052-220-7062
花房　博文	創価大学法科大学院	042-691-9476	042-691-8507
原田　美紀	原田・川原法律事務所	093-383-8751	093-383-8772
東　敦子	黒崎合同法律事務所	093-642-2868	093-642-2856
廣重　純理	木﨑法律事務所	093-967-2381	093-967-2382
松坂　徹也	松坂法律事務所	092-781-6370	092-781-7662
松本　知佳	ナリッジ共同法律事務所	093-531-3515	093-531-3553
宮下　和彦	吉野・宮下法律事務所	092-751-6001	092-751-9279
村山　博俊	村山博俊法律事務所	092-741-6325	092-741-6355
安原　伸人	昭和通り法律事務所	092-713-4762	092-713-4763
山上　知裕	ひびき法律事務所	093-581-2022	093-581-8410
山本　寛	ウィル合同法律事務所	06-6147-8705	06-6147-8706
油布　剛	ひびき法律事務所	093-581-2022	093-581-8410
吉田　大輝	松坂法律事務所	092-771-1679	092-781-7662
吉原　洋	福岡セントラル法律事務所	092-260-8211	092-260-8363
渡辺　晶子	ナリッジ共同法律事務所	093-531-3515	093-531-3553
渡邉　浩司	時枝・渡邉法律事務所	093-512-5233	093-512-5277
渡邊　典子	渡邊・城戸・馬場法律事務所	093-591-2022	093-591-2113

わかりやすい　マンション判例の解説〔第4版〕

2019年12月31日　第1刷発行

定価　本体　4,500円＋税

編　者　全国マンション問題研究会
発　行　株式会社　民事法研究会
印　刷　藤原印刷株式会社

発行所　株式会社　民事法研究会
　　　　〒150-0013　東京都渋谷区恵比寿3-7-16
　　　　〔営業〕TEL 03（5798）7257　FAX 03（5798）7258
　　　　〔編集〕TEL 03（5798）7277　FAX 03（5798）7278
　　　　http://www.minjiho.com/　　　info@minjiho.com

カバーデザイン／袴田峯男　　　組版／民事法研究会
落丁・乱丁はおとりかえします。ISBN978-4-86556-312-2 C2032　￥4500E

■「滞納者への対応」「コミュニティ」「民泊」など、管理組合が抱える本当の悩みに対する解決策を実務に精通する弁護士がアドバイス！

【トラブル相談シリーズ】

マンション管理組合のトラブル相談Q＆A
―基礎知識から具体的解決策まで―

中村　宏・濱田　卓　著

Ａ５判・301頁・定価　本体3,100円＋税

本書の特色と狙い

▶「管理費等の滞納者が認知症である場合の対応」や「駐輪場に放置された自転車を処分、譲渡する場合の手続」、「総会や理事会の録音・録画の可否」など、これまで類書であまり論じられてこなかったマンション管理組合がかかわるトラブルの対処法について、Ｑ＆Ａ方式で大胆かつわかりやすく解説！

▶昨今話題のコミュニティや民泊活動、専有部分の改修費用の修繕積立金からの支出、名簿等の閲覧請求等への対応方法についても踏み込んでアドバイス！

▶マンション管理組合の理事になった方、マンション管理士、管理会社担当者に必携となる１冊！

本書の主要内容

第１章　総論
第２章　管理費等の滞納についてのトラブル
第３章　管理組合のお金についてのトラブル
第４章　居住や利用についてのトラブル
第５章　管理組合の運営についてのトラブルその１
　　　――総論――
第６章　管理組合の運営についてのトラブルその２
　　　――総会の運営――
第７章　管理組合の運営についてのトラブルその３
　　　――理事会・役員――

発行　民事法研究会

〒150-0013　東京都渋谷区恵比寿3-7-16
（営業）TEL. 03-5798-7257　FAX. 03-5798-7258
http://www.minjiho.com/　info@minjiho.com

信頼と実績の法律実務書

― マンション実務で役立つ必読の書！ ―

2017年3月刊 マンションライフが、より豊かに、安心で、快適なものとなるための手引書！

管理組合・理事のための
マンション管理実務必携
―管理組合の運営方法・税務、建物・設備の維持管理、トラブル対応―

マンションに関する法律等の基礎知識はもちろん、会計・税務やコミュニティ条項、民泊など管理組合運営で気になる点をわかりやすく解説！　民泊に関するモデル規約・細則も明示した関係者必携の書！

マンション維持管理支援・専門家ネットワーク　編（Ａ５判・288頁・定価　本体2500円＋税）

2015年12月刊 管理組合運営の参考となるリフォーム工事細則モデルを収録！

Ｑ＆Ａ
マンションリフォームのツボ
―管理組合・居住者が知っておくべきトラブル予防・解決の必須知識―

マンションリフォームの基礎知識・チェックポイントから管理組合の関与の仕方、リフォーム工事をめぐるトラブル対処法までをＱ＆Ａ方式でわかりやすく解説！参考資料として、即活用できるリフォーム細則モデルを掲載！

マンション維持管理支援・専門家ネットワーク　編（Ａ５判・131頁・定価　本体1400円＋税）

2014年4月刊 マンションをめぐるあらゆる紛争とその対処法を明示！

マンション紛争の上手な対処法
〔第４版〕―法的解決のノウハウと実務指針―

欠陥マンション紛争、購入にかかわる紛争から、ペット飼育や騒音、専用使用権、不良入居者問題などの日常生活に関する紛争、管理体制・管理規約・管理会社に関する紛争まで、マンションをめぐるあらゆる紛争とその対処方法を詳解！

全国マンション問題研究会　編　　　（Ａ５判・466頁・定価　本体4000円＋税）

2013年6月刊 管理組合を悩ませる問題を解決へと導く、関係者必携のマニュアル！

マンションの
滞納管理費等回収実務ハンドブック
―管理組合・理事が取り組める解決手法―

管理費・修繕積立金の滞納を予防するための管理規約・細則などの定め方から、実際に滞納が発生した際の管理組合による滞納者への対応方法や口上マニュアル、督促の方法などを詳解！

滞納管理費等回収実務研究会　編　　（Ａ５判・231頁・定価　本体2000円＋税）

発行　民事法研究会　〒150-0013　東京都渋谷区恵比寿3-7-16
（営業）TEL03-5798-7257　FAX 03-5798-7258
http://www.minjiho.com/　　　info@minjiho.com

不動産関係実務に役立つ実践的手引書

売買・請負等、登記、物権・担保物権、賃貸借、区分所有、訴訟ほか不動産侵奪罪、被災不動産等最新のテーマに論究！

不動産法論点大系

澤野順彦　編　　　　　　　　　　　　（Ａ５判上製・711頁・定価 本体7600円＋税）

欠陥住宅被害救済のための基本手引書を最新の法令・判例、実務状況を踏まえて約10年ぶりに改訂！

欠陥住宅被害救済の手引〔全訂四版〕

日本弁護士連合会消費者問題対策委員会　編　　　　（Ａ５判・409頁・定価 本体4200円＋税）

不動産の管理方法から関係を解消するための具体的な手続等を78の事例に即して詳解！

共有不動産の紛争解決の実務
─使用方法・共有物分割の協議・訴訟から登記・税務まで─

弁護士・司法書士　三平聡史　著　　　　　　（Ａ５判・348頁・定価 本体3400円＋税）

敷引特約・更新料の最高裁判例等に基づいて事例を見直し、原状回復ガイドライン等の改訂にも対応！

Ｑ＆Ａ賃貸住宅紛争の上手な対処法〔第５版〕

仙台弁護士会　編　　　　　　　　　　　（Ａ５判・422頁・定価 本体3400円＋税）

信託不動産の定期借地権方式の活用のほか、会社法人等番号への対応など最新の動向に合わせ改訂！

Ｑ＆Ａ 誰も書かなかった！ 事業用借地権のすべて〔全訂三版〕
─法律・契約・登記・税務・鑑定─

都市問題実務研究会　編　　　　　　　　（Ａ５判・422頁・定価 本体3700円＋税）

基礎知識から調査方法と判断基準、土地の選び方等までを、豊富な図表を用いてＱ＆Ａ形式で解説！

法律家・消費者のための住宅地盤Ｑ＆Ａ

地盤工学会関東支部地盤リスクと法・訴訟等の社会システムに関する事例研究委員会　編　（Ａ５判・186頁・定価 本体2300円＋税）

発行　民事法研究会

〒150-0013　東京都渋谷区恵比寿3-7-16
（営業）TEL 03-5798-7257　FAX 03-5798-7258
http://www.minjiho.com/　　info@minjiho.com

実務に役立つ実践的手引書

平成26年以降の法令・通達の改正に対応し、最新の判例・書式等を収録して改訂！

書式　支払督促の実務〔全訂10版〕
―申立てから手続終了までの書式と理論―

園部　厚　著　　　　　　　　　　　　　（Ａ５判・597頁・定価　本体5600円＋税）

民法（債権関係）改正に合わせた変更点、最近の契約審査からみた追加点を収録して改訂！

取引基本契約書の作成と審査の実務〔第6版〕

滝川宜信　著　　　　　　　　　　　　　（Ａ５判・478頁・定価　本体4300円＋税）

債権法改正にも対応した最新版！ 資料として、民事再生法、民事再生規則、東京地裁、大阪地裁の運用指針も収録！

書式　個人再生の実務〔全訂六版〕
―申立てから手続終了までの書式と理論―

個人再生実務研究会　編　　　　　　　　（Ａ５判・540頁・定価　本体5400円＋税）

一般社団法人・一般財団法人の設立、各種変更の手続、移行等の登記実務について、書式を織り込み詳解！

社団法人・財団法人の登記と書式〔第3版〕

大貫正男・久我祐司　編著　　　　　　　（Ａ５判・276頁・定価　本体3100円＋税）

現役裁判官が当事者、代理人の納得する紛争解決の考え方とノウハウを提示した待望の書！

和解・調停の手法と実践

田中　敦　編　　　　　　　　　　　（Ａ５判上製・699頁・定価　本体7000円＋税）

区分所有法に基づく反社会的勢力排除など、最新の動向や実例を収録し、書式と一体として解説！

仮処分等を活用した反社会的勢力対応の実務と書式〔第2版〕
―相談・受任から訴訟までの実践対策―

埼玉弁護士会民事介入暴力対策委員会　編　　　　（Ａ５判・468頁・定価　本体4700円＋税）

発行　民事法研究会

〒150-0013　東京都渋谷区恵比寿3-7-16
（営業）TEL 03-5798-7257　FAX 03-5798-7258
http://www.minjiho.com/　　info@minjiho.com